数字法治与数字中国丛书

周尚君 主编

平台竞争
规制中演进

陈耿华 著

PLATFORM
COMPETITION
Evolution in Regulation

中国人民大学出版社
·北京·

编委会

(按姓名笔画排序)

丁晓东　中国人民大学法学院教授

马长山　华东政法大学教授

王锡锌　北京大学法学院教授

叶　明　西南政法大学教授

付子堂　西南政法大学教授

李　晟　中国海洋大学法学院教授

张吉豫　中国人民大学法学院副教授

张晓君　西南政法大学教授

张凌寒　中国政法大学教授

陆幸福　西南政法大学教授

陈　亮　西南政法大学教授

林　维　西南政法大学教授

周汉华　中国社会科学院法学研究所研究员

周尚君　西南政法大学教授

郑　戈　上海交通大学凯原法学院教授

郑志峰　西南政法大学副教授

胡　凌　北京大学法学院副教授

胡　铭　浙江大学光华法学院教授

侯东德　西南政法大学教授

黄文艺　中国人民大学法学院教授

黄志雄　武汉大学法学院教授

彭诚信　上海交通大学凯原法学院教授

解志勇　中国政法大学教授

本书是法治建设与法学理论研究部级科研项目成果、司法部"互联网平台竞争法律规制的实证研究"（18SFB3040）最终结项成果。

数字社会的法治变革（代总序）

周尚君[*]

当今世界已经进入历史变革期，全球治理体系的演变深刻复杂。新科技革命和产业变革正加速推动世界变革，数字化变革是这场变革中的关键变量。当前，数字技术继续迭代，数字经济加速发展，人类正以"加速度"方式进入数字"大航海"时代。数字化变革释放和拓展了社会生产力，全力助推全社会分享数字经济发展红利。与此同时，数字化变革以前所未有的迅猛态势席卷全球，数字技术的社会化应用不仅改变了人们习以为常的生活模式和思考方式，还加速引发了社会结构乃至政治结构、法治体系的深刻变革。[①]人与人、人与社会、人与国家之间的关系，甚至人本身皆被重新定义，建构于工业文明之上的现代法治理论体系正遭遇系统性挑战。

当代法治体系，是工业革命背景下经历了几个世纪的沉淀而形成的具有复杂专业知识、精巧逻辑规则和明确价值目标的治理体系，具有鲜明的时代性。随着数字时代的到来，法治体系赖以生成发展的社会基础已经开始发生根本改变，出现了很多既有逻辑规则难以涵盖和准确表达的数字社

---

[*] 周尚君，西南政法大学教授，国家高层次人才特殊支持计划入选者，第十届"全国杰出青年法学家"。
本文主要观点来自周尚君. 习近平法治思想的数字法治观. 法学研究，2023（4）.

[①] ［德］罗纳德·巴赫曼，吉多·肯珀，托马斯·格尔策. 大数据时代下半场：数据治理、驱动与变现. 刘志则，刘源，译. 北京：北京联合出版公司，2017：17-18.

会规律和难题。①数字社会对现代社会的塑造，不是在某个领域、某个方面的个别调整，而是对价值、制度与技术的全面系统重建。数字时代的法治，面临的是法治空间的变革，即从有形空间进入无形空间，从固定空间进入流动空间，从物理空间拓展到虚拟空间；面临的是法治结构的变革，即从作为主体的人与人之间的关系结构拓展至人物互联、万物互联的混合结构，从社会应用层法律适用拓展至物理层数字基础设施跨域管辖与逻辑层算法规制的法治；面临的是法治能力的变革，即作为一种社会能力和国家法律对社会生活的作用力，数字法治通过量化社会、解析个体、建构"数字中台"等，精准把握社会脉搏，深度理解社会运行。

一、法治空间重建

空间是国家形成和治理的基本前提，空间的社会建构也是国家能力的重要形式。通过"国家简化"（state simplification），如设计地图、户籍制度、城市规划等，古代国家可以实现空间的可见、可度量、可分类和可征税。②中国古代自先秦开始就构建起了涵盖宇宙天象、方位地形、礼仪人伦的空间体系，三者以宇宙意识为观念起点，以天、地、人三位一体为空间结构，以解释"天人关系"这一根本问题为旨归，构成了早期中国的集体精神意志与民族文化密码。③德国历史学家奥斯特哈默认为，欧洲世界到了近代以后，开始把空间纳入宪法上的领土范畴，并赋予其政治和法律意义。④从古至今，人类治理空间经历了从陆地到海洋，从地表到太空、深海、极地、网络的拓展，法律上的疆域也从平面疆域拓展至立体疆域、

---

① 马长山.为什么是数字法学//周尚君主编.法律和政治科学：数字社会中的国家能力.北京：社会科学文献出版社，2022：8-9.
② [美]詹姆斯·C.斯科特.国家的视角.王晓毅，译.北京：社会科学文献出版社，2019：82-102.
③ 詹冬华.中国早期空间观的创构及其形式美意义.中国社会科学，2021（6）：186.
④ [德]于尔根·奥斯特哈默.世界的演变：19世纪史.强朝晖，刘风，译.北京：社会科学文献出版社，2016：161.

从实体疆域拓展至虚拟疆域、从有形疆域拓展至无形疆域。实际上，从拉采尔提出"作为边缘有机体的边疆"开始，空间就被纳入人文地理学和地缘政治学的范畴。[①] 卡尔·施米特开创性地将空间从国家领域拓展至技术、工业、经济、机构领域，他认为先进的技术改变国家，但技术不会自我管理。[②] 技术显然受制于政治和法律的引领与塑造。1890 年，美国军事家马汉开拓了对海洋空间的政治法律解释，提出了"政治性的海洋历史"这一概念，并提醒人们关注"制海权"这一新国际法概念的重要价值。[③] 1921 年，意大利军事理论家朱利奥·杜黑从空军战略理论角度提出"制空权"概念，既超前预测了空军在未来战争中的决定性作用，又进一步拓展了国际法治的空间布局。

空间内涵和外延的不断衍生，推动着法治形态的变迁。随着数字时代的到来，网络空间成为治理新疆域，法治的新空间权力拓展至"制网权"。从 1969 年美国国防部组建阿帕网（ARPANET）到 1991 年因特网（Internet）商业用户首度超过学术研究群体，以互联网为代表的网络空间的时代正式来临。20 世纪 90 年代互联网在世界范围内广泛传播，网络空间一度被当作绝对"自由之境""思想的新家园"，但事实是，政府最初丧失了对网络空间行为的实际控制，网络空间沦落至犯罪、谎言和技术控制的边缘，甚至出现政府可以威慑，但对网络行为无法控制；法律可以制定，但其对网络空间没有实际意义。[④] 网络乌托邦主义、无政府主义因此一直伴随着数字技术的发展。

以互联网为代表的信息技术极大增强了人类认识世界、改造世界的能力，深化拓展了国家治理、社会治理的空间外延，当代法治体系的建构也

[①] ［德］拉采尔.人文地理学的基本定律.方旭，梁西圣，等译.上海：华东师范大学出版社，2022.

[②] ［德］卡尔·施米特.政治的概念.增订本.刘小枫，编.刘宗坤，朱雁冰，等译.上海：上海人民出版社，2018：71.

[③] ［美］阿尔弗雷德·塞耶·马汉.海权论.一兵，译.北京：同心出版社，2012：18-19.

[④] ［美］劳伦斯·莱斯格.代码 2.0：网络空间中的法律.2 版.李旭，沈伟伟，译.北京：清华大学出版社，2018：3.

就不得不从多维度、多层次对法治空间进行全新建构,即将法治的基石从有形空间建构至无形空间,从固定空间涵盖至流动空间,从物理空间推演至虚拟空间。① 国家法律对传统空间的主权管辖,也应当从通过陆地边界、领海宽度、领空高度来划界的思维惯性中跳脱出来,实现网络空间管辖上的技术上可行、权益上清晰、节点上自主、法律上标准清晰。②

二、法治结构重构

治理空间的变革带来了法治主、客体结构的深刻调整。数字化网络空间具有多重属性,主要呈现出虚拟性、全球性、跨越性、物理性、人造性等基本特征,其中最根本的特性是"跨越性"③。这种跨越性表现为跨人格性(人与人之间)、跨国家性(国家与国家之间)、跨空间性(虚拟与现实之间)。这种跨越性特征使人与人的联结发生了结构性变化,从根本上改变了人与外界相互连接的方式,拓展了社会连接的边界。只要条件适合,理论上每个人都可以轻易与任何人或所有人相连,而且这种连接高效、适时、便捷。④ 习近平指出,"互联网让世界变成了'鸡犬之声相闻'的地球村,相隔万里的人们不再'老死不相往来'。可以说,世界因互联网而更多彩,生活因互联网而更丰富"⑤。

一方面,数字化推动了治理空间拓展,把现代社会改造成了结构上的"网络社会"(network society)、文化上的"虚拟社会"(cyber society)、观念上的"内在导向社会"⑥(self-directed society)。另一方面,数字化改变了国家治理和社会治理的主、客体关系,创造了一种混合式治理结构。这个由

---

① 黄其松.数字时代的国家理论.中国社会科学,2022(10):72-73.
② 赵宏瑞.网络主权论.北京:九州出版社,2019:35.
③ 张龑.网络空间安全立法的双重基础.中国社会科学,2021(10):85.
④ 王天夫.数字时代的社会变迁与社会研究.中国社会科学,2021(12):74-75.
⑤ 习近平.在第二届世界互联网大会开幕式上的讲话(2015年12月16日)//中共中央文献研究室编.习近平关于科技创新论述摘编.北京:中央文献出版社,2016.
⑥ 周尚君.数字社会对权力机制的重新构造.华东政法大学学报,2021(5):18.

计算机、卫星、缆线、各中心终端连接而成的网络数字空间，彻底拆除了时空界限和领域边界，将社会关系从实体社会中脱嵌出来①，同时"将政治、军事、商贸、金融、交通等各行各业，政府、非政府组织、企业与个人等各类主体连接在一起，由此成为当今世界主权国家赖以正常运转的'神经系统'"②。网络连接从"人物互联"到"人人互联"，直至"万物互联"，互联网已经成为一张无所不在的"网"，这张网是技术之网、信息之网、数据之网，更是社会之网。③网络空间这张"社会之网"包含了主体、客体、平台、活动四要素，这四要素往往分属于各个主权国家管辖，造成主权管辖上的混合式治理结构：在物理层面（网络基础设施与技术硬件问题）、逻辑层面（代码、算法与技术软件问题）、应用层面（内容层、技术产业化与社会化应用过程中带来的社会问题），都往往跨越物理边界，尤其是逻辑层的关键网络资源由全球互联网技术社群设定，应用层虚拟空间不以领土为界，事实上往往不在一国主权的实际管辖范围内。④因此，当代法治体系需要在属人主义、属地主义和属人兼属地主义的传统管辖原则基础上迭代，在新主、客体思维和数字平台思维基础上，对既非纯粹主体又非纯粹客体、既非纯粹物质又非纯粹虚拟的主体、关系和行为进行法治理论重构。

三、法治能力重塑

当前，国家治理所赖以实施的环境和条件正在发生根本性变革，数字政府建设使政府对数据的运用更加系统化、多元化。有学者对政府能力进行了信息学分析：农业时代是信息传递的低级形态，人与人之间的社会联系是地域性的小规模熟人网络，深受地理阻隔、交通成本限制和主权疆域

---

① 齐延平.数智化社会的法律调控.中国法学，2022（1）：84.
② 洪鼎芝.信息时代：正在变革的世界.北京：世界知识出版社，2015：54.
③ 总体国家安全观研究中心，中国现代国际关系研究院.网络与国家安全.北京：时事出版社，2022：3.
④ 张龑.网络空间安全立法的双重基础.中国社会科学，2021（10）：86.

的禁锢；工业时代是信息传递的中级形态，社会生活中的每个个体仍然在彼此影响不深的社会情境下进行独立决策，并有充足的时间进行谨慎思考和理性抉择，社会运行主要是以低频率社会互动和有限的信息传递为基础；数字时代是信息传递的高级形态，信息交换和信息传播正在快速取代传统物品交换和资本流动而成为新的社会驱动力量。①事实上，人类政治生活的两个最基本要素是通信和信息。所有政治秩序都建立在协调、合作和调控的基础上，而这三者无疑都不能缺少信息交换机制。如何收集、存储、分析和交流信息，与组织政治的方式密切相关。

数字社会对国家能力的塑造是围绕数据占有和数据传递展开的。在数据收集、存储、使用、加工、传输、提供、公开的过程中，数据由谁占有、数据传递由谁主导以及如何规制，是决定国家的数字治理能力的关键因素。②在新技术革命条件下，数据、算法、算力是支撑数字治理能力的"铁三角"，其中：数据作为新型生产要素，是国家数字治理能力提升的"燃油"；算力及其核心技术已成为支撑数字治理能力的重要内驱；算法正试图将人在数字治理中的控制程度以及赋能程度极限降低。国家的数字治理能力归根结底是一种社会能力，是国家意志对社会生活的作用力。数字社会通过代码施加权力，通过算法奠基权力，将会使"大数据主义"在一定程度上成为世界通行的一种新的权力形态和一种新的"主义"③。正如迈尔-舍恩伯格所言，"大数据时代将要释放出的巨大价值使我们选择大数据的理念和方法不再是一种权衡，而是通往未来的必然改变"④。

利用数字新基建，政府可以构建起平台化、社会化数据治理结构，提升基于大数据集成分析的精准治理效能；利用云平台和区块链等数字化共

---

① 戴长征，鲍静. 数字政府治理：基于社会形态演变进程的考察. 中国行政管理，2017（9）.
② 周尚君. 数字社会如何塑造国家能力 // 周尚君主编. 法律和政治科学：数字社会中的国家能力. 北京：社会科学文献出版社，2022：23.
③ [美]史蒂夫·洛尔. 大数据主义. 胡小锐，朱胜超，译. 北京：中信出版社，2015：304.
④ [英]维克托·迈尔-舍恩伯格，肯尼思·库克耶. 大数据时代：生活、工作与思维的大变革. 盛杨燕，周涛，译. 杭州：浙江人民出版社，2013：94.

享技术，构建起政府"数字中台"，推进政府数据汇聚融合，从而打通政府间数据流通闭环；利用数据流通机制，精准把握社会民情和信息脉搏，从而深度理解社会运行状况。[①] 可见，数字技术正在改变法治能力的实践场景，数字化显然有助于提升国家权力社会实施的水平，包括实施的精准度和深入性，"微粒化的国家及其获取、搜集到的数据一道前所未有地、更深地渗入了社会的枝节当中"[②]。与此同时，数字技术本身业已成为影响法治能力甚至国家治理能力的关键因素。"以数识人"不仅改变着人们的自我认同，而且成为每个人为社会所认知的基础。政府、大数据公司、平台企业通过智能技术应用所捕获的"真实世界中的数据"正在成为全新的生产手段和治理工具。[③]

基于以上考虑，西南政法大学网络空间治理国际研究基地（网络空间治理研究院）、全面依法治国研究院携手中国人民大学出版社发起出版"数字法治与数字中国丛书"：邀请全国从事数字法律科学研究的知名学者担任编委会委员，由周尚君担任主编，由陆幸福、郑志峰担任副主编。该丛书为一个开放性的学术平台，我们计划每年资助推出若干本数字法治与国家治理领域的优秀著作成果，热忱欢迎致力于数字法治与国家治理研究的优秀学者加入，共同推出具有学术想象力、理论创造力、未来引领力的数字法治理论佳作，为数字法治中国建设贡献力量。

---

① 樊鹏，等.新技术革命与国家治理现代化.北京：中国社会科学出版社，2020：11.
② ［德］克里斯多夫·库克里克.微粒社会：数字化时代的社会模式.黄昆，夏柯，译.北京：中信出版社，2018：168.
③ 段伟文.信息文明的伦理基础.上海：上海人民出版社，2020：9.

序

近年，围绕互联网平台的竞争爆发了多起具有重大社会影响力的案件，给竞争法的实施带来诸多挑战，互联网平台竞争规制受到全球范围的广泛、高度关注。如何系统构建互联网平台竞争规制体系，是当下全球竞争法致力探求的重大命题。如何构建具有中国特色的互联网平台竞争规制方案，也成为中国学界研究的重要任务。可以说，互联网平台竞争规制方案的健全不仅关乎中国创新驱动发展重大战略的实施，也是维护中国国家利益、彰显中国制度自信的重要途径，故互联网平台竞争规制方案的完善颇具战略意义，值得高度关注。

虽然，2017年我国《反不正当竞争法》修订时增加了专门的"互联网条款"，但是，其宣誓意义大于实践意义，如何有效规制互联网平台竞争行为，仍面临较大争议。2022年我国《反不正当竞争法》再次修订启动，核心也是围绕互联网平台竞争如何有效规制的问题，因此本书的研究可谓恰逢其时，对完善我国互联网平台竞争规制方案具有重要意义。

具体而言，本书围绕互联网平台竞争案件的竞争观择取、互联网平台竞争案件的价值追求、互联网平台竞争行为判定、互联网平台竞争案件的法律适用、互联网时代反不正当竞争法的法益结构等进行系统研究。相比于已有研究，本书的创新点有：

其一，研究方法有特色。已有研究偏向规范分析，采用定性研究居多，鲜少借助大数据手段对大量互联网平台竞争案件进行定量分析。本书注重采用实证研究方法，借助 SPSS 软件对国内互联网平台竞争案件的判决书进行数据统计分析。这种定性与定量相结合的研究方法可以确保充分发现、提炼该类行为的规制困境。

其二，研究视角有新意。除了从微观层面回应互联网平台竞争行为的违法性认定、互联网平台竞争案件的法律适用等难题，本书还着重从宏观层面研究互联网平台竞争案件的审理应秉持何种竞争观及价值追求，这对于互联网平台竞争案件的审理、互联网平台竞争行为的定性具有借鉴意义，值得肯定。

其三，研究内容有增量。一是反思与改进互联网平台竞争案件的竞争观。已有研究虽提出应采用动态竞争观，然而并未系统论证动态竞争观形成的法理基础，也并未提出动态竞争观的系统实现方案。本书从经济层面、利益层面、法律属性层面及功能层面证成互联网平台竞争案件的审理应植入动态竞争观，并论证了动态竞争观的实现方案。二是修正互联网平台竞争案件审理的价值追求。已有研究侧重于反不正当竞争法的公平竞争价值而忽视自由竞争价值，容易不当割裂反不正当竞争法与反垄断法的内在关联，以及造成过度干预市场的局面。本书从经济层面、立法目的层面、法律属性层面证成互联网平台竞争案件的审理应同时秉持自由竞争价值，有助于互联网平台竞争行为的准确定性及健全反不正当竞争法的价值体系。三是革新互联网平台竞争行为的违法性判定方法。针对竞争关系的存废难题，本书从法理和实践两维度重新证成应继续保留竞争关系要件，但应调整其在不正当竞争案件中的定位；针对商业道德判定难题，本书提出引入法律论证分析框架，有效破解商业道德判定的不确定性难题。四是澄清数字时代反不正当竞争法一般条款扩张适用的原因，并提出一般条款适用的改进路径，而这对于优化一般条款实施、完善互联网平台竞争案件的法律适用富有意义。

陈耿华是我指导的博士研究生，她热爱学术研究，长于理论思考。这些年她勤奋努力，进步很大。作为她的老师，对此我很欣慰！本书是她主持的司法部中青年项目"互联网平台竞争法律规制的实证研究"的研究成果，我期待她在竞争法领域继续深入研究，取得更多的突破性成果，为深化竞争法理论研究和推进我国竞争法实施作出更大的贡献。

是为序。

西南政法大学教授　叶　明

2023 年 5 月 8 日

目 录

导 论 …………………………………………………………… 1

第一章 互联网平台竞争案件的竞争观择取………………… 24
    第一节 屏蔽视频广告案的裁判之争：两种不同的竞争观 …… 26
    第二节 静态竞争观如何形成？ ……………………………… 30
    第三节 质疑及挑战：静态竞争观的局限 …………………… 34
    第四节 反思与转向：动态竞争观的正当性论证 …………… 41
    第五节 延伸及拓展：动态竞争观的实现方案 ……………… 50
    本章小结 动态竞争观下反不正当竞争法谦抑性的再思考 …… 64

第二章 互联网平台竞争案件的价值追求………………… 66
    第一节 问题的提出：自由竞争价值缺失 …………………… 66
    第二节 缘何自由竞争价值缺失？ …………………………… 71
    第三节 超越及重塑：缘何应倡导自由竞争价值？ ………… 79
    第四节 难题及回应：自由竞争价值如何实现？ …………… 93
    本章小结 自由竞争价值与公平竞争价值如何协调？ ………113

第三章 互联网平台竞争行为判定………………………… 115
    第一节 告别传统：竞争关系的新定位 ……………………… 115

第二节　分歧及廓清：商业道德标准的认定 …………… 136
第三节　误区及矫正：经济分析标准的适用 …………… 154
第四节　行业惯例的考量及优化——以软法规制为视角 …… 181
第五节　硬币的另一面：互联网平台竞争合规机制构建 …… 198
本章小结　平台竞争行为判定的几个面向 ……………… 220

第四章　互联网平台竞争案件的法律适用：以一般条款为视角 … 223

第一节　一般条款的产生及价值 ………………………… 224
第二节　现状及不足：一般条款的扩张适用 …………… 232
第三节　回归及守正：一般条款限缩适用的法理分析 … 242
第四节　冲突及协调：一般条款适用规则的完善 ……… 252
本章小结　告别"损害"即为"不正当"的误区 ……… 274

第五章　互联网时代反不正当竞争法的法益结构 …………… 276

第一节　一元中心法益构造检讨 ………………………… 277
第二节　从"一元中心"到"二元平衡"：域外二元中心
　　　　法益结构审视 ………………………………… 280
第三节　二元中心法益结构何以可能？ ………………… 285
第四节　二元中心法益如何衡平？ ……………………… 292
本章小结　迈向新的法益结构 …………………………… 320

结　论　互联网平台竞争规制如何演进？ …………………… 322

参考文献 …………………………………………………… 326
附　录　互联网平台竞争案件的文本调研 ……………… 356
后　记 ……………………………………………………… 361

导 论

一、问题提炼

以往时代的市场竞争仅是平面二维的或同行业之间的竞争，然当下全球化、信息化、现代化的平台竞争乃是三维、四维甚至更高维度之跨界竞争，竞争空前激烈。如此竞争时代可谓其兴也勃，其亡也忽。互联网平台竞争关乎整体市场结构，直接关乎新的利益格局的塑造。如何构建系统的互联网平台竞争规制体系，是当下全球竞争法致力探求的重大命题。虽然2017年我国《反不正当竞争法》修订时增加了专门的"互联网条款"，然其宣誓意义大于实践价值，如何有效规制互联网平台不正当竞争行为，仍面临较大挑战。

围绕互联网平台竞争行为的法律规制，主要存在以下这些问题：其一，竞争观的反思。对互联网平台竞争案件应采取何种竞争观？以往以静态竞争观审理互联网平台竞争案件存在哪些制度局限？为何应转向动态竞争观？其法理基础是什么？动态竞争观的实现方案有哪些？其二，价值追求的修正。长期以来，学界和实务界主张反不正当竞争法重在保护公平竞争，反垄断法重在维护自由竞争，这种看似泾渭分明的区分是否损害了竞争法本身的融贯性？互联网平台竞争案件的审理惯于依托公平竞争价值，忽视自由竞争价值，可能引发哪些负外部性问题？公平竞争价值如何形成？固守公平竞争价值、漠视自由竞争价值是否容易导致过度干预市场竞争？是否不利于反垄断法与反不正当竞争法的协同规制？自由竞争价值缘何应同时作为审理互联网平台竞争案件的价值追求？自由竞争价值的制度实施方案有哪些？其三，行为判定。竞争关系长期作为不正当竞争行为的必要构成要件，对其进行判断是该类案件审理的首要步骤，在互联网平台竞争案件的审理中是否仍有必要？如有必要，是否应对竞争关系在互联网平台竞争案件的审理中的角色定位予以修正？在实体层面、程序层面分别如何革新？竞争关系的考量因素有哪些？商业道德作为互联网平台竞争行为定性的主要认定标准，具体如何适用？以往以诚信原则、行业惯例及创设具体细则认定商业道德的路径各自存在一定局限，分别如何完善？此外，鉴于商业道德标准的多元性、滞后性、不可预测性，是否有必要引入经济分析标准？如有必要，其正当性如何体现？进而，经济分析标准如何在互联网平台竞争案件的审理中贯彻体现？其四，法律适用。长期以来，互联网平台竞争案件的审理大多适用反不正当竞争法一般条款，其直接原因是类型化条款无法适用下的实用主义选择，其根本原因或是对反不正当竞争法功能定位、法律属性的重大误读。反不正当竞争法一般条款扩张适用可能引发哪些制度难题？缘何应限缩一般条款的适用？其法理依据是什么？反不正当竞争法一般条款的适用规则如何改进？其五，法益结构转型。既有仅以经营者利益为中心的法益结构是否适配数字时代对反不正当竞争法的规制期待？域外以经营者保护、消费者保护为二元中心体系的制度举措是否值得借鉴？如转向二元中心法益结构，应采取何种权益配置观？价值基准如何选择？具体衡平方法有哪些？这些问题均需要回应。

二、已有研究及不足

相比于对反垄断法的大范围热议，对反不正当竞争法的关注显得更小众、"冷寂"些。可喜的是，近年伴随《反不正当竞争法》的修订，学界对该法的研究也逐渐有所"升温"，相关成果数量明显增多。尤其是伴随互联网平台不正当竞争案件的不断涌现，学界也越来越关注该类行为给现有法秩序带来的挑战，对该类行为的规制路径提出诸多有益见解，这为本书提供了智识支撑。具体而言，已有研究主要集中在以下几方面。下文分别述之。

（一）已有研究

1. 互联网平台竞争的独特属性及主要类型

近年，全球范围内具有深远影响力的互联网平台竞争行为爆发，引起了社会各界的广泛关注（Mark Armstrong，2005；Thomas Hoppner，2015；Hiroshi Kitamura，Noriaki Matsushima，Misato Sato，2017）。[1]区别于传统经济领域的市场竞争，互联网平台竞争依托互联网经济呈现诸多独特属性（李剑，2010；叶卫平，2014；王晓晔，2021）。[2]其一，互联网行业的市场特性主要包括网络外部性（Katz Michael，1985；Nicholas Economides，1996）[3]、双边市场（Rochet J.&Tirole J.，2003；David S.Evans，2003；Mark Armstrong，2005；Roberto Roson，2005；宁立志，2016）[4]、用户锁定效应

---

[1] Mark Armstrong. Competition in Two-sided Market. London:Mimeo University College, 2005:1-32. Thomas Hoppner. Defining Markets for Multi-Sided Platforms:The Case of Search Engines. World Competition, 2015, 38(3):349. Hiroshi Kitamura, Noriaki Matsushima, Misato Sato. Exclusive contracts and bargaining power,Economics Letters, 2017: 1-3.

[2] 李剑.双边市场下的反垄断法相关市场界定.法商研究，2010（5）.叶卫平.平台经营者超高定价的反垄断法规制.法律科学，2014（3）.王晓晔.数字经济反垄断监管的几点思考.法律科学，2021（4）.

[3] Katz Michael,Carl Shapiro. Network Externalities,Competition and Compatibility. American Economic Review,1985(2):424-440. Nicholas Economides. The Economics of Networks. International Journal of Industrial Organization,1996,14(6):673-699.

[4] Rochet J., Tirole J.. Platform Competition in Two-Sided Markets. Journal of the European Economic Association,2003,4. David S.Evans. The Antitrust Economics of Multi-sided Platform Market. Yale Journal on Regulation,2003,20:325-381. S Mark Armstrong. Competition in Two-sided Market. London:Mimeo University College,2005:1-32. Roberto Roson. Two-sided Maricet:A Tentative Survey. Review Network Econ.,2005,4:142. 宁立志，王少南.双边市场条件下相关市场界定的困境和出路.政法论丛，2016（6）.

(Thomas Hoppner，2015)[①]以及盈利模式的特殊性（David S.Evans，2008；朱战威，2016）。[②]其二，互联网行业的竞争特点主要呈现为技术标准的竞争（蒋岩波，2016）[③]，互联网企业竞争的本质是平台的竞争（张江莉，2015）[④]，互联网产品的兼容性及技术标准决定了互联网企业竞争需存在一定的合作（叶明，2019）。[⑤]其三，基于互联网自身的特殊性，互联网行业的垄断行为也具有一些显著特征，包括：受马太效应影响，互联网行业存在典型的正反馈效应（仲春，2012；Tim Brühn & Georg Götz，2018）[⑥]，互联网行业的市场结构呈现较强的垄断特征，然而互联网行业的垄断者之间仍存在竞争（许光耀，2018）[⑦]，基于互联网产品及服务的高度信息化，互联网企业很难享有绝对的垄断地位。互联网技术产品迭代更新快、互联网行业市场进入成本不高、互联网商业模式变动极快等特征，决定了互联网行业的垄断具有不稳定性（王先林，2013；于左，2021）。[⑧]

当下，在以平台经济为代表的新技术革命背景下，互联网平台成为最关键的市场组织形态（陈永伟，2017；陈兵，2018；张晨颖，2021）[⑨]：一方

[①] Thomas Hoppner. Defining Markets for Multi-Sided Platforms:The Case of Search Engines. World Competition,2015,38(3):349.

[②] David S.Evans. Competition and Regulatory Policy for Multi-sided Platforms to Web Economy. Concurrenus,2008,2:58. 朱战威．互联网平台的动态竞争及其规制新思路．安徽大学学报（哲学社会科学版），2016（4）．

[③] 蒋岩波．互联网产业的竞争与排他性交易行为的反垄断规制．河南社会科学，2016（7）．

[④] 张江莉．互联网平台竞争与反垄断规制：以3Q反垄断诉讼为视角．中外法学，2015（1）．

[⑤] 叶明．互联网经济对反垄断法的挑战及对策．北京：法律出版社，2019：30．

[⑥] 仲春．互联网企业滥用市场支配地位之法律规则研究．上海：上海交通大学，2012：23. Tim Brühn, Georg Götz. Exclusionary practices in two-sided markets: The effect of radius clauses on competition between shopping centers. Managerial and Decision Economics, 2018,39:577-590.

[⑦] 许光耀．互联网产业中双边市场情形下支配地位滥用行为的反垄断法调整．法学评论，2018（1）．

[⑧] 王先林．互联网行业反垄断相关商品市场界定的新尝试：3Q垄断案一审法院判决相关部分简析．中国版权，2013（3）．于左，张芝秀，王昊哲．交叉网络外部性、独家交易与互联网平台竞争．改革，2021（10）．

[⑨] 陈永伟．平台经济的竞争与治理问题：挑战与思考．产业组织评论，2017（3）．陈兵．大数据的竞争法属性及规制意义．法学，2018（8）．张晨颖．公共性视角下的互联网平台反垄断规制．法学研究，2021（4）．

面，互联网平台创造、聚集了巨大的社会经济价值，例如实现资源优化配置、大众创业创新、提升跨界跨领域融通发展（Whinston D，2001；David Demeza & Mariano Selvaggi，2007）[1]；另一方面，互联网平台竞争也带来了新的监管难题（杨东，2020）。[2] 在新型数字技术及平台市场特殊竞争属性驱动下，互联网平台市场逐步集中化，一些超大型互联网平台借助其高额市值规模、庞大生态系统及海量用户数目，实施排除限制竞争行为，如平台二选一、平台封禁行为、歧视对待第三方应用、拒绝互操作、提高竞争对手成本等，给市场竞争机制及市场竞争秩序带来严重危害，减损消费者利益，威胁社会公平正义（Moore&Tambini，2018；王磊，2020；孙晋，2021）。[3]

受交叉网络外部性、平台竞争中嵌套商家竞争、用户竞争而非产品竞争等多重特殊性影响，互联网平台竞争行为的认定难度更大（叶明，2014；王晓晔，2022）。[4] 在多边平台背景下，受数字市场动态竞争、范围经济、规模经济、网络效应等特点影响（吕明瑜，2011；韩伟，2019）[5]，竞争约束极为复杂。平台的多边属性致使竞争约束与在传统市场下相比，更为复杂（吴韬，2015；Hiroshi Kitamura，Noriaki Matsushima，Misato Sato，2017）。[6] 在曲创教授（2021）看来，互联网平台竞争主要涵摄三个层面的

---

[1] Michael D Whinston. Exclusivity and tying in U.S.v.microsoft:what we know and don't know. Journal of Economic Perspectives,2001,15(2):63-80. David Demeza, Mariano Selvaggi. Exclusive Contracts Foster Relationship-Specific Investment. The RAND Journal of Economics,2007,38(1):85-97.

[2] 杨东.论反垄断法的重构：应对数字经济的挑战.中国法学，2020（3）.

[3] Moore M., Tambini D.. Digital Dominance:the Power of Google, Amazon, Facebook,and Apple. Oxford: Oxford University Press,2018. 王磊.互联网平台竞争监管研究最新进展.价格理论与实践，2020（2）.孙晋.数字平台的反垄断监管.中国社会科学，2021（5）.

[4] 叶明.互联网企业独家交易行为的反垄断法分析.现代法学，2014（4）.王晓晔.中国数字经济领域反垄断监管的理论与实践.中国社会科学院大学学报，2022（5）.

[5] 吕明瑜.网络产业中市场支配地位认定面临的新问题.政法论丛，2011（5）.韩伟，高雅洁.欧盟2019年"数字时代竞争政策报告".竞争政策研究，2019（4）.

[6] 吴韬.互联网反垄断案件中的市场份额与经营者市场地位评估.竞争政策研究，2015（1）.Hiroshi Kitamura, Noriaki Matsushima, Misato Sato. Exclusive contracts and bargaining power. Economics Letters, 2017,151:1-3.

竞争：其一，两个平台或多个平台之间的竞争，平台竞争关键在于争夺用户，而非价格上的高低，也非销量的多少；其二，平台内商家与商家之间展开竞争，属于商品销售之间的竞争；其三，平台与平台内商家之间的竞争。① 互联网平台竞争给竞争法规制带来很多难题，包括不限于：免费模式给相关市场界定、垄断价格认定提出挑战（Ezrachi，2016）②，静态分析范式无法适用，锁定效应与跨界竞争并存，创新价值角色定位模糊（方翔，2021）③，针对互联网平台企业的分析因素欠缺（朱战威，2016）。互联网平台竞争规制不仅应当关切平台企业的结构性行为，重视平台合并行为，尤其是扼杀式并购的控制（王先林，2021）④，还需注重量化垄断价格认定的注意力价值（承上，2016）⑤，对不同平台采取差异化的规制方法等规制路径（Orla Lynskey，2018；Pieter Koornhof, Tana Pistorius，2018）。⑥

从全球范围针对互联网平台的监管态势，可以发现，欧盟对互联网平台持续采取强监管做法⑦，美国对互联网平台则采用从宽松转向强化审慎监管的举措⑧，英德日澳等国则对互联网平台反竞争行为保持高度警

---

① 曲创，刘龙.互联网平台排他性协议的竞争效应：来自电商平台的证据.西安财经大学学报，2021（3）.
② Ezrachi A., Stucke M. E.. Virtual Competition:the Promise and Perils of the Algorithm-Driven Economy. Cambridge: Harvard University Press,2016.
③ 方翔.论数字经济时代反垄断法的创新价值目标.法学，2021（12）.
④ 王先林.论反垄断法对平台经济健康发展的保障.江淮论坛，2021（2）.
⑤ 承上.互联网领域免费行为的反垄断规制.现代经济探讨，2016（3）.
⑥ Orla Lynskey. At Crossroads of Data Protection and Competition Law: Time to Take Stock. Oxford: International Data Privacy Law, 2018. Pieter Koornhof, Tana Pistorius. Convergence Between Competition and Data Protection Law: a South African Perspective. Oxford: International Data Privacy Law, 2018.
⑦ 2010年以来欧盟及成员国针对超大型互联网平台开展了一系列反垄断执法。
⑧ 作为拥有数量众多的全球领先超大型互联网平台的反垄断辖区，美国竞争监管机构自微软反垄断案以来，始终坚持促进动态创新和维护消费者利益，对互联网这类创新市场反垄断保持着比较宽松放任的竞争政策取向。然而，自2019年以来，美国对超大型互联网平台的竞争监管态度发生重大转变，开始走向审慎严格监管，标志性的事件是2019年6月，联邦贸易委员会（FTC）、司法部（DOJ）、众议院以及多个州的总检察长相继宣布，针对谷歌、苹果、脸谱网、亚马逊（GAFA）四个超大型互联网平台展开反垄断调查。

惕。① 对此，我国需要立足于国情，构建符合我国实际的互联网平台竞争规制体系（王磊，2020；刘继峰，2021，李剑，2022）。② 我国既要确保持续激发平台的竞争动力与竞争效能，也应防止平台走向竞争固化带来的负外部性，在总体秉持包容审慎规制理念的基础上，最终实现互联网平台竞争生态系统的平衡运行（焦海涛，2013；陈伟华，2016；陈兵，2020）。③

互联网平台角色定位对平台行为具有重要意义。对此，有学者指出，平台同时兼具市场与企业的双重属性：一方面，平台也参与竞争，也属于市场竞争的参与者。这与其他市场主体参与竞争类似。另一方面，平台虽具备企业身份，但不像传统企业那样直接生产、销售产品，而是提供媒介将供需方关联起来，让买方和卖方找到最合适的彼此。从这个角度看，平台扮演着市场的角色，更精确地讲，平台是市场的管理者。可以说，平台同时具备企业及市场两种身份。这导致平台竞争中平台有时呈现企业的特性，有时又呈现市场的特性（陈永伟，2018；张晨颖，2021）。④

除了互联网平台竞争的独特属性以及其角色定位，学者们也对典型的互联网平台竞争行为展开了专门研究。在周樨平教授（2015）看来，互联网不当干扰行为主要包括阻碍软件安装运行、屏蔽互联网广告及修改其他经营者网络产品/服务这几类。⑤ 针对"二选一"行为，一种观点主张，"二选一"行为乃市场主体经营自主权的体现，是市场主体可自行决定的经营行为，监管部门不宜轻易干预介入（Leslie M. Marx&Greg Shaffer，2007；

---

① 近年来，英国、德国、澳大利亚、日本等发达国家高度关注互联网平台市场公平竞争问题，但主要以发布政策咨询报告和市场调查报告为主，实际竞争监管执法案例仍较少。

② 王磊．加快推进互联网平台竞争监管现代化．宏观经济管理，2020（11）．刘继峰．我国互联网平台反垄断制度的立法模式选择．价格理论与实践，2021（1）．李剑．双边市场下的反垄断法相关市场界定．中外法学，2022（1）．

③ 焦海涛．论互联网行业反垄断执法的谦抑性．交大法学，2013（2）．陈伟华．互联网平台竞争中独家交易的反垄断分析．浙江社会科学，2016（3）．陈兵．因应超级平台对反垄断法规制的挑战．法学，2020（2）．

④ 陈永伟．平台反垄断问题再思考："企业—市场二重性"视角的分析．竞争政策研究，2018（5）．张晨颖．公共性视角下的互联网平台反垄断规制．法学研究，2021（4）．

⑤ 周樨平．竞争法视野中互联网不当干扰行为的判断标准：兼评"非公益必要不干扰原则"．法学，2015（5）．

Anna D'Annunzio，2017；金福海，2018）[1]；另一种观点则主张，"二选一"行为损害了公平竞争市场秩序，应加大规制力度（焦海涛，2018；袁波，2020）。[2] 实际上，《反垄断法》《电子商务法》《反不正当竞争法》均对该类行为作出一定规定，然而三者对该行为定性及规制的侧重点存在较大差异（王晓晔，2020；吴太轩，2021）[3]，规制该类行为仍存在很大的困难。其中，《反不正当竞争法》并不存在相对优势地位的制度规定，并未明确相对优势地位的特征、概念及行为体现，能否运用相对优势地位制度规制平台"二选一"行为，学界和实务界的争议很大（龙俊，2017）。[4]《反不正当竞争法》第12条虽对互联网新型竞争行为作出一定规定，但仍无法作为规制平台"二选一"行为的适用依据（郭宗杰，2020；曾晶，2022）。[5] 基于平台同时具备私人空间和公共空间双重属性，平台具有准公共平台身份，应预防互联网平台滥用其公共性实施排除、限制竞争的行为。针对平台封禁行为，在违法性认定方面，可以借鉴欧盟守门人制度（郭传凯，2021）[6]，以商业生态系统为分析框架（周围，2022）[7]，以契合数字市场经济规律的法律标准为指引，以竞争损害为证成条件（杨文明，2020）[8]，适当引入必需设施理论，基于公共利益框架限定审查经营者经营自主权、维护用户合

---

[1] Leslie M. Marx, Greg Shaffer. Upfront Payments and Exclusion in Downstream Markets. The RAND Journal of Economics,2007, 38(3):823-843. Anna D'Annunzio. Vertical integration in the TV market: Exclusive provision and program quality. International Journal of Industrial Organization, 2017, 53:114-144. 金福海.电商平台经营者"二选一"行为的竞争法分析.经济法研究，2018（2）.

[2] 焦海涛."二选一"行为的反垄断法分析.财经法学，2018（5）.袁波.电子商务领域"二选一"行为竞争法规制的困境及出路.法学，2020（8）.

[3] 王晓晔.论电商平台"二选一"行为的法律规制.现代法学，2020（3）.吴太轩，赵致远.《电子商务法》规制电商平台"二选一"行为的不足与解决.竞争政策研究，2021（1）.

[4] Helen Weeds. TV Wars: Exclusive Content and Platform Competition in Pay TV. The Economic Journal,2016,126(594):1600-1633.

[5] 郭宗杰，崔茂杰.电商平台"二选一"排他性交易法律适用研究.中国应用法学，2020（2）.曾晶.论互联网平台"二选一"行为法律规制的完善.社会科学文摘，2022（1）.

[6] 郭传凯.互联网平台企业封禁行为的反垄断规制路径.法学评论，2021（4）.

[7] 周围.规制平台封禁行为的反垄断法分析.法学，2022（7）.

[8] 杨文明.网络平台独家交易的违法性分析.现代法学，2021（4）.

法权益（陈兵，2020；殷继国，2021）。[①]

2.互联网时代反不正当竞争法的规制范式

伴随新技术新业态发展，社会主体需求变化及思想观念革新，反不正当竞争法的定位也在不断调整。互联网时代对反不正当竞争法的规制提出了很多新要求。孔祥俊（2021）、张占江（2020）、黄勇（2015）、Henning-Bodewig（2013）、王先林（2010）等学者均对新发展背景下反不正当竞争法的规制范式、功能定位、法律属性予以全面反思。

针对互联网时代反不正当竞争法的目标取向、判定方法及属性定位，孔祥俊教授多次撰文进行系统论述，提供了深刻的思想指引。具体而言，孔祥俊教授对反不正当竞争法的发展、演进脉络作了详细梳理[②]，指出该法主要经历了三个重要发展阶段：前巴黎公约工业化时期、巴黎公约推进发展时期及后巴黎公约现代化时期。[③] 各个阶段的不正当竞争规制呈现不同的阶段性特征，具有不同的标志。历史总是延续的，创新和变革无不立足于继承与扬弃基础上铺开。在此基础上，他论证了反不正当竞争法的现代定位和现代精神：其一，在法律体系中的定位问题。最早阶段的反不正当竞争法被当作保护诚实商人利益的制度工具，此后，通过扩展到保护消费者及社会公共利益，该法逐渐转变为市场行为法，且与反垄断法的关系愈加密切，二者的法律标准越趋统一，不论在形式上还是在内容上均体现了竞争法的深度融合。[④] 此外，该法具有独特的"孵化"新型权利的功能。对于新业态、新模式、新商业成果，尤其是尚无法被纳入专门法保护的特

[①] 陈兵，赵青.互联网平台封禁行为的反垄断法解读.法治现代化研究，2020（3）.殷继国.互联网平台封禁行为的反垄断法规制.现代法学，2021（4）.

[②] 孔祥俊.论反不正当竞争法的现代化.比较法研究，2017（3）.

[③] 其中，1900年《巴黎公约》修订时引进反不正当竞争条款之前，欧洲工业化国家已有形式不一的反不正当竞争立法和实践。1900年至20世纪五六十年代，巴黎公约反不正当竞争条款在推动世界反不正当竞争法的发展中发挥了关键作用，但此后未再继续修订和发展。20世纪五六十年代以后，反不正当竞争法又进入后巴黎公约的现代化发展阶段。

[④] 孔祥俊.论反不正当竞争法的竞争法取向.法学评论，2017（5）.

定智力成果或其他商业成果,可以首先借助反不正当竞争法进行调整,由该法提供过渡性、试验性保护,从而发挥反不正当竞争法的"试验田"作用。[1]其二,在目标追求上,反不正当竞争法最初重视维护公平竞争、注重商业道德标准,在新的发展语境下,商业习惯做法被赋予了新含义,即同时强调市场效率,重视市场观念,维护效能竞争。鉴于市场竞争以模仿自由为基础原则,不能一概禁止"食人而肥""搭便车"的行为,唯有在符合特定条件时才予以禁止。[2]其三,在法益保护上,区别于传统反不正当竞争法仅关注经营者利益,现代反不正当竞争法同时关注经营者、消费者利益及社会公共利益,从一元法益保护转向三元法益叠加保护,以确保竞争更有效率地发挥效用。[3]

张占江教授近年也发表多篇力作对在新发展阶段反不正当竞争法的规制范式展开深入研讨,如在《论反不正当竞争法的谦抑性》一文中深刻论证了反不正当竞争法的制度功能以及其规制逻辑,其指出:当下对不正当竞争判定普遍采用权利侵害式的认定思路,停留于侵权法思维及抽象的商业道德判断,流露出公权力过度干预的倾向,破坏了市场竞争规律。反不正当竞争法的制度设计决定了其作为限制自由的工具,应保持足够的谦抑性,回归作为调节市场机制补充工具的基本定位。在理念上,将市场能自行解决的竞争问题交给市场解决,为市场主体行为自由及技术创新留下充分空间。在技术上,放弃权利侵害式的认定思路,克制侵权法思维及抽象的商业道德判断,基于比例原则的分析框架,权衡多方主体利益,以竞争秩序为限,明确不正当竞争判定界限。[4]此外,他还特别指出,欲最大限度保护自由竞争,应跳出部门法思维,将反不正当竞争法定位为由民法理

---

[1] 孔祥俊.论反不正当竞争法的二元法益保护谱系.政法论丛,2021(2).孔祥俊.知识产权强国建设下的反不正当竞争法适用完善:基于行政规章和司法解释征求意见稿的展开.知识产权,2021(10).

[2] 孔祥俊.《民法总则》视域下的反不正当竞争法.比较法研究,2018(2).

[3] 孔祥俊.论新修订《反不正当竞争法》的时代精神.东方法学,2018(1).

[4] 张占江.论反不正当竞争法的谦抑性.法学,2019(3).

念指引、作竞争法技术设计构造的跨部门法。在不断扩大市场行为主体自由空间、逐步抑制政府干预过程中，反不正当竞争法的侵权法色彩将逐渐隐去，其竞争法色彩将愈加凸显。①

亨宁·博德维格教授（2013）在其著作《全球反不正当竞争法指引》一书中广泛探讨了反不正当竞争法的缘起、该法保护法益的演变、该法与相关部门法之关系、各国反不正当竞争法的发展历程和修法动态等。其中，与本书选题直接相关的是，亨宁·博德维格在部分章节专门介绍了反不正当竞争法视野下消费者利益的角色转向。②他指出，该法面世的最初动因在于保障诚实企业主的利益（经营者利益），防止他们受到不正当竞争行为的侵害，而消费者利益和社会公共利益仅能作为竞争行为正当性判断的次要、参考因素，即虽然消费者利益保护也受重视，但并非必然的预定效果，而只能是一种副产品。③直至20世纪60、70年代消费者保护运动此起彼伏，反不正当竞争法的基础开始发生变化，各国始而对消费者利益保护问题进行重新考量。此外，他介绍了各国反不正当竞争法为消费者利益采取不同层面保护的现状。这为本书考察和借鉴不同国家保护消费者利益的情况提供了背景资料。

黄勇教授（2015）认为，针对互联网平台竞争的法律规制，需立足于反不正当竞争法、反垄断法等规定，结合个案进行针对性分析，权衡鼓励创新、包容审慎监管及促进产业发展等多维价值目标。④

王先林教授（2010）也特别指出，反不正当竞争法的保护目标、保护法益经历了从一元到多元的过程，最初该法乃是为了保护诚实商人的利益，而现代反不正当竞争法越来越重视对消费者利益及社会公共利益的维

---

① 张占江.反不正当竞争法属性的新定位 一个结构性的视角.中外法学，2020（1）.
② Frauke Henning-Bodewig(ed.).International Handbook on Unfair Competition. Munich: C.H.Beck.Hart.Nomos,2013.
③ Frauke Henning-Bodewig. Unfair Competition Law: European Union and Member States. London: Kluwer Law International, 2006. Reto M. Hilty, Frauke Henning-Bodewig. Law against Unfair Competition: Towards a New Paradigm in Europe. Berlin: Springer Press, 2007:55.
④ 黄勇.论互联网不正当竞争的"新边界".电子知识产权，2015（21）.

护，具有三元叠加保护目标，即同时维护经营者利益、消费者利益及社会公共利益。反不正当竞争法保护法益的转变也引发该法法律性质的根本转变，现代反不正当竞争法逐渐淡化其私法情结，而浸润越来越浓厚的公法色彩。[①]

宁立志教授（2019）表明，平台经济的发展主要呈现为几个阶段：初始萌芽期、快速发展期及成熟期。在各个阶段所采用的规制方案应有所区别，需要深入研判我国平台经济发展所经历的阶段。通常而言，在初始萌芽期应采取较为宽松的规制态度，在快速发展期应进行适度引导，在成熟期应加大规制力度。当然，倘若规制力度过大，容易抑制平台发展。此外，对平台竞争的监管还需遵循一些基本原则，如匹配原则、效益原则等。[②]

戚聿东先生（2019）提出：互联网行业竞争异常激烈，各个企业面临各自的生命周期，革新监管体制有利于促进互联网经济发展。政府监管完善需立足于全局，既非一味全面强化监管，也非片面弱化、取消监管，而是实现结构性转型，在经济监管如准入、价格、投资等方面进行放松监管，在社会监管方面进行强化，以应对各种负外部性问题。[③]

3. 互联网平台竞争行为的违法性认定

是否规制以及如何规制互联网平台竞争行为，关键在于对行为的定性评估。这也是学界的关注重点。针对互联网平台竞争行为的违法性认定，除了宏观层面的框架性探讨，在微观层面主要围绕竞争关系认定、商业道德判断展开。

其一，竞争关系认定。

长期以来，竞争关系认定时常成为司法实践审理不正当竞争案件的首要任务及主要争议焦点，并被纳入不正当竞争行为判定的必要构成要件

[①] 王先林.论反不正当竞争法调整范围的扩展：我国《反不正当竞争法》第2条的完善.中国社会科学院研究生院学报，2010（6）.
[②] 张茜."互联网平台竞争法律问题研讨会"综述.竞争政策研究，2019（4）.
[③] 张茜."互联网平台竞争法律问题研讨会"综述.竞争政策研究，2019（4）.

（郑友德，2002；周樨平，2011；焦海涛，2017）。①早期通常将竞争关系限定为狭义、直接竞争关系，倘若原、被告所经营的行业不相同，则不可能发生不正当竞争（宋旭东，2011）。②然而，伴随互联网经济的蓬勃发展，大量不正当竞争行为不断涌现，跨业竞争成为常态，狭义竞争关系认定的做法导致许多不正当竞争行为脱离法律规制范围，受不正当竞争行为侵扰的经营者无法寻求救济，市场竞争秩序遭受严重损害。如多数互联网不正当竞争案件中，原、被告通常并不经营相同领域，倘若固守狭义竞争关系认定的做法，则无法规制该类行为，无从保障经营者合法权益，更无从维护市场竞争秩序（王永强，2013；杨华权，2014）。③为破解此种困境，学界和实务界绞尽脑汁，采取其他方式认定竞争关系，为此发展出广义竞争关系认定做法（Frauke Henning-Bodewig，2013；叶明，2015）。④

值得说明的是，区别于多数从狭义、广义标准出发认定竞争关系的常见做法，吴伟光教授（2019）另辟蹊径，其认为在司法实践中依据所涉产品、服务是否同一、可替代或具有相似性而将竞争关系区分为直接竞争关系、间接竞争关系的举措无实质价值，无法化解具体的竞争法问题；并基于竞争法所规制的竞争行为在本质上是围绕交易能力展开竞争的观点，建议对竞争关系重新分类，包括：经营者之间的直接竞争关系、经营者之间的间接竞争关系、经营者与消费者之间的竞争关系。⑤该观点颇具启发性。但基于总体发展趋势，并结合不正当竞争案件审理实践可以发现，竞争关系发展历经从狭义认定迈向广义认定之进程，尤其是近几年，广义竞争关

---

① 郑友德，杨国云.现代反不正当竞争法中"竞争关系"之界定.法商研究，2002（6）.周樨平.反不正当竞争法中竞争关系的认定及其意义：基于司法实践的考察.经济法论丛，2011（2）.焦海涛.不正当竞争行为认定中的实用主义批判.中国法学，2017（1）.

② 宋旭东.论竞争关系在审理不正当竞争案件中的地位和作用.知识产权，2011（8）.

③ 王永强.网络商业环境中竞争关系的司法界定：基于网络不正当竞争案件的考察.法学，2013（11）.杨华权.论爬虫协议对互联网竞争关系的影响.知识产权，2014（1）.

④ Frauke Henning-Bodewig(ed.).International Handbook on Unfair Competition. Munich: C.H.Beck.Hart.Nomos,2013:22; 叶明，陈耿华.互联网不正当竞争案件中竞争关系认定的困境与进路.西南政法大学学报，2015（1）.

⑤ 吴伟光.对《反不正当竞争法》中竞争关系的批判与重构.当代法学，2019（1）.

系在司法实践中相当常见，成为判定原、被告是否存在竞争关系的核心标准。

一方面，广义竞争关系回应了互联网经济提出的新难题；另一方面伴随反不正当竞争法的发展以及面临广义竞争关系判定具有不确定性的挑战，广义竞争关系的适用也逐渐遭遇质疑，出现了应废弃竞争关系认定要件之声音。有学者表示，鉴于反不正当竞争法以保护竞争而非竞争者为立法目标、该法调整范围从竞争行为转向商业行为、竞争关系判断的不确定性以及数字经济背景下竞争的特殊性，应放弃竞争关系认定要件（尚佳，2020）。[1] 陈兵教授（2019）也特别指出，基于互联网经济极大改写、颠覆甚至重塑了传统竞争模式，结合域外竞争法规制经验，互联网时代竞争关系的相对性逐渐消解，反不正当竞争法的规制重心也逐渐转到行为的正当性判定，建议不再以竞争关系作为竞争行为正当性判定的前提，突破竞争关系认定的束缚。[2] 当下，不少国家已逐渐不再将竞争关系作为不正当竞争判定的构成要件，如荷兰、丹麦、捷克、比利时及德国。但是，也有少数国家仍坚持竞争关系要件，如希腊、法国及奥地利。此外，还有个别国家根据个案情形决定是否考虑竞争关系，如葡萄牙和卢森堡。[3] 放弃竞争关系要件本质上是反不正当竞争法不断现代化的结果。[4] 对此，王艳芳教授（2021）坦言：当下新商业模式不断演化，依托新业态新市场形成新的竞争生态，反不正当竞争法的保护法益呈现多元格局，不正当竞争判定范围也逐渐扩宽，需要对传统认知观念下的竞争关系进行重新解读。反不正当竞争法在规制竞争行为过程中实现该法的规范功能，竞争行为正当性判断是行为规制的事实基础及价值基准，以竞争关系进行限定的判定思路需

---

[1] 尚佳. 不正当竞争行为认定中竞争关系要件研究. 中国市场监管研究，2020（11）.

[2] 陈兵. 互联网经济下重读"竞争关系"在反不正当竞争法上的意义：以京、沪、粤法院2000-2018年的相关案例为引证. 法学，2019（7）.

[3] Reto M.Hilty, Frauke Henning-Bodewig. Law against Unfair Competition:Towards a New Paradigm in Europe. Berlin: Springer Press,2007:10.

[4] Rogier W.de Very. Towards a European Unfair Competition Law:A Clash between Legal Families. Leiden: Martinus Nijhoff Publishers,2006:158.

要革除。①

其二，商业道德判断。

商业道德是商业行为普遍遵循的行为准则（黄武双，2009）②，大量存在于市场竞争中并对市场竞争行为起积极的调整作用。反不正当竞争制度天然蕴含商业道德判断（谢晓尧，2005）③，商业道德标准是定性市场竞争行为正当性的重要标准，在不正当竞争判断中具有独特作用（王艳林，2001；孟雁北，2012；王艳芳，2020）。④然而，商业道德具有明显的不确定性（董笃笃，2016）⑤，不但表述空泛、边界模糊，而且难以承载实际的权利义务内容，所具体指向的要素也可能因不同行业、不同领域而呈现明显的差别（李生龙，2015）。⑥为此，学界和实务界尝试从不同路径对商业道德作出阐释：（1）以诚实信用原则认定商业道德，如在"百度与青岛案"⑦中，法院从诚实信用原则的视角理解商业道德，将二者进行等同。（2）借助行业惯例认定商业道德，在"3Q大战"⑧的终审判决中，法院充分认可行业惯例在商业道德判定中的作用，指出可以将行业惯例作为商业道德的考量因素；在"百度与360爬虫协议案"⑨、"百度与3721案"⑩等多个案件中，法院均采用行业惯例来阐释商业道德。（3）司法创设具体细则解读商业道德。如：在"百度诉360插标案"⑪中，法院提出了"非公益必

---

① 王艳芳.反不正当竞争法中竞争关系的解构与重塑.政法论丛，2021（2）.
② 黄武双.经济理性、商业道德与商业秘密保护.电子知识产权，2009（5）.
③ 谢晓尧.竞争秩序的道德解读.北京：法律出版社，2005：4.
④ 王艳林.市场交易的基本原则：《中国反不正当竞争法》第2条第1款释论.政法论坛，2001（6）.孟雁北.反不正当竞争法视野中的商业道德解读：以互联网行业不正当竞争行为的规制为例证.中国工商管理研究，2012（12）.王艳芳.商业道德在反不正当竞争法中的价值与标准二重构造.知识产权，2020（6）.
⑤ 董笃笃.互联网领域"公认的商业道德"的司法适用.重庆邮电大学学报（社会科学版），2016（5）.
⑥ 李生龙.互联网领域公认商业道德研究.法律适用，2015（9）.
⑦ 山东省高级人民法院（2010）鲁民三终字第5-2号判决书。
⑧ 最高人民法院（2013）民三终字第5号民事判决书。
⑨ 北京市第一中级人民法院（2013）民初字第2668号民事判决书。
⑩ 北京市第二中级人民法院（2004）二中民终字第02387号民事判决书。
⑪ 北京市高级人民法院（2013）高民终字第2352号民事判决书。

要不干扰原则";在"百度与360爬虫协议案"①中,法院凝练了"协商通知原则";此外,还有法院总结了"一视同仁原则"②及"最小特权原则"③。可见,针对商业道德不确定性难题,学界和实务界从不同视角提出了解决方案,但总体而言,受商业道德的多元性、阶段性等特点影响,这些不同方案仍存在一定程度的缺陷和争议。

与之相反,也有学者对商业道德标准提出一定质疑,如蒋舸教授(2013)批判了商业道德泛化适用的习惯性做法,坦言:相比于商业道德的多元性,竞争规律普适性更强;相比于道德评判的不确定性,竞争规则具有更明显的指引价值;相比于道德实践的滞后性,竞争实践的进化性更为明显;相比于道德规则浓厚的价值预设性,竞争过程的中立性更为可贵。因此应警惕过度夸大商业道德标准的重要性和价值。④此外,王磊博士(2018)表明,鉴于商业道德标准极具模糊性,不妨转向利益衡量方法,评估竞争行为对竞争利益的深层影响,更为契合反不正当竞争法的立法目的以及思维范式。⑤还有学者对以行业惯例来认定商业道德的做法作出反思(范长军,2015;蒋舸,2019)⑥,主张行业惯例提供的线索毕竟有限,仅能作为商业道德判断的辅助工具而非决定性依据,对于行业惯例的适用需作进一步甄别、审查,并同时结合市场行为的竞争效果进行经济分析。

北京市高级人民法院在 2016 年专门出台了《关于涉及网络知识产权案件的审理指南》,也对商业道德的具体认定作出了阐释。其中第 33 条提到商业道德是特定行业、特定经济领域经营者普遍认可、遵循,且契合消费者及社会公共利益的道德准则及经营规范,认定商业道德,应采用经济

---

① 北京市第一中级人民法院(2013)一中民初字第 2668 号民事判决书。
② 北京市第二中级人民法院(2013)二中民初字第 15709 号民事判决书。
③ 最高人民法院(2014)民申字第 873 号民事裁定书。
④ 蒋舸.关于竞争行为正当性评判泛道德化之反思.现代法学,2013(6).
⑤ 王磊.法律未列举的竞争行为的正当性如何评定:一种利益衡量的新进路.法学论坛,2018(5).
⑥ 范长军.行业惯例与不正当竞争.法学家,2015(5).蒋舸.竞争行为正当性评价中的商业惯例因素.法学评论,2019(2).

人伦理标准，且契合该法立法目的。第34条明确了商业道德的具体考量因素：（1）网络行业特定的行业惯例；（2）行业自律组织或行业协会结合行业竞争特点、需求制定的自律公约、从业规范；（3）网络行业的技术规范；（4）其他考量内容。

值得说明的是，2017年《反不正当竞争法》修订，删除了第2条第1款商业道德前的"公认"二字。这不仅意味着作为竞争行为正当性判定的商业道德标准包括公认的商业道德，也同时赋予法官创制商业道德的权限。对此，就二者的关系而言，孔祥俊教授（2021）表示：在现存公认商业道德的情形下，应优先考虑适用公认商业道德来认定竞争行为的正当性，而在新产业、新市场领域无现成、公认的商业道德的情形下，则需要立足于市场需求，结合法律精神，尤其是基于反不正当竞争法的价值追求，创制商业道德，再据此判定行为的正当性。以公认的商业道德来认定竞争行为，其实是发挥商业道德规制市场竞争行为的作用；以创制的商业道德来认定竞争行为，其实是发挥商业道德塑造市场竞争行为的作用。[1] 遗憾的是，最高人民法院在2022年3月出台的《关于适用〈中华人民共和国反不正当竞争法〉若干问题的解释》第3条[2]，仍以"普遍认可和遵循的行为规范"来界定商业道德，实则是承袭了旧制，对商业道德的解释依旧停留于1993年《反不正当竞争法》所秉持的"公认"商业道德标准，尚未体现立法的最新动向。

除了微观层面的竞争关系判定及商业道德标准具化，也有学者从宏观层面对不正当竞争行为判定提出有益见解，如孔祥俊教授（2018）指出，不正当竞争判定应采取动态的竞争观，秉持法益中性及损害中性，贯彻行为正当主义，革除法益保护主义，判断行为正当性应结合多元利益衡量、

---

[1] 孔祥俊.知识产权强国建设下的反不正当竞争法适用完善：基于行政规章和司法解释征求意见稿的展开.知识产权,2021（10）.

[2] 《关于适用〈中华人民共和国反不正当竞争法〉若干问题的解释》第3条第1款规定："特定商业领域普遍遵循和认可的行为规范，人民法院可以认定为反不正当竞争法第二条规定的'商业道德'。"

展开利益比较。①张占江教授（2019）认为，化解竞争难题及回归市场竞争本质属性，决定了不再局限为保护竞争者，而转向保护竞争的行为认定范式，对竞争行为正当性认定不再仅考虑竞争者利益且进行权利化判断，而需立足于竞争功能、竞争结构及竞争特性，重新厘清竞争行为正当性考量因素及利益衡量分析框架。此外，张占江教授（2020）还特别提到，约束不正当竞争行为，关键不是因为行为损害了某种特定法益，而是因为其背离了维护竞争者利益、消费者利益及社会公共利益的行为规范，因此对不正当竞争行为的判定，应以不受扭曲的竞争机制作为标准。②市场竞争、利益权衡的复杂性决定了，市场竞争逻辑运行与竞争秩序界限应当互相印证，且受到基本权利保护的规约。反不正当竞争法的规制逻辑、干预正当性及合法性基础意味着竞争行为正当性判定应同时受到市场竞争逻辑、竞争秩序、基本权利三个维度的限制。这正如伯姆早在1993年所提到的，反不正当竞争法唯一的任务即是保护竞争。③

4. 互联网平台竞争案件的法律适用

互联网平台竞争案件的法律适用，以《反不正当竞争法》第12条、第2条为主，然而二者均面临一定的适用困境。

其一，就《反不正当竞争法》第12条而言，刁云芸博士（2021）指出：类型化的价值及功能体现在建构认知模型，提高认知效率及降低决策成本。虽然该法第12条为包括互联网平台竞争行为在内的新型竞争行为提供了法律依据，然而该条存在明显的制度缺陷：一方面，该条所列举的具体行为类型与传统不正当竞争行为不存在明显区隔，列举类型过于简单，难以覆盖实践中比较典型的互联网平台竞争行为，并且，该条列举的三种具体行为类型之间无法满足基本的互斥要求，某些互联网竞争行为甚至可

---

① 孔祥俊.论反不正当竞争的基本范式.法学家，2018（1）.
② 张占江.反不正当竞争法属性的新定位 一个结构性的视角.中外法学，2020（1）.
③ 范长军.德国反不正当竞争法研究.北京：法律出版社，2010：110.

以为其中多个列举条款所涵摄（如第 12 条第 2 项规定误导、欺骗、强迫用户修改、卸载、关闭产品、服务就与第 12 条第 3 项规定恶意不兼容存在重叠交叉关系），无疑加大了司法适用难度。另一方面，该条存在语词表述模糊不清、兜底规定过于简略、可操作性不强的局限性。第 12 条第 4 项兜底规定的构成要件字面含义过于宽泛，缺少具体明确的适用条件，导致其在司法实践中的可操作性及可执行性较弱，宣誓意义大于实用价值。并且，该兜底条款与一般条款的关系如何尚需进一步澄清。

其二，《反不正当竞争法》第 2 条（一般条款）的具体适用。鉴于互联网市场竞争行为的复杂性、多变性，立法者基于其有限理性，无法对实践中所有不正当竞争行为进行一一列举，类型化条款不可避免具有一定的局限性，难以覆盖全部新型的互联网平台竞争行为，因此，一般条款的适用成为必然（郑友德，2005；张平，2013；吴峻，2016；谢晓尧，2018）。[①]最高人民法院在"海带配额案"[②]明确了一般条款的适用要件，具体包括：（1）不能归入《反不正当竞争法》所具体列举的行为类型；（2）行为损害了经营者利益；（3）行为违反了商业道德及诚实信用原则，具有不正当性。长期以来，这三项要件对于一般条款的具体适用发挥着重要作用。然而，其中的商业道德、诚实信用原则仍具有明显的不确定性，且这三项要件并未涵摄竞争秩序、消费者利益保护，仍具有一定局限性。为进一步提升一般条款适用的准确性，学者从不同视角提出完善一般条款适用的对策。如蒋舸教授（2014）[③]、张钦坤博士（2015）[④]、卢纯昕教授（2017）[⑤]指出，对于一般条款的适用，不仅需要考量商业道德标准，也要侧重行为竞争效果评估，

[①] 郑友德，范长军.反不正当竞争法一般条款具体化研究.法商研究，2005（5）.张平.《反不正当竞争法》的一般条款及其适用.法律适用，2013（3）.吴峻.反不正当竞争法一般条款的司法适用模式.法学研究，2016（2）.谢晓尧.一般条款的裁判思维与方法.知识产权，2018（4）.

[②] 最高人民法院（2009）民申字第 1065 号民事判决书.

[③] 蒋舸.《反不正当竞争法》一般条款在互联网领域的适用.电子知识产权，2014（10）.

[④] 张钦坤.反不正当竞争法一般条款适用的逻辑分析.知识产权，2015（3）.

[⑤] 卢纯昕.反不正当竞争法一般条款在知识产权保护中的适用定位.知识产权，2017（1）.

对行为的经济损害作出论证。刘维博士（2011）[①]对适用一般条款的不正当竞争行为作出类型划分，包括阻碍竞争对手的行为、诱导消费者的行为及违法获取竞争利益的行为。兰磊博士（2015）[②]则论证了为何应以比例原则为分析工具来适用一般条款，其坦言：比例原则乃权衡利益冲突的有效工具，普遍适用于不同法律领域，对不正当竞争行为的判断关涉多个不同主体的利益，可以借助比例原则作为分析框架，将抽象的道德判断转换为客观认定。这颇具启发意义。董晓敏法官（2019）[③]、杨同宇博士（2021）[④]表明：一般条款的适用需彰显立法目的，确保合法性与合理性的统一；对一般条款的适用需保持谦抑，并回应市场竞争的基本规律，能够交给市场自行调节的问题尽可能回归市场解决，市场机制具有足够的自我调整及修复效能，市场自由可以确保资源优化配置，实现效率最大化，唯有那些市场本身无法自行修复的，才需要借助法律解决，因此，应基于最小干预原则，厘清不正当竞争行为的范围和边界。

此外，还有学者对互联网平台合规、互联网平台协同治理展开探索（孙晋，2021；王坤，2021；叶明，2021）。[⑤]如王健教授（2022）专门提道：平台经济发展至特定阶段，规范是一方面，促进更进一步深层次发展是另一方面。互联网本质是一张合同关系网，互联网平台实质上是由诸多协议及规则搭建而成的，平台首先需要发挥自治责任，当然，平台自治也有限度，逾越限度，则需要外部监管力量干预，这是竞争法需要实现效用的地方。此外，竞争执法部门应着重引导企业构建竞争合规机制，互联网平台也应主动构建竞争合规机制。[⑥]丁茂中教授（2022）也多次撰文强调竞争

[①] 刘维. 反不正当竞争法一般条款的适用边界. 湖北社会科学, 2011 (12).
[②] 兰磊. 比例原则视角下的《反不正当竞争法》一般条款解释. 东方法学, 2015 (3).
[③] 董晓敏.《反不正当竞争法》一般条款的适用. 北京：知识产权出版社, 2019: 51.
[④] 杨同宇. 论反不正当竞争法一般条款的适用逻辑. 中国政法大学学报, 2021 (2).
[⑤] 孙晋. 数字平台垄断与数字竞争规则的建构. 法律科学, 2021 (4). 王坤, 周鲁耀. 平台企业的自治与共治. 浙江学刊, 2021 (1). 叶明. 双重身份下互联网平台自我监管的困境及对策. 电子政务, 2021 (5).
[⑥] 王健, 李星. 论反垄断法与共同富裕的实现. 法治社会, 2022 (3).

合规的重要性，其表明：欲确保经营者对自身经营策略和竞争行为有足够预期，应对竞争过程中具有争议性的问题作出适当指引，在条件成熟的基础上，还可对一些专门的竞争规制问题作出针对性规定。①帕克教授等（2017）指出：既要加强互联网平台的自我规制，也应创新政府监管机构对互联网平台的规制方案，并平衡好私人自治与政府监管的关系，关切社会公共利益及私人主体利益。②芬克教授（2017）则深入探讨并比较了平台自我规制与多元主体协同规制的效用，其表明，针对互联网平台监管，在特定条件下，多元主体协同监管或许是最优策略。③陈兵教授表示（2020），应鼓励互联网平台探索建立、优化开放型竞争生态系统，主动积极投入由政府主导的竞争合作规制项目，培育、健全互联网平台的自治效能及社会责任。④叶明教授（2021）主张，应明确政府对平台监管及平台自我监管的边界，提升平台监管规则的科学性、有效性，优化平台自我监管程序规范，以助推平台经济健康发展。⑤

（二）已有研究的不足

已有研究从互联网平台竞争独特属性、互联网时代反不正当竞争法的规制范式、互联网平台竞争行为的违法性判定、互联网时代消费者利益保护、互联网平台竞争行为的法律适用、互联网平台自我规制等多个方面展开，对互联网平台竞争法律规制体系的健全具有重要意义，也为本书提供了很多智识支撑，然而总体而言，还存在以下不足：

（1）在研究方法和研究工具上，已有研究偏向规范分析，采用定性研

---

① 丁茂中.自我优待的反垄断规制问题.法学论坛，2022（4）.
② Parker G. G., Van Alstyne M. W., Choudary S. P.. Platform Revolution: How Networked Markets are Transforming the Economy and How to Make them Work for You. New York: W. W. Norton & Company,2017.
③ Finck M.. Digital Regulation: Designing a Supranational Legal Framework for the Platform Economy. London: LSE Law, Society and Economy Working Papers,2017.
④ 陈兵.因应超级平台对反垄断法规制的挑战.法学，2020（2）.
⑤ 叶明.双重身份下互联网平台自我监管的困境及对策.电子政务，2021（5）.

究方法居多，鲜少借助大数据手段对大量互联网平台竞争案件进行定量分析，研究方法比较传统、单一。

（2）在研究视角和研究进路上，中观、微观层面的研究多，而在宏观层面提炼竞争法规制互联网平台竞争规制体系的很少。具体而言，既有研究更集中于从微观层面对互联网平台竞争行为的具体判定展开探讨，对反不正当竞争法的具体制度构建提出了很多创见。这为本书提供了很多镜鉴，但遗憾的是，已有研究较少从宏观规制理念、价值追求的应有高度审视互联网平台竞争规制及反不正当竞争法规制变革。这也为本书提供了较大研究空间。

（3）在研究内容和研究观点上，也存在一些尚需进一步关注的议题。

1）关于互联网平台竞争案件的竞争观，虽有学者开始注意到不正当竞争案件应采用动态竞争观，但尚缺乏系统论证与深度研讨。并且，如何实现竞争法竞争观之转型，既有研究在对静态竞争观的理性检讨及对动态竞争观的证成上，视角相对单一，而关于动态竞争观证立后的具体分析框架和判断思路尚付阙如。

2）关于互联网平台竞争案件审理的价值追求，已有研究甚少对反不正当竞争法的价值体系进行深刻反思，即便文中论证涉及该法的价值追求，也大抵仅仅关注公平竞争价值维度，甚少从自由竞争价值维度进行系统论证。

3）在互联网平台竞争行为违法性认定上，已有研究对竞争关系认定、商业道德判断作了大量分析，然而，欠缺对不同发展阶段竞争关系认定的演进脉络作全面梳理，虽也质疑竞争关系要件之于不正当竞争判定的必要性，但尚未明确厘清竞争关系在不正当竞争案件审理中的角色定位，并未回答竞争关系在实体层面、程序层面分别如何发挥作用。虽对商业道德的具体认定作了诸多探索，但已有的几种解决方案仍未能破解商业道德判断模糊性、复杂性、不确定性的难题。

4）关于一般条款的扩张适用，已有研究多数集中于正面肯认一般条款的效用及厘清一般条款的适用规则，鲜少从反面质疑一般条款的扩张适用，检讨其扩张适用背后深层次的原因，反思一般条款扩张适用的负外部性，以及基于新的时代发展语境审视一般条款的角色定位。

5) 关于互联网时代反不正当竞争法的法益结构，虽有学者重新审视反不正当竞争法的定位以及其基本分析范式，极具学术价值与实践意义，然鲜见专门从法益结构的视角认知反不正当竞争法，亦未能基于互联网时代发展背景反思反不正当竞争法固有的法益结构是否合理。

第一章
互联网平台竞争案件的竞争观择取

何谓竞争观？按照孔祥俊教授的洞见，竞争观是指对市场竞争的基本判断、态度与观念，秉承何种竞争观，将决定采用何种不正当竞争规制态度及进一步的认定路径、判定标准。[1]可以说，竞争观是整个反不正当竞争法规制体系中最为根本、首要之基石，不仅在微观上关乎具体竞争行为正当性的认定结果，也在中观上决定竞争法的权益配置，而且在宏观上折射竞争法的法律定位与发展走向，是竞争法研究中最为根本的命题之一。此外，对竞争观的反思与调适亦关涉我国互联网平台产业之走向，乃至于引领我国市场经济业态的下一步发展，达致"以裁判效果积极反射、创建社会规则"之系统性目的。为确保有效规制互联网平台竞争行为，究其根本，需要首先厘清该类案件审理应择取何种竞争观。近年来，互联网平台竞争案件中的屏蔽视频广告案不断涌现，"优酷案"[2]、"爱奇艺案"[3]、"腾讯案"[4]、"ADSafe（净网大师软件）案"[5]等，即为例证。关于屏蔽、过滤广告行为是否构成不正当竞争，类似案件裁判结果截然不同，司法实践认定

---

[1] 孔祥俊.反不正当竞争法新原理·原论.北京：法律出版社，2019：194.
[2] 北京市第一中级人民法院（2014）一中民终字第 3283 号民事判决书.
[3] 北京知识产权法院（2014）京知民终字第 79 号民事判决书.
[4] 北京知识产权法院（2018）京 73 民终 558 号民事判决书.
[5] 上海知识产权法院（2016）沪 73 民终 34 号民事判决书.

争议颇为激烈，也再次引起了学界的高度关注。分析 2013—2020 年屏蔽视频广告案裁判文书[①]，可以发现，之所以导致不同的认定结果，除案件采用各异分析工具外，最为根本的原因或许是案件审理背后秉持的各异竞争观。从既有研究看，虽有学者开始注意到这种转变[②]，但尚缺乏系统论证与深度研讨。[③] 并且，如何实现竞争法竞争观之转型，既有对静态竞争观的理性检讨及关于动态竞争观[④]的证成，视角相对单一，而关于证立后的具体分析框架和判断思路亦尚付阙如。这也为本书提供较大探究空间。本章将结合屏蔽广告案，剖析互联网平台竞争行为的竞争观问题。

[①] 以屏蔽广告、过滤广告、拦截广告为关键词，在中国裁判文书网、北大法宝、威科先行法律信息库等数据库进行单独、交叉组合检索，获得 52 份屏蔽广告不正当竞争案件裁判文书作为有效分析样本（截至 2020 年 4 月）。

[②] 孔祥俊教授认为反不正当竞争法的基本范式可以归结为竞争观、损害观和法益观等"三观"，为本书研究提供诸多知识支撑。孔祥俊.论反不正当竞争法的基本范式.法学家，2018（1）.此外，学者张占江、焦海涛、陈兵也在其论文论述及反不正当竞争法属性的新定位，学者兰磊、谢晓尧、兰楠对广告过滤行为正当性判断进行深入论证，这些研究均提出了诸多有益见解。兰磊.比例原则视角下的《反不正当竞争法》一般条款解释：以视频网站上广告拦截和快进是否构成不正当竞争为例.东方法学，2015（3）.焦海涛.不正当竞争行为认定中的实用主义批判.中国法学，2017（1）.陈兵.大数据的竞争法属性及规制意义.法学，2018（8）.谢晓尧.一般条款的裁判思维与方法：以广告过滤行为的正当性判断为例.知识产权，2018（4）.兰楠.广告过滤行为的正当性评价.华东政法大学学报，2019（2）.张占江.反不正当竞争法属性的新定位.中外法学，2020（1）.

[③] 虽然既有研究为本书选题提供了很大帮助，然其在学术出发点、学术视角、学术旨趣及立场上与本书存在差异。

[④] 静态竞争观、动态竞争观主要借鉴经济学上的静态竞争理论、动态竞争理论。其中，动态竞争理论的基本含义是：竞争是一种动态的、多方位的经济上的争胜活动，不仅指现实市场上的竞争，也包括潜在竞争；不仅指相同产品之间的竞争，还包括替代产品之间的竞争；不仅指价格竞争，更多体现为产品质量、售后服务、技术和组织制度创新等非价格竞争方式 [盛杰民，袁祝杰.动态竞争观与我国竞争立法的路向.中国法学，2002（2）]。而在反不正当竞争法语境下，竞争观指对市场竞争的基本态度及对不正当竞争行为的规制观念，包括静态竞争观与动态竞争观。其中，前者体现静态的竞争思维，后者贯彻动态的竞争观念；前者侧重静态的竞争结果，后者重视动态的竞争过程；前者秉持竞争利益权利化导向，后者秉持行为正当主义；前者关注具体、特定的损害，法益保护色彩较为浓厚，后者不先验保护某种特定法益，未赋予任何主体以专有权保护。

第一节　屏蔽视频广告案的裁判之争：两种不同的竞争观

一、两种不同的裁判结果

通过梳理2013—2020年屏蔽视频广告不正当竞争案件判决书，不难发现，关于屏蔽、过滤广告行为是否构成不正当竞争，存在两种观点。

（一）构成不正当竞争

从检索到的52份拦截广告不正当竞争裁判文书看，有50个案件法官均支持原告诉求，即认为被告屏蔽广告的行为不当增加自身竞争优势（competitive advantage）[①]，侵害了原告合法的商业模式，构成不正当竞争。如在"优酷与猎豹浏览器案"[②]中，一旦用户启动浏览器屏蔽功能，则可轻松过滤其他视频商的广告，法院经审理认为，涉诉行为干扰了原告正当、合法的经营活动，属于不当攫取竞争力量，有违诚实信用原则，行为构成不正当竞争。

无独有偶，在"聚力诉ADSafe（净网大师软件）案"[③]中，当用户使用被告ADSafe软件，启动"看视频不等待""无骚扰"功能观看视频及网页时，会自动跳过原告的视频片前广告或过滤网页广告，径直播放视频。法院指出，涉诉行为不当利用了原告的市场成果，以有损原告合法、正当权益的方式增加竞争优势，行为不正当性明显，应作出否定性评价。

[①] "竞争优势"不是一个严格的法律术语，但它所表达的内涵却比较清晰，作为竞争利益的一般性/说明性描述也比较形象，能够很好说明和使人易于理解反不正当竞争法的有关法理问题，故成为该法的惯用语，为国内外竞争法法理所通用，也在不正当竞争裁判中经常被援用。

[②] 北京市第一中级人民法院（2014）一中民终字第3283号民事判决书。

[③] 上海知识产权法院（2016）沪73民终34号民事判决书。

不妨再将视线投向"爱奇艺案"[①]：被告生产、销售一款名为"极路由"的路由器，用户在被告的云平台下载、安装过滤广告的插件后，可自动屏蔽原告的视频广告。法院直接表明，被告的行为强行改变了原告的商业模式，即便屏蔽的行为是借用户之手，亦无法掩盖其侵害原告权益之事实，此种不当谋取竞争利益、损害其他经营者合法权益的行为很难具有正当性。

（二）不构成不正当竞争

与前述案件不同，2017年12月广州市黄埔区人民法院及2018年1月北京市朝阳区人民法院分别审理的屏蔽视频广告案，作出了截然相反的裁判结果，即认为由用户自行启动屏蔽功能的过滤行为不构成不正当竞争。以下逐一阅之。

其中，广州市黄埔区人民法院在审理"湖南快乐阳光公司与唯思案"[②]时坦言，被告的浏览器插件虽具有屏蔽他人视频广告的功能，但其并非专门针对原告开发，对原告不具有特定、排他性恶意，并未损害公认的商业道德及诚实信用原则，亦未违反行业公约与行业惯例中的禁止性规定，故其行为不构成不正当竞争。

而在"腾讯诉世纪星辉不正当竞争纠纷案"[③]中，法院经审理表示：首先，商业模式属于市场自由竞争的伴生物，其存活于自由竞争的土壤并在优胜劣汰的市场机制中决定命运；其次，"免费＋广告"的商业模式并非网络视频行业独一或主要的生存模式，不当然纳入法定保护序列；最后，在用户授权的前提下，经营者基于市场利益最大化而行屏蔽、过滤他人广告之举，很难具有不正当性。

[①] 北京知识产权法院（2014）京知民终字第79号民事判决书。
[②] 广东省广州市黄埔区人民法院（2017）粤0112民初737号民事判决书。
[③] 北京市朝阳区人民法院（2017）京0105民初70786号民事判决书。

二、产生分歧的原因剖析

缘何在此前多数屏蔽视频广告案中,出现压倒性的认为过滤广告行为构成不正当竞争的审理结果?又缘何在后面两个案件出现了截然相反的判断?究其原因,大致如下。

(一)主要原因:分析逻辑与分析工具不同

概览2013—2020年屏蔽视频广告案发现,既有认为过滤广告行为构成不正当竞争的思维流程基本如下:在认可互联网视频业"免费+广告"商业模式成为行业通行做法之基础上,判定屏蔽视频的行为导致原告经营者利益受损,有违商业道德和诚信原则,因而纳入不正当竞争范畴。其论证路线固定、思维流程短暂,结论的可预期性较强。

而主张不构成不正当竞争的裁判案件,几乎无一例外使用了比例原则作为分析工具。如在"腾讯与世纪星辉案"[①],法院坦言:免费为主的商业模式并非互联网视频业主要、唯一的生存模式。使用屏蔽功能、过滤他人广告也仅波及原告网络视频服务的部分利益,并未对其造成根本性的损害。而在此前一度被奉为经典的德国"电视精灵案",审理法院明确提到,"任何竞争均会对其他市场参与者带来影响。是否禁止某项市场竞争行为,须在具体个案中权衡经营者、消费者等多方主体利益"[②]。德国法院亦是采用比例原则,在多重识别、多维权衡后作出裁判。

(二)根本原因:受各异竞争观驱使

之所以产生过滤视频广告行为截然相左的裁判结果,除分析工具不同

---

① 北京市朝阳区人民法院(2017)京0105民初70786号民事判决书。
② BGG,Urteil v. 24.06.2004,Az.IZR 26/02. 类似经典案件还包括德国汉堡州法院第16民事庭2015年4月21日判决的"带有付费白名单的广告屏蔽案"(LG Hamburg 16.Kammer für Handelssachen,Urteil vom 21.04.2015,416 HKO 159/14)、美国的Zango,Inc. v. Kaspersky Lab,Inc.,568 F.3d 1169(9th,Cir.,2009)。

外，最根本的原因在于植入了各异竞争观。在多数过滤视频广告案件中，法官首先将视线投掷于有无损害上，如有损害，通常会作出行为构成不正当竞争的评判。在这种裁判思路中，"损害"似乎与"不正当"画上等号。如"优酷视频诉猎豹浏览器案"[①]、"聚力诉ADSafe（净网大师软件）案"[②]、"极科极客公司诉爱奇艺公司纠纷案"[③]、"优酷诉金山案"[④]、"爱奇艺诉VST全聚合软件案"[⑤]等案件中，法院几乎无差别表示，由于拦截他人广告的行为不当利用了原告市场成果，造成了原告竞争利益受损，故对行为应予禁止。换言之，如存在损害，行为很难具有正当性。从以往对互联网平台竞争案件的裁判思路看，多数以行为损害经营者利益认定构成不正当竞争，根据表1—1可知，在186份互联网平台竞争案件判决书中[⑥]，除了缺失样本，在175份有效样本中，有58.9%的判决书以行为损害了经营者利益为由对行为正当性作出判断。此种立足于机械保护经营者权益，简单借助损害指标作出认定的做法，多数是受到静态竞争观之驱使。

表1—1 认定为不正当竞争的依据

样本有效分布	认定为不正当竞争的依据	频率	百分比	有效百分比	累积百分比
有效	损害了经营者利益	103	55.4	58.9	58.9
	损害了消费者利益	1	0.5	0.6	59.4
	损害了公平竞争秩序	8	4.3	4.6	64.0
	综合	63	33.9	36.0	100.0
	合计	175	94.1	100.0	—
缺失	系统	11	5.9	—	—
合计		186	100.0		

与之相对，经综合考量后，判定拦截他人广告的行为不构成不正当竞

---

① 北京市第一中级人民法院（2014）一中民终字第3283号民事判决书。
② 上海知识产权法院（2016）沪73民终34号民事判决书。
③ 北京知识产权法院（2014）京知民终字第79号民事判决书。
④ 北京市海淀区人民法院（2013）海民初字第13155号民事裁定书。
⑤ 知识产权法院（2015）沪知民终字第728号民事判决书。
⑥ 数据来源、分析工具、变量设计说明等详见附录。

争的案件基本植入了动态竞争观。如"腾讯与世纪星辉案"[1]等案件中,法官坦言,竞争应置于发展语境下考量,在优胜劣汰的市场竞争中,商业模式并非只有一种,也并非恒定不变。有市场就有竞争,有竞争则必然有损害,不可因有损害则立即判定行为具有不正当性。基于动态竞争观指引进行裁判的案件通常认为,任一市场参与者均无须承担尊重其他竞争者商业模式及维护其竞争利益之义务。

第二节 静态竞争观如何形成?

新发展语境下互联网平台竞争案件的审理应秉承何种竞争观?对于该问题的回答,或需还原场景,考究静态竞争观如何形成,思量其生成背景及发展脉络,进而才能对其存在的不足作出理性评判。

一、基于反不正当竞争法脱胎于侵权行为法的历史渊源

基于传统反不正当竞争法的演进脉络可知,该法起源于侵权行为法。[2] 西方主要发达国家在经历工业化发展之后,市场竞争愈加激烈,各种以阻碍竞争对手、误导消费者来获取竞争优势的行为屡禁不止,如单纯凭借市场力量难以控制,规制不正当竞争的法律成为司法实践所需。为此,一些国家如法国、意大利、荷兰,纷纷借助民法典的侵权责任一般条款,迅速构建规制不正当竞争相关判例法体例,以此为商人构筑避免被模仿、泄露秘密、混淆、诋毁的通道。[3] 也有国家着手进行专门的反不正当竞争立法,

---

[1] 北京市朝阳区人民法院(2017)京 0105 民初 70786 号民事判决书。
[2] Frauke Henning-Bodewig(ed.). International Handbook on Unfair Competition. Munich: C.H.Beck · Hart · Nomos,2013:208.
[3] 也有国家着手进行专门的反不正当竞争立法。如德国先后于 1896 年、1909 年颁布、修订《反不正当竞争法》,开创了全球范围内专门制定反不正当竞争法之先河。

如德国，其制定了专门的反不正当竞争法，且规定了一般条款，以禁止那些有违善良风俗之竞争行为；很多普通法国家则围绕仿冒之诉，以判例法的形式逐步发展出应对不正当商业竞争的法律规则。在不正当竞争规制立法的演变过程中，《巴黎公约》是最早定义不正当竞争的国际公约。在1925年的修订本中，《巴黎公约》如此界定不正当竞争行为："如在进行工商业活动中，侵害诚实商业习惯做法之行为均构成不正当竞争。"为阐明该定义，该公约还在第3款列举了两种具体行为，即规制混淆行为以及诋毁竞争对手商誉的行为。

脱胎于侵权行为法的反不正当竞争法，不免刻有侵权行为法的思维烙印，即强调权益保护思维，并力图为主体权益提供全面、直接的制度保障。虽然立法形式各异，然各国反不正当竞争法最初的共同目的是"保障诚实企业主的利益"，使其免受非诚信竞争对手之侵害。反不正当竞争法最开始的立法宗旨是规范具有竞争关系的竞争者之间的行为，立法者认为，竞争首先与企业有关，企业才是最先受到竞争影响的。[①] 这种观点持续牢固影响不正当竞争案件的审理。具体到互联网平台不正当竞争案件，直观反映为对经营者竞争成果的全力维护，进而为经营者提供"权利化"的保护。[②] 这也导致实践中多数法官在确认原、被告的竞争关系成立的基础上，径直阐明案涉商业模式的合法性，并结合原告权利受损之事实，快速作出行为构成不正当竞争之结论。此种对原告经营者竞争成果作财产化、权利化认定的路径，浸润了浓厚的经营者保护情结，是静态竞争观指引下的产物。

[①] [比]保罗·纽尔.竞争与法律：权力机构、企业和消费者所处的地位.刘利，译.北京：法律出版社，2004：62.

[②] 比如2004年，时任最高人民法院副院长的曹建明在《在全国法院知识产权审判工作座谈会上的讲话》中提道：认定不正当竞争，除了要具备一般民事侵权行为的构成要件以外，还要注意审查是否存在竞争关系。

二、不正当竞争案件审理法官的知识前见及审理路径依赖

一直以来,有学者始终将反不正当竞争法作为知识产权法的兜底法[1],认为凡是知识产权法未能提供周延保护的,可转而寻求反不正当竞争法的庇佑。[2] 而且不正当竞争案件的审理也一直是在知识产权庭,多数法官具有独到深厚的知识产权审理经验,但也正因如此,基于其知识前见、惯性思维及审理路径依赖,以及反不正当竞争法与知识产权法"难舍难分"的情结,法官往往在"自觉"或不经意间将知识产权案件审理思路植入不正当竞争案件中。

知识产权法是权利保护法,认定一项行为是否构成侵权,第一要义是存在明确的法定权利。可以说,知识产权法从其诞生之初,即将保护专有权作为其价值追求。知识产权法的发展过程,也始终伴随着不断对权利人专有权进行确认及保护。19世纪中叶后期,资本主义国家逐步发现知识产权在提升、促进本国经济发展的关键作用,始而寻求以知识产权立法模式为权利人提供专门保护,以最大限度激励主体创新,进而带动社会整体进步。在高度商品化、市场化的现代市场经济社会,对权利人专有权保护的需求愈趋强烈,不仅涵摄有形财产,也包括无形财产。在法律意义上,主体对所主张的产品对象享有自由支配权、所有权是实施交易的前提。从知识产权法立法的最初动因以及市场经济发展需求看,知识产权法更偏向确认、保护主体专有权。从本质属性看,知识产权法属于私法,更精确讲,属于保护权利人专有权的私人权利法。其虽然也重视公共利益保护,但在知识产权私法视域下,对私权的保护仍然属于第一位,如何为知识产权人输送排他性保护始终是该法重要的立法

---

[1] 关于反不正当竞争法与知识产权法的关系问题,始终是个长盛不衰的话题,除"平行保护说",多数学者持"补充保护说"的观点,后者可进一步分为"兜底保护说""有限保护说"。具体观点可详阅蒋舸. 知识产权法与反不正当竞争法一般条款的关系. 法学研究, 2019 (2).

[2] 卢纯昕. 反不正当竞争法在知识产权保护中适用边界的确定. 法学, 2019 (9).

任务。①

套用到互联网平台不正当竞争案件中，判定一项行为是否构成不正当竞争，法官也习惯于首先认定是否存在受损的经营者权益，在此基础上判断行为的正当性。长此以往，受不正当竞争案件审理法官知识偏好、审理路径依赖及对知识产权法与反不正当竞争法二者关系认知惯性之影响，奉行法定主义的静态竞争观在司法实践中的运用显得自觉、自然。

三、深受1993年《反不正当竞争法》立法目的条款之影响

立法目的条款非但属于立法技术问题，更关涉深层次的立法价值问题。立法主体倾向于在制定法的目的条款中明确描述该法总体意旨，便于法官直接借助法文本贯彻、实现立法的目的。可以说，立法目的条款是立法主体立法意图的精湛表达。

1993年《反不正当竞争法》第1条开篇即提到，"为保障社会主义市场经济健康发展"。所谓"保障"，通常被理解为一种存量意义上的保护，而非增量意义上的进一步开拓。虽然，1993年《反不正当竞争法》立法目的条款采用"保障"之表述，与该法诞生的经济背景有莫大关系（当时我国当时正处于市场经济发展初期），然也从另一层面影响竞争法竞争观的具体择取。这体现为，存量意义上的"保障"对应静态竞争思维，而增量意义上的"促进"更倾向于与动态竞争思维挂钩。2017年《反不正当竞争法》修订，将第1条立法目的条款"保障社会主义市场经济健康发展"调整为"促进社会主义市场经济健康发展"，从"保障"到"促进"，虽只有一词之差，却彰显了竞争观择取上的重大转变，为该法秉持动态竞争观留下了足够的制度空间。

---

① 冯晓青．知识产权法中专有权与公共领域的平衡机制研究．政法论丛，2019（3）．

第三节 质疑及挑战：静态竞争观的局限

虽然静态竞争观的适用不无道理，但是伴随着反不正当竞争法私法情结的不断超越，该法社会法属性的逐渐强化，以及基于市场动态竞争的本质规律、消费者利益角色革新引致的法益结构变革等，以静态竞争观审理互联网平台竞争案件的缺陷逐渐显现。

一、与市场动态竞争的本质规律不符合

反不正当竞争法的竞争观触及市场竞争深层运行机制，故对竞争观的探讨或需回到市场竞争机制本身。通常而言，市场竞争机制发挥效用的模式有二[①]：其一，节约成本模式，即生产同类产品，个别竞争者以节约成本、创新技术的方式领先，优先获取利润后进一步扩大规模，着手下一轮的技术创新，以此固化生产正效应，而技术弱势、成本高昂者长此以往则逐渐被淘汰。其二，理性需求选择模式。在参与消费环节，消费者几乎无不追求质优价廉产品或凭借产品象征符号进行产品筛选，受到消费者青睐的经营者可以更快回笼资金与谋取利润，并以此扩大生产规模，供给方与需求方之间形成正循环，产品的符号意义也得以强化；其他竞争者则面临资金难以回笼、无法实现补偿战略的困境，在资本投入持续萎缩情况下，往往只能被迫退出市场。[②]

从市场竞争机制发挥效用的两种模式看，市场运行过程持续动态铺开而非静态推进，整个市场竞争流程中经营者的地位始终在发生变化，市场中的商业模式也在不断修正、变更。既不存在一如既往的市场地位，也不存在亘古不变的商业模式。作为理性经济人的经营者祥和共处、互不侵扰

[①] 郭壬癸.互联网视频广告屏蔽行为的竞争法规制研究.电子知识产权，2018（8）.
[②] 魏建.法经济学：分析基础与分析范式.北京：人民出版社，2007：24.

且相安无事的静态竞争只能是理想图景。[1] 而商业模式也唯有在创新、创造中，才能保持其生命力。如亚当·斯密所言，动态竞争能够产生它自身的和谐。市场能够自我调整并确保市场主体从中获益。[2] 基于静态竞争思维恒定保护某种特定的商业模式，违反市场动态竞争的本质，与市场经济发展规律相距甚远。

在市场经济语境下，市场机制是资源的主要配置方式。法律及发展的重心就是借助法律改革，导引社会迈上进步的道路，法律不应仅仅反映发展，还应作为发展的工具。[3] 换言之，我们不应简单地将法律作为发展的反映或表现，还应关注法律之于发展、法律发展之于社会发展特有的促进、推动作用。显然，静态竞争观无法适配市场经济动态发展的本质规律，背离了市场经济的发展需求。

二、与消费者利益主体地位的革新不匹配

强调经营者利益保护的静态固化思维，忽视了消费者利益主体地位的革新。虽然，保护经营者利益是促使早期反不正当竞争立法面世的重要动因[4]，经营者利益是该法的基础法益，加之各国反不正当竞争法最初定性不正当竞争行为时，仅提到经营者利益，未确认消费者标准，这在很大程度上助长了经营者中心情结。然而，值得反思的是，经营者利益是否始终应获得反不正当竞争法的倾斜性保护？

事实上，反不正当竞争法从诞生至今，其利益保护中心历经两次变

---

[1] Christina Bohannan, Herbert Hovenkamp. *Creation Without Restraint:Promoting Liberty and Rivalry in Innovation*. Oxford: Oxford University Press, 2012: introduction.

[2] ［美］戴维·J. 格伯尔. 二十世纪欧洲的法律与竞争. 冯克利，魏志海，译. 北京：中国社会科学出版社，2004：23.

[3] John Henrry Merryman, David S.Clark, Lawrence M.Friedman. Law and Social Change in Mediterranean Europe and Latin America, Published by the Stanford Law School, Stanford, Distributed by Ocean Publications, Ins., Dobbs Ferry, New York, 1979:3.

[4] Rogier W.de Very. *Towards a European Unfair Competition Law:A Clash Between Competition Law*. Leiden Martinus Nijhoff Publishers, 2006:278.

迁。现代反不正当竞争法起源于19世纪中叶法国关于不正当竞争规制的判例,当时将其视为法国民法典中一般条款的新侵权行为类型(商业诋毁、仿冒行为、侵犯商业秘密与其他经济自由滥用行为)[1],仅附属于民法而并未予独立。世界范围内首部成文反不正当竞争法(德国1896年的《反不正当竞争法》)只规定了几类常见的不正当竞争行为。反不正当竞争法最初是为保护诚实企业主而设计的。该阶段的反不正当竞争法只着眼于保护竞争者的个体利益,并未给消费者以特别的保护。

发生于1929—1933年的经济危机促使西方国家开始反思自由主义经济理论,社会矛盾的激化与经济的停滞使他们清楚地意识到,社会整体经济利益应与个体经济利益进行协调,盲目地放纵私人主体追逐个体经济利益将最终侵害社会安全与社会整体经济利益;以凯恩斯为代表的经济学家大力倡导国家干预主义经济理论。在此背景下,反不正当竞争法开始重点关注对竞争秩序与社会公共秩序的维护。当时德国最高法院也表示,反不正当竞争法除了应保护竞争对手的利益,还应维护竞争规则、保障社会公共利益。[2]

自20世纪60年代始,一场波及全球的消费者保护运动蓬勃展开。受消费者保护运动推动,反不正当竞争法逐渐强化其社会功能,愈来愈关注对消费者利益的维护。保护消费者绝非作为附带性目的或间接性功能,而应被视为与经营者利益同等重要。[3] 各国、地区反不正当竞争法始而将消费者利益保护明确写进该法当中。例如:德国1965年在修订《反不正当竞争法》时,增添了消费者团体诉权的规定,以此强化该法对消费者利益的保护。美国虽然在早期的竞争法立法中并未将消费者利益保护作为其立法宗旨,然其在修改后的《联邦贸易委员会法》(1938年)第5条提出,除不正当竞争方法之外,对欺诈性行为及做法也一并适用该法。其目的在于

---

[1] 孔祥俊.反不正当竞争法新论.北京:人民法院出版社,2001:10.
[2] 茹洋.反不正当竞争法对消费者权益的保护.唯实,2004(7).
[3] 谢晓尧.论竞争法与消费者权益保护法的关系.广东社会科学,2002(5).

确保对直接侵害消费者利益的商业行为的规制。此后，澳大利亚与新西兰纷纷效仿美国竞争法，出台了《商业行为法》，旨在维护竞争、促进公平交易以及提升消费者保护水平。1998年芬兰也修订了《竞争法》，该法第1条规定，在适用该法时，特别应当关注对消费者利益的保护。

在反不正当竞争法保护法益变迁的同时，有国家（地区）开始以消费者利益为中心，统筹、整合消费者保护立法与竞争立法，将保护消费者利益作为反不正当竞争法的直接甚至是终极的目的，而非附带的、间接性目的。竞争立法与消费者保护立法自始呈现逐渐融合、走向统一的趋势。受国际消费者保护运动蓬勃发展的推动，各国（地区）反不正当竞争法发展尤其迅速。该法的理论基础也逐渐有所调整，现代反不正当竞争法已然朝着一般性的市场管理法方向跃进，其规制对象为市场竞争行为，旧式竞争关系判断方式已被扬弃。各国（地区）反不正当竞争法立法实践也纷纷反映了这种转向。比如，比利时自1971年始，开始用贸易实务法替代竞争法。而冰岛将不正当竞争、限制竞争与保护消费者的内容合并规定于一部法律之中。此外，在丹麦、西班牙等，也皆可看到统一保护的例子。1986年澳大利亚的《商业行为法》更是明确将消费者保护与竞争进行紧密结合。瑞典创设了专门的市场法院，旨在于重点发挥"市场法"功用之同时，捍卫消费者利益、维护商业道德以及促进经济主体的自由。以消费者保护为宗旨的竞争立法，在保障消费者利益的同时，亦维护了市场竞争。[①]

伴随互联网经济的迅猛发展，消费者利益在竞争行为正当性判定中的特殊作用越加突显，消费者不再简单扮演受益者、受害者之常规身份，其"裁判官"地位愈加显现，几乎任一竞争行为均可从消费者利益角度作出评判。在经济层面上，消费者兼具多维身份，不再居于价值链最下游，成为企业最重要的"合作方"及"内容提供者"，而消费者经济地位的提升也呼唤法律更有力的保障，消费者利益在反不正当竞争法中的角色定位有

---

① 谢晓尧.论竞争法与消费者权益保护法的关系.广东社会科学，2002（5）.

所变革。①加之，在观念层面，消费者整体权利意识勃兴，也助推反不正当竞争法修正消费者利益角色定位。可以说，消费者利益不但不再让步于经营者利益，亦可直接与经营者利益抗衡，获得反不正当竞争法的同等保护。②然而，仔细审阅静态竞争观的思维流程，其却是固守既有利益格局，赋予经营者利益以优位保护，对行为正当性的判断拘泥于经营者利益是否受损，而对消费者利益的独特作用和判断价值未予应然重视，与消费者利益主体地位革新的立法趋势背道而驰。

三、与反不正当竞争法的行为规制法定位相背离

如前所述，多数法院在包括屏蔽视频广告在内的互联网平台竞争案件审理中，普遍认为应维护"免费＋"的商业模式，并对其提供形同专有权保护的路径，然而，这种认定思维不仅有碍动态竞争及创新激励，而且与反不正当竞争法作为行为规制法的法律定位不符。

虽然，在历史上，反不正当竞争法起源于侵权行为法，两者密切相关，然而，不论在规制路线上，抑或在思维范式上，两者都存在很大差异。③其中，侵权行为法以维护主体权利/利益为第一要义，遵循正面、积极维护之路线。相对而言，反不正当竞争法虽也重视维护经营者及消费者利益，然其规制路线恰好与侵权行为法相反：其并不直接赋予某些主体以绝对权，而是通过反面禁止那些不当搭便车、损害公平竞争的市场行为来保护市场主体的利益。究其原因在于，现代反不正当竞争法是一部行为规制法，以禁止不公平/不正当竞争行为为直接规范目的，其并不存在特定的权益主体，也并不具体赋予哪些主体以特定权益，而是对整体竞争秩序

---

① Frauke Henning-Bodewig(ed.). *International Handbook on Unfair Competition*. Munich C.H.Beck·Hart·Nomos,2013:9.

② 陈耿华.互联网时代消费者在中国竞争法中的角色重塑与功能再造.江西财经大学学报，2018（1）.

③ 张占江.反不正当竞争法属性的新定位.中外法学，2020（1）.

予以维护。这也正是静态竞争观无法回应反不正当竞争法作为行为规制法之功能期待的重要原因。

从表面上看，虽然基于静态竞争观对一些竞争行为作出评价，发挥了规制效果，但同时也存在不当扩大规制范围之弊端。这种从直观损害认定行为具有不正当性之静态判定思路，过度维护了经营者利益，不当屏蔽经营者本应承担的市场竞争风险，也容易滑向绝对权保护路径。而作为行为规制法的反不正当竞争法，其落脚点不在于损害本身，不拘泥于特定主体之利益，而着眼于更宽广的竞争秩序。这与静态的侵权判定思维截然不同。

在既有采用静态竞争观、认定互联网平台竞争行为构成不正当竞争的案件中，多数将商业模式视为某种既定的权益，并对其采取财产化、权利化保护进路，一旦出现侵扰经营者商业模式及损害事实的行为，则对行为进行负面评价。此种规制路径更接近于侵权行为法的权益保护模式，与反不正当竞争法作为行为规制法所秉承的行为正当主义相背离。创新乃人类进步的本质动力，人类社会发展的历史其实就是持续不断创新的历史。特别是在过去几十年，技术进步和商业模式迭代更新，在实质意义上改进了人们的生活水平及生活质量，市场产品的供给从数量上、多样性上、安全性上有了更多需求和保障。这都得益于创新。在当下，创新更是成为全球范围内各国高度关注的议题，为创新提供驱动力，从国家战略层面推动创新发展，进而加速国家现代化发展，成为新阶段的重要任务。以侵权判定范式审理互联网平台竞争案件，不当阻隔了经营者作为市场主体本应承受的竞争风险，阻断了市场创新成果的分享，不利于激发市场主体创新动力及创新激情，也有悖于反不正当竞争法作为行为规制法的功能预期。

四、与反不正当竞争法的社会法属性相距甚远

法律激励创新，但不必然保护某种商业模式恒定存在。事实上，市场

竞争中商业模式受损恰属于正常的竞争损耗，没有哪种商业模式能始终获得立法层面的积极庇护，参与互联网市场竞争的经营者亦不享有免于竞争的特权。固守既有商业模式保护的静态竞争观无法激励更大范围的商业模式创新与技术变革，非但桎梏社会发展，也与反不正当竞争法的社会法属性不符。

区别于私法视野下主体之间显现的离散原子化状态，在社会法视野下，主体之间相互勾连且存在共生关系（如同蜘蛛网般交织在一起），个体利益诉求并非位于第一位次序，社会整体利益更值得关注。在不同部门法视野下，不同主体利益的保护各有侧重，其中一项价值的充分实现必然会在一定程度上影响其他价值。这并不代表其他价值就不重要，而仅是在不同语境下评价各有不同。私法最大限度尊重个体意思自治，社会法则更关切整体秩序及不确定多数主体利益，维护公平竞争不局限于保护特定经营者的利益，也同时指向更为广泛的社会公共福祉。[1]这意味着，作为社会法的反不正当竞争法虽也关怀经营者利益、消费者利益，但相比而言，维护竞争秩序、提升社会整体利益、促进市场经济健康发展才是其致力实现的深层次目标。

令人欣慰的是，近年来，在一些数据不正当竞争案件的审理中，逐渐有法院跳出保护商业模式的思维藩篱，回归反不正当竞争法作为社会法的法律定位，从全局视角对案涉利益进行理性判断与权衡。如在"大众点评案"[2]中，法院直接坦言，汉涛公司汇合用户点评信息所取得的竞争利益并不构成"绝对权利"，无法获得如法定财产权般的保护。而在"淘宝生意参谋案"[3]中，审理法院亦恰到好处地延续了该思路，即案涉主体对于大数据产品仅享有竞争性财产权益，该权益与财产所有权存在本质区别。

反不正当竞争法的政策目标，抑或重点目标，往往是某一特定阶段背

---

[1] 孙晋. 公平竞争原则与政府规制变革. 中国法学，2021（3）.
[2] 上海知识产权法院（2016）沪73民终242号民事判决书.
[3] 杭州铁路运输法院（2017）浙8601民初4034号民事判决书、浙江省杭州市中级人民法院（2018）浙01民终7312号民事判决书.

景下某法域重大社会利益之概括体现。这些利益受制于同时期社会物质生活水平，并借助各式各样的社会思潮得到整合反映。作为社会法的反不正当竞争法，肩负保护包括消费者利益在内的社会整体利益的任务。这决定了其无法局限于对特定经营者竞争成果之保障，而应将视线投向更广阔范围的公共利益之提升。从长远角度而言，促进更大范围的技术变革与商业模式创新，才能从根本意义上优化社会整体利益，实现反不正当竞争法的立法意旨。

不可否认，规制之于产业、市场主体乃至整个市场经济体的创新具有关键独特的意义。然而，纵观人类历史发展进展，不论从规范层面抑或从实践层面，规制和创新之间总是不可避免地存在一定差距，虽然规制有时能与创新同步并起到持续推动创新的作用，但多数情况规制落后于创新实践，严重者，还会出现规制阻碍创新、压制创新，甚至扼杀创新的情形。[①] 因此，对规制模式的选择需要非常慎重。不恰当的规制模式、规制工具不但无法实现立法的预期目的，反而破坏了经济系统内在机理，得不偿失。以静态竞争观审理互联网平台竞争案件，无法彰显反不正当竞争法的社会法属性，也是对该法保护竞争秩序而非竞争者立法目的的重大误解，应予修正。

第四节 反思与转向：动态竞争观的正当性论证

虽然，基于反不正当竞争法起源于侵权行为法的历史渊源、互联网平台竞争案件审理法官的知识偏好及路径依赖，以及对反不正当竞争法立法目的条款的误读等，互联网平台竞争案件审理惯于适用静态竞争观具有历史合理性；但是，二十几年过去，反不正当竞争法的法益结构及功能定位发生巨变，回归市场竞争本质，重新审阅反不正当竞争法竞争观，对互联网平台竞争案件审理尤为重要。

---

① 高秦伟.分享经济的创新与政府规制的应对.法学家，2017（4）.

一、经济层面：市场动态竞争的本质决定应遵循动态竞争观

所谓市场竞争，本质上是指各异竞争主体相互争夺市场利益及市场机会，最大限度获取经济效益之动态过程。几乎所有好的竞争概念无不建构在对抗的基础上。[1]只有在对抗的竞争机制下，市场才能永葆生机与活力，也才能不断激励创新与推动发展。诚如经济学家所言，"社会经济的竞争强度与产生的创新指数呈明显的正相关性"[2]。在市场机制指引下，竞争犬牙交错，竞争形式极为多样，除了平行竞争，更多的是超越式竞争及交织式（嵌入型）竞争，竞争压力下的竞争强度、竞争对抗性无须多言。

相反，那般所谓"非基于特定事由，互不干扰、相安无事、和平共处"的静态竞争画面，虽美好但不切实际，最终只能流于乌托邦式的空想。对此，学者熊彼特专门在《经济增长理论》中大力批判静态竞争的固有缺陷，并深入论证动态竞争对经济增长的深远效应。[3]事实上，作为理性经济人的经营者天然带有逐利的本质，一切市场竞争行为均围绕竞争利益展开。整个竞争过程动态铺开而非静态演绎，主体间的相互争夺赛势必无法祥和进行，市场竞争的本质决定这种对抗不可避免且始终激烈。

竞争固有的对抗性决定了主体间的损害无法避免。市场竞争先天带有损人利己的色彩，主体间的损害是市场竞争经济之常态[4]，也是市场动态竞争的必然结果。尤其在当今互联网背景下，市场竞争间的损害更为常见。[5]这体现在，依托于互联网技术的市场竞争交织展开，平台竞争、跨界竞争

---

[1] [美]布里安·P.辛普森.市场没有失败.齐安儒，译.北京：中央编译出版社，2012：59.

[2] Christina Bohannan ,Herbert Hovenkamp. Creation Without Restraint: Promoting Liberty and Rivalry in Innovation. Oxford: Oxford University Press,2012:11-12.

[3] 吴振国，刘新宇.企业合并反垄断审查制度之理论与实践.北京：法律出版社，2012：1.

[4] Bonito Boats ,Inc. v. Thunder Craft Boats,Inc.,489 US 141(1989).

[5] David S. Evans. Attention Rivalry Among Online Platforms. Journal of Competition Law and Economics,2013:313-357..

随处可见，市场界限愈趋模糊，对抗竞争、动态竞争愈加频繁，互联网主体间的竞争损害也就比比皆是。可以说，竞争过程的对抗性意味着一项市场行为始终不可避免会损及竞争对手之利益。[①] 对此，著名学者麦克马尼斯亦直截了当地指出，不正当竞争行为规范总是蕴含如下设想，即主体一旦相互争夺交易机会，势必会折损那些在竞争中失利的主体利益。[②]

总之，有竞争则必有损害，损害只是竞争后的一种必然结果，根本无法避免。[③] 只有认清市场竞争的"野蛮"属性及激烈对抗的事实，才能对经营者之间的损害保持理性冷静之判断。相反，将竞争想象为君子般的承让、互敬及一团和气，恰恰与市场动态竞争的样态冲突，与竞争行为的本性背道而驰，无法付诸实践。

市场动态竞争的本质决定互联网平台竞争案件的审理应秉承动态竞争观，理性评估损害，所作裁判才能最大限度地满足消费者需求与实现经营者竞争自由，并推动社会的整体进步，而非只停留于关注损害本身的静态竞争观，否则既不当限制了经营者行为自由，亦阻碍了社会整体福利的提升。事实上，损害本身是中性的，造成损害不足以构成行为不正当判断的倾斜性要件。如"腾讯诉奇虎案"[④]的被告所言，市场竞争经济为获进一步发展，需不断以高效率的商业模式更替低效率的商业模式，任一市场主体均可以正当合法的方式破坏已有商业模式。这种竞争性损害不具违法色彩。就某种意义而言，冲突构成演化发展的实质，商业模式作为市场自由竞争之产物，唯通过市场优胜劣汰机制之考验，才能继续保留乃至取胜，不得因损害商业模式则评判行为不正当。退一步而言，商业模式呈多元化发展态势，"免费+"的商业模式亦非互联网经济行业主要、唯一的生存模

[①] 汪渡村. 公平交易法. 台北：五南图书出版有限公司，2010：7.

[②] [德]沃尔夫冈·黑费梅尔. 通过司法和学说使《反不正当竞争法》的一般条款具体化. 郑友德，译//漆多俊主编. 经济法论丛：第3卷. 北京：中国方正出版社，2000：314-324.

[③] 这也是"损害常态"的概念。王磊. 法律未列举的竞争行为的正当性如何评定：一种利益衡量的新进路. 法学论坛，2018（5）.

[④] 北京市朝阳区人民法院（2017）京0105民初70786号民事判决书。

式，并不当然获得立法庇佑。在"快乐阳光公司诉唯思案"①中，法院也认为，所有商业模式并非恒定存在，均为经济生活、科学技术发展到一定阶段之产物，呈现动态竞争的特点，其伴随科技的进一步发展，或存活或被取代，有其自身规律，不得因为竞争行为有损害、对某种商业模式带来负面影响，即得出行为不正当之判断。对此，英国法官罗宾·雅各布亦曾凝练地表达：夺取其他经营者的市场或客户并不构成侵权。②

立法的使命除了规制市场中的违法行为，同时也要为可能的市场创新行为保驾护航，提供充分的激励。马克思曾表明，所谓法权关系，乃一种折射物质关系之意志关系。也就是说，该种意志关系指向何种内容受制于该物质关系本身。③ 特定时期的法律权利总是根植于特定社会的物质生活水平。作为市场秩序法重要组成部分的反不正当竞争法，除了不应阻碍高效率的商业模式替代低效率的商业模式④，还应为这种高效率的商业模式提供相应的制度保障和制度激励。而恪守一成不变的静态竞争观显然无法承担此重任。

二、利益层面：消费者利益角色革新需植入动态竞争观

竞争非但需要关切作为供给端的竞争者利益之权衡，亦需关切需求方消费者利益之考量。⑤ 一直以来，我们惯于从经营者利益的角度评测一项行为是否构成不正当竞争，却常常忽略了作为"第三者"的消费者在不正当竞争判定中的重要作用。事实上，在互联网经济背景下，消费者利益在反不正当竞争法中的角色定位正悄然发生巨变。

---

① 广东省广州市黄埔区人民法院（2017）粤 0112 民初 737 号民事判决书。
② Gustavo Ghidini. Intellectual Property and Competition Law:The Innovation Nexus. Northampton: Edward Elgar,2006:112.
③ 马克思恩格斯全集：第 23 卷.北京：人民出版社，1972：102.
④ 谢晓尧.一般条款的裁判思维与方法：以广告过滤行为的正当性判断为例.知识产权，2018（4）.
⑤ 陈兵.大数据的竞争法属性及规制意义.法学，2018（8）.

"社会演变的速度越快,角色期待亦需相应加快演变。"追根溯源,认识权利现象避免不了考察社会生活。社会变迁为法律的变革与发展供给动力。唯历经社会变迁、社会结构变革,才谈及革新行为主体的法律地位。在此基础上,法律亦将实现其相应功用,彰显其应有的价值。在互联网经济下,消费者一改既有的"受害者""受益者"的刻板形象,一度在互联网竞争中扮演"裁判官"角色。互联网竞争的本质是消费者注意力之竞争。竞争获胜的不二途径是获得消费者的关注。唯有不断契合消费者偏好、满足消费者需求的经营者才能获取一席之位,直至取胜。为此,需要重新评估消费者利益在数字经济时代反不正当竞争法中的角色定位。在社会经济发展的各异阶段,行为主体的权利状态与利益维护需求必然存在很大差别,利益保护的侧重点也不断随之改变。权利的演变非但需要深入的思考与精确的立法表达,亦需回应社会发展而予以适时更新与调整。人类利益理性在不同历史时期的发展水平与价值取向呈现出显著差异,人类社会的演变也是社会主体利益理性不断成长的过程。在用户为王、消费者主导市场经济发展风向标的数字经济时代,消费者居于市场竞争法的核心,消费者利益一改既有的依附地位,成为反不正当竞争法的直接保护法益。

消费者利益角色的革新非但引致反不正当竞争法法益结构的深层次变革,也将进一步决定该法竞争观之嬗变。缘何如此?如若一种利益获得新的定位,既有的利益均衡格局将被打破,为达致新一轮均衡需对原有利益结构进行重新配置,似乎自不待言。如消费者利益被反不正当竞争法赋予新的角色定位,那么该法固有仅以经营者利益为中心的法益构造亦将面临调适。换言之,数字经济时代消费者利益获得了重新定位,则不应继续固守以经营者利益为中心的认定思路。消费者利益与经营者利益获得反不正当竞争法的同等保护,意味着前者可直接与后者抗衡,甚至允许消费者利益适当限制经营者利益;亦即,反不正当竞争法不存在优势保护法益,经营者利益与消费者利益不存在何者优位之情形,也不存在先验的结论。个案的认定需要动态进行而未有先验答案,强调经营者利益保护的静态竞观实质上是赋予经营者以专有权,既忽视消费者利益保护的应然价值与作用,也不符合反不正当竞争法法益结构的发展态势。相反,不局限于特定利益、不奉行法定保护主义、客观评估损害的动态竞争观才是理性选择。事实上,也唯有采用动态竞争观,才能确保消费者利益直接与经营者利益相抗衡,才能为消费者利益角色革新提供切实保障,亦才能与反不正当竞争法的法益结构变革取向一致。

三、法律属性层面：竞争法的社会法属性决定应恪守动态竞争观

反不正当竞争法基于历史的传承,刻有历史之印记,然而这一百多年来,该法所依托的经济基础历经巨变,特别是从工业革命迈向当下经济信息化与全球化之时代,反不正当竞争法的性质与定位也呈现巨大变革,该法在很多方面不断进行调整。反不正当竞争法定位的深刻变革也敦促该法竞争观的修正。

首先,反不正当竞争法的目的条款为动态竞争观的转型留足空间。1993年《反不正当竞争法》立法目的条款提到"保障社会主义市场经济健康发展",2017年该法修订时将立法目的条款调整为"促进社会主义市场经济健康发展"。从"保障"到"促进",虽然只有一词之差,却折射了立法意图的重大变化。如此修订与当前我国市场经济获得迅猛发展有重大关联,同时折射出立法更为能动、灵活的规制态度以及释放、发挥立法激励性功能的信号。一直以来,司法实践中惯于发挥《反不正当竞争法》第2条(一般条款)的效用,而对第1条立法目的条款未予应有的重视。事实上,反不正当竞争法立法目的条款不应停留于宣示效果,其并非空洞词语之堆积,而蕴含着深远、独特的实用价值,居于"元规则"之地位。[①] 承前所述,"保障"更多地被理解为一种存量意义上的利益保护,而"促进"

---

① 王巍,张军建.论我国反垄断法的立法目的.湖南社会科学,2006(1).

则更注重增量意义上的利益保护。从"保障"到"促进",不仅彰显了我国竞争法立法技术的不断成熟,而且反映了我国市场经济取得的较为喜人的成绩,更深远的意义在于为该法植入动态竞争观留存必要的转型空间。这一改变不得不说是意味深长、颇具战略眼光的。

其次,反不正当竞争法逐渐强化的社会法属性,也决定了对多维利益的保护与权衡需要采用更为灵活的竞争观念。虽然,反不正当竞争法孕育于私法,从传统私法中演变而来,最初规制不公平贸易行为的法律规范均被归入到大的民事关系中(不管是大陆法的法国、意大利,还是德国),其在法律属性上浸润浓郁的私法色彩[1];但是,伴随国家干预主义、协调理念及社会连带思想等新型理论的发展,不正当竞争规范保护主体更加多元化。其不仅重视维护经营者利益,亦强调保护消费者及社会公共利益;既重视权益保障,亦强调对其作出必要限制;既认可其具有解决私法纠纷的功能,亦承认其不足并强调引入公共监管。[2] 可以说,反不正当竞争法不断超越其私法情结,其社会法属性愈加强化。

那么,作为社会法的反不正当竞争法为何应择取动态竞争观?

其一,凸显社会法特性的反不正当竞争法为确保社会整体利益的实现,应超越对个体层面的特定经营者利益之维护,即不特别侧重保护某一部分主体利益,亦不可能赋予经营者免于竞争之特权;相反,反不正当竞争法所指向的是社会公共利益,对应不特定多数市场主体之利益,在很大程度上,促进技术创新、商业模式变革是提升社会整体利益的重要途径。

创新孕育于竞争。相比于一成不变的商业模式,动态竞争语境下商业模式的不断创新与进步或许更值得关切。竞争的魅力在于激励经营者不断探索新的商业模式。商业模式唯有在演进中方可发展,新商业模式与旧商业模式的更替看似有所冲突,但正是这种冲突,恰能增进市场选择,扩大

---

[1] 刘继峰.竞争法学.2版.北京:北京大学出版社,2016:261.
[2] Rogier W.de Very. Towards a European Unfair Competition Law:A Clash Between Competition Law. Leiden Martinus Nijhoff Publishers,2006:76.

经营者行为自由，激发市场活力，更有利于推进良性竞争秩序、提升社会整体福利。① 这就需要在互联网平台竞争案件审理中引入动态竞争观，只有不局限于对既有商业模式之保护，为新的商业模式发展余留制度空间，才能切实确保社会整体利益的实现。倘若采用静态竞争观，对固有商业模式进行恒定保护，一旦出现损害原告商业模式之竞争行为，则判定构成不正当竞争，相当于对原告商业模式提供专有权保护，容易扩张反不正当竞争法的保护范围，也有损自由竞争、侵害公有领域，从而背离了反不正当竞争法的立法目标。此外，互联网平台竞争案件审理中简单采用静态竞争观的线性思维，对新出现、成长中的商业模式给予否定评价的做法，既限制了互联网市场参与者的竞争自由，也不合理地限制了消费者的选择范围，还可能损害了更大的效率及创新，难以从长远、根本上实现社会整体利益的"增量化"。这显然与反不正当竞争法的社会法属性相距甚远。

其二，浸润社会法属性的反不正当竞争法为确保多维利益主体之均衡，也需辅以动态竞争观之适用。一律否定视频广告屏蔽行为，虽然为原告挡住了市场风险，却为其他竞争者增设了障碍，非但过度维护了原告一方的利益，也在很大程度上限制了其他竞争者的行为自由，压缩了其创新空间，还大大减损了消费者的长期利益。本质上这谈不上是兼顾多维主体利益之权衡，遑论达致利益结构之均衡。机械保护商业模式的静态竞争观无法满足反不正当竞争法作为社会法关切多维利益之需求。相反，互联网平台竞争案件审理中引入动态竞争观，全面评估案涉多维主体利益，不先验地认定行为的违法性，不但有利于强化竞争机制，也将促进互联网经济行业商业模式的创新与升级。② 这种动态竞争观的认定方式更契合反不正当竞争法的社会法属性，更能回应、实现反不正当竞争法的立法目的。

回应性是反不正当竞争法的功能期待与时代使命，是转型时期我国竞

---

① 例如广告拦截、快进广告、下载视频等工具软件均有助于满足用户需求，提升用户上网体验，帮助用户回避不受欢迎的广告和推广内容。
② 兰楠．广告过滤行为的正当性评价．华东政法大学学报，2019（2）．

争法律制度构建的理论依托。事实上，数字经济时代反不正当竞争法不应被动追赶技术的进步，而应基于全局视角贯彻动态竞争观，在综合消费者利益保护、激励商业模式创新及技术改革之基础上，确保社会整体增量利益最大化，并为技术创新、商业模式的升级与变革留足空间。

四、功能定位层面：竞争法的行为规制法定位决定应秉承动态竞争观

如前所述，反不正当竞争法虽起源于侵权行为法，在欧洲竞争法理论发展过程中，曾出现不正当竞争规范保障特定主观权的情形①，如法国的经营者拥有顾客权、德国的竞争者营业权、瑞士保护经营者不受他人妨碍的经济人权请求权，以及英国、意大利设置的附有所有权性质的商誉保护等。②然而，由于这些理论均与行为自由价值存在不可调和的冲突，故逐渐被淡化。从世界范围内反不正当竞争规制体系看，该法保护客体历经从权利转向法益之变迁过程。

当下的普遍观点是，反不正当竞争法并未设立如知识产权法般的独占权，市场不正当竞争行为仅仅是违反了客观行为规范，而非损害主观权。③反不正当竞争法的立法目的，不在于保护主观权，而是通过规制不正当手段、禁止不正当竞争行为从而维护市场竞争秩序。反不正当竞争法的法律定位愈来愈清晰，即是行为规制法，而非权利保护法。

作为行为规制法的反不正当竞争法，不推崇法定主义，亦不可能先验赋予哪些主体以特定利益，更不可能存在所谓的优位利益，而是对整体竞争秩序的维护。虽然，反不正当竞争法直接保护经营者，但其最终目的是维护竞争机制和竞争秩序。是否有利于竞争、是否契合竞争机制需求，才

---

① Frauke Henning-Bodewig. Unfair Competition Law European Union and Member States. the Netherlands: Kluwer Law International, 2006: 1.
② 于飞. 侵权法中权利与利益的区分方法. 法学研究，2011（4）.
③ 孔祥俊. 反不正当竞争法新原理·原论. 北京：法律出版社，2019：60.

是评判竞争行为正当性之根本尺度，也是评判经营者利益应否被保护之终极依据，以及决定了利益衡量的具体标准与方法。一言以蔽之，反不正当竞争法关注的重心是市场竞争机制。这意味着，特定权益受到侵扰，并不足以引起反不正当竞争法的关注，唯有竞争机制才能获得该法的关切。而静态竞争观锁定具体、特定权益保护，从具体损害评估行为正当性的做法与反不正当竞争法保护市场竞争机制的旨趣相背离。相比之下，动态竞争观不局限于损害本身，也不拘泥于特定的损害，而是放眼于良性的市场竞争机制、关切更广的竞争秩序以及更宽泛利益之维护，与反不正当竞争法重在保护不受扭曲的竞争，不以具体损害为转移的行为正当主义相匹配。

　　以屏蔽视频广告行为为例，如若采用静态竞争观，则通常会基于屏蔽、过滤他人广告行为损及了原告经营者利益而认定行为具有不正当性；相反，如果植入动态竞争观，问题的答案将有所不同。依照竞争优胜劣汰机制，有市场则有竞争，有竞争则伴随损害，这里的竞争损害尤为常态，不带有是非色彩，应予以中性评判，不能因为有损害结果就简单地推导出竞争行为具有不正当性。反不正当竞争法不推崇法定主义而奉行行为正当主义，不停留于特定利益主体之维护，不停留于直观损害，而把眼光投向整体的市场竞争秩序。总之，反不正当竞争法的行为规制法属性与动态竞争观的品性更为契合，关注具体、特定损害的静态竞争观无法回应反不正当竞争法的功能期待。互联网平台竞争案件审理应秉持动态竞争观。

第五节　延伸及拓展：动态竞争观的实现方案

　　在证成应适用动态竞争观之后，怎么发挥其功效指导司法实践，抑或采取何种方法在互联网平台竞争案件审理中贯彻、落实，需要进一步思考。事实上，相较于关注损害的静态竞争观，动态竞争观下既有的裁判结论或被改写。与此同时，动态竞争观亦在很大程度上强化了竞争法适用中的不确定性。如何合理降低因其不确定性增加的案件审理成本，值得高度重视。

一、分析工具：比例原则

（一）适配性论证

作为"一种重要的法学研究范式、思维方法"，比例原则在不正当竞争案件适用动态竞争观、衡平多元冲突利益上有广泛的应用前景。迄今为止，学界从未停止对比例原则的高度关注，然而，在反不正当竞争法语境下分析比例原则的研究相对较少。缘何及如何借助比例原则贯彻动态竞争观，尚需深入论证。

有学者表示，比例原则执意在所选择的方式与所追求的意图之间找到一个合适比例，只能流于一纸空文，其并未供给一套具有规范性与客观性的判断标准，故比例原则是一个不包括具体内容的价值工具与判断标准。[1] 还有学者指出，比例原则作为一般性的衡平法，它给不受控制亦无法控制的正义感开放了方便之门。[2] 那么，应如何客观评价比例原则在不正当竞争案件审理中的适用？任一法律规则不论是呈现为自然的正义抑或是主体信仰，甚至是命令的强制，其理论基础均离不开研究一个"为何"的问题，亦即，任一项法律规则均需力证其正当性理论基础。对比例原则的正当性论证或需首先解构其具体构成。

在结构上，比例原则包括如下审查步骤：一个预备阶段（确定目的）与三个子阶段（分别是适当性原则审查阶段、必要性原则审查阶段、狭义比例原则审查阶段）。[3] 其中，预备阶段意在确定某个目的，具体包括审

---

[1] 郑晓剑.比例原则在民法上的适用及展开.中国法学，2016（2）.
[2] 郑晓剑.比例原则在民法上的适用及展开.中国法学，2016（2）.
[3] 余凌云.论行政法上的比例原则.法学家，2002（2）.郝银钟，席作立.宪政视角下的比例原则.法商研究，2004（6）.杨登峰.从合理原则走向统一的比例原则.中国法学，2016（3）.

查行为目的的正当性。在该阶段，不能仅仅树立一个非常抽象且宽泛之目的[①]，否则，接下来三个阶段的审查将因此流于粗糙，导致产生偏差。[②]而在确定该正当目的之后，首先，进入比例原则实质审查的首个阶段，即适当性原则（或称妥当性原则）审查阶段。这个阶段重点审查行为采用的措施必须有利于或可以确保实现立法意图，该阶段植入目的导向，凸显所用手段与欲求目的之间的适当性。其次，如何理解必要性原则？其也称为最小损害原则，是指在可实现立法目的的多个措施中，所采用的措施须得保证最低程度侵害相关方利益。在难以领会立法真正的价值取向之时，裁判者应最大限度采用利益损害最小的方式。[③]这是适用比例原则的要义所在，即应确保对相关方的干扰最小化。最后，狭义比例原则，或称均衡性原则，意指所追求的公共利益不能小于给利害关系人带来的损害。有学者表明狭义比例原则本质上是一种目的必要性原则，它是分析某个正当目的究竟有没有必要实现的原则。[④]其主要倾向于采用价值取向的思考方法。在确定了最为缓和的干预方式之后，还需要进一步对其与目的进行权衡，确保所使用的手段对利益相对人产生的负担未超过该目的所维护的利益。如已超过，则违反了均衡性原则的要求，那么当然应放弃该目的。[⑤]

动态竞争观的适用需要引入比例原则为分析工具，主要缘由在于：

首先，比例原则方法重视对案件事实进行实质判断，契合动态竞争观个案具体情况具体分析之思维。倡导行为正当主义的反不正当竞争法，强调保障市场公平竞争，维护竞争秩序下多维主体的合法权益；而比例原则要求细致地评估行为对竞争秩序、经营者及消费者等多元主体利益的影响，恰与反不正当竞争法的立法理念、精神追求高度契合。动态竞争观的适用决定了

[①] 将目的正当性的审查纳入比例原则的分析框架中，并因此主张四阶段的比例原则审查结构的观点。参见刘权.目的正当性与比例原则的重构.中国法学，2014（4）.
[②] 纪海龙.比例原则在私法中的普适性及其例证.政法论丛，2016（3）.
[③] 王利明.民法上的利益位阶及其考量.法学家，2014（1）.
[④] 刘权.目的正当性与比例原则的重构.中国法学，2014（4）.
[⑤] 郑晓剑.比例原则在民法上的适用及展开.中国法学，2016（2）.

不存在先验结论,只能在具体个案中,根据各异市场主体基于竞争享有的各异利益逐一甄别。其中,由于现代反不正当竞争法对不同市场主体均提供等位保护,故对多元利益的考量,不存在固定的价值位阶与权重。[①] 以德国"电视精灵案"为例,审理法院借助比例原则对案涉行为正当性展开精彩论证——"鉴于任一竞争均会对其他市场参与者造成影响,是否禁止某项市场竞争行为应基于多方面因素,综合考量经营者、消费者等主体利益。本案中,虽然原告因案涉行为,经营负担有所加重,但并未面临生存风险;而被告倘若被禁止生产与销售屏蔽广告装置,将遭受危及生存的后果,综合评估后被告利益更值得保护"[②]。该案正是巧妙借助比例原则,对案涉不同利益进行了多维权衡与判断,作出符合动态竞争观之妥适结论。

其次,比例原则可为动态竞争观的适用提供合理、清晰可见的分析框架。承前所述,在结构上,比例原则的适用包括预备阶段及三个子阶段。其中,预备阶段意在确定行为目的的正当性,适当性原则审查阶段重点审查行为采用的措施必须有利于或可以确保立法意图实现,必要性原则审查阶段则是在众多实现立法目的措施中,确保所采用的措施以最低程度侵害相关方利益,狭义比例原则审查阶段确保所追求的公共利益不能小于给利害关系人带来的损害。三个子阶段需因循一定的位阶顺序,如若前一阶段的要件无法满足,则无须进入后一阶段的审查,即:唯有在考察所采用的手段有利于目的达成的基础上,才进一步考察行为是否采用了对基本权利干涉最轻的手段,进而判断该最轻干涉手段是否与所欲达致的立法目的达到了均衡,当且仅当前一阶段的要件满足之后,才得以审查后一阶段的要件。可见,比例原则涵摄较为具体的判断方法与规范构成,具体适用历经严格的程式控制。这一方面可妥当限制法官的自由裁量空间,另一方面可确保动态竞争观的适用具有相对确定性,提升当事人和社会公众预期,也

[①] Tim W. Dornis. Trademark and Unfair Competition Conflicts: Historical-Comparative,Doctrinal,and Economic Perspectives. Cambrigge: Cambridge University Press, 2017:282.

[②] BGG,Urteil v. 24.06.2004,Az.IZR 26/02.

有效避免了线性静态竞争思维导致的非实质正义。

（二）具体运用

对于案件事实，比例原则重视导入实质性判断，可有效地应对法律漏洞问题，得以凸显实质正义理念。正如学者所表示的，那些以为单纯凭借法律条文则可达致唯一理性定论之想法，注定仅能流于幻想，实际上，切实发挥本质作用的当属实质性判断。[①] 比例原则方法关注对案件事实进行实质判断，以及具体情况的具体分析。从这个角度看，比例原则的适用能将对互联网平台竞争行为的定性导向正义公平之结果。紧接着，比例原则可为涉诉行为的定性提供一个更方便操作的框架及思路。比例原则涵括适当性、必要性与均衡性这三项子原则，其中每项子原则均包含独特的构成与判断。其中，第一项子原则适当性原则和第二项子原则必要性原则侧重目的取向，第三项子原则均衡性原则彰显价值取向，而且这三项子原则在具体适用时须遵循一定的顺序。另外，即便是选择了优先保护的利益，也还需借助对应的法律规范予以证成，旨在正当化该结论。如此得知，适用比例原则有利于规范化和具体化所得裁判。比例原则涵摄较为具体的判断方法与规范构成，得以在司法层面进行操作与展开，可为利益冲突等难题的解决贡献指南。也正是在这个意义上，笔者认为，虽然上述针对比例原则的质疑观点存有一定道理，但总体上看仍有所偏颇。比例原则涵摄三项具有各异内涵与功能的子原则，其并非没有内容的抽象判断标准；并且，比例原则在具体适用时还必须历经三个不同阶段的严格审查。从这个角度看，比例原则可妥适地限制法官的自由裁量权，比例原则并非一般性的衡平法，而是包含具体内容的原则性规范。那么，如何运用比例原则贯彻动态竞争观？其思维流程如何展开？不妨借用"腾讯诉世界星辉案"[②]来展现比例原则的具体适用逻辑。

---

① 梁慧星. 民法解释学. 北京：法律出版社，2015：323.
② 北京市朝阳区人民法院（2017）京 0105 民初第 70786 号民事判决书.

第一步，进行适当性审查。适当性原则并不要求行为方式能基本（甚至完全）实现立法目的，只要求行为手段利于达到立法意旨便可。反之，如果行为手段丝毫无益于实现立法意旨，则该手段应予以根本性的否定评价。该案中，被告推送的浏览器为消费者提供了过滤广告功能：消费者可借助过滤功能自主设置选项，具体选项包括"不过滤任何广告"、"强力拦截页面广告"、"仅拦截弹出窗口"以及"自定义过滤规则"（其中，"仅拦截弹出窗口"是默认选项）。消费者在观看原告视频时有权选择是否拦截片头广告或暂停广告，这大大优化了消费者的使用体验，而提升消费者的使用体验可归入正当目的范畴，故涉诉行为符合第一环节适当性原则的要求。

第二步，进行必要性审查。倘若涉诉行为手段契合目的性检验，则步入比例原则的第二个环节——必要性审查。该环节的审查重点在于：在确保目的实现的相同条件下采用最温和的手段。这具体到本案体现为：为维护消费者利益，要求不存在损害更小且能实现同等助益之替代方案。经分析，虽然本案被告行为导致原告无法就网站影片的片头和暂停广告谋取直接的经济效益，破坏固有的以免费为主的商业模式，导致原告竞争利益受损，对视频业的发展也带来了一定冲击；但是，从被告所开发浏览器的过滤广告设置来看，消费者得以自主设置过滤广告功能，且存在多个选项，此外，该损害并不具有直接针对性，（于原告而言）并非无任何可躲避条件。综合来看，着实不存在损害更小且获得相同助益之替代方案，故屏蔽行为契合必要性原则之要求。

第三步，进行平衡性审查。假如该手段符合必要性审查，则进入比例原则审查的第三个阶段——"狭义比例原则"之审查，其要求手段与目的呈现"合比例性"。前两个阶段均以目的作为认定手段正当性之前提，目的本身不被质疑；而在合比例性审查时，则应当跳出狭义的目的——手段关系，将目的纳入检验和衡量的对象范围。[1] 进行合比例性要求审查时，

---

[1] 纪海龙. 比例原则在私法中的普适性及其例证. 政法论丛, 2016 (3).

手段与目的之间务必合理、成比例且适度，不得因小失大，亦即，需比对成本与实现目的之收益。被告屏蔽他人广告的行为虽已契合适当性原则、必要性原则，但根据"三阶理论"，还需依据平衡性原则进行审查。与必要性原则同理，为防止过于苛责行为主体，唯有所导致的损害直观上、显然超越可得收益，才视为有违狭义比例原则。在本案中，被告屏蔽广告的行为虽对视频行业的发展带来一定冲击，或许无益于消费者免费浏览视频网站，但被告这种为消费者提供多元设置选项的屏蔽行为，是一种不断探索、尝试新型商业模式的行为，可以鼓励原告与广告经营者一起努力激发并维持观众对广告节目的兴趣，抑或主动凭借技术革新化解屏蔽广告问题，从长远来看，可能倒逼经营者变革、改进其商业模式，反而有利于优化行业环境，为新技术的市场尝试保留空间和机会。这契合动态竞争观念，也更有利于消费者的整体、长期福利。任一行业所谓的商业模式均呈现阶段性特点，并非一成不变。对互联网如此快速发展的行业而言，更是如此。彰显社会法属性的反不正当竞争法必须考虑社会公众的利益，并确保公众享有技术创新及科技进步的福利。基于此，被告的屏蔽行为契合比例原则第三阶段平衡性审查之要求。

二、兼顾道德判断与经济效果分析

长期以来，司法实践中判定互联网平台竞争行为是否构成不正当竞争时，均不约而同地投向《反不正当竞争法》第 2 条规定的诚实信用原则与公认的商业道德。根据表 1—2 可知，在 186 个互联网平台竞争案件[①]中，笼统适用第 2 条占 89.3%，单独适用第 2 条第 1 款的占 8.3%，单独适用第 2 条第 2 款的占 1.7%，可见，以第 2 条第 1 款为认定依据的占了 97.5%。第 2 条第 1 款诉诸商业道德标准，意味着 97.5% 的互联网平台竞争案件定

---

① 数据来源、分析工具、变量设计说明等详见附录。

性行为均依托商业道德标准,仅有 1.7% 的案件排除考虑商业道德标准。[①]似乎,怎么强调道德判断在反不正当竞争法中的地位都不为过,而反不正当竞争法的经济效率观念常常被商业道德、诚实信用原则等因素稀释、掩盖或替代,一直未能获得中国当代竞争法学的系统关注和精准表达。

表 1—2　如何适用《反不正当竞争法》第 2 条

样本有效分布	如何适用第 2 条	频率	百分比	有效百分比	累积百分比
有效	笼统适用	108	58.1	89.3	89.3
	单独适用第 2 条第 1 款	10	5.4	8.3	97.5
	单独适用第 2 条第 2 款	2	1.1	1.7	99.2
	单独适用第 2 条第 3 款	1	0.5	0.8	100.0
	合计	121	65.1	100.0	—
缺失	系统	65	34.9	—	—
合计		186	100.0	—	—

诚然,商业道德标准非常重要,最初的反不正当竞争立法均从道德标准角度界定不正当竞争行为。[②] 如作为一般条款的《巴黎公约》第 10 条之二如此定性不公平竞争:经营者在工商业活动中违反诚实惯例的市场竞争行为。德国 1909 年修订《反不正当竞争法》,专门在第 1 条增加一般条款,明确何谓不正当竞争:商业贸易过程中行为主体基于竞争目的而损害善良

---

① 此外,根据笔者对 1999—2019 年共计 913 份互联网不正当竞争案件裁判文书的实证统计发现,以第 2 条第 1 款、第 2 条第 2 款一并作为裁判依据的有 71.8%,单独适用第 2 条第 1 款的占 22.6%,单独适用第 2 条第 2 款仅占 5.6%,由此可知,用第 2 条第 1 款作为认定依据的裁判书占 94.4%。鉴于第 2 条第 1 款旨在诉诸一种道德标准,而第 2 条第 2 款是描述性的,是客观秩序标准的体现。从判决书反映的法条适用情况推知,只有 5.6% 的法官排除对行为道德标准之考量,其余 94.4% 皆将侧重点放置于对行为人主观动机的考察上,而且 48.9% 的法官在界定行为正当性时完全只考虑行为是否侵害了公认的商业道德。

② [德] 弗诺克·亨宁·博德维希.全球反不正当竞争法指引.黄武双,刘维,陈雅秋,译.北京:法律出版社,2015:286.

风俗者，可主张停止侵害及损害赔偿。而土耳其在1957年《商法》中将不正当竞争界定为：主体在商业活动中以欺骗、违背善良风俗方式而从事的滥用经济竞争之举，构成不正当竞争。在我国1993年《反不正当竞争法》正式出台之前，司法实践中亦是以诚实信用原则为标准认定涉诉行为的正当性。这些均力证了道德标准在不正当竞争案件审理中的重要性。

然而，过于强调道德判断标准亦是不合适、不周延的，反而可能强化动态竞争观的不确定性。这是因为：其一，商业道德极为抽象，而该法并未对何为商业道德进行非常明确的规则指引。在当下的互联网大数据时代，互联网领域竞争规则尚未系统构建，法官往往凭借自身的主观道德认定行为正当性，那么，行为认定结果主要取决于个案法官的主观好恶。其二，商业道德呈现多元特征，不同行业领域的商业道德不可通约，尤其是互联网领域的商业道德离统一标准尚且甚远。倘若仅仅借助商业道德，恐难以逃脱新的不确定与空洞之桎梏。

动态竞争观的贯彻、落实不是纯粹的道德判断问题，其具体运用无法限定在纯粹的商业道德分析层面。为确保个案认定结果的相对可确定性、可视化，还需要综合进行经济分析，关切行为对竞争秩序带来的客观影响，而不能止于商业道德判断标准。诚如学者蒋舸教授的洞见：相对于道德标准的多元性，经济竞争规律更具普适性；相对于道德标准的难以预见性，经济分析的规则指引性更强；相对于道德实践的滞后性，竞争活动的进化性更为明显；相对于道德标准的价值预设性，经济标准的价值中立性更为珍贵。[1] 事实上，反不正当竞争法以规制市场秩序为重要使命，担负着维护市场主体经济利益、提升经济效益的职责[2]，经济分析标准不可缺位。甄别互联网平台市场竞争行为是否正当，除了应观测行为有无违反道德标准与特定领域的行业惯例、行业公约，还应着重关注行为的经济效果。

---

[1] 蒋舸.关于竞争行为正当性评判泛道德化之反思.现代法学，2013（6）.
[2] BGH GRUR 2007,890-Jugendgeäfhrdende Schriften auf Ebay.

需要说明的是，本书的目的不在于割裂道德分析与经济分析的自然联系，也绝非将两者进行完全对立，而在于指出应对目前不正当竞争判断泛道德化保持审慎态度，对竞争的客观秩序效果保持应有关注。动态竞争观的理性贯彻需要综合运用道德分析和经济分析。

那么，具体如何评估互联网平台竞争行为的经济效果？有哪些可能的观测指标？2017年《反不正当竞争法》修订时，对第2条规定的不正当竞争定义进行改造和完善，突出了消费者保护因素，并前置"竞争秩序"的表述，并非无意之举，除印证反不正当竞争法作为行为规制法的功能属性外，亦表达了行为经济效果分析应涵盖的指标，包括行为对竞争秩序的影响（对市场秩序的干扰程度），对消费者利益及经营者利益的考量，有无促进竞争利益，有无提升经济效率，是否有助于实现更大范围的制度利益等。具体如何进一步细致展开，将在下文述及。

三、竞争场景重构下综合考量多元因素

由前述可知，动态竞争观并不预设保护特定的权益主体，亦不因存在损害则机械地作出判断，具体如何认定需要在个案中寻找答案。这也决定了动态竞争观的司法适用在可预期上略为不足。如何提升市场参与者及社会公众对互联网平台竞争行为认定的可预期性，成为必须直面的难题。

几乎所有的经验知识均呈现出高度的语境依赖性。互联网平台竞争行为的判定亦需依托于特定的市场竞争语境。在不同竞争场景语境下，对互联网平台竞争行为的定性可能完全不同。场景理论重视在个案中寻求答案，而非从统一的规则中挖掘先验结论，重视依托个案进行规则的提取及制定，强调具体场景和具体个案中的多个不同元素，场景理论下规则应限于各异场景设定——在不同场景下，根据不同行为类型、各异主体利益保护预期，展开相应制度方案设计。场景理论强调情境性、类型化、差别化。对规则的认识是一个动态的过程，差异化的规制方案是场景思维下的

产物。"一刀切"的规制方案无法适配复杂的竞争场景。同理，认定某项互联网平台竞争行为是否构成不正当竞争，需要尊重场景思维，溯及纠纷发生时的历史情境，回归竞争系统的自身逻辑，遵循个案具体场景进路，本着"一案一策"原则，重新置于特定、具体的市场竞争场景铺开，如此才能作出符合客观市场情势之判断。互联网平台竞争行为往往具有多面向性，不正当竞争行为通常变化莫测，对此类行为的判断不存在预设的、统一的答案。互联网平台竞争行为定性最终取决于具体个案中的具体场景。若以场景化的思维看待互联网平台竞争行为判断，一些认定上的难题或许就能迎刃而解。

互联网平台竞争行为的多变性、复杂性决定了行为定性需要依托具体竞争场景，依托场景寻求具体的竞争规则，不存在放之四海皆准的认定结论。在还原竞争场景的基础上，还需综合考量多重因素[①]，具体包括以下几种。

（一）经营者利益

经营者利益是反不正当竞争法的基础法益。虽然互联网经济的发展加速了消费者利益角色的自觉归位，消费者利益获得反不正当竞争法的重新定位，可与经营者利益直接抗衡，但也不会就此改变该法规制市场行为、保护经营者利益之旨趣。经营者利益依然是竞争行为正当性判定的重要考量指标，如在"快乐阳光公司案"[②]中，二审法院认定行为是否正当，首先会观测行为是否有损经营者利益，是否妨碍经营者合法提供的网络服务/产品之运行；在"爱奇艺与Adsafe（净网大师软件）不正当竞争纠纷案"[③]中，上海市闵行区人民法院表示：原告的视频广告时间长，其广告质量

[①] 需要说明的是，笔者基于对2013~2020年52份屏蔽广告不正当竞争案件裁判文书的实证考察，从经验层面提炼竞争行为正当性的考量因素，可能面临不周延之局限，后续还需结合实践发展，适时增补、修订。

[②] 广州知识产权法院（2018）粤73民终1022号民事判决书。

[③] 上海市闵行区人民法院（2015）闵民三（知）初字第271号民事判决书。

并不高,对此可由优胜劣汰的市场竞争机制进行调节,然被告仍无权干涉原告爱奇艺公司的合法经营行为与正当商业模式。商业竞争强调"一分耕耘、一分收获",经营者的正当利益仍然应受法律保障。

需要说明的是,考量经营者利益并不代表一切干扰互联网平台竞争者经营行为、损害其利益的行为均将受到反不正当竞争法的负面评价。某种竞争行为倘若仅是轻微影响其他竞争者、消费者,则无须予以法律干预。是否予以干预,关键在于评估该项干扰行为对经营者是否达到致命的程度,这种损害是否具有根本性,是否还同时损及竞争机制(如市场活力、市场创新能力及创新可能性)等。

(二)消费者利益

消费者与竞争如影随形。我们生活在一个"基于消费而进行生产,基于生产而予以消费"的时代,竞争的本质属性在于攫取消费者的注意力,也就是说,只有获得消费者青睐,才能在市场中立足乃至取胜。而现代互联网平台竞争的关键更是一个抢夺消费者的过程,唯赢取消费者,才能赢得市场,若失去消费者,也就失去了市场。

需求侧的消费引导供给侧的生产,作为市场参与者的消费者,亦是市场竞争结果的最终承受者。消费者利益也是反不正当竞争法的重要保护法益。贯彻动态竞争观、判定互联网平台竞争行为是否应予规制也应着重考量消费者利益,具体体现为对消费者知情利益、选择利益的保障。

以屏蔽视频广告案为例,可重点关注消费者对案涉屏蔽软件有无选择权。如果在安装屏蔽软件时已默认开启过滤选项,说明其选择权受软件商控制,而非掌握在消费者手中,在此种情形下,消费者的选择利益并未实现。相反,如若屏蔽软件的安装、屏蔽功能的开启是消费者主动所为,则体现了消费者的意志。值得说明的是,并非关照了消费者利益则行为免于不正当性认定。是否构成不正当竞争,还需就互联网平台竞争行为的正面效果及对被干扰者的损害展开全面衡量。

（三）技术创新与技术中立

在互联网平台竞争案件中，被告常以"技术中立"或"技术创新"为抗辩事由，为自身行为树立正当性旗帜。那么，此类行为中技术冲突是否不可避免，是否对该行为持包容态度，技术中立是否为当事人行不正当竞争的正当事由。对此，司法实践中认知各异。[①]

就技术中立能否作为行为正当性考量因素，有不同观点，究其原因，在于未能准确区分何为"技术中立"、何为"使用技术的行为"。两者不可混为一谈，前者只能说明技术本身是中立的而不构成侵权，后者是否构成侵权则应取决于行为本身的特征与后果、行为人的主观意图，并依照侵权责任标准对行为作出定性。具体到互联网平台竞争行为，如被告仅提供了相关技术，则其以技术中立作为抗辩事由是成立的，其行为不构成不正当竞争；但如若被告借该技术提供相应的服务行为，那么判定该使用行为是否构成不正当竞争则与技术中立无直接关联，关键在于界定该行为是否满足不正当竞争的构成要件。实践中存在一种情况：使用相同技术的网络服务提供者可能因为不同的使用方式，在行为性质判定与认定结果上出现很大差异，而这恰好诠释技术中立的实质，即技术本身可以中立，但假技术之名的使用行为无法中立。

技术创新是市场经济的核心，是竞争者生存与发展的支柱。对于必要且合理的技术创新应予以鼓励，对于正当的技术中立应予以包容，这也是动态竞争观的内在诉求。如若行为人仅提供技术，其以技术中立进行抗辩，可获得支持；相反，如借技术参与竞争，此种情况下行为的正当性认定则与技术中立无直接关联。技术本身是中立的，但假技术之名的使用行为往往无法中立。此外，即便为技术中立与技术创新留足空间，也不可绝

[①] 比如，在"奇虎诉金山案"中，法官认可技术冲突并指出软件经营者所推出的软件难以避免相互冲突，被告发现不兼容事实后主动采取补救措施，可证明其主观并非恶意[参见北京市第一中级人民法院（2011）一中民初字第136号民事判决书]。而在"搜狗诉腾讯案"[参见北京市第一中级人民法院（2009）一中民初字第16849号民事判决书]、"3712诉百度案"[参见北京市第一中级人民法院（2005）一中民初字第4543号民事判决书]对技术冲突行为作出负面评价。

对化，否则，容易落入"重权益、轻行为"的窠臼。

（四）多种商业模式并存

市场的发展取决于自由竞争，对商业经营模式的效仿和复制并不必然伴随着法律的规制。尤其是在互联网经营模式的快速发展中，"模仿"不失为一种低成本开展经济活动的得当选择，对具体平台竞争行为的界定不得忽略互联网经济发展的特性，不可背离互联网"互联互通、信息共享"之基本规律，以免妨碍正常的商业竞争。

商业模式作为竞争者参与市场竞争的工具与载体，构成竞争者的商业利益与竞争优势，可以作为竞争行为正当性判定的指标之一。但诚如前文所述，不存在恒定不变的市场地位，也不存在恒定不变的商业模式，反不正当竞争法并不保护某种固有、特定的商业模式，而是强调市场活力、市场自由、激励创新，即应允许多种商业模式并存，增加市场选择，对新商业模式代替旧商业模式持包容态度，对案件中的多种商业模式平等评价。若经营者在原先模式的基础上开发出更优的方案，或者创设出相对于原有模式更优的商业模式，并且对市场竞争秩序未产生影响，那么经营者以此谋利之行为，非但不会受到法律的禁止，还会获得市场的激励。

（五）行业惯例

在"快乐阳光公司案"[1]中，法院判定行为是否正当，也综合考量了行业惯例因素。缘何如此？之所以将行业惯例作为市场行为正当性的观测指标之一，原因是：行业惯例由特定行业共同体内多数成员相互协商制定而成，是所在共同体普遍认可、遵循并符合经济社会道德标准的行为准则。有时行业惯例是经由历史传承而沿袭下来的，有时是受时代发展需要而创设的，但无论如何都需要经过时间的沉淀、共同体内成员的普遍认同与社会经济道德准则之检验。为此，行业惯例可以作为互联网平台竞争行为

---

[1] 广州知识产权法院（2018）粤73民终1022号民事判决书。

定性的考量指标。当然，对行业惯例的适用也需严格把握，只有同时满足"行业规范性"及"法律确信"的行业惯例才能作为考量指标。其中，所谓"行业规范性"，是指该行业惯例不得违反法律的强制性规定，不得违反社会公德；而所谓"法律确信"，意指在缺乏具体法律规定时，行业主体确信行业惯例具有法律效力。

需要说明的是，每种利益考量的权重只有在具体竞争语境下才有意义，不同的互联网平台竞争场景侧重的考量因素不尽相同。个案中如何适用、每个因素的适用程度，均需要法官在不同的竞争场景中区别对待、综合运用。法院裁判直接关涉资源的重新分配。① 法官不是机械、消极地适用法律，而应以能动、积极之姿态权衡若干考量因素并评估其社会效果。② 从根本意义上讲，互联网平台竞争案件中各异考量因素的适用权重应以社会整体利益最大化为基准，如若偏离了社会整体利益这个支点与根基，则谈不上妥适的权衡与判断。

本章小结

动态竞争观下反不正当竞争法谦抑性的再思考

正如荀子所言，"不知法之义而正法之数者，虽博，临事必乱"。一切有关竞争法实务的讨论都应溯其原点，即贯彻竞争法的基本精神。互联网平台竞争规制体系的构建，应首先回溯反不正当竞争法的竞争观，基于竞争观这一逻辑起点展开相应的制度设计。静态竞争观指引下采用的互联网平台竞争认定标准和方法，不合理地限制了市场参与者的行为自由，有违市场竞争的本质规律，也容易引发公权力的过度干预。③ 相比而言，动态竞争观下不存在优位利益，不存在先验结论，摒弃固有的绝对权侵权判定范式，市场参与者行为自由有所扩充，政府管控范围有所缩限。这对我们重新认知反不正当竞争法的谦抑性亦提供了有益视角。

---

① 盛洪.现代制度经济学下卷.北京：北京大学出版社，2003：183.
② [美]波斯纳.法律的经济分析.蒋兆康，译.北京：中国大百科全书出版社，1997：13.
③ 张占江.论反不正当竞争法的谦抑性.法学，2019（3）.

受规制惯性影响,政府有时未能研判市场形势及时退出市场,导致出现规制失灵的情形。恰如奥格斯曾言,不完美的规则非但不会消弭规制,反而会激发更多规制。① 作为经济法重要组成部分的反不正当竞争法,在规制市场行为时,需遵循适度干预原则,确保干预的"正当性"与"谨慎性",重点应放在如何改善规制质量上。具体而言:其一,应遵循市场优先原则。市场失灵是反不正当竞争法干预市场行为的前提。反不正当竞争法的干预应尊重市场规律并让位于起决定性作用的市场机制,即基于市场失灵的干预,而非擅自、过度干预,避免抑制企业创新,确保市场主体行为自由与反不正当竞争法干预的辩证统一。其二,应遵循社会整体利益原则。反不正当竞争法的介入应以实现社会整体利益最大化为基准,只有市场失灵,且关涉全局性及社会公共性的市场竞争关系,才有必要借助国家权力对其直接干预。政府的干预并非万能。社会整体利益原则为反不正当竞争法干预市场竞争行为划定了界限、提供了方法论指引。其三,应遵循相机抉择原则。一方面,市场缺陷呈现相对性、阶段性及逐步性特点,因此,各异时期市场行为主体对反不正当竞争法的干预需求,在量上和质上存在本质的差别。另一方面,鉴于竞争系统的复杂性以及国家干预能力、干预成本等因素之考虑,反不正当竞争法对市场竞争的干预范围亦不可能始终不变。相机抉择原则彰显了反不正当竞争法干预的动态性与阶段性,而这在思维理念上与动态竞争观可谓相互印证。总之,反不正当竞争法的干预与市场主体行为是一种双向互动选择之结果。反不正当竞争法不应逾越其必要界限,而应秉承动态竞争观,保持其应有谦恭之态,为市场自由、市场活力及科技创新留足空间,回归其相对于市场机制而言辅助性及补充性的角色定位。

---

① [英]奥格斯.规制:法律形式与经济学理论.骆梅英,译.北京:中国人民大学出版社,2008:343.

第二章
互联网平台竞争案件的价值追求

在论证了互联网平台竞争案件审理应援引动态竞争观的基础上,如何将其具体贯彻到该类案件的审理实践中,颇值得关注。动态竞争观如何影响该类案件价值判断的选取?反不正当竞争法的价值追求是什么?长期以来,互联网平台竞争案件仅关注公平竞争价值,而无视自由竞争价值,可能引发哪些制度负外部性问题?自由竞争之于反不正当竞争法制度价值体系居于何种定位?二者是否有必要同时作为该法的基础价值?其法理依据是什么?自由竞争价值的制度实现路径有哪些?这是本章欲探讨的重点内容。

第一节 问题的提出:自由竞争价值缺失

一、互联网平台竞争案件价值追求现状

(一)价值之于互联网平台竞争案件审理的重要性

为何探讨互联网平台竞争案件审理应秉承的价值观?确认互联网平台竞争案件审理的价值追求有何意义?何谓法价值?法价值之于法制度体系,承载什么制度意义?这些是探讨互联网平台竞争案件审理的价值追求

的一些基础问题。

何谓价值，主体之所欲也。价值是主体与客体之间产生的关系。价值之所以有"价值"，前提是满足主体需求。价值以客体属性为根基，是一定条件下对客体独特属性之外化。客体只有具备某些特殊属性，才能彰显相应价值。[1]法价值，是法律在致力调整社会关系及建构秩序目标时应遵循的目标导向，彰显了法律内在品性，与基本原则相比，其抽象性程度更高。虽然法的基本原则相较于具体规则，具有内容根本性、效力始终性[2]，然而，法价值是对法基本原则的进一步提炼、升华，更具抽象性，法基本原则是法精神、法价值的具体呈现，故而更为具体。

法价值诞生于法律发挥客观效用进而满足主体需求的过程。确证法价值具有重要意义，体现在[3]：其一，确证法价值是法律制定的前提。法价值指引法律制定，法价值是立法的思想导引。在通常意义上，所有立法活动均是基于特定法价值观指引而进行的。其二，法价值是法实施的思想保障。法实施无法离开法价值的指导。法所蕴含的价值理念是法实施的先决因素。法所具有的独特价值是法获得良好实施的前提。其三，法价值对社会主体守法具有重要的影响。法价值为社会主体守法设定了思想指引，对社会主体的守法意识、守法行为具有决定性意义。探讨互联网平台竞争案件的价值体系，乃是为了厘清互联网平台竞争行为的竞争边界，探明行为正当性判断的根本标准。可以说，明确反不正当竞争法的价值追求，对确保该法准确实施、不正当竞争行为的合理认定具有关键意义，为行为具体认定提供了基础性分析框架，为平衡多元冲突法益提供了深层次的精神指引。

（二）公平竞争价值稳居反不正当竞争法价值体系显性话语

法具有多元价值追求，如理性、秩序、自由、文明、正义、人权、平

---

[1] 兰磊.论反垄断法多元价值的平衡.北京：法律出版社，2017：18.
[2] 刘大洪，廖建求.论市场规制法的价值.中国法学，2004（2）.
[3] 卓泽渊.论法的价值.中国法学，2000（6）.

等。这些均为各部法律所单独或共同的追求。各异部门法的立法价值各有侧重。那么，反不正当竞争法独特的价值追求是什么？这对明确互联网平台竞争案件应秉承何种价值追求至关重要。

反不正当竞争法自面世时起，就将重点锁定于善良风俗、商业道德等，与诉诸公平竞争价值的判断标准高度相关。反不正当竞争法最初在19世纪的欧洲面世，法官为维护诚实经营者利益，创新性地将《法国民法典》（1804年）一般规定（第1382条）运用于不正当竞争案件的审理，在全球范围内首创"不正当竞争"概念。自此发展出独立的不正当竞争法律制度，该制度的内核是约束那些在工商业活动中违背善良风俗、以欺诈或令人误解手段损害经营者合法利益的行为，即使该行为未侵犯工业产权，也应予禁止。除了最早提出"不正当竞争"概念的法国，在全球范围内最早出台反不正当竞争成文法的德国，也以公平竞争作为规制不正当竞争行为的基本价值追求。

以德国为例，反不正当竞争法最早致力于保护诚实经营者利益，彼时其对善良风俗的阐释是"理智的、普通的（工商业）经营者"的礼仪感；后来该法将保护范围逐渐扩至消费者、其他市场参与者及社会公共利益，对善良风俗的理解则转变为"理智的普通人"的礼仪感。随后，由于诉诸主观感受的礼仪感只能供给主观衡量标准，无法得出一种可诉诸客观审查的结论，况且亦难以客观厘清何谓"理智的、普通的经营者"，何谓"理智的普通人"的范畴；最后，其行为的定性则取决于法官个人的礼仪感。因此，对于善良风俗的判断标准则开始发生转向，不再将"普通经营者"或"普通人"的礼仪感作为善良风俗的评判标准。法官逐渐将目光投向商业竞争，依托商业竞争本质理解善良风俗，并借助司法判例具化善良风俗认定，从而形成了各种具体的不正当竞争行为类型。[1] 瑞士《反不正

---

[1] 包括妨碍顾客购买决定自由、阻碍竞争、榨取他人成果、违法占先这几类不正当竞争行为类型。郑友德，范长军.反不正当竞争法一般条款具体化研究：兼论《中华人民共和国反不正当竞争法》的完善.法商研究，2005（5）.

第二章　互联网平台竞争案件的价值追求

当竞争法》第 2 条亦主要着眼于诚实信用原则，基于诚实信用原则评判行为的正当性。再将视线投向我国，首起不正当竞争案件——山东莒县酒厂与文登酒厂案（刊载于《最高人民法院公报》1990 年第 3 期），发生在《反不正当竞争法》（1993 年）出台前，是以《民法通则》规定的诚实信用原则作为依据的。[①] 可见，不正当竞争判定自始与诚实信用原则、商业道德、善良风俗等诉诸公平竞争价值指向的道德判断紧密关联。这对互联网平台竞争案件审理侧重于公平竞争价值指向具有重要影响。

二、互联网平台竞争案件审理中自由竞争价值缺失

一直以来，公平竞争价值稳居反不正当竞争法价值体系的显性话语。在学者们看来，反不正当竞争法强调公平竞争，反垄断法侧重于自由竞争[②]，两者泾渭分明、各司其职，共同担负维护市场竞争秩序之使命。然而，值得思考的是，同为市场秩序基本法的反垄断法和反不正当竞争法在价值选择上果然能如此切割分明吗？反不正当竞争法虽起源于私法，但其竞争法属性不断强化，单一强调反不正当竞争法以维护公平竞争为价值追求是否会不当割裂同为竞争法的反不正当竞争法与反垄断法的内在关联，看似泾渭分明的切分是否可能反而损害了竞争法本身的融贯性？

梳理大量互联网平台竞争案件裁判文书，发现司法实践中判断行为是否构成不正当竞争，法官几乎无区别地将目光投向《反不正当竞争法》第 2 条第 1 款规定的诚信原则及商业道德[③]，似乎唯公平竞争才是审理该类案

---

① 国家工商行政管理局条法司. 现代竞争法的理论与实践. 北京：法律出版社，1993：171.
② International Bureau of WIPO. Protection Against Unfair Competition: Analysis of the Present World Situation. Geneva: WIPO Publication No.725(E), 1994:12. 徐火明. 公平交易法论：不正当竞争防止法. 台北：台湾三民书局，1997：14. 赖源河. 台湾公平交易法之执行现况 // 王晓晔主编. 反垄断法与市场经济. 北京：法律出版社，1998：248. 谢晓尧. 竞争秩序的道德解读. 北京：法律出版社，2005：引言第 2 页. 王晓晔. 我国《反垄断法》修订的几点思考. 法学评论，2020（2）.
③ 具体的数据支撑可参见本书第一章实证考察，另第二章竞争观部分也有相应数据的展示分析。此外，也有学者专门撰文批判将道德标准作为竞争行为正当性判定终极标准的局限性。蒋舸. 关于竞争行为正当性评判泛道德化之反思. 现代法学，2013（6）.

件不二的价值选择。自由竞争价值极为罕见，在互联网平台竞争案件审理中几乎处于失语状态。以屏蔽视频广告案为例，多数案件判定屏蔽行为构成不正当竞争[1]，其基本逻辑是：屏蔽广告行为破坏了免费为主的商业模式、损害了原告方利益，进而基于原告利益受损，反推行为具有不正当性。此种基于损害倒推行为不正当、仅关注损害本身的审理模式，折射了自由竞争价值的普遍缺失。

颇值关切的是，近年来，由于数字经济领域爆发了一系列具有较大影响力的不正当竞争及垄断行为，引起竞争司法、执法机构的高度关注。近期系列重要会议（如中央政治局工作会议、中央经济工作会议）均大力强调加强竞争法实施，加大竞争司法、执法力度，可谓迈入竞争"强监管"时代。在高度肯定竞争公权机构所作努力及付出的基础上，也需深入审视、论证竞争监管的适当性及适度性。这就需要以自由竞争价值为指引，以防不当介入市场竞争、不合理侵蚀市场主体行为自由空间，挫伤市场投资及竞争积极性，阻滞市场创新、市场活力及市场效率，避免竞争规制目的落空。

自由竞争价值的秉持及实现具有深远意义。实际上，竞争法不仅是保障我国国内市场竞争秩序的有力规制工具，也是捍卫我国国家利益、提升我国国际竞争力的重要制度媒介。[2]从全球竞争视野出发，自由竞争政策的施行不仅关乎我国创新驱动发展重大战略的实现，也是维护我国国家利益、彰显我国制度自信的重要途径。可见，自由竞争政策的有效实施颇具战略意义，值得高度关注。

然而，从既有研究来看，自由竞争价值在反不正当竞争法价值体系中

---

[1] 笔者以屏蔽广告、过滤广告、拦截广告为关键词，在中国裁判文书网、北大法宝、威科先行法律信息库等数据库进行单独、交叉组合检索，获得52份屏蔽广告不正当竞争案件裁判文书作为有效分析样本（截至2020年4月）。

[2] 王先林.以法律为基础的反垄断战略问题论纲：兼论我国《反垄断法》的修订与完善.法学评论，2020（4）.孔祥俊.论互联网平台反垄断的宏观定位：基于政治、政策和法律的分析.比较法研究，2021（2）.

的定位，始终未能获得学界的高度肯认及系统审思。学者围绕反不正当竞争法的规制模式[①]、不正当竞争具体判定及一般条款适用[②]、互联网不正当竞争行为的法律规制[③]等展开了系列研究，贡献了很多智识，却鲜见对该法价值体系进行深刻反思。很多时候，反不正当竞争具体制度架构之所以存在矛盾及冲突，恐怕主要原因在于未能深入挖掘隐藏在制度背后的法价值，或欠缺从该法的价值体系寻求支持，或忽略对价值体系本身的再反思。在肯定反不正当竞争法保障公平竞争的重要使命基础上，应以开放姿态重新审视该法价值体系是否健全。自由竞争价值在该法价值序列中应为何种角色定位？是否有必要与公平竞争价值一同作为该法的基本价值？公平竞争价值与自由竞争价值是何种关系？两者在价值位阶上如何分布？确证自由竞争价值将对反不正当竞争制度产生哪些体系性影响？均需回应。

第二节 缘何自由竞争价值缺失？

缘何从学界到实务界均极力提倡公平竞争价值，而对同等重要的自由竞争价值未予以应有的重视？在互联网平台竞争案件审理中自由竞争价值的缺失可能会衍生哪些负外部性问题？

[①] 孔祥俊.论反不正当竞争的基本范式.法学家，2018（1）.张占江.反不正当竞争法属性的新定位.中外法学，2020（1）.孔祥俊.论反不正当竞争法的二元法益保护谱系：基于新业态新模式新成果的观察.政法论丛，2021（2）.

[②] 蒋舸.反不正当竞争法一般条款的形式功能与实质功能.法商研究，2014（6）.吴峻.反不正当竞争法一般条款的司法适用模式.法学研究，2016（2）.焦海涛.不正当竞争行为认定中的实用主义批判.中国法学，2017（1）.蒋舸.竞争行为正当性评价中的商业惯例因素.法学评论，2019（2）.王艳芳.反不正当竞争法中竞争关系的解构与重塑.政法论丛，2021（2）.

[③] 肖顺武.网络游戏直播中不正当竞争行为的竞争法规制.法商研究，2017（5）.蒋舸.《反不正当竞争法》网络条款的反思与解释 以类型化原理为中心.中外法学，2019（1）.刁云芸.商事领域中反不正当竞争法互联网专条的适用困境及出路.法学杂志，2021（1）.

一、自由竞争价值缺失的原因探求

制度乃过往经验的沉淀、累积，既有的知识形塑制度生成的现实制约。反不正当竞争法坚守公平竞争的价值追求、对自由竞争的价值选择缺乏深度关注，是多方面因素协同作用之结果。

（一）基于反不正当竞争法维护商业伦理的制度惯性

为捍卫市场竞争秩序，确保市场主体公平竞争，几乎所有构建市场经济体制的国家均设置了某种反对不公平竞争行为的保护措施。[1] 世界范围内"不公平竞争"的概念最早诞生于1850年，法国法院通过《法国民法典》第1382条一般条款形塑不公平竞争制度。这亦是首次提出不正当竞争之表述。[2]1896年全球首部成文《反不正当竞争法》在德国面世，其立法目的亦是维护商业道德、确保市场主体公平竞争，通过遏止不公平竞争行为，保障经营者合法权益。[3]1925年《巴黎公约》修订，着眼点亦在规制违反诚实惯例、有悖公平竞争的竞争行为。[4] 可以说，反不正当竞争规范自面世时就与善良风俗、商业伦理及诚实信用原则密不可分，维护公平竞争几乎是反不正当竞争法唯一的价值追求。

内在制度一经形成，通常引发路径锁定的制度惯性。所谓制度惯性，即制度结构的内在黏性、制度结构拒绝变化而形成的政策稳定倾向。恰如牛顿借助惯性定律凝练物体运动属性那般——但凡无外力作用，任何物体均会持续坚守静止、匀速直线运动的样态——这种坚守原先运动样态的属性即为惯性。制度本身也存在惯性。制度一方面可以降低政策实施的沟通

---

[1] Frauke Henning-Bodewig(ed.). International Handbook on Unfair Competition. Munich: C.H.Beck · Hart · Nomos 2013:232.

[2] Rogier W.de Very. Towards a European Unfair Competition Law: A Clash Between Competition Law. Leiden: Martinus Nijhoff Publishers, 2006:2-3.

[3] 范长军.德国反不正当竞争法研究.北京：法律出版社，2010：1.

[4] [德]弗诺克·亨宁·博德维希.全球反不正当竞争法指引.黄武双，刘维，陈雅秋，译.北京：法律出版社，2015：35.

成本、交易成本及协调成本,另一方面也可能给政策改变带来阻力。制度转换成本就给制度创新带来反作用力,以潜移默化的方式限制跨越式制度变迁,使得旧规制体制依然具有一定的生命力,制度变迁由此彰显了路径依赖的特征。决策者在处理政策环境中过于繁杂的信息时,经常会采用一套比较固定的方法、标准作出抉择和过滤。这套评判指标体系几乎相对固定,成为决策者的固定偏好。制度惯性所衍生的阻力会最大限度地确保子系统形成政策垄断及以渐进式变迁方式演化,即循着一条固定的路径、轨迹持续延伸,形成一种无法逆转的自我强化趋向,即便存在更优的替代方案,也很难改变既定的路径。路径依赖是社会系统不断自我强化的结果。制度的非效率是历史的常态(而非例外)。人类有重复以往被证实是令人满意的安排或经验的先入为主倾向,即借助对已有参照物之利用,根据已有知识积淀、经验安排成就一种思维定式。无论是学界对公平竞争价值基准的强调及深入阐释,还是实践中互联网平台竞争案件的审理,普遍浸透着浓郁的公平竞争价值情结。究其主要原因,除了反不正当竞争法的产生缘起,立法者寄予该法维护商业伦理、彰显公平竞争价值之厚望,另外,也或多或少受制度惯性的影响。这些促使公平竞争价值稳居反不正当竞争法的价值中心,成为该法基础的价值导向。也正因此,经济标准及自由竞争价值始终未能获得反不正当竞争法学界及实务界应有的关注及深入解读。

制度折射了社会主体的信念,或者至少折射了立法主体的信念,信念则折射了主体的文化及思想传统。[①] 反不正当竞争法维护商业伦理的历史缘起具有合理性,彰显了公平竞争价值之于该法的重要性,反映了立法者希冀借该法维护商业伦理的美好预期,但由此不断固化公平竞争价值地位形成的制度惯性,也在一定程度上加剧该法价值体系的封闭性。

(二)为反不正当竞争法的制度外观所误导

除了受反不正当竞争法维护商业伦理的制度惯性影响,自由竞争价值

---

① 刘和旺. 诺思制度变迁的路径依赖理论新发展. 经济评论, 2006 (2).

的普遍缺位，在很大程度上也源于该法制度外观的误导。从《反不正当竞争法》法律文件的命名，到"不正当竞争"/"不公平竞争"行为之表述，以及不正当竞争具体判定标准，乃至于该立法目的条款，其整体的制度外观均指向公平竞争价值。

具体而言，"不正当竞争"/"不公平竞争"行为（unfair competition）的表述直接就诉诸一种公平标准。《反不正当竞争法》规范性文件名称仅涉及"正当"字眼，亦流露了维护公平价值之取向。再将视线投向该法立法目的条款，其在第1条立法目的条款中申明"鼓励和保护公平竞争"，也仅关涉公平竞争，未提及自由竞争。基于该法文本外观得知，公平竞争成为反不正当竞争法的价值基石。

此外，在不正当竞争行为的定义及判定标准上，道德判断色彩更为浓厚。各国所采用的竞争立法模式虽有所不同，然从竞争行为正当性判断标准看，多数引用规范性（而非描述性）的商业道德标准。[①]《巴黎公约》将不正当竞争定性为"凡在工商业活动中，有悖诚实的习惯做法的市场竞争行为"。世界知识产权组织出台的《关于反不正当竞争保护的示范规定》，则如此界定不正当竞争："在工商业事务中有违诚实的习惯做法的行为或做法。"在《发展中国家商标商号和不正当竞争行为示范法》中，对不正当竞争的规定是"在商业或工业事务中任何违反诚实做法的市场竞争行为"。不同国家基本采用了"善良风俗"（如德国）、"职业道德"（如意大利）、"诚信原则"（如瑞士、西班牙）、"诚实交易惯例"（如卢森堡、比利时）的表述。[②]

可见，判断行为是否正当，取决于是否有违善良风俗、诚实信用原则，从而牢牢地确定了竞争的伦理标准与道德标准。我国1993年《反不正当竞争法》第2条规定："经营者在市场交易中，应当遵循自愿、平等、公平、诚实信用的原则，遵守公认的商业道德。"此处的"自愿、平等、公

[①] 孔祥俊．论反不正当竞争的基本范式．法学家，2018（1）．
[②] 谢晓尧．竞争秩序的道德解读．北京：法律出版社，2005：10．

平、诚信原则"均是公平竞争价值的具体衡量指标,公平竞争价值的基础性地位确证无疑。然而,倘若未将视线进一步深入投射到反不正当竞争法的功能定位、法律属性及发展走向,自由竞争价值之于该法的重要性,极易被覆盖、稀释及疏忽。

二、自由竞争价值缺失的理论缺陷

虽然人类有沿袭既有认知之惯性,但是,这并不意味着已有规则及制度方案始终具备适应性、生命力。基于反不正当竞争法的历史渊源及其制度外观,该法推崇公平竞争价值具有合理性、正当性,然而,互联网平台竞争案件审理中自由竞争价值的普遍缺位,将对竞争法律体系、竞争法规制实践产生负面效应。

(一)规范层面:割裂反不正当竞争法与反垄断法的内在关联

有学者坦言:"反垄断法意在保障市场竞争的'自由性',其主要规制'无竞争'或'无市场'等情形;反不正当竞争法则确保市场机制在自我调整基础上,修复市场竞争中非公平行为、做法,即'要求所有市场主体依相同规则展开较量,以确保公平竞争'。"[①] 亦即,反垄断法旨在维护自由竞争,反不正当竞争法重在捍卫公平竞争,两者各自的功能定位似乎有明确区分。然而,此种看似周延、理想且美好的区分,实则可能忽略了反不正当竞争法作为竞争法重要构成的内在属性,割裂了与同为竞争法的反垄断法的内在关联。

承前所述,虽然反不正当竞争法坚守公平竞争的价值取向具有历史合理性,然而,倘若因此对同等重要的自由竞争价值视若无睹,而仅将焦点投掷于公平竞争之维护,可能会不当地淡化反不正当竞争法逐渐强化的竞争法属性,也容易加剧反不正当竞争法与反垄断法的差异,模糊两者同为

---

① 谢晓尧.竞争秩序的道德解读.北京:法律出版社,2005:24-25.

竞争法重要组成的内在关联，不利于两者共同发挥捍卫市场机制和市场秩序的功能，不利于两者市场规制重要使命之实现。

事实上，伴随着反不正当竞争法法律属性及功能定位愈加清晰，反垄断法与反不正当竞争法的关系更加紧密。多数国家均对两者采取了合并立法模式。以何种方式规定垄断行为和不正当竞争行为，是采用合并立法还是分别立法的模式，曾引发了很大争议。对此，各个国家、地区立足于本国、地区实际，作出了不同的应对方案。如日本、德国及韩国引用分别立法模式，而俄罗斯、保加利亚、匈牙利等则采用合并立法模式。分别立法与合并立法究竟孰优孰劣，委实难以评说，因为其取决于各国、地区的经济、政治形势及文化背景。但无论如何，合并立法模式仍具有相当的必要性和重要性。这体现在：其一，合并立法模式强调了两者的共性，彰显了反不正当竞争法与反垄断法的紧密联系。虽然，不正当竞争行为和垄断行为存在一些差异，各自对应的立法在价值追求上略有不同，其中，反不正当竞争法以维护市场正当竞争为重任，反垄断法以促进市场自由竞争为追求，但二者的根本目的均是维护市场机制和竞争秩序，进而促进市场经济健康发展及增进消费者福利、社会公共福祉。其二，合并立法模式有利于对不正当竞争和垄断行为的查处，便于节省法律实施成本。实践中很多行为可能同时被评价为垄断行为、不正当竞争行为，如采用合并立法模式，更有利于行为查处、节省开支及简化程序，也可达到协调执法之目的。虽然关于不正当竞争、垄断行为规制究竟是应采取合并立法还是分别立法模式依然未有定论，但是，这样的探讨也可以进一步印证反垄断法与反不正当竞争法存在重要关联。

虽然我国并未采用此种合并立法模式，但是，无论是1993年《反不正当竞争法》包含的若干项垄断行为规制条款，还是2017年该法修订时关于是否增加滥用优势地位条款的讨论，无不反映出反不正当竞争法与反垄断法关系之密切。当然，就立法模式的具体择取上，采用单独立法、抑或合并立法，是多因素之果，与立法技术、立法时机、立法理念有很大关系。在承认我国基于实用主义而采用分别立法模式、肯认两者分析框架存在差异的基础上，更应看到反不正当竞争法与反垄断法在规制目标和价值选择上的趋合性。

另外，2021 年正式出台的《国务院反垄断委员会关于平台经济领域的反垄断指南》第 1 条明确提到："为了预防和制止平台经济领域垄断行为，保护市场公平竞争……"其开篇明义呼吁遵从公平竞争价值[①]，挣脱了反垄断法以自由竞争价值为主要面向的既定束缚，是致力于融合反垄断法与反不正当竞争法的重要举措，亦是为贯通两者共同价值目标而作出的实质性尝试或努力。倘若对两者共同的价值取向视而不见，一味强化反不正当竞争法的公平竞争价值，而无视自由竞争价值之于反不正当竞争法的重要性，既不利于联合反不正当竞争法与反垄断法，亦无益于两者维护市场秩序共同立法旨趣之实现。

（二）实证层面：容易导致对市场竞争行为的过度干预

市场基于外部性、公共产品、经济周期、信息失灵及价格机制缺失等原因，在一定情况下会失灵，导致资源配置处于非公正、非效率状态。这为政府介入市场提供了客观缘由，公权力的干预具备了正当性。诚然，政府介入市场为解决市场失灵提供了一种可资选择的方案。[②] 可以说，政府干预对我国市场经济管理、市场规则的形成，发挥了重要作用。然而，政府介入具备正当性是一回事，而何时干预、如何干预、干预什么、干预多少则是另一回事，这并不意味着政府"如何"干预亦同时具备正当性，两者无法等同。政府的必要介入并非政府干预方式、干预时机、干预程度及具体干预手段的合法证明；以政府干预的正当性、必要性充当对干预方式

---

① 2008 年《反垄断法》第 1 条立法目的条款也提到了"保护市场公平竞争"，但未提及"自由竞争"，有学者建议应在《反垄断法》修订时增加"自由竞争"的表述（时建中.《中华人民共和国反垄断法》专家修改建议稿及详细说明.北京：中国政法大学出版社，2020：2）。遗憾的是，2022 年《反垄断法》最终正式文本中依然未见"自由竞争"的表述。

② 刘红臻.宏观经济治理的经济法之道.当代法学，2021（2）.

及干预手段正当性的论证,实际上是简化了对社会经济繁杂性之认识。①竞争秩序之于我国经济发展具有重要性,并不代表我们能完全借助政府干预的途径构建完美的市场经济秩序。

反不正当竞争法的自由竞争价值的缺失可能导致政府对市场经济领域及市场竞争行为的过度干预。反不正当竞争法作为市场规制法的重要组成部分,亦是国家借助公权力对市场缺陷进行干预之法,其欲将事实上的经济关系转化为法律秩序,除了考虑国家管理职能之需、干预能力及干预成本,更为重要的,应考虑市场的客观需求。②市场发展需要决定了反不正当竞争法干预的时机及界限。

反不正当竞争法的干预有特殊的前提限定。一方面,市场这只"看不见的手"会指引市场主体追求实现最大化利益,但竞争具有两面性,竞争既能带来繁荣,也存在消灭竞争的倾向,进而衍生不正当竞争和垄断行为,给市场秩序带来严重冲击。这就需要有独立于市场本身的外力来纠正市场失灵,政府的介入则显得自然且必要。另一方面,基于市场与法律的不同分工,倘若市场得以通过自发激励机制化解自身问题,则无须法律介入。正如科斯教授所表明的,政府介入是市场以过高社会成本解决自身问题的替代方案。③唯有在市场自发激励机制难以实现其应有效力时,法律机制才有必要干预及介入。究其原因,在于政府的不当干预可能破坏市场竞争理性,而且政府也同样面临失灵的窘境。假如政府与市场的职能分工、界限划分得当,则其可以完美担任裁判员的角色,并且可以据此推动建立系统、开放、健全的市场秩序,弥补市场秩序的漏洞。然而,政府有时扮演经济主体的角色,参与经济活动或作为与经济活动有重要关联的第三方,其本身也会受到经济利益的驱使。这就容易导致偏离其原先作为经济管理者、裁判员的角色定位,进而导致市场机会主义及行政机会主义盛

---

① 谢晓尧.竞争秩序的道德解读.北京:法律出版社,2005:17.
② 李昌麒.论经济法语境中的国家干预.重庆大学学报(社会科学版),2008:4.
③ [美]罗纳德·哈里·科斯.社会成本问题//[美]罗纳德·哈里·科斯.企业、市场与法律.盛洪,陈郁,译.上海:格致出版社,上海三联书店,上海人民出版社,2009:116.

行，最终损害的还是秩序及公共利益本身。

忽略自由竞争价值，容易模糊干预的界限，不当采取一刀切的竞争认定思维，将有效的互联网平台竞争行为误认为是不正当竞争，进而予以规制、禁止，引发所谓的"假阳性错误"（积极失误），对互联网市场造成不必要的干预。变动中的创新所衍生的规制难题多数不同于常规问题，规制主体需结合具体场景、立足于法定权限作出恰当的规制决策。实际上，唯有在出现市场失灵，且市场自身无法自我修复之情况下，反不正当竞争法才介入。[1] 可以说，市场失灵是反不正当竞争法干预之前提，为反不正当竞争法的介入划定了边界。此外，市场缺乏自由竞争价值之导引，也容易刺激反不正当竞争法的家长干预情结，导致对大量本属于正当、正常的市场竞争行为进行否定评价，而这种因否定评价而予以干预的做法不一定行之有效，甚至可能进一步扩大市场问题范畴。这对市场经济发展、激发市场主体活力、驱动技术腾飞极为不利，不但过度限制了市场自由竞争，也对整体良性的市场竞争产生消极影响。长此以往，不但规制效果不理想、规制目的落空，甚至可能会引发对反不正当竞争法规制正当性之质疑。

第三节 超越及重塑：缘何应倡导自由竞争价值？

受社会主体需求多元性及多层次性、社会生活广泛性的影响，社会条件多变性、多重性等外部因素的制约，立法价值也越来越呈现出多元、开放特征。同理，反不正当竞争法的价值追求也并不是单一的。维护公平竞争并非反不正当竞争法唯一的价值取向，亦非该法终极的价值追求。反不正当竞争法的价值体系应保持开放姿态，且根据现实需求适时调适。自由竞争也应成为该法的基础价值目标，尤其在互联网平台竞争案件审理时应植入自由竞争价值。究其原因，大致有如下几个方面。

---

[1] 张占江.论反不正当竞争法的谦抑性.法学，2019（3）.

一、市场自由竞争的本质规律要求竞争法应奉行自由竞争价值

现实需求决定了制度的发展走向。在《中国历代政治得失》一书中，钱穆坦言，制度无法从一种理论中凭空产生，现实催生了制度。[①] 法律多数情况下是对现实经济关系的描述、记载及呈现。就反不正当竞争法价值体系而言，其立法使命在于更好地服务、回应市场经济的发展需求。市场经济发展的本质规律决定了反不正当竞争法价值选择的出发点及归宿。那么，市场有何种规律、以何种方式决定自由竞争价值应内嵌于反不正当竞争法价值序列？

一方面，自由竞争乃市场经济的"灵魂"，是市场经济发展的生命之源。市场经济本质上是自由竞争经济，诚如艾哈德所言：唯有在自由竞争中才能真正解放人的力量。[②] 只有自由竞争，经济才能繁荣，社会物质财富才能最大限度增长，自由竞争是市场竞争的发动机，是确保市场经济发展的最有效、最有力的工具。反不正当竞争法是干预和调整市场经济之法，其干预的使命及目的不是限制市场经济发展，相反，是促进经济更好地发展。这就要求反不正当竞争法对市场经济的介入、管理应反映经济规律本身。唯有遵循、体现市场经济发展规律，反不正当竞争法才能更好地引导市场主体正当竞争，更好地服务于市场经济发展，从而顺利实现调整任务。因此，以维护、促进市场竞争为宗旨的反不正当竞争法应自觉奉行自由竞争价值。可以说，反不正当竞争法将自由竞争价值内嵌于其价值体系，是尊重市场自由竞争基本规律的应然之义，从而鼓励市场主体通过自由竞争促进创新、优化资源配置。

另一方面，市场竞争的魅力在于动态发展，竞争态势千变万化，这种动态竞争的内在属性要求反不正当竞争法推崇自由竞争价值，唯此，才能

[①] 钱穆.中国历代政治得失.北京：九州出版社，2012：56.
[②] 艾哈德.来自竞争的繁荣.祝世康，等译.北京：商务印书馆，1983：121.

满足市场发展、创新之需。具体而言,市场竞争的本质是抢夺商业机会、争夺市场资源,市场竞争天然具有明显的损人利己性,竞争过程中必然有一方市场参与者丧失交易机会。特别是在数字经济时代,市场竞争愈加激烈,在以互联网技术与信息技术为支撑的数字经济市场中,市场参与者随时面临各种挑战及损害,几乎无法避免。相反,那般所谓"非基于特定事由,互不干扰、相安无事、和平共处"的静态竞争画面,虽美好但不切实际,最终只能流于乌托邦式的空想。对此,学者熊彼特专门在《经济增长理论》一书中大力批判静态竞争的固有缺陷,并深入论证动态竞争对经济增长的深远效应。[①] 事实上,作为理性经济人的经营者天然带有逐利本性,一切市场竞争行为均为竞争利益展开。整个竞争过程动态铺开而非静态演绎,主体间的相互争夺势必无法祥和进行,市场竞争本质决定这种对抗不可避免且始终激烈。

可以说,出现损害乃市场竞争的常态结果,反不正当竞争法需对竞争引发的损害保持包容态度,不能因存在损害就认定互联网平台市场竞争行为具有不正当性,亦不能对既有权益提供类似专有权的保护,否则就与市场自由竞争、动态竞争的本质规律相违背。当然,谨慎干预市场自由竞争并不意味着反不正当竞争法无所作为。如果达到特定损害、满足特定条件,反不正当竞争法则应及时干预。这个恒定的标准就是市场秩序、市场机制受损。反之,一项规制工具如果未与市场问题有效匹配,其规制效果不仅容易落空,也影响规制的正当性。

可喜的是,在"网易与多益案"中,审理法院表示:竞争自由乃市场竞争最基本的竞争政策,争夺交易机会过程中发生损害极为常见,多数情况下也是允许的,干预竞争行为是例外。[②] 这很好地保持了司法克制理念,秉持自由竞争价值,为市场竞争余留最大限度的自由,尽可能减少对市场竞争行为的干预,以避免不合理、不恰当的介入破坏市场可能的创新及竞

---

① 吴振国,刘新宇.企业合并反垄断审查制度之理论与实践.北京:法律出版社,2012:1.
② 广州知识产权法院(2018)粤 73 民初 684 号民事判决书。

争自由。

现实需求始终是创造之母,是制度生成及发展的根本依据。价值观取决于社会经济关系。反不正当竞争法价值序列的选择应遵循市场竞争的逻辑及需求,而不是故步自封、守旧于已设定的价值体系;否则,看似坚不可摧,反而可能丧失实际解释力和理论指引力。维护自由竞争亦是反不正当竞争法的重要导向。事实上,之所以规制不正当竞争,恰也是因为要确保市场主体自由竞争、市场机制良性运行,而非不必要地妨碍自由竞争。① 市场规制工具的选择及运用应自觉与市场本身结合。唯有匹配市场发展需求的规制工具,才可能有效化解市场失灵问题;而不满足匹配性的规制工具,非但无法化解已有的市场失灵问题,还可能引发负面效应,甚至是加重市场失灵。② 秉持自由竞争价值,是尊重市场动态竞争规律的结果,也是发挥市场在资源配置中起决定性作用、更好地发挥政府作用的有效路径。

二、竞争法竞争观的革新决定应遵从自由竞争价值

所谓竞争观,是指对市场竞争的基本态度及对不正当竞争行为的规制观念。③ 竞争法的竞争观在微观上决定市场竞争行为正当性的具体认定结果,在中观上影响竞争法的权益配置及其法益结构,在宏观上折射竞争法的法律定位及其发展走向,是竞争法学研究中的基础命题。反不正当竞争法竞争观的择取亦深刻影响该法的价值选择。

受反不正当竞争法起源于侵权行为法的历史渊源、不正当竞争案件审理法官的知识惯性及审理路径依赖,以及反不正当竞争法立法目的条款表述之影响,传统反不正当竞争法多数采用静态竞争观。在反不正当竞争法

---

① 孔祥俊.反不正当竞争法新原理·总论.北京:法律出版社,2019:9.
② 段礼乐.市场规制工具研究.北京:清华大学出版社,2018:135.
③ 盛杰民,袁祝杰.动态竞争观与我国竞争立法的路向.中国法学,2002(2).

竞争观演变过程中，旧有的、保守的、传统的竞争观顽强地阻抗新的竞争观，同时，伴随社会结构的整体转型，先进的、新型的竞争观亦在不断形成。其间，既有保守的、传统的、守旧的竞争观被逐渐破除，亦存在现代的、新发展的、富于创新的、与客观实际相匹配的竞争观的生成空间。伴随反不正当竞争法的不断发展，固有的静态竞争观逐渐面临质疑与挑战。

在"快乐阳光公司屏蔽视频广告案"[1]中，不同于以往的裁判思路，审理法院认为，原告可以自行选择免费为主的商业模式，被告亦可基于提升消费者体验，在浏览器中增添市场已普遍存在的、具有屏蔽功能的插件。此外，被告的屏蔽技术并未针对特定对象，原告倘若认为其屏蔽技术妨碍了自身竞争利益，可以自行升级技术以阻却被告的屏蔽技术；或者与被告协商，令其视频免于被屏蔽；或者告知消费者，使其关闭具有屏蔽功能的软件或插件等。就该项屏蔽广告功能而言，原告完全可以自行采取足够的必要措施应付之。在该案中，审理法院不采用既有的裁判思路，并未根据案涉损害得出行为有不正当性的评判结论，本质上是秉持了一种区别于既有静态竞争观的全新竞争观——动态竞争观。此种动态的竞争观更为契合市场动态竞争的经济发展规律，也与反不正当竞争法愈加浓厚的社会法属性及秉持行为正当主义的规制模式相呼应[2]，是新时代背景下互联网平台竞争案件审理应秉持的竞争观。

动态竞争观与自由竞争价值一脉相承。两者的核心主张、基本诉求都体现为在自由中寻求秩序，为市场竞争余留更多自由、发展空间。严重的市场反竞争行为需予以规制、禁止，但在约束市场行为的同时，也需要对市场主体予以必要的引导和激励。就某种程度而言，正面的激励、引导或许更有利于市场主体发挥其活力及聪明才智，更有利于市场产出和效率提升，也更能造福更大范围的社会整体利益。法律的使命不仅仅体现在事后的规制，其事前的保障、激励作用也相当值得重视。作为市场秩序法重要

---

[1] 广东省广州市黄埔区人民法院（2017）粤 0112 民初 737 号民事判决书。
[2] 陈耿华. 我国竞争法竞争观的理论反思与制度调适. 现代法学，2020（6）.

构成的反不正当竞争法，也应在自由竞争价值的驱使下，尊重市场理性，给市场主体提供更多的便利，为其余留更多自我调节的空间，保持司法克制和谦抑的态度，对自身的干预能力和干预成本作出理性的评估；是否禁止、介入市场取决于市场的需要，取决于双方双向选择的结果。

事实上，法律不偏好任何一种商业模式。商业模式受损、原告经营者权益受损并不一定引起反不正当竞争法的关注。相反，倘若反不正当竞争法对自由竞争价值未予应有的重视，轻易、草率地介入市场经济领域，对市场主体的竞争行为设定过多的标准和限制，可能会不当压缩市场创新空间，不但不利于整体的制度利益和社会公共利益，而且可能成为阻滞市场经济进一步发展的制度障碍。制度设计的出发点是为经济增长形成有效激励。适应社会需求的良好制度才能产生良好的激励。①动态竞争观下反不正当竞争法奉行自由竞争价值，才能为创新自由、发展自由输送良好的激励动力及制度支撑。

三、竞争法的行为规制法定位决定应推崇自由竞争价值

反不正当竞争法脱胎于侵权行为法的一般规定。也正因此，受后者影响，反不正当竞争法长期刻有浓厚的侵权法印记。在侵权法思维的约束下，反不正当竞争法被解读为保障竞争对手利益之工具。一种侵权行为之构成，通常是基于竞争之需、针对竞争对手展开的，原、被告之间必须成就竞争关系，舍此，无竞争则无侵权。世界知识产权组织国际局也曾明确表示，与不公平竞争最先起源于侵权行为相匹配，不公平竞争最早被认为是对私人利益之侵害，故在诉权分配及责任安排上，皆采用债法的制度设计及程序安排，而侵权以过错为出发点，责任方式以填补竞争对手损失为其限度。②

---

① [美]凯斯·R.桑坦斯.权利革命之后：重塑规制国.钟瑞华，译.北京：中国人民大学出版社，2008：3.

② 谢晓尧.竞争秩序的道德解读.北京：法律出版社，2005：86.

第二章 互联网平台竞争案件的价值追求

虽然，反不正当竞争法起源于侵权行为法而沿袭后者的制度设计具有历史合理性，但是，对这种制度惯性需适当革除。实际上，反不正当竞争法的应然功能定位是行为规制法，而非权利保障法[①]，亦即，反不正当竞争法并非意在保障某部分特定主体的利益，而旨在维护市场整体竞争秩序。正因如此，多数国家逐步称反不正当竞争法为"市场行为法"（market practices law）。[②] 所谓"市场行为法"，表明其意在规制各种市场反竞争行为以保障经营者、消费者利益及社会公共利益。"反不正当竞争规范逐步从单纯的经营者保护法，演化为同时关注消费者的法律。除法国之外，欧洲绝大多数国家的反不正当竞争规范均如此规定，大部分国家的反不正当竞争规范逐步转变为市场行为法。"[③] 与作为权利保障法的侵权行为法相比，反不正当竞争法与其在调整对象、保护对象上均呈现出明显差异：前者重在权利保护，后者重在行为规制；前者是客体导向主义，后者是行为导向主义；前者通过主动救济合法权益来积极保护专有权，秉持"权利受损即违法"的判定思路，后者通过规制不正当竞争来保护市场竞争秩序；前者着眼于保护民事主体的合法权益，后者首要关注的是市场行为主体参与自由。[④] 二者形成鲜明对比，不可片面地将反不正当竞争法与侵权行为法等同，需要正面关注两者的功能差异，防范前提认识的误差引发学理偏差及实务误区。

那么，为何作为行为规制法的反不正当竞争法需追求自由竞争价值？究其缘由，反不正当竞争法以行为规制为出发点，以维护市场竞争秩序为使命，故其不同于输送专有权保护的侵权行为法及知识产权法，不局限于对特定主体利益之保障。即便案涉行为侵扰了主体的合法权益，不必然禁

[①] Anselm Kamperman Sanders. Unfair Competition Law. Oxford:Clarendon Press, 1997:8.
[②] 如奥地利、比利时、丹麦、德国、西班牙、瑞典等。
[③] Rogier W.de Very. Towards a European Unfair Competition Law: A Clash Between Competition Law. Leiden: Martinus Nijhoff Publishers, 2006:150-151.
[④] Rogier W.de Very. Towards a European Unfair Competition Law: A Clash Between Competition Law. Leiden: Martinus Nijhoff Publishers, 2006:179-180.

止行为，甚或限制主体私权。① 具体而言，反不正当竞争法从行为出发，奉行行为正当主义（而非损害本身）的内在属性决定了其为市场行为主体提供最大程度的自由和最大限度的尊重。这种最大程度的市场自决和最大限度的尊重在本质上正是遵从了自由竞争价值的内在指引，体现了自由竞争价值的核心要义，即除非市场失灵，不轻易介入和干预，不轻易禁止和限制，为市场创新、市场竞争留足空间和余地。即便需要适当地限制市场竞争行为，其目的也是促进市场经济更好地发展，确保市场主体获得更大范围的自由竞争权利。

以屏蔽视频广告案为例，基于2013~2020年屏蔽视频广告案审理情况看，仅有2例裁判文书认定屏蔽视频广告行为不构成不正当竞争②，其他无一例外判定屏蔽视频广告行为具有不正当性。究其根本，是因为自由竞争价值未获应有的重视，乃至于处于普遍性失语状态。倘若因屏蔽他人广告、破坏了原告商业模式即认定行为具有不正当性，并未从整体的市场机制出发观测行为的宏观影响，这种判断思维多数浸润着浓厚的静态竞争观和侵权判定范式，也与自由竞争的价值诉求相违背。

事实上，个案特定主体利益受损，不一定能获得反不正当竞争法的关注和支持。③ 反不正当竞争法重在关切整体的市场竞争机制和宏观的市场秩序，单一的利益受损或商业模式受影响，不必然招致反不正当竞争法的干预。相反，竞争应放在发展视角下审度，在优胜劣汰、跌宕起伏的市场竞争中，商业模式呈多元化发展趋势，不可能恒定不变。有市场则有竞争，有竞争则必然伴随损害，损害常态的市场竞争需要反不正当竞争法秉

---

① Anntte Kur. What to Protect, and How? Unfair Competition, Intellectual Property, or Protection Sui Generis, In Intellectual property, unfair competition and publicity: convergences and development,Nari Lee et al. ed.. Cheltenham: Edward Elgar Publishing Limited, 2014(11):32.

② 这两例裁判文书分别是：腾讯公司与世界星辉公司不正当竞争纠纷案 [参见北京市朝阳区人民法院（2017）京0105民初70786号民事判决书]、湖南快乐阳光互动娱乐传媒有限公司与广州唯思软件股份有限公司不正当竞争纠纷案 [参见广东省广州市黄埔区人民法院（2017）粤0112民初737号民事判决书]。

③ Anselm Kamperman Sanders. Unfair Competition Law. Oxford: Clarendon Press Oxford, 1997:8.

持自由竞争价值，不能因出现损害则径自认为行为构成不正当竞争。从直观损害认定行为具有不正当性之侵权判定思路，过度维护了原告经营者利益，不当屏蔽原告本应承担的市场竞争风险，也容易滑向绝对权保护路径。

总之，作为行为规制法的反不正当竞争法，其落脚点不在于损害本身，不拘泥于特定主体之利益，而是放眼于更宽广的竞争秩序。除非对整体的市场机制造成影响和破坏，否则，不足以引起反不正当竞争法的介入。反不正当竞争法的自由竞争价值决定了对市场特定的、微观层面的损害保持包容态度，给市场行为提供必要的试错和矫正空间，更多地尊重市场调节，克制公权介入的监管惯性及"情结"，以防不当扩大规制范畴，侵蚀自由竞争领地，损害市场效率。

四、反不正当竞争法逐渐强化的竞争法品格决定应秉持自由竞争价值

即便至今，对反不正当竞争法法律属性的定位仍存在较大争议，司法实践中反不正当竞争法的竞争法属性时常被忽视。[1] 长期以来，知识产权理论界和实务界倾向于将反不正当竞争法纳入知识产权法范畴，并从后者视角对前者展开了诸多的探索及研究。有法官表示：在界定一项合法权益时，应着重将其放在知识产权的大类范围内进行思考[2]，即将反不正当竞争法投放在知识产权法的大框架下，在确保合法权益满足知识产权法整体理解的基础上，再依据反不正当竞争法自身特点予以界定，以实现前者与后者在部门法属性上的一致。从其形式逻辑看，则是依托知识产权法的判断逻辑对反不正当竞争法的合法权益展开认定。可以说，司法实务中将不正当竞争认定知识产权化的现象比较普遍。

---

[1] 孔祥俊.论反不正当竞争法的竞争法取向.法学评论，2017（5）.
[2] 陶钧.论反不正当竞争法在"互联网+"经济模式下适用的正当性分析.竞争政策研究，2016（3）.

究其缘由，此乃历史惯性、实用主义、权宜色彩等多因素协同之果。[①] 从世界范围反不正当竞争规范的产生背景看，因其关涉一些工业元素，故与后来的知识产权保护体系有紧密关联。[②] 这也是将不正当竞争归入巴黎公约调整范围的重要原因及实际连接点。而在我国，不正当竞争案件的审理一直是在知识产权庭，该庭审理法官具有深厚、独到的知识产权审理经验，但也正因为如此，法官容易将其知识前见贯彻于不正当竞争案件审理中，以至于对不正当竞争行为判定持有强烈的知识产权认定思维。在肯认反不正当竞争法与知识产权法具有内容交叉、功能交集的重要关联的基础上，也应看到，简单地将知识产权思维和方式套用于互联网平台竞争案件审理之做法需要反思。其容易导致互联网平台竞争行为认定出现偏差及过度干预市场问题，应予纠偏，更多关注反不正当竞争法作为竞争法的基本属性及目的取向。

实际上，伴随对消费者利益的逐步重视，反不正当竞争法监管市场及促进自由的竞争法品格愈来愈突出。各类侵害消费者利益事件的激增，一方面加剧了经营者与消费者的矛盾，另一方面也为消费者利益理性的不断生长带来契机。[③] 消费者整体通过审视、反思相关利益行为，矫正旧有的、不合适的价值取向及主观认知。权利主体对权利之态度也在很大程度上影响法律发展及权利变革。[④] 消费者主体不断地更新其法律观念与权利观念，也推动反不正当竞争法愈加重视消费者利益。与此同时，消费者利益角色的革新也有力地推动反不正当竞争法自觉地向竞争法靠拢。反不正当竞争法的竞争法属性愈加浓厚。其与反垄断法亦日趋联系紧密，两者法律标准愈趋统一，从形式到内容都促进了竞争法的高度融合。虽然，两

[①] 孔祥俊.论反不正当竞争法的竞争法取向.法学评论，2017（5）.

[②] 如德国反不正当竞争法领域的首次立法是1894年5月2日《商号保护法》。该法第15条保护产品的外观或者装潢不被模仿，第16条禁止使用虚假来源标志。但该法仍不能满足实践需求，于是德国于1896年制定了《反不正当竞争法》。

[③] 周文彰.主体认识图式引论.中国社会科学，1988（3）.

[④] 戴瑞，龚廷泰.利益理性的成长与利益主体的形态发展.南京社会科学，2002（1）.

第二章　互联网平台竞争案件的价值追求

者在制度设计、认定思路上存在一些差异，但也应看到，两者的趋同性越来越明显，反不正当竞争法的竞争法属性愈来愈浓厚。[1]浸润更多竞争法色彩的反不正当竞争法需回归竞争法的基本理念和目标取向，遵从竞争法思维及其时代精神，并基于竞争法属性调整其价值追求、制度定位及适用方法。

那么，竞争法秉持的价值期许是什么？有哪些凝聚的价值共识？就竞争法的思想基础而言，竞争法在本质上是"秩序主义的法律表达"，秩序主义虽不排斥国家干预，但更青睐"在自由中建构秩序"[2]，市场自由与国家干预是目的与手段之关系。在全球竞争法发展的历史长河中，两者此消彼长，国家在规制市场反竞争行为过程中逐步凝聚自由竞争、公平竞争的价值共识。[3]从表面来看，竞争法制定本身是对市场自由竞争的约束、限制，似乎是否定自由竞争、与自由竞争相悖的，实则不然。竞争规则的构建是以"竞争秩序守护人"的角色出现的。竞争法的干预、限制均是手段，保障自由竞争、维护竞争机制运行才是目的，即"为自由而干预自由"[4]。竞争法自始以维护、促进自由竞争为己任及出发点，着力清除阻碍、威胁、破坏自由竞争有效运行的因素。可以说，没有自由就没有竞争。保护竞争的观念起源于自由的观念。[5]竞争法的命运与自由竞争的实现息息相关。自由竞争在竞争法价值体系中的地位、重要性难以被撼动。反不正当竞争法和反垄断法同为竞争法的重要构成，两者的共同目的均体现为对竞争机制和竞争秩序的维护，以及更好地践行竞争政策，两者均需推崇自由竞争价值，才能不负作为市场规制法所担负之重任。诚如美国法官伊斯特·布鲁

---

[1] 强调反不正当竞争法的竞争法取向，目的有二：一是强调其行为法特性，而不能仿效知识产权法思维，把重心放在对特定权益和权益合法性的考量；二是有利于反不正当竞争法回归其竞争法属性，基于竞争法思维调整反不正当竞争法的制度方案、健全其价值架构。
[2] 江帆.竞争法的思想基础与价值共识.现代法学，2019（2）.
[3] 叶卫平.反垄断法价值问题研究.北京：北京大学出版社，2012：57.
[4] 张世明.捍卫普罗米修斯：反垄断法的自由竞争品格.人大法律评论，2019（2）.
[5] David J. Gerber. Law and Competition in Twentieth Century Europe: Protecting Prometheus. Oxford: Oxford University Press,1998:17.

克所坦言：我们不应尝试用不完善的法律体系去机械套用正处于演进中、尚不理解的世界。相反，我们应允许那些正处于演变中的世界的主体自主、自行作出决定。我们仅需在三件事情上努力：确保规则明确、清晰；对尚未明确产权的地方厘清产权；为主体组建不同讨价还价的机构输送便利。除此之外，便让网络世界基于其自身意志演进，我们自可享受其所带来的好处。[①] 当下我们正处于变动不居的数字经济时代，处于百年未有之大变局，机遇与挑战同在，新商业模式层出不穷，不断冲击、颠覆旧商业模式。对此，反不正当竞争法应秉持自由竞争价值导向，面对新兴领域难以识别行为正当性时，需谨慎审视规制的正当性及必要性，不宜轻率监管之。

治理本质上仅是手段，而非目的，促进社会的整体进步才是最终的归宿。通过创新引领社会快速发展，已成为社会共识。反不正当竞争法在规制互联网平台反竞争行为的同时，应自觉地遵从自由竞争价值，尊重市场规律及市场精神，对市场主体的竞争行为采用保护创新、包容创新、激励创新之观念[②]，限缩限制市场主体自由竞争的范畴，尽量避免强制介入，对新出现的技术手段及新商业模式不随意、武断地进行否定评价。

五、竞争法保护竞争的立法旨趣决定应遵循自由竞争价值

一直以来，立法目的条款作为"元规则"的作用远未获得应有重视。很多时候，面对疑难问题，不妨寻求立法目的条款的支持。实践中反不正当竞争法立法目的条款之功能经常被低估。立法目的决定了许多问题的根本定位。那么，如何理解反不正当竞争法的立法目的？其能为该法价值体系的修正贡献何种支撑？

[①] Frank H. Easterbrook. Cyberspace and the Law of the Horse. Chicago: U.Chi. Legal F, 1996, 207:207.

[②] 周学峰，李平主编. 网络平台治理与法律责任. 北京：中国法制出版社，2018：41.

（一）反不正当竞争法以保护竞争为立法目的

反不正当竞争法最开始仅关注维护竞争者利益，该法最初出台的立法目的也是保护诚实商人。该阶段反不正当竞争法具有浓厚的私法色彩。伴随消费者运动的蓬勃发展，该法逐渐强化其社会功能，保护的法益逐步多元化且整体化，消费者利益成为该法重要的保护法益。可以说，现代反不正当竞争法的法益保护范围涵摄了作为市场竞争主体的经营者的利益、作为承受竞争后果的消费者的利益以及社会公共利益。

诚然，不正当竞争行为最早被理解为对竞争者私人利益之侵害，不公平竞争规范最先意在保护诚信经营者的合法利益。[1]但应认识到，竞争秩序的井然并不以经营者之间和平共处为唯一要件，竞争秩序之受损也不以竞争者利益受损为唯一形态。市场竞争关涉多维主体利益，不同主体的合法利益均应获得法律庇护。伴随消费者运动的大范围兴起，反不正当竞争法逐渐强化其社会法属性，其保护法益日趋多元化发展，一般社会公众、消费者利益愈加受到该法关切。[2]现代不公平竞争规范被赋予了更多的期许，即要同时保障经营者、消费者及社会公众利益。其中，经营者利益主要表现为市场主体享有自由参与竞争、自由选择交易合作伙伴、自由展现经济能力且一定程度不受阻碍地展示产品、成果的利益；消费者利益则表现为维护竞争及市场自由、消费者自主选择不受扭曲的利益；社会公共利益则主要指向竞争秩序，更精确地讲，是一种具有连续性、稳定性、可预测及可控性的竞争秩序。

瑞士在《不公平竞争法》中表示，维护所有相关主体利益，确保市场主体公平而非扭曲竞争。[3]西班牙在不公平竞争规范中也指出，该法意在

---

[1] 孙琬钟.反不正当竞争法实用全书.北京：中国法律年鉴社，1993：26.
[2] 陈耿华.论竞争法保障消费者利益的模式重构.法律科学，2020（6）.
[3] 瑞士《不公平竞争法》（1986年）第1条。International Bureau of WIPO. Protection Against Unfair Competition: Analysis of the Present World Situation. Geneva: WIPO Publication No.725(E), 1994: preface 21-22.

通过维护所有市场参与者的合法利益以保护竞争机制，制止不公平竞争。①此外，澳大利亚公平竞争法将其立法宗旨明确为，重在促进与维护竞争，增加消费者福利。②

可以发现，反不正当竞争规范所欲保护的不限于特定的竞争对手，而是整体的市场竞争秩序。正如OECD（Organization for Economic Cooperation and Development）曾在《竞争法基本框架》所提及的：它们着重在维护竞争过程中发挥作用，而非在维护竞争者利益上起作用。对此，亦有学者在阐述反不正当竞争法保护商业秘密的功能时特别指出："保护商业秘密并不拘泥于对个人利益及财产的保护，从更宽泛的意义而言，其本质体现为对竞争秩序的维护。"③

（二）保护竞争的立法目的决定应秉持自由竞争价值

那么，缘何实现该法立法目的需要贯彻自由竞争价值？这是因为以奉行保护竞争而非竞争者为立法目的的反不正当竞争法需要借助自由竞争价值为中介，才能确保实现该立法目的。"社会经济的竞争强度与产生的创新指数呈明显的正相关性。"④自由竞争是市场最基本的原则。市场中的相互争夺是常态，因竞争而导致的损害也相当正常。市场主体看似行为各异，然由于受市场机制（"看不见的手"）引导，其本身具备内在的协调和动态机制，多数情况下可以自行修复市场本身的问题。倘若误读这种内在规律，而将市场自发的竞争行为认定为混乱、反竞争，容易引发过度管制。竞争管制愈多，自由空间愈小。司法需要保持必要的克制和谦抑理

---

① 西班牙《反不正当竞争法》（1991年）第1条. International Bureau of WIPO. Protection Against Unfair Competition: Analysis of the Present World Situation. Geneva: WIPO Publication No.725(E) 1994:preface 21-22.

② [德]弗诺克·亨宁·博德维希. 全球反不正当竞争法指引. 黄武双，刘维，陈雅秋，译. 北京：法律出版社，2015：108.

③ 刘金波，等. 日、美商业秘密保护法律制度比较研究. 中国法学，1994（3）.

④ Christina Bohannan, Herbert Hovenkamp. Creation Without Restraint: Promoting Liberty and Rivalry in Innovation. Oxford: Oxford University Press, 2012:11-12.

念，非必要不轻易干预、介入市场领域。而欲实现该法保护竞争的立法目的，最好的路径是确保自由竞争、准许其自由竞争。

在某种意义上，冲突构成演化发展的实质。唯有在自由竞争中角逐，才是对市场竞争最大限度的尊重和肯定，也只有确保自由竞争，才能最大程度地激发市场活力，鼓励市场创新，反过来才能更好地促进竞争，确保市场机制发挥作用，进而才能真正实现反不正当竞争法保护竞争机制和竞争秩序的立法目的。相反，如未能倡导自由竞争价值，对市场中正当、正常的市场竞争行为未加筛选、评判则给予否定性评价，一旦出现损害原告经营者权益的行为则径自禁止，看似是保护了经营者的利益，实则与市场损害常态的发展规律不相符，与市场自由竞争的基本政策相违背，容易破坏市场正常生态，很难说是践行了反不正当竞争法保护竞争的立法宗旨。

恰如广州知识产权法院在裁判文书中的洞见：市场以竞争自由为原则，以限制为例外。市场主体竞争的本质在于攫取商业机会及竞争优势，损害乃市场竞争过程的必然要素，也为竞争所倡导及鼓励。可以说，损害基本无法避免，也必然导致市场参与者交易机会的丧失。判断是否构成不正当竞争，并非停留于是否存在具体的损害或竞争利益受损，而应从反不正当竞争法的立法目的出发，唯有与立法目的协调，符合竞争性损害，尤其是构成对竞争机制损害之行为，才需要立法禁止。[①]基于维护市场竞争机制的反不正当竞争法立法目的的考量，需要对市场随处可见的损害保持必要的包容，对自由竞争予以最大限度的尊重和倡导。

第四节　难题及回应：自由竞争价值如何实现？

在证成反不正当竞争法应以自由竞争为基础价值、互联网平台竞争案件应秉持自由竞争价值的基础上，值得进一步追问的是：如何确保其

---

① 广州知识产权法院（2018）粤 73 民初 684 号民事判决书。

贯彻、实现？反不正当竞争法应作哪些制度调适以落实自由竞争价值？对此，绕不开最基本命题：如何界定反不正当竞争法视野下的"自由竞争"？确证其作为该法基础价值，有何制度意义？

关于前者，反不正当竞争法视野下的"自由竞争"可理解为：除市场主体进入市场自由、退出市场自由外，市场主体在参与竞争过程中，在不损害市场机制、扰乱市场秩序的前提下，得以自由选择为或者不为一定竞争行为，包括但不限于竞争手段自由、竞争方式/方法自由、交易内容自由、交易机会自由[①]，市场主体的竞争行为不会轻易招致反不正当竞争法的干预及否定性评价，即"市场竞争以自由为原则，以限制为例外"[②]。

一方面，一般的市场干扰行为不需要反不正当竞争法的介入。基于自由竞争价值指引，需对竞争引发的损害保持包容态度。不能因存在损害就认定行为具有不正当性，亦不能对既有权益提供类似专有权的保护。另一方面，应及时规制、禁止严重的市场反竞争行为。对于损害市场秩序、市场机制这类达到特定损害、满足特定条件的行为，需要反不正当竞争法及时介入并给予否定性评价，以克服市场失灵、纠正市场短视行为，从而激励更多的产出、更大的效率，获取更多的发展空间。形式上的限制仅是手段，而为市场主体谋取更广泛的自由才是实质、根本目的。

关于后者，反不正当竞争法奉行自由竞争价值：一方面有利于健全该法价值体系，确保竞争法体系的融贯；另一方面将深刻影响实践中对不正当竞争案件的审理及具体竞争行为的判定、分析框架，对该法制度方案也将产生体系性的影响。具体而言，反不正当竞争法的制度设计应作如下调整。

[①] "自由竞争"与"公平竞争"的内涵不同，后者是指竞争者之间进行公开、平等、公正的竞争，意欲解决在已有竞争的前提下，竞争方式和手段是否正当的问题。时建中.《中华人民共和国反垄断法》专家修改建议稿及详细说明.北京：中国政法大学出版社，2020：2.

[②] 孔祥俊.论反不正当竞争法的竞争法取向.法学评论，2017（5）.

一、从侵权判定范式到行为正当主义：革新判定范式

我国 1993 年《反不正当竞争法》第 2 条对不正当竞争的定义着重体现保护经营者合法利益，且将"经营者合法权益"置于"竞争秩序"前，以至于司法实践中判定行为是否正当，主要以经营者利益是否受损为观测指标，要么将经营者利益受损等同于竞争机制遭到破坏，要么对竞争秩序的考量形同虚设，并未作实质性考量。[①] 究其根本原因，与反不正当竞争法历史渊源有很大关联，反不正当竞争法起源于侵权行为一般规定，加之其与知识产权法难以割断的紧密联系，导致对不正当竞争案件的判断浸透着明显的侵权判定范式。然而，这种侵权判定范式与反不正当竞争法的竞争法色彩不相匹配，亦无法契合反不正当竞争法自由竞争价值之需求，应予适当修正。缘何如此？

这是因为，既有的以权益受损来认定构成不正当竞争的侵权判定范式，变相扩张了反不正当竞争法的规制范围，过度挤占了自由竞争领域。事实上，反不正当竞争法并未为市场主体创设排他性权益，亦未构建所谓的"劳动成果权"。与之相反，知识产权法采用专有权保护模式，专有权是绝对权，在侵权认定上其构成要件清晰，权利边界大致清楚，若未经许可使用且不具备免责事由，通常可认定构成侵权，基本不需要对案涉行为展开过多、具有不确定性的利益衡量及价值判断，相应的免责事由也是法律事先预定的，其界限清晰。而不正当竞争行为的判定不取决于法律事先设定的静态权利，相反，其更依托于相对灵活的行为因素，其价值判断与利益衡量色彩更为明显。简言之，区别于知识产权法调整的"结果不法"，

[①] 孔祥俊. 反不正当竞争法新原理. 北京：法律出版社, 2019：246.

反不正当竞争法规范的是"行为不法"[①]。倘若因为反不正当竞争法具备独特的知识产权保护功能，就轻易套用知识产权保护法的审理逻辑思维，则可能导致偏差，背离自由竞争政策。

2017年《反不正当竞争法》修订，进一步凸显了该法的行为正当主义，将维护竞争秩序、保障消费者及经营者权益同时作为竞争行为正当性的判定要素，并且将"竞争秩序"的表述前置。这并非立法的无意之举，而恰是新法的重要创新举措：一方面，突出该法的行为法属性；另一方面，旨在回归竞争行为正当性判定的根本标准——以促进市场竞争秩序为核心要义，不正当竞争行为判定范式发生了根本转换，即从既有的侵权判定范式转向行为正当主义。[②]具体而言，其判断的重点在于分析、衡量对竞争秩序和竞争机制的利弊得失，在此基础上考察对经营者和消费者利益的损害，而不是仅从损害经营者和消费者利益简单反推损害竞争秩序。即便表面上损害了经营者或者消费者利益，但对促进竞争有更大的益处时，则不宜认定构成不正当竞争。

在"淘宝与载和案"[③]中，审理法院在开篇分析案涉原告是否获得特定的合法权益中指出：原告凭借其商业模式，通过多年的努力经营，在购物网站行业占据相应竞争优势，构成反不正当竞争法所保障的合法权益。对此，不同于以往的其他多数判决，法院并未直接得出"行为因导致原告合法利益受损，则判定行为构成不正当竞争"之结论。恰恰相反，审理法院未止步于确定静态权益，亦不认为侵害原告合法权益则当然判定行为不法

[①] 需要解释的是，本部分之所以专门区分知识产权法与反不正当竞争法的属性定位、规制模式，是因为当下仍普遍存在"将反不正当竞争法作为知识产权法的特别法、兜底法"的观点，进而习惯于用知识产权法思维审理不正当竞争案件，而知识产权法采用专有权保护模式。这导致在不正当竞争案件先验赋予原告经营者专有权益，进而引发过度干预市场、不当扩大不正当竞争认定范畴之局限。这与反不正当竞争法作为行为法的功能定位、作为竞争法的法律属性不符合，亦与自由竞争价值的本意违背，不利于自由竞争价值的实现。因此，有必要厘清反不正当竞争法与知识产权法的界限，这对前者回归竞争法属性、基于竞争法品格作出制度调整、贯彻自由竞争价值具有重要意义。

[②] 张占江.不正当竞争认定范式的嬗变.中外法学，2019（1）.

[③] 上海市浦东新区人民法院（2015）浦民三（知）初字第1963号民事判决书。

或不正当,而是指出:被诉行为虽损害了原告合法利益,但这不意味着案涉行为必然需要反不正当竞争法规制。其对案涉行为有无具备不正当性展开了进一步论证。该案跳出既有的侵权判定范式,转而从行为本身、商业模式的开放性、商业机会的不确定性、市场参与者的行为边界、消费者利益的充分考量等多维角度评价行为的正当性,而非简单地止步于损害本身,是司法实践在竞争行为正当性判定范式方面作出的很好尝试。

总之,不可基于竞争上的巨大付出,则先验、当然地判定竞争者所积累的竞争优势构成合法权益,两者不成立法律上的因果关系;此外,也不可因一方合法权益受损,则断定案涉行为构成不正当竞争,此种典型的侵权认定范式与反不正当竞争法的自由竞争价值相悖,不当地扩大了该法的规制范畴,造成对公有领域的过度侵蚀,应予修正。反不正当竞争法的行为法属性、追求自由竞争价值的独特魅力决定了互联网平台竞争行为判定应采用行为正当主义,即着眼于行为本身,从行为是否危害竞争秩序或竞争机制的客观视角出发,进而对行为定性作出实质性判断。

二、审慎适用一般条款并明确其适用条件

市场经济条件下,竞争永不停歇,社会关系变动不居,新的侵权方式不断涌现,不正当竞争行为以其变化多端且广泛存在而著称,立法者只能更多地仰赖于反不正当竞争法的一般条款,交由法官根据个案具体情势审理以确保实现公正。可以说,一般条款是整部反不正当竞争法的核心及灵魂。在肯认一般条款之于该法的重要意义之外,更为关键的是,应将视线投向该条款的具体运用。一般条款因其灵活性而具有极强的延展性和生命力,与此同时,一般条款因缺乏具体判断标准也浸润着明显的不确定性及较大裁量性。倘若泛泛适用一般条款,可能导致不当干预市场、过度介入市场经济管理。这与反不正当竞争法的自由竞争价值相违背。对此种过度监管惯性应予以弱化、破除。

从已有互联网平台竞争案件的审理情况看，一般条款存在大面积适用、泛化适用、扩张适用之普遍倾向。[①] 根据表2—1可知[②]，在186份互联网平台竞争案件中，计65.1%的判决书均将一般条款（该法第2条）作为适用依据。虽然多数情况下是无法适用具体类型化条款而作出的不得已、权宜安排，但同时也从另一侧面流露出公权力部门对市场经济管理的"家长式"情怀。基于对市场竞争最大限度的尊重，确保自由竞争价值的贯彻、实现，应秉持谦抑的司法态度，避免向一般条款逃逸，对竞争行为保持有限干预与司法克制理念。具体而言，需要明晰一般条款的具体适用情形，严格限制其适用范围，进一步厘清一般条款与类型化条款的适用逻辑。

表2—1　是否适用《反不正当竞争法》第2条

是否适用	频率	百分比	有效百分比	累积百分比
是	121	65.1	65.1	65.1
否	65	34.9	34.9	100.0
合计	186	100.0	100.0	—

（一）关于一般条款的适用条件

最高人民法院曾在"海带配额案"[③]明确限定一般条款的适用要件，具体包括：其一，反不正当竞争法并未对该竞争行为进行具体规定；其二，该竞争行为损害了其他市场参与者的合法权益；其三，该竞争行为有违商业道德标准和诚实信用原则，具有不正当性。长期以来，这三项构成要件为不正当竞争案件的审理适用一般条款提供了重要指引。然还应承认的是，其并未体现消费者因素，对更为关键的竞争秩序也未提及，一般条款的适用条件仍待完善。

[①] 吴峻．反不正当竞争法一般条款的司法适用模式．法学研究，2016（2）．
[②] 数据来源、分析工具、变量设计说明等详见附录。
[③] 最高人民法院（2009）民申字第1065号民事判决书。

在"脉脉案"[1]二审判决中，为确保给新技术和新商业模式余留足够的发展空间，恪守司法谦抑理念，审理法官尝试在既有基础上，健全一般条款的适用要件。具体而言，除应满足前述"海带配额案"所确定的三项要件外，适用一般条款还应满足以下条件：其一，该竞争行为侵扰了消费者权益（包括消费者知情权、隐私权、自由选择权）[2]；其二，该竞争行为损害了市场公正、公平、公开的竞争秩序和竞争机制，存在引发或可能引发恶性竞争的结果；其三，对案涉竞争行为采用的新商业模式或引入的新技术手段，应首先推定其具有正当性，如认为不具正当性则应提供证据证明。值得说明的是，这几项构成要件相互关联，不宜割裂看待，唯有同时符合这几项要件才可启动、适用一般条款。

（二）关于一般条款与类型化条款适用逻辑的厘清

向一般条款逃避容易导致法律的空洞化。实际上，如有法律规则的，应依规则裁判。唯有符合以下特定情况时才能转向一般条款：法无明确规定，规则不敷适用时考虑借助一般条款；规则模糊不清、语义存在歧义、规则之间存在矛盾或冲突时，可以适用一般条款；依据规则出现违反正义、引发利益失衡时，可以借助一般条款矫正之。一般条款与具体类型条款在适用顺序上有限定要求。从逻辑视角看，前者是抽象的，后者是具体的；后者是将市场中已然出现且成熟的经验加以提炼作出的表达，是对已存在的模式类型的确认；前者往往是在新型的、无经验可资借鉴下的演绎适用，只能诉诸抽象的价值判断，且多半是不确定而模糊的。因此，一般条款只能在无法诉诸具体类型条款的前提下适用，如符合具体类型条款的，应首先选择具体类型条款，无适用一般条款之必要。具体类型条款与一般条款对应不同类型竞争行为的评价，如同时适用二者，不但会架空具

---

[1] 北京知识产权法院（2016）京73民终588号民事判决书。
[2] 需说明的是，由于反不正当竞争法作为行为规制法，而非权益保护法，该法并不特意赋予消费者某项具体权能，而本书提到的消费者"知情权""自由选择权""隐私权"是学界通用表述，本书基于实用主义考量也采用其说法。

体类型条款的构成要件，也损害了法律规范体系的稳定性。此外，在适用反不正当竞争法一般条款前，应当考虑法律比附、类推、法律解释等推理方法与法律思维，唯有穷尽具体规则以及类推适用、法律解释等方法均不足以解决时，才能启动反不正当竞争法一般条款。

总之，一般条款作为反不正当竞争法的核心构成部分，彰显该法的价值追求是应然之义。作为承载自由竞争价值的重要制度条款，一般条款的适用亦需以自由竞争价值的实现作为出发点和落脚点。面对复杂多变的商业竞争行为，一般条款的适用应在确保合理性与合法性统一的基础上，保持必要的谦抑性，确保个案竞争行为认定契合市场竞争规律、回应市场发展需求。在反不正当竞争法体系下，具体类型条款与一般条款的适用各有价值，二者不能笼统混同。面对互联网平台市场竞争行为，首先应依照具体条款的构成要件，借助类推适用、法律解释判定是否满足具体类型条款的构成要件。假如所有的具体类型条款皆无法涵摄该行为，还需评判是否具剩余之不法内涵[1]，进而再决定有无适用一般条款之空间。

三、引入试验性规制模式

增进人类社会整体福利，非但仰赖更多的劳动投入，最为重要的是依托技术发展及其衍生的商业创新。在熊彼特看来，所谓创新，即是构建一种新的生存函数，包括引进新产品、新技术与新组织，是一个持续发展及构造新制度的过程。[2] 面对创新，反不正当竞争法的介入需要保持审慎态度，防止过度干预市场、破坏市场竞争理性。由于商业模式创新是一个动态演化的过程，为确保与创新发展规律相协调，规制策略也应保持足够的灵活性，以回应规制对象的动态发展需求。自由竞争价值指引下，面对新

---

[1] 杨同宇.论反不正当竞争法一般条款的适用逻辑.中国政法大学学报，2021（2）.
[2] [美]约瑟夫·熊彼特.经济发展理论.何畏，易家详，译.北京：商务印书馆，1990：75-76，297.

型互联网平台竞争行为,为避免反不正当竞争法规制失灵,不妨引入试验性规制模式。

尽管试验性规制在我国既有立法实践中并非新现象,然而,学界尚未对其展开系统论证和深入研究。所谓试验性规制模式,即是在监管主体难以明确相关政策的施行效果和监管成效的情形下,将试验性规则投放到竞争监管实践中,令其在规制实践中予以验证、试错,通过试验性规则以探索切实可行、行之有效的规定,并且也借助这种局部试行的方式,实现风险控制。[1]面对新型互联网平台竞争行为和商业模式,监管部门有时难以快速评判并作出究竟是禁止、还是允许的规制结论,此时应采用试验性规制模式作为阶段性干预措施,一来可以动态跟进规制对象的发展,获取规制对象的第一手信息,二来可以避免对规制对象出现监管真空的情形。可以说,试验性规制模式不仅为规制部门应对互联网平台竞争这些新事物提供了可行的规制范本,也为现代市场规制理论的改进输送了经验。试验性规制的内核在于,后续持续跟进规制方案的调整、完善,避免机械地应对复杂事物,拒绝面对复杂事物时作粗简处理。[2]

不确定性是互联网平台市场竞争最为明显的特质,诸多因素均会影响互联网平台的市场运作及发展走向。在互联网平台市场竞争中引进试验性规制模式,有助于很好地减少互联网平台市场运行不确定性带来的难题。其一,试验性规制相关信息向社会公众披露,确定了规制的区域、对象、时间等相关要素,行为主体可以据此对行为后果有基本稳定的判断预期。其二,试验性规制允许对规制措施不断调整、修正、完善,进而有利于寻找到最符合规制对象需求、最有利于实现规制目的的规制措施。这对于互联网平台竞争规制体系的完善具有重要意义。其三,试验性规制通过不断的试错、验证,为后续出台正式规则、立法提供保障,互联网平台竞争引入试验性规制,既避免出现规制真空,也得以避免大范围、过度干预侵扰

---

[1] 鲁篱,陈阳.论我国金融监管"试验性规制"的路径与机制.社会科学研究,2021(1).
[2] 宋亚辉.旧法律如何回应新事物? :竞价排名的规制经验与教训.社会科学辑刊,2022(4).

互联网平台竞争市场。采用渐进式的试验性规制，对出台互联网平台竞争专门规范性文件有充分的保障价值。可以说，借助试验性规制，有助于预防出现规制漏洞、过度介入的难题，是规制主体在尚无明确预知情形下，应对互联网平台竞争这类新事物的适当举措。几乎所有新规制体系均需在实践的不断试错中发展、演化、完善。试验性规制是破解经济社会发展中不确定性难题的有效规制工具。在试验性规制理念导引下，与之相关联的规制机制需要不断动态改进，保持弹性化的规制构造，其体现为：初始规制标准的拟定意在评测市场的反应，后续依据试行后果，在评估后果基础上加以改进，有利于最大限度寻求共识、认可[1]，进而为互联网平台竞争规制改革中的利益博弈及利益衡量输送有效解决方案及制度保障。

一言以蔽之，借助试验性规制模式有利于充分评测相关主体的利益诉求，根据试行结果对规制措施不断改进、调整、完善，可以在规制主体和规制对象中达致共识，可以预估规制政策的实施效果和社会影响，可作为互联网平台竞争规制反馈机制。[2] 鉴于试验性规制模式立足于不断变化的规制实践，在不断发现问题过程中总结经验、修正错误，其可以作为数字时代反不正当竞争法制度改进的重要措施。

四、择取恰当的规制时机

在反不正当竞争法规制体系中，内容要素和时间要素同等重要，二者共同构成规制体系中的核心内容。前者决定反不正当竞争法如何干预、干预什么、干预程序如何建构、干预指标如何设定等；后者决定反不正当竞争法何时干预，即干预的时机。很多时候，我们往往将重点放在如何改善反不正当竞争法的干预内容、如何健全该法的干预程序上，而恰恰忽视了对规制时机的正确选择。事实上，即便是正确的规制内容，但未在合适的

---

[1] 宋亚辉.旧法律如何回应新事物？：竞价排名的规制经验与教训.社会科学辑刊，2022（4）.
[2] 鲁篱，陈阳.论我国金融监管"试验性规制"的路径与机制.社会科学研究，2021（1）.

规制时机介入，其效果也往往大打折扣，甚至无法产生预期效果。

反不正当竞争法对互联网平台竞争过早干预或过晚干预均存在弊端。所谓过早干预，通常是在规制对象的初始阶段，则仓促对其持有认可或禁止的规制态度，并结合规制态度对规制对象采取专门的规制行为。评判某项创新是否有利于社会公共福祉，以及据此应对该项创新导致的破坏采取何种容忍限度，都应建立在对该项创新有足够了解的前提下。特别是在互联网平台竞争语境中，经济技术快速迭变，商业模式更替、样态多变，给规制体系带来前所未有的冲击，面对平台竞争不断演变的新事物，规制主体的认知往往并不深入，在尚未充分了解、掌握规制对象特点的情况下，急忙给出规制对策，容易导致规制失误，引发规制失灵，破坏规制的权威性，甚者，给平台竞争带来颠覆性损害，抑制市场创新，损害经济生态系统发展，带来不可逆的严重后果。相比于过早规制，过晚规制则是指在规制对象已发展成熟、壮大情形下，规制主体仍对其采取观望的做法，规制态度不明确，亦迟迟未采取规制行动。规制主体基于对自身规制能力的不自信或为管控规制风险，在规制对象出现及发展过程中"按兵不动"，容易出现规制真空、规制缺位的窘境。面对假创新，不采取规制手段加以阻断，必然会威胁社会公共福祉。面对真创新，一时的"按兵不动"有利于其发展，但在其不断发展、成熟过程中也需对其展开规制，一味地放松规制，容易纵容规制对象野蛮生长，同样将损及社会公共福祉。[①]

可见，过早规制、过晚规制均存在局限。其中，过早规制受限于信息不充分，在未足够明晰规制对象特点情形下进行规制容易导致规制失灵；过晚规制则会纵容规制对象野蛮生长，扩大规制对象带来的负外部性，损害社会公共利益。唯有合理把握规制时机，适时介入规制并依托恰当的规制工具，才能完成规制任务。

在自由竞争价值语境下，反不正当竞争法对互联网平台竞争的干预既要避免过早干预，也要杜绝过晚干预，因为过早干预或过晚干预都难

[①] 王首杰.创新规制的时间逻辑.华东政法大学学报，2022（3）.

以实现规制目的。在互联网平台竞争中，创新数量暴增、演化迅速且呈多元形态。不同类型的创新也各具特殊性。反不正当竞争法的规制一方面既要充分识别创新，另一方面也要确保给创新留足必要的空间。创新之所以"新"，除了与"旧"事物在外观上呈现很大差异，在融入已有"秩序"过程中也会对既有"秩序"带来很大的冲击，可以说，创新带来的破坏性几乎无法避免，是否规制的关键就在于识别创新是真创新，还是假创新。无法提升社会整体利益的创新难以称得上是真创新；仅具有破坏性而无益处的创新，属于假创新；具有破坏性，但有益于提升社会整体利益的创新，属于真创新。对于创新，囿于规制信息的欠缺，往往难以识别，因此在其发展初期不宜仓促干预，而应以指导性规制方式为主。待其进入发展成熟期，规制策略则需要适当转向，对是否属于真创新可以作出适度评估，根据是否有利于提升社会整体利益而采取不同的规制态度。具体而言，对真创新则以引导、激励规制为主，但也需要适度约束，减少其负外部性；对于假创新，则以加大约束、限制为主，防止其逃避监管套利。不同类型的创新以及不同发展阶段的创新，不存在统一的预设结论。面对时刻动态发展的互联网平台竞争，反不正当竞争法的规制策略需要因时制宜、动态评估，及时修正规制方案，调整、转换规制内容和手段。

正如学者所言，一项完美的规制创新，需涵摄如下要素：一是规制内容上的宽容相济，二是规制措施上的恰到好处，三是规制时机上的恰逢其时。如此才能实现推动企业规范发展、产业迭代演进、经济社会可持续发展的宗旨。[①] 在自由竞争价值指引下，反不正当竞争法对互联网平台竞争的规制既要确保规制内容宽严相济，也要保证规制措施恰如其分，与此同时，还应把握恰逢其时的规制时机，既要保障、促进创新，也要及时识别、发现创新带来的破坏性，以恰当方式约束之、引导之，既充分维护市场主体的竞争自由空间，也应预防过度的自由竞争损害社会整体利益、经

---

① 王首杰.创新规制的时间逻辑.华东政法大学学报，2022（3）.

济安全甚至国家安全。自由竞争价值指引下需要重新评估规制时机。结合不同类型的竞争行为、依托其所处发展阶段，采取不同规制策略和规制方案，并动态转换规制内容，以适应动态发展的互联网平台竞争，维护经济系统稳定、安全运行，提升社会整体福利。

五、重塑竞争关系的角色定位

一直以来，竞争关系认定时常成为司法实践中审理不正当竞争案件的首要任务及主要争议焦点，并被视作不正当竞争行为判定的前置要件。据学者统计，在相当范围的裁判文书中，未明确涉及原、被告竞争关系的样本数仅占 15%，多达 85% 的裁判文书花费大量笔墨在竞争关系认定事项上[1]，彰显了竞争关系认定之关键。那么，在自由竞争价值指引下是否仍将竞争关系作为不正当竞争行为判定的前置条件？如保留，是否调整其在不正当竞争案件审理中的地位？竞争关系与不正当竞争行为的关系如何？

从功能定位看，反不正当竞争法作为行为规制法保障竞争者之间的正当竞争、捍卫整体的市场竞争秩序及更宽泛意义上的社会整体利益。[2] 反不正当竞争法重点关注以不正当方式开展市场交易，损害竞争机制的行为。是否有利于竞争、是否契合竞争机制需求，才是评判竞争行为正当性之根本尺度及终极依据。这意味着定性竞争行为不以二者成立竞争关系为前提，而应秉持行为正当主义，观测行为是否违反道德标准与经济效果标准。作为行为规制法的反不正当竞争法重在关切竞争行为本身[3]，判定是否构成不正当竞争，应挣脱竞争关系的藩篱与限制，避免因竞争关系的认定

---

[1] 有学者对 2000~2018 年北京、上海、广东三地互联网不正当竞争案件判决书进行梳理。陈兵. 互联网经济下重读"竞争关系"在反不正当竞争法上的意义：以京、沪、粤法院 2000~2018 年的相关案例为引证. 法学，2019（7）.

[2] Rogier W.deVrey. Towards a European Unfair Competition Law: A Clash Between Legal Families. Leiden: Martinus Nijhoff Publishers, 2006:76.

[3] 焦海涛. 不正当竞争行为认定中的实用主义批判. 中国法学，2017（1）.

而束缚了自由竞争的市场。

对此，在"硕文软件与优酷案"[①]中，杭州铁路运输法院明确提到：判定某项行为是否构成不正当竞争，其并不以二者成立竞争关系、损害特定竞争者利益为必然要件，而主要依据其有无违反公平竞争原则或其他具体细则综合认定。其直接跳出以原、被告成立竞争关系为不正当竞争构成要件的惯性思维，秉承竞争法的行为正当主义，回归竞争行为正当性判定的根本标准。

需要说明的是，竞争关系虽不再作为实体层面定性竞争行为的构成要件，但并不代表竞争关系在不正当竞争案件中可有可无。在"腾讯与科贝等不正当竞争纠纷案"[②]中，审理法院亦肯认了竞争关系虽不再作为实体法意义上不正当竞争的构成要件，但可作为程序法意义上原告诉讼资格之重要考量因素。按照我国《民事诉讼法》的规定，原告提起诉讼要求原、被告具有利害关系，倘若二者成立竞争关系，则两者之间的利害关系显而易见，进而证明原告主体适格。事实上，评判某一经营者是否作为适格的不正当竞争案件原告，实质上就是评判竞争行为实施方是否可能损害原告竞争利益，二者之间是否具备市场经济中的经济利害关系。此外，需要注意的是，不成立竞争关系并不全然意味着二者不具有利害关系，而须得证明此种利害关系究竟为何、如何体现。

总之，在自由竞争语境下，应对竞争关系在不正当竞争案件中的定位进行适当修正。竞争关系不再作为实体层面竞争行为违法性的必要构成要件，但可作为程序层面认定原告起诉资格的重要考量因素。为防范竞争关系认定过于宽泛、流于形式主义以及侵害公有领域，确保竞争关系的准确认定及提高不正当竞争行为的规制效率，应从经验层面提炼竞争关系的具体认定要素。[③]

---

① 浙江省杭州市中级人民法院（2018）浙01民终231号民事判决书。
② 杭州铁路运输法院（2018）浙8601民初1020号民事判决书。
③ 对竞争关系认定要素的具体阐释详见本书第三章第一节，此处不展开。

六、权衡多元法益的方法论思考

几乎所有的经验知识均彰显高度的场景依赖性。对互联网平台竞争行为正当性的判定亦寄望于特定的竞争语境。实际上，在不同市场竞争语境下，互联网平台竞争行为正当性的判定结论可能截然不同。在自由竞争价值指引下认定某项互联网平台竞争行为是否正当，需要还原竞争场景，溯及案涉纠纷发生时的历史语境，回溯竞争系统的内在逻辑，遵循个案实际场景具体进路，基于"一案一策"原则，才能得出符合市场客观竞争情势、尊重市场机制之结论。

此外，反不正当竞争法自由竞争价值的实现不存在先验结论，亦不存在预设的特定保护主体，需要回到个案，进行多元化的利益衡量。"不公平竞争定义逐渐转换为一种利益平衡"[①]，所有法律关系均应凭借其具体情况，依照正义衡平原则规范之，才能实现具体的社会公正。无论是经营者、消费者，抑或是一般的社会公众，其利益均受到反不正当竞争法的保护。在很大范围及程度上，不存在先验的、非此即彼的、简单化的利益取舍方案，利益协调无法事先预定，须基于衡平视角，才能确保有效的配置。

以前述"淘宝与载和案"[②]为例，在该案中，被告提供的购物助手在比价、优惠等服务上契合消费者对于物美价廉、货比三家的购物需求，在一定程度上有利于消费者。然而，与此同时，该购物助手在具体行为方式上也可能导致售后不良、混淆服务来源等后果，也有损消费者利益。而从原告竞争利益视角观之，其竞争优势取决于用户流量，倘若继续允许被告购物助手以该方式呈现，必将减损原告的用户黏性，削减原告的市场竞争力。长此以往，甚至可能导致网购平台丧失培育用户黏性的动力，损害网购领域的市场竞争秩序。虽然对购物助手便于消费者比价应

[①] 孔祥俊.反不正当竞争法新原理·总论.北京：法律出版社，2019：245.
[②] 上海市浦东新区人民法院（2015）浦民三（知）初字第1963号民事判决书。

予肯定，然对其提供服务的具体形式应予适当限制。禁止被告行为，并不等同于禁止该类商业模式，亦不会对其他经营者利益及行业发展产生实质性的影响，但却有力地维护了原告当下主要的盈利模式。经综合考量，认定案涉行为构成不正当竞争更有利于保障社会整体利益。总体而言，该案中分析行为是否具有正当性的思路及方法大抵可行，契合竞争法的行为正当判定范式，也综合权衡了多元利益和多维考量因素，包括案涉行为对原告经营者的正常商业行为造成过度妨碍、对被告竞争利益及不在场的消费者之影响、在宏观及微观上的正负面效应，进而就案涉行为的整体效果及对被干扰者的影响予以最终判断，所作结论更为理性、客观。

而在"马某仙与玫某凯纠纷案"[1]中，审理法院也是奉行多维利益考量，综合权衡多元因素后对行为进行准确认定。其指出：在激烈的市场竞争中，竞争者不负有护卫其他市场参与者商业模式的义务，各异商业主体在抢夺商业机会和竞争优势过程中必然激发摩擦及损害，进而有损其他市场参与者的竞争利益，不可因为损害其他经营者的利益、影响其商业模式就判定该项竞争行为构成不正当竞争，应综合权衡竞争者、消费者及社会公众利益后定性案涉行为。

在权衡不同类别的法益保护时，不妨借鉴卡尔·拉伦茨所提供的方法论指引，首先根据基本的价值秩序确定较高位阶的法益，而处于相同位阶、无法区分位阶的不同法益，则考量三方面因素：一是评估保护法益的被影响程度；二是出于必要性考量，倘若某种利益需让步，其受害程度如何；三是采用最小侵害手段，避免过度限制。[2]面临不同法益冲突时，应在自由竞争价值指引下，将竞争秩序作为首要维护的利益，而经营者利益与竞争者利益、经营者利益与消费者利益的权衡及取舍，则以比例原则为分析工具，对案涉行为导致的损害、可能存在的正面效应进行全面衡量，

---

[1] 浙江省高级人民法院（2020）浙民终479号民事判决书。
[2] [德]卡尔·拉伦茨.法学方法论.陈爱娥，译.北京：商务印书馆，2003：285.

进而再决定是否规制该项竞争行为。

需要说明的是，考量经营者、消费者利益，并非代表该法着眼于保护特定、具体的主体利益，而是在对多方主体利益的考量、比较及权衡后，提出更有利于竞争秩序、增进社会整体利益的做法。反不正当竞争法重在维护整体的竞争秩序，经营者、竞争者及消费者的利益仅作为经济繁荣的计量及评价标准，反不正当竞争法的社会本位原则决定了利益保护上的超个人立场。

回应性是反不正当竞争法的功能期待与时代使命，是转型时期我国竞争法律制度构建的理论依托。事实上，反不正当竞争法不应被动地追赶技术进步，而应基于全局视角贯彻自由竞争价值，在竞争机制的判断上，可从价格机制、信息机制、交易机制是否受损等角度展开。在定性案涉竞争行为时，需从利益衡量的角度出发，观测竞争行为对原、被告生存压力的影响、各方的技术及市场出路，综合消费者利益保护、激励商业模式创新、技术变革及行业发展影响的基础上，确保社会整体的增量利益最大化，并为技术创新、商业模式的升级与变革留足空间。

七、超出知识产权保护期限的作品原则上不再获得反不正当竞争法保护

长期以来，将反不正当竞争法定位为知识产权法的兜底法的观点并不鲜见[①]，其认为凡是知识产权法未能提供周延保护的，可转而寻求反不正当竞争法的庇护。这也是很多案件中原告在起诉时，主张被告的行为同时构成不正当竞争和知识产权侵权的原因，而大量此类案件的存在又从另一层

[①] 理论界一直存在的"冰山海水说"，认为反不正当竞争法是知识产权法的兜底法、附加保护法、口袋法。

面固化了反不正当竞争法与知识产权法之间的"难舍难分"情结。[①]为此，如何理性地厘清知识产权法与反不正当竞争法之间的关系，始终是横亘在实务界、理论界的难题。

（一）反不正当竞争法与知识产权法的关系厘清

受不正当竞争规制缘起、反不正当竞争法历史渊源等影响，该法呈现明显的杂烩法、混合法特性，法律适用中需要妥善权衡法律体系的融贯问题：一是该法内部体系的融贯问题，如各具体类型条款之间的关系、一般条款与具体类型条款的关系；二是外部体系层面上该法与其他法律之间的融贯问题，尤其是该法与知识产权法的关系。对于二者的关系定位以及反不正当竞争法在知识产权保护中的作用，始终存在争议。[②]目前主要的观点是平行保护说、补充保护说，其中，前者指的是反不正当竞争法与知识产权法在保护知识产权方面平行适用，二者均作为知识产权保护的有力路径。[③]后者则主张知识产权法优先于反不正当竞争法适用，反不正当竞争法为知识产权提供补充保护。[④]由此，补充保护还可进一步被细分为有限保护和兜底保护。所谓有限保护，即主张在不违反知识产权专门法立法政策的前提下，借助反不正当竞争法提供扩展保护。[⑤]所谓兜底保护，也就

[①] 之所以两者难舍难分，司法政策也是"贡献"了力量。2004年成都会议确立了兜底保护观点："侵犯知识产权的行为一般也可能属于不正当竞争行为，知识产权类专门法对那些已被明确规定行为加以规制和调整，而法律并未明确规定者，由反不正当竞争法调整；其二，由于反不正当竞争法调整工业产权内容的权利，因此其调整的对象和裁判的方法与相关知识产权法非常类似，例如商业秘密和专利由于都被用来保护技术，因此在侵权纠纷的判定时具有很强的相似性，可以作为相互之间参考或借鉴的依据"。（2004年成都会议讲话）此后，2007年全国知识产权审判工作座谈会又确立了有限补充观点："反不正当竞争法既在专利、商标、著作权等专门法律之外对于知识产权提供附加的补充性保护。"

[②] 关于知识产权法与反不正当竞争法关系的不同学说梳理详见卢纯昕.反不正当竞争法在知识产权保护中适用边界的确定.法学，2019（9）.

[③] 例如张伟君.从"金庸诉江南"案看反不正当竞争法与知识产权法的关系.知识产权，2018（10）.

[④] 多数学者持"补充保护说"，例如韦之.论不正当竞争法与知识产权法的关系.北京大学学报（哲学社会科学版），1999（6）.

[⑤] 例如吴汉东.论反不正当竞争中的知识产权问题.现代法学，2013（1）.

是学界一直盛行的冰山与海水说,主张知识产权法是冰山,反不正当竞争法属于海水,后者为前者提供兜底保护,凡是不能用前者保护的,借助后者来保护。①

虽然关于究竟应采用何种观点仍存在很大争议,但从这样的论证可以发现反不正当竞争法与知识产权法存在重要关联。事实上,作为保护知识产权的一种重要路径,反不正当竞争法在知识产权领域存在一定的适用空间。从反不正当竞争的历史缘起看,最早关于约束不正当竞争的规则源自对工业产权的保护②,1900 年《巴黎公约》(布鲁塞尔修订本)就把不正当竞争内容归入知识产权法范畴,这也是不正当竞争规制进入知识产权领域最为直接的缘由,此后知识产权国际公约也在文本中对不正当竞争行为作出规定。其中,世界知识产权组织公约在 1967 年也明确了约束不正当竞争行为属于知识产权保护范畴,再次推动反不正当竞争与知识产权法的紧密联系。公约第 2 条指出知识产权保护领域包括发明、作品、商业标识、工业品外观设计以及制止不正当竞争行为。③ 除此以外,TRIPS 协议(Agreement on Trade-Related Investment Measures)、1996 年世界知识产权组织《关于反不正当竞争保护的示范规定》以及其注释也对此作出规定。④ 可以说,知识产权保护和反不正当竞争法存在紧密联系,乃是实用主义、历史传统多个因素协同影响之结果。⑤

尽管从反不正当竞争法与知识产权保护的历史传统、制度缘起及国际公约规定看,两者关系非常密切,然而,伴随市场竞争关系的演化、各种新型市场竞争行为的井喷涌现,反不正当竞争法逐步超越知识产权保护层面,制止更多类型的不正当竞争成为核心任务。现代反不正当竞争法已不

---

① 例如李小武.还《反不正当竞争法》以应有地位:兼评 3721 网络实名案.清华法学,2008(4).
② 孔祥俊.论反不正当竞争法的新定位.中外法学,2017(3).
③ 1967 年《建立世界知识产权组织公约》第 2 条.
④ 李扬.知识产权法定主义的缺陷及其克服:以侵权构成的限定性和非限定性为中心.环球法律评论,2009(2).
⑤ 孔祥俊.论反不正当竞争法的竞争法取向.法学评论,2017(5).

再是为工业产权提供兜底保护的传统定位,其竞争法属性越来越明显。如何有效维护公平竞争,保障竞争者、消费者利益及竞争秩序,是现代反不正当竞争法的独特追求。①

(二)超出知识产权保护期限的作品不应另行寻求反不正当竞争法保护

诚然,反不正当竞争法具有独特的知识产权保护功能,在肯定两者紧密联系的基础上,也必须看到在自由竞争价值倡导下,需要更准确地阐明两者各自的功能使命,切割两者各自的分工和追求,避免两者关系界限的进一步模糊。特定情形下反不正当竞争法虽可对某些民事权益输送额外的附加保护②,但是,对于已过著作权保护期限、流入公有领域的作品,则不宜再行寻求反不正当竞争法的保护。

在"上海美术电影制片厂与武汉新金珠宝首饰案"③中,最高人民法院便对反不正当竞争法与超出著作权保护期限的作品之关系展开深入论述:通常而言,已借由知识产权法特别规定进行穷尽保护的作品,原则上不宜再借助反不正当竞争法进行扩展保护,避免导致相关立法政策冲突。该案电影作品及美术作品已超出保护期,依据著作权法流入了公有领域,成为社会公有文明财产,其他主体可自由使用作品的构成元素。对超出保护期限之作品,如若另行借助反不正当竞争法保护,将不当延长作品保护期限。这与著作权法立法政策相抵触。

承前所述,知识产权法是权利保障法,采用专有权保护范式,在特定期限内已对权利人的著作权、专利权及商标权提供了较大强度的严密保护。倘若在知识产权保护期限外,再借助反不正当竞争法保护知识产权构

---

① 刘维.论反不正当竞争法对知识产权补充保护之边界.竞争法律与政策评论,2017(1).
② 对此可以着重参考"晨光笔案":一审:上海市第二中级人民法院(2008)沪二中民五(知)初字第112号民事判决书;二审:上海市高级人民法院(2008)沪高民三(知)终字第100号民事判决书;再审:最高人民法院(2010)民提字第16号民事裁定书。
③ 最高人民法院(2017)民申第4621号民事裁定书。

成要素，既可能不当地挤占公有领域，不利于社会公众对人类文明成果的共享及精神财富的传播，亦不利于激励更大范围的创新，不当束缚竞争主体行为自由空间，也可能不恰当扩张反不正当竞争法规制边界，将本不属于自身保护的对象纳入保护范围。这无法契合反不正当竞争法的谦抑品格，与该法秉持的自由竞争价值背道而驰，亦削弱了知识产权专门法的调整功能，与知识产权法相应的立法政策、立法精神相抵触。虽然反不正当竞争法最初诞生时，其中一项重要功能是弥补知识产权立法的空白，但在适用时需保持谦抑原则，防止法律调整关系发生紊乱。总之，对于知识产权法已通过特别规定进行穷尽保护、超出知识产权保护期限、流入公有领域的产品，不宜借助反不正当竞争法为规制工具提供扩展、附加保护，以防变相延长知识产权保护期限，侵占公有领域，压缩社会主体的创新空间，阻碍社会主体共享人类共同的精神及物质文明成果。

本章小结

自由竞争价值与公平竞争价值如何协调？

诚然，反不正当竞争法推崇公平竞争价值，是制度惯性、历史渊源、实用主义等诸多因素协同作用之结果，然而这并不能成为阻却自由竞争价值同时成为该法基础价值导向的充分理由。一直以来，自由竞争价值始终徘徊在反不正当竞争法价值序列外围，未能获得竞争法学界与实务界的应有关注及系统描述。本章基于市场自由、动态竞争的本质规律、反不正当竞争法竞争观的转向、该法作为行为规制法的功能驱使与愈加浓厚的竞争法品格，以及该法保护竞争而非竞争者的立法旨趣，证成反不正当竞争法应同时秉持自由竞争价值，互联网平台竞争案件审理应植入自由竞争价值。这对矫正该法仅以公平竞争为单一价值导向的固有做法、完善该法价值体系具有重要意义，对实践中包括互联网平台竞争在内的不正当竞争案件审理、修正竞争行为正当性的判定分析框架亦产生相应的指引作用。

为贯彻自由竞争价值，应对反不正当竞争法已有制度方案进行必要调适。具体而言，需革新既有行为认定范式，秉持行为正当主义，审慎地适用一般条款并明晰其适用条件，修正竞争关系在不正当竞争案件中的定位，在竞争场景还原基础上综合权衡多元法益及多维考量因素，对超出知识产权保护期限的作品原则上不以反不正当竞争法进行保护。

需要说明的是，虽然本书力图证明自由竞争价值之于反不正当竞争法的不可或缺性及基础性，但并不代表公平竞争价值应予弱化或弃之不顾，亦不代表自由竞争价值将取代或高于公平竞争价值。事实上，市场主体的自由竞争亦有限度，过度的竞争亦会产生负外部性，这就需要公平竞争价值予以矫正，以防自由竞争下市场机制扭曲，市场信号失真，市场竞争行为背离诚信，导致经营者交易成本及消费者筛选成本提升，亦偏离了效率诉求及自由竞争价值本意。公平竞争价值的基础地位无法撼动。其始终作为反不正当竞争法的基础价值。本书倡导自由竞争价值，旨在对公平竞争价值形成重要补充，确保反不正当竞争法价值体系周延，适应经济社会发展需求。总之，自由竞争价值与公平竞争价值处于同一顺位，其中，公平竞争以自由竞争为基础，自由竞争仰赖公平竞争的制衡及矫正，两者相辅相成，共同构成反不正当竞争法价值体系的两大支柱，共同肩负捍卫市场秩序、维护良好竞争机制之重要使命。

第三章

互联网平台竞争行为判定

对互联网平台竞争行为作出何种规制评价，取决于行为的最终定性。互联网平台竞争行为判定是互联网平台竞争行为规制体系的重要组成部分，历来也是该类行为规制中的难题，属于本书的研究重点。由于互联网平台竞争行为违法性判定的争议焦点主要涉及竞争关系认定、商业道德判断、经济分析标准适用及行业惯例考量，故本章主要从这四方面依次展开研究。此外，除了厘清违法性判定标准，如何从正面有效引导互联网平台构建竞争合规机制、积极主动守法，也是完善互联网平台竞争规制体系的重要内容，本章也将一并探讨。

第一节　告别传统：竞争关系的新定位

一直以来，竞争关系认定时常作为司法实践审理不正当竞争案件的首要任务及主要争议焦点，并被纳入不正当竞争行为判定的必要构成要件。据学者统计，在相当范围的裁判文书中，未明确涉及原、被告竞争关系的样本数仅占15%，多达85%的裁判文书花费大量笔墨在竞争关系认定事项上①,这彰显了竞争关系认定之关键。最高人民法院也曾明确强调竞争关系在竞争行为判定中的地位,其坦言:是否构成不正当竞争,非但需要具有一般民事侵权行为的判定要素,也需注意甄别是否存在竞争关系,亦即,成立竞争关系是判定不正当竞争的必要条件。②针对竞争关系,最高人民法院先后专门发布了两大指导案例,分别是30号指导案例(2014年6月)及45号指导案例(2015年4月)。两者时间间隔跨度之短,足见竞争关系认定在不正当竞争案件审理中的重要性。

值得关注的是,虽然竞争关系认定由来已久,然远未达成共识。相反,是否需要认定竞争关系、具体采取何种标准认定竞争关系却始终饱受争议。③在数字经济平台竞争背景下,竞争关系认定显得更为复杂。这体现在:数字经济背景下愈加模糊的行业界限、愈加常态的混业经营致使在不正当竞争案件审理中,越来越难以甄别、勘定竞争关系。加之多数案件法官耗费大量心血在竞争关系认定事项上,但这对行为最后的定性结果似乎助益不大。故出现呼吁抛弃竞争关系认定要件之声。④那么,是否应继续保留竞争关系认定要件?如保留,是否调整其在互联网平台竞争案件审

---

① 有学者对2000~2018年北京、上海、广东三地互联网不正当竞争案件判决书进行梳理。陈兵.互联网经济下重读"竞争关系"在反不正当竞争法上的意义:以京、沪、粤法院2000~2018年的相关案例为引证.法学,2019(7).

② 吕方.加大知识产权司法保护的法律适用问题 最高人民法院民三庭蒋志培庭长专访.法律适用,2005(2).

③ 相关讨论可参见:郑友德,杨国云.现代反不正当竞争法中"竞争关系"之界定.法商研究,2002(6).宋旭东.论竞争关系在审理不正当竞争案件中的地位和作用.知识产权,2011(8).周樨平.反不正当竞争法中竞争关系的认定及其意义:基于司法实践的考察.经济法论丛,2011(2).王永强.网络商业环境中竞争关系的司法界定:基于网络不正当竞争案件的考察.法学,2013(11).杨华权.论爬虫协议对互联网竞争关系的影响.知识产权,2014(1).叶明,陈耿华.互联网不正当竞争案件中竞争关系认定的困境与进路.西南政法大学学报,2015(1).吴伟光.对《反不正当竞争法》中竞争关系的批判与重构.当代法学,2019(1).陈兵.互联网经济下重读"竞争关系"在反不正当竞争法上的意义:以京、沪、粤法院2000-2018年的相关案例为引证.法学,2019(7).

④ 孔祥俊.论反不正当竞争法的新定位.中外法学,2017(3).李阁霞.互联网不正当竞争行为分析:兼评《反不正当竞争法》中"互联网不正当竞争行为"条款.知识产权,2018(2).刁云芸.商事领域中反不正当竞争法互联网专条的适用困境及出路.法学杂志,2021(1).

理中的地位？如何重新审视竞争关系与不正当竞争行为的关系？这些成为必须澄清的重要问题。

一、从狭义到广义：竞争关系发展流变

研究任一命题均需考量该问题所产生的历史背景、历经的发展阶段，并以其为依据考究其发展趋势。互联网平台竞争案件审理中是否应继续保留竞争关系认定？欲解答该问题，或许首先需要梳理竞争关系认定发展沿革，明确早期竞争关系如何界定、竞争关系认定发挥何种作用。

早期对竞争关系的认定通常理解为狭义、直接竞争关系，倘若原、被告所经营的行业不相同，则认定不可能发生不正当竞争。[1]如在搜狐案二审判决[2]中，审理法院认为，不正当竞争行为存在于同业竞争者（提供相同/类似商品、服务的经营者）之间，不同行业、领域的经营者之间不具有竞争关系，自然也就不存在不正当竞争。在"长江贸易部与中国商报社纠纷案"[3]中，法院表示，该案原、被告分属各异行业，显然不构成同业竞争对手，故原告诉请认定被告行为构成不正当竞争的请求不具备事实依据，无法支持。从直接竞争关系的适用看，不正当竞争行为发生在特定竞争对手之间，这些特定的竞争对手所提供的产品/服务类别或相同、或类似，二者具有替代性。基于直接竞争关系判定不正当竞争，其思维路线相对简易，认定路径比较单一，其适用成本自然较低，对提高该类行为的规制效率大有裨益。

然而，伴随互联网经济的蓬勃发展，大量不正当竞争行为不断涌现，跨业竞争成为常态，狭义竞争关系认定的做法导致许多不正当竞争行为脱离法律规制，受不正当竞争行为侵扰的经营者无法寻求救济，市场竞争秩

---

[1] 基尔特和后基尔特时代的竞争都是同业竞争，传统狭义竞争关系是后基尔特工业经济时代的产物。
[2] 北京知识产权法院（2016）京 73 民终 156 号民事判决书。
[3] 江苏省南通市中级人民法院（2000）通中民初字第 22 号民事判决书。

序遭到严重损害。如在多数互联网不正当竞争案件中,原、被告通常并不经营相同领域,倘若固守狭义竞争关系认定的做法,则无法规制该类行为,无从保障经营者合法权益,更无从维护市场竞争秩序。可见,限于同业竞争的狭义竞争关系难以适配现实发展需求,非但无法制止很多不正当竞争行为,也在很大程度上限制了反不正当竞争法的适用范围。

为破解此种困境,学界和实务界绞尽脑汁,以其他方式认定竞争关系,为此发展出广义竞争关系的认定做法。所谓广义竞争关系,即竞争关系不再局限于同业竞争者之间,即便二者的经营业务各异,但只要具备破坏其他经营者竞争利益的可能性,可能凭借竞争行为谋取现实/潜在的竞争优势,则认定成立竞争关系。[①] 而之所以采用广义竞争关系认定的做法,究其缘由在于:一方面,因应互联网经济的发展需求。互联网经济发展的根本动力是攫取消费者注意力。唯有争夺更多消费者注意力,经营者才能掌控更多的市场势力。消费者俨然成为互联网经济发展的"风向标"与"裁判者"[②]。局限于同业竞争的狭义竞争认定无以回应消费者保护诉求,难以与互联网经济的发展趋势相匹配。另一方面,顺应其他国家(地区)竞争法扩大竞争关系认定的先进做法,以及实现反不正当竞争法保护包括消费者利益在内的多元法益、捍卫市场竞争秩序的目的。某种意义上,竞争关系的广义化发展,是反不正当竞争法立法目的扩至保护消费者利益及社会公共利益之结果,也是该法从纯粹意义上的私权保护扩展至兼具市场管制目标之发展结果。[③]

事实上,广义竞争关系认定基于其延展性和适应性,在不正当竞争案件审理中迅速发挥重要作用。如在"酷溜网与众网信通不正当竞争纠纷

---

① 德国司法对竞争关系的掌握非常宽泛,竞争关系存在与否,不仅取决于所提供的商品或服务是否相同,而且只要商品或服务存在可替代性,或者招揽的是相同的顾客群,抑或促进了他人的竞争,都应认定存在竞争关系。郑友德,杨国云.现代反不正当竞争法中"竞争关系"之界定.法商研究,2002(6).
② 陈耿华.论竞争法保障消费者利益的模式重构.法律科学,2020(6).
③ Frauke Henning-Bodewig (ed.). International Handbook on Unfair Competition. Munich: C.H.Beck.Hart.Nomos,2013:3.

案"[①]中，法院表示，虽然两方经营模式不尽相同，看似并非同业，但二者作为互联网市场经营主体，争夺相同的用户群体，因此认定二者存在竞争关系。在"极路由过滤广告不正当竞争纠纷案"[②]中，法院亦坦言，互联网混业经营常态化下原、被告双方的业务存在交叉关系，一方以不正当手段提升竞争优势，必然影响另一方的经营，导致另一方的用户数量削减，二者在最终的核心利益（用户群体争夺）方面本质同一，由此可力证二者存在竞争关系。该案也突破狭义竞争关系认定的做法，不再拘泥于传统的同业竞争认定视角，从广义层面理解竞争关系。可以说，竞争关系的广义化认定在不正当竞争案件审理中成为通行的做法。

二、存或废：竞争关系是否保留？

承前所述，竞争关系发展历经从狭义认定迈向广义认定之进程，然而，伴随反不正当竞争法的不断发展，实践中广义竞争关系的适用也逐渐遭遇质疑与挑战，出现了应废弃竞争关系认定要件之声音。在新发展语境下，竞争关系认定何去何从，应予系统反思。

（一）质疑的声音：应废除竞争关系

为何有学者主张不正当竞争案件审理应放弃竞争关系认定要件，主要是由于广义竞争关系的适用逐渐暴露出以下不足。

其一，在数字经济背景下，竞争关系认定实非易事，多数法官费尽心思展开竞争关系认定及论证，仅仅是为了回应被告关于"与原告不成立竞争关系"之抗辩理由[③]，但其认定结论似乎对竞争行为正当性最后的判定结

[①] 浙江省杭州市拱墅区人民法院（2017）浙0105民初第1206号民事判决书。
[②] 北京知识产权法院（2014）京知民终字第79号民事判决书。
[③] 北京市第一中级人民法院（2014）一中民终字第3283号民事判决书。此外，"大众点评诉百度不正当竞争案"中被告认为与原告不是同业竞争关系，因而没有直接竞争关系。上海市浦东新区人民法院（2015）浦民三（知）字第528号民事判决书。

果并未起实质性影响。①若法官耗费诸多时间、精力于竞争关系判定上，并因此削弱对涉诉竞争行为本身的实体审查，必然会减损案件的审理效率与判决结果之精确性。基于制度经济学之视角，倘若某种制度实施成本过高，则应寻求检讨其替代制度。②为此，竞争关系认定的意义引发质疑。③

其二，竞争关系的无限广义化以及过于宽泛的适用范围，导致竞争关系认定要件形同虚设，竞争关系认定沦为形式主义，这不但容易引发市场主体的困惑，也损及法律的稳定性与可预期性。有学者直接表明，采用广义竞争关系的做法徒具表象，实质上已不再要求界定竞争关系。④针对广义竞争关系，还有学者提到，其不当扩大法院的自由裁量权，容易导致反不正当竞争法的过度干预，造成对公有领域的侵害，打击市场主体的竞争积极性。⑤

（二）本书观点：基于法理与实证层面证成应保留竞争关系

针对广义竞争关系适用引发的隐忧，重新审视竞争关系认定在不正当竞争案件审理中的作用，至关重要。本书试图从实证层面及法理层面重新考量、评估竞争关系认定与反不正当竞争法的关系。

1. 实证层面之验证

针对竞争关系存废的疑难问题，不妨还原竞争关系司法认定的现状，借助 spss 软件的定量分析方法，验证不正当竞争案件认定竞争关系是否对

---

① 谢晓尧.在经验与制度之间：反不正当竞争司法案例类型化研究.北京：法律出版社，2010：52.
② 谢晓尧.在经验与制度之间：反不正当竞争司法案例类型化研究.北京：法律出版社，2010：42.
③ 如在"大众点评诉百度不正当竞争案"中，经营信息搜索服务的百度公司实际是集信息搜索、地图服务为一体的平台，虽然形式上与经营餐饮点评业务的大众点评网并不存在竞争关系，但这并不能否认百度抓取大众点评数据的行为确实构成不正当竞争行为。上海市浦东新区人民法院（2015）浦民三（知）初字第 528 号.
④ 孔祥俊.论反不正当竞争法的新定位.中外法学，2017（3）.
⑤ 李扬.互联网领域新型不正当竞争行为类型化之困境及其法律适用.知识产权，2017（9）.

最后的竞争行为的定性产生影响。

关于实验方案，笔者以"数据""不正当竞争"以及不正当竞争行为各具体表现形式等体现数据不正当竞争行为特征的词语作为关键词，展开单独、组合式模糊搜索，从威科先行、北大法宝网、北大法意网、中国裁判文书网、中国司法案例数据库及各大法院官网等公开途径，下载了2002～2019年数据不正当竞争案件裁判文书（共计53份）作为分析样本。[①]为获知司法实践认定竞争关系的现状及具体做法，设计了多个变量，样本数据情况具体如下[②]：

其一，是否认定竞争关系。如表3—1所示，在这53份裁判文书中，26.4%的裁判文书未对竞争关系予以认定（其中也包含了未涉及竞争关系的案件），73.6%的裁判文书首先评估原、被告是否成立竞争关系。可见多数案件中法官仍重点关注竞争关系的认定，并将其作为涉诉行为是否构成不正当竞争的判定前提。

表3—1 数据不正当竞争案件裁判文书中是否认定竞争关系

是否认定	频率	百分比	有效百分比	累积百分比
否	14	26.4	26.4	26.4
是	39	73.6	73.6	100.0
合计	53	100.0	100.0	—

此外，在本次对186份互联网平台竞争案件的数据录入中（见表3—2）[③]，也可发现：除了缺失样本，有44.5%的裁判文书首先评估原、被告之间是否具有竞争关系，将竞争关系认定作为对互联网平台竞争行为定性的首要步骤。

[①] 由于数据类不正当竞争案件近年频发，时效性较强，可以集中体现司法实践对竞争关系认定的争议及困惑，加之该类行为亦具有一般不正当竞争行为的共性，能客观展示竞争关系认定的现状及做法，故选取其为研究样本。

[②] 本次数据录入设计了多个变量，限于篇幅，本书仅展示针对竞争关系认定的数据。

[③] 数据来源、分析工具、变量设计说明等详见附录。

表 3—2　是否对竞争关系进行认定

样本有效分布	是否认定	频率	百分比	有效百分比	累积百分比
有效	是	81	43.5	44.5	44.5
	否	101	54.3	55.5	100.0
	合计	182	97.8	100.0	—
缺失	系统	4	2.2	—	—
合计		186	100.0	—	—

其二，采取何种标准认定竞争关系。根据表 3—3 可知，在 53 份数据不正当竞争案件裁判文书中，有 54.7% 的裁判文书采取广义竞争关系认定，同时也存在相当数量（43.4%）的案件采用了狭义竞争关系认定的做法。

表 3—3　数据不正当竞争案件判决书对竞争关系的认定标准

具体认定标准	频率	百分比	有效百分比	累积百分比
广义	29	54.7	54.7	54.7
无	1	1.9	1.9	56.6
狭义	23	43.4	43.4	100.0
合计	53	100.0	100.0	—

实证考察 186 份互联网平台竞争案件裁判文书获知（见表 3—4）[①]，在 163 份有效样本中，有 55.2% 的判决书采用狭义竞争关系认定标准，有 44.8% 的判决书选择广义竞争关系认定标准。结合表 3—3 可得知，广义和狭义认定比例基本相当。

其三，竞争关系认定标准的择取对案件胜败诉之影响。为验证广义竞争关系、狭义竞争关系之选取是否影响案件胜败诉，本书进行了相关性分析。根据 SPSS 软件的相关性分析结果（见表 3—5），得出的 Pearson 相关性数值为 0.29，该相关性属于较弱的程度，亦即表明，采用广义竞争关系抑或狭义竞争关系认定标准，对案件胜败诉的影响并不显著。

[①] 数据来源、分析工具、变量设计说明等详见附录。

表 3—4　原、被告是否具直接竞争关系

样本有效分布	是否具有直接竞争关系	频率	百分比	有效百分比	累积百分比
有效	是	90	48.4	55.2	55.2
	否	73	39.2	44.8	100.0
	合计	163	87.6	100.0	—
缺失	系统	23	12.4	—	—
合计		186	100.0	—	—

表 3—5　认定广义/狭义竞争关系对案件胜败诉影响的相关性分析

相关性分析	相关系数	竞争关系的广狭	影响
竞争关系的广狭	Pearson 相关性	1	0.290*
	显著性（双侧）	—	0.037
	N	52	52
影响	Pearson 相关性	0.290*	1
	显著性（双侧）	0.037	—
	N	52	53

* 在 0.05 水平（双侧）上显著相关

其四，是否认定竞争关系对案件胜败诉之影响。根据表 3—5 发现，选取何种竞争关系认定标准对案件胜败诉之影响不显著，那么，是否意味着竞争关系认定对于不正当竞争案件审理无关紧要？为加以验证，本书进行了进一步的相关分析。根据表 3—6 可知，检验相关性显著程度的 Sig 值显示为 0.036，介于 0.01 至 0.05 之间，属于差异显著。由此可以发现竞争关系认定对案件胜败诉之影响是显著的。

表 3—6　是否认定竞争关系对案件胜败诉影响的系数[a]

模型	非标准化系数 B	非标准化系数 标准误差	标准系数 试用版	t	Sig.
（常量）	-1.110E-16	0.123	—	0.000	1.000

续表

模型	非标准化系数 B	非标准化系数 标准误差	标准系数 试用版	t	Sig.
是否认定竞争关系	0.400	0.186	0.369	2.152	0.036
竞争关系的广狭	0.048	0.162	0.051	0.298	0.767

a. 因变量：影响

综上可以发现，针对前述"耗费大量心力认定竞争关系而对案件审理结果影响甚微"之疑虑，需要进一步区分"狭义、广义竞争关系对案件胜败诉的影响"以及"竞争关系认定本身对案件胜败诉的影响"。两者不能混为一谈。根据表3—5可以获知，竞争关系认定标准之择取（认定构成狭义竞争关系或广义竞争关系），对于案件胜败诉的影响并不显著；而根据表3—6实证研究得知，是否认定竞争关系与案件胜败诉具有显著的相关关系。换言之，竞争关系采取何种标准不直接影响裁判结论，但竞争关系认定本身相当重要，认定是否具备竞争关系依然应作为不正当竞争案件审理的重要步骤。互联网平台竞争案件审理中仍应对竞争关系作出判断。

2. 法理层面之证成

之所以应继续保留竞争关系认定要件，是因为竞争关系在互联网平台竞争案件审理中具有重要的作用和地位。究其缘由，大致如下：

首先，竞争关系留存的意义在于竞争关系塑造了竞争行为的相对性，即首先存在具有相对性的主体，这些具有相对性的主体展开竞争行为，进而才有可能被认定为不正当竞争。[1] 换言之，如无竞争关系，如何存在竞争行为？而倘若无竞争行为，何来正当与否之评判？竞争者之间必然存在一定的竞争关系，竞争关系与竞争行为相伴相随，而互联网平台竞争纠纷

---

[1] 杨华权.论爬虫协议对互联网竞争关系的影响.知识产权，2014（1）.焦海涛.不正当竞争行为认定中的实用主义批判.中国法学，2017（1）.

恰是发生在成立竞争关系的当事人之间。在此基础上，竞争关系进一步发挥其符号价值：一方面，对于其他市场主体而言，竞争关系明确竞争者之间应相互恪守必要注意义务，确保市场机制在公平竞争中正常发挥效用；另一方面，对于利益受损的经营者而言，竞争关系赋予其寻求权利救济之资格，也彰显了竞争法保护经营者合法利益的立法目的。总之，竞争行为的相对性以竞争关系为内在要义，经营者之间要么具有明显的特定关系，要么具有潜在的特定关系，二者要么处于相同行业、领域，要么虽分布在各异领域，但其根本均致力于对相同用户群体之追逐，二者间的竞争关系总是不可或缺的。值得注意的是，二者之间竞争关系的具体体现有时比较隐秘，还需在个案意义上释明。

其次，基于反不正当竞争法文本视角观之。借由法文本的表达，可在一定程度上窥探立法者之本意，以便更深刻地洞知问题。虽然《反不正当竞争法》并未直接表明竞争关系在不正当竞争判定中的地位，但2017年该法修订时，将不正当竞争定义条款（第2条第2款）的"扰乱社会经济秩序"更正为"扰乱市场竞争秩序"①，此举意味深长，说明该法并不规制经营者在市场中的全部违法行为，而仅调整损害市场竞争秩序、内含竞争关系的市场不法行为，恰是从侧面强调了竞争关系。此外，从该法第二章所具体列举的不正当竞争行为类型看，也蕴含了竞争关系认定之要义。如第7条采用"竞争优势"之表述②，第11条直接提及不得以不正当方式破坏竞

---

① 1993年《反不正当竞争法》第2条第2款规定："本法所称的不正当竞争，是指经营者违反本法规定，损害其他经营者的合法权益，扰乱社会经济秩序的行为。"而2017年《反不正当竞争法》第2条第2款规定："本法所称的不正当竞争行为，是指经营者在生产经营活动中，违反本法规定，扰乱市场竞争秩序，损害其他经营者或者消费者的合法权益的行为。"

② 2017年《反不正当竞争法》第7条规定："经营者不得采用财物或者其他手段贿赂下列单位或者个人，以谋取交易机会或者竞争优势：（一）交易相对方的工作人员；（二）受交易相对方委托办理相关事务的单位或者个人；（三）利用职权或者影响力影响交易的单位或者个人。经营者在交易活动中，可以以明示方式向交易相对方支付折扣，或者向中间人支付佣金。经营者向交易相对方支付折扣、向中间人支付佣金的，应当如实入账。接受折扣、佣金的经营者也应当如实入账。经营者的工作人员进行贿赂的，应当认定为经营者的行为；但是，经营者有证据证明该工作人员的行为与为经营者谋取交易机会或者竞争优势无关的除外。"

争对手商誉。"竞争对手"一词的使用，显然要求实施不正当竞争行为的一方与利益受损的另一方成立竞争关系。

此外，坚持竞争关系要件的缘由还在于，竞争关系是不正当竞争行为与一般民事侵权行为的区分标志之一。一直以来，关于反不正当竞争法与侵权行为法的关系认定存在很大争议，迄今仍有学者固守反不正当竞争法是特殊侵权行为法之观点。[1] 虽然从历史渊源看，反不正当竞争法起源于侵权行为法[2]，但事实上，伴随反不正当竞争法的不断发展，其社会法属性不断强化，两者在思维范式、规制逻辑及认定路径上均呈现出明显差异。其中，是否需要进行竞争关系认定也是两者的显著区别之一。倘若在不正当竞争案件审理中放弃了竞争关系要件，不但不利于反不正当竞争法与侵权行为法的关系厘清，反而可能不当模糊两者之间的界限。作为划清反不正当竞争法与侵权行为法的重要工具，竞争关系认定要件的继续保留相当必要。

最后，坚持竞争关系要件也是基于防止滥诉之考虑。有学者认为，司法实务依据关涉商品是否相同、相似、可相互代替等标准，将原、被告的竞争关系区分为直接竞争关系、间接竞争关系之做法不具有实际意义，无法破解具体难题。[3] 虽然，如何认定竞争关系才属明智的选择未有定论，但应该承认和肯定的是：竞争关系是不正当竞争案件原、被告双方攻防的关键，两造无不绞尽脑汁对竞争关系进行演绎和诠释；而法院在该类诉讼首要审查的因素亦是当事人之间是否具有竞争关系，以防原告动辄以不正当竞争为由诉至法院，既不当扩大竞争法的保护范畴，限缩其他市场主体的行为自由，也容易引发滥诉现象，浪费司法资源，有违反不正当竞争法的谦抑品格。[4] 可见，竞争关系之于不正当竞争案件的重要作用还体现在

---

[1] 关于反不正当竞争法与侵权行为法的关系认定详见张占江.反不正当竞争法属性的新定位.中外法学，2020（1）.

[2] Frauke Henning-Bodewig(ed.). International Handbook on Unfair Competition. Munich: C.H.Beck · Hart · Nomos, 2013: 208.

[3] 吴伟光.对《反不正当竞争法》中竞争关系的批判与重构.当代法学，2019（1）.

[4] 李兆阳.《反不正当竞争法》视角下对数据抓取行为规制的反思与修正.暨南大学学报（哲学社会科学版），2021（6）.

有效避免滥诉及司法资源的浪费。

综上，基于竞争行为的相对性、反不正当竞争法文本的表述、区分反不正当竞争法与侵权行为法的关系以及防止滥诉等理由，互联网平台竞争案件审理应继续保留竞争关系要件。值得说明的是，关于前述"竞争关系认定过于宽泛、沦为形式主义及引发过度干预"的疑虑，本书也承认，对竞争关系的解释过于宽泛，认定竞争关系的意义难以体现，因此，有必要适当限制广义竞争关系的适用边界并明晰广义竞争关系的认定要素，科学把握竞争关系认定要件，从而防范其流于虚设及不当侵害公有领域，限缩其他市场主体行为自由，打击其竞争积极性。司法的使命除了规制市场中的违法行为，还应为可能的市场创新行为保驾护航，提供充分的激励。

三、竞争关系定位之修正

在证立应继续保留竞争关系认定、肯认竞争关系认定在互联网平台竞争案件的审理中具有重要意义的基础上，如何理性厘清其发挥效用的具体路径，亦即，如何重新定位竞争关系在互联网平台竞争案件中的角色，成为进一步需要解决的问题。

（一）实体层面：竞争关系不再作为不正当竞争行为判定要件

2015年4月最高人民法院发布的45号指导案例提到，市场主体间成立竞争关系，不要求两方必须属相同行业及服务类别，假若两方在市场竞争中具有一定联系，一方的行为不当影响、破坏另一方的合法利益，则可以认定二者之间存在竞争关系。换言之，原、被告之间的具体业务范围已然不能作为竞争关系认定之标准，互联网全行业经营者之间，多数情况下均存在竞争关系。此外，法院还将该原则进一步提炼为抽象标准，即在市场竞争中具备一定联系，一方以不当方式妨碍了另一方，则认定二者之间存在竞争关系。倘若一方不当妨碍了另一方就认定具有竞争关系，这从实务操作上就意味着,竞争关系成立不再是判定行为构成不正当竞争之要件。

在"大众点评与百度不正当竞争案"[①]中,被告百度公司主营集地图服务、信息搜索服务为一体的搜索引擎平台,而原告大众点评经营餐饮点评业务,虽然从形式上看两者不存在竞争关系,然而无法否认的是被告抓取原告数据的行为构成不正当竞争。这说明,是否认定为不正当竞争,并不以两方是否存在竞争关系为判定标准,竞争关系认定不再是行为正当性的判定要件。而在"硕文软件与优酷案"[②]中,杭州铁路运输法院亦明确提到:判定某项行为是否作为不正当竞争,其并不以二者成立竞争关系、损害特定竞争者利益为必然要件,而必须依据其有无违反公平竞争原则或其他具体细则综合认定。其果断跳出不正当竞争案件审理以原、被告成立竞争关系为前提之枷锁,秉承竞争法的行为正当主义,重新审视了竞争行为正当性判定的根本标准。

不妨再将视线投向此前的"北京慧聪公司与北京万网志成公司不正当竞争纠纷案"[③],该案的审理法院也直接强调:即使具有竞争关系,也并不代表以任何方式展开的不利于其他主体的行为均可当然被纳入不正当竞争行为范畴。存在动机仅是其中一项条件,还需评估具体的行为方式与行为基础。反不正当竞争法重点关注以不正当方式展开市场交易,损害竞争机制的行为,亦即,作为行为规制法的反不正当竞争法关切竞争行为本身[④],判定是否构成不正当竞争,应挣脱竞争关系认定的藩篱与限制。

对此,最高人民法院也曾坦明:竞争关系通常是指竞争者从事同类产品或服务行业,二者提供服务虽不相同,然其行为有违《反不正当竞争

[①] 上海知识产权法院(2016)沪73民终242号民事判决书。
[②] 浙江省杭州市中级人民法院(2018)浙01民终231号民事判决书。
[③] 北京市第一中级人民法院(2012)一中民终字第12389号民事判决书。
[④] 焦海涛.不正当竞争行为认定中的实用主义批判.中国法学,2017(1).

法》第 2 条规定的公平竞争原则，亦可认定二者成立竞争关系。① 这种界定思路，即是绕开竞争关系、直接从行为损害竞争原则的属性出发，在此基础上判定行为构成不正当竞争，亦即，定性竞争行为自觉回归行为本身，而不限定于竞争关系之前提判定行为属性。

基于某种意义而言，反不正当竞争法并非权利保护法，并不侧重维护某种主体的特定权利，而是对市场竞争秩序的维护及确保构建公平、遵从诚实信用原则、公认商业道德的竞争秩序，即作为行为规制法保障竞争者之间的正当竞争、捍卫整体的市场竞争秩序及更宽泛意义上的社会整体利益。② 尤其是 2017 年《反不正当竞争法》修订，进一步实现该法的现代化转型，更应依照现代发展理念及发展趋势进行诠释，在判定行为是否构成不正当竞争时，应从保障消费者利益、经营者利益及社会整体利益出发，重在确保市场竞争机制的良性运作。③ 换言之，定性竞争行为不以竞争关系成立为前提，而应直接依据《反不正当竞争法》第 2 条第 1 款及第 2 款对行为的正当性进行判定。法律激励创新，互联网市场作为市场竞争的重要载体，亦作为最具有引领性及特殊性的行业领域，不正当竞争审理应跳出竞争关系认定之藩篱，避免因竞争关系认定而束缚了自由竞争的市场。

多数裁判文书蕴含深刻的司法经验知识。回过头重新审视"正午阳光影视公司与太平人寿保险公司案"④，法官认定不正当竞争存在与否的思路就颇具前瞻性。在该案中，被告在宣传文案中套用原告在电视剧《欢乐颂》中打造的"五美"形象，并借其进行产品推销。从表面上看，原、被告所在行业领域完全不同，甚至相差甚远，法院直接跳过竞争关系认定步

---

① 吕方.加大知识产权司法保护的法律适用问题 最高人民法院民三庭蒋志培庭长专访.法律适用，2005（2）.
② Rogier W.deVrey, Towards a European Unfair Competition Law: A Clash Between Legal Families. Leiden: Martinus Nijhoff Publishers,2006:76.
③ 孔祥俊.论反不正当竞争的基本范式.法学家，2018（1）.
④ 北京市朝阳区人民法院（2017）京 0105 民初 10025 号民事判决书。

骤,其定性涉诉行为的正当性主要依据的是诚实信用原则及商业道德标准,以及评估行为是否扰乱市场竞争秩序、损害其他经营者与消费者的利益,从而作出评判。认定某项互联网平台竞争行为是否构成不正当竞争,应着重从竞争行为本身属性出发,并不要求两者所经营的商品/服务类别具有相同性、相似性或可替代性。

(二)程序层面:竞争关系可作为原告资格认定的重要标准

值得关切的是,竞争关系虽不再作为实体层面定性竞争行为的构成要件,但并不代表竞争关系在互联网平台竞争案件审理中可有可无。如何切实发挥竞争关系在该类案件中的效用,需要进一步思考。对此,本书认为,两者是否成立竞争关系对案件诉讼主体资格及诉讼请求,具有颇为重要的影响。

在"腾讯与科贝等不正当竞争纠纷案"[①]中,原告作为微信平台服务运营商,而被告经营网络贷款信息中介领域,原、被告分别从事即时通讯、信息发布平台及金融中介服务领域,二者领域完全不同,审理法院在判定行为是否构成不正当竞争时指出,反不正当竞争法保障具有竞争关系的市场主体间的正当竞争,维护整体的市场竞争秩序,认定某项竞争行为的正当性时,并不以破坏特定竞争者利益且双方成立竞争关系为必要要件,而应着重评估行为是否损害公平竞争原则。竞争关系不纳入不正当竞争判定的构成要件,仅仅附有原告资格意义。在本案中可将竞争关系作为认定原告诉讼资格的考量因素。进一步研读发现,在认定原告身份资格时,法院坦明,但凡涉诉竞争行为可能损害其他竞争者竞争利益或竞争优势的,利益受损的经营者都有权寻求反不正当竞争法救济,请求法院依照反不正当竞争法评价、规制该类竞争行为。

在上述案件中,审理法院肯认了竞争关系不再作为实体法意义上不正当竞争评判的构成要件,但可作为程序法意义上原告诉讼资格之重要考量

---

① 杭州铁路运输法院(2018)浙8601民初1020号民事判决书。

因素。按照我国《民事诉讼法》的规定,原告提起诉讼时要求原、被告具有利害关系,倘若二者成立竞争关系,则两者之间的利害关系显而易见,进而证明原告主体适格。[①] 易言之,评判某一经营者是否作为适格的不正当竞争案件原告,实质上就是评判竞争行为实施方是否可能损害原告竞争利益,二者之间有无具备市场经济中的经济利害关系。当然,需要注意的是,不成立竞争关系并不全然意味着二者不具有利害关系,而须得证明此种利害关系究竟为何、如何体现。

此外,从竞争关系在不正当竞争案件所能发挥的效用价值看,除作为案件原告资格认定的考量因素外,有学者坦言,在不正当竞争案件纠纷中,二者成立竞争关系同时可作为涉诉竞争行为致损之重要评估指标。[②] 正如在"合一与金山案"[③]中,审理法院表示,唯有成就竞争关系的经营者之间的竞争行为,才可能损害其他经营者的经营活动,进而破坏市场竞争秩序,即借助竞争关系认定案涉行为损害。这意味着,不正当竞争纠纷中,原告倘若欲证明其损害,可巧妙地转向两者存在竞争关系的思路:双方成立竞争关系,可作为涉诉行为可能导致损害的考量因素;反之,二者不存在竞争关系,一方亦无直接的经济损失,则另一方无法寻求损害赔偿。

总之,竞争关系可作为互联网平台竞争纠纷案件中原告诉讼资格的考量因素及行为致损的评估指标,但不再作为竞争行为正当性判定的构成要件。是否认定为不正当竞争,需要回归反不正当竞争法的行为规制法属性,着眼于行为有无违反诚信原则及公认商业道德,以及有无破坏消费者、经营者利益及整体的市场竞争秩序,而不以两造是否成立竞争关系为前提及构成要件。

---

① 谢晓尧.在经验与制度之间:反不正当竞争司法案例类型化研究.北京:法律出版社,2010:55.
② 孔祥俊.论新修订《反不正当竞争法》的时代精神.东方法学,2018(1).
③ 北京市第一中级人民法院(2014)一中民终字第3283号民事判决书。

四、竞争关系的具体考量

梳剔反不正当竞争相关法律规范性文件不难发现，反不正当竞争法并未就竞争关系的具体判定提供明确标准，最高人民法院也并未作出相应的司法解释，竞争关系具体如何认定并非易事。司法实践耗费大量时间、精力于竞争关系论证事项上，恰也从另一视角印证了竞争关系认定之复杂。为确保竞争关系的准确认定，防范其流于空洞，提高互联网平台竞争行为的规制效率，有必要对竞争关系的考量因素加以明确。具体而言，可参酌以下要素。

（一）以实际经营行为为认定要素

在"爱奇艺诉极科极客不正当竞争案"[1]中，法院坦言，互联网经济时代的竞争，凸显超越业界、超越国界之特性。传统行业领域之界限逐渐淡化，跨界经营的难度显然降低，而混业经营之情形不断增加。评估经营者之间是否存在竞争关系，需立足于经营者的具体行为，而不以其身份为标准，亦即，认定竞争关系时不应从所处行业或主营业务出发，而应基于其具体行为。

而在"爱奇艺与大摩网络科技公司不正当竞争案"[2]中，法院也表示，原、被告双方主营的业务虽不相同，然两者的实际经营行为存在关联，而本案被告提供的软件必将妨碍原告方网站之经营，故认定二者之间存在竞争关系。在上述两个案件中，法院均是从具体的经营行为，而非原、被告的经营范围展开竞争关系认定。

前述案件均从实际经营行为视角阐述竞争关系。那么，如何理解所谓的实际经营行为？在"贝壳公司与合一公司不正当竞争案"[3]中，法院对作

---

[1] 北京市海淀区人民法院（2014）海民（知）初字第21694号民事判决书。
[2] 上海市闵行区人民法院（2015）闵民三（知）初字第271号民事判决书。
[3] 北京市第一中级人民法院（2014）一中民终字第3283号民事判决书。类似的案件还包括"湖南快乐阳光互动娱乐传媒有限公司等不正当竞争纠纷案"，北京知识产权法院（2015）京知民终字第02210号民事判决书。

为竞争关系所仰赖的实际经营行为标准给出进一步解释,即涉诉行为有无具备"损人利己之可能性"。在该案中,合一公司作为提供视频的服务提供商,被告作为浏览器服务提供商,被告采用技术措施向终端用户输送过滤广告服务,导致在优酷网播放的广告被屏蔽。对此,原告合一公司主张被告凭借猎豹浏览器屏蔽自身广告的行为构成不正当竞争。

二审判决时审理法院表明:是否成立竞争关系,并不取决于双方是否从事同业竞争,也并不立足于是否存在现实竞争,而立足于经营者的经营行为是否存在"损人利己的可能性"。具体而言,判断是否存在"损人利己的可能性"参酌以下两个条件:其一,涉诉竞争行为是否具备破坏其他竞争者经营利益的可能性(有无具备损人的可能性);其二,涉诉经营者是否凭借该行为谋取潜在或现实的经营利益(有无具备利己的可能性)。换言之,倘若涉诉竞争行为不但具备损害其他竞争者利益之可能性,且行为实施方基于该行为获取潜在、现实的经济利益,则可认定双方成立竞争关系。在该案中,审理法院结合《反不正当竞争法》一般条款(第2条)规定与该法立法目的,将竞争关系的认定因素解读为"经营者实际的经营行为有无产生损人利己的可能性"。

(二)以产品用户群为认定要素

用户注意力作为互联网平台经济的稀缺资源,是互联网市场竞争中经营者的争夺对象[1],因而可以产品用户群作为竞争关系认定的考量因素。在"天津飞狐信息有限公司等诉北京华录天维有限公司不正当竞争纠纷案"[2]中,被告提出,原、被告的主营业务内容迥异,不具备交叉关系,故不存在任何竞争关系。对此,审理法院明确表示,虽然二者所提供的具体经营项目有所不同,然对二者竞争关系之认定并不取决于此,而取决于双方的服务对象。就服务对象而言,二者在互联网服务提供上,所服务、争夺的

---

[1] Michale L.Katz, Carl Shapiro.Network Externalities,Competition,and Compatibility. The American Economic Review, 1985, 75(3):424-440.
[2] 北京市石景山区人民法院(2014)石民(知)初字第9291号民事判决书。

对象均是网络用户，因此认定二者之间存在竞争关系。

在"上海环网优先公司与世纪龙信息公司不正当竞争案"[①]中，审理法院也侧重从用户群标准考量竞争关系，其坦言，对于阅览、获取信息的特定用户而言，原、被告双方分别提供的资讯服务相互具有显见的可替代性，构筑了分流观众、抢夺市场交易机会之市场竞争格局，可据此认定二者成立竞争关系。

值得注意的是，对于经营范围相同/相似的网络经营者而言，其争夺对象通常为同一网络用户群体，故在该类案件中认定竞争关系时往往综合考量产品用户群要素与其他要素。如在"爱奇艺科技公司与千杉网络公司等不正当竞争案"[②]中，审理法院在认定原、被告是否存在竞争关系时，即综合考量了用户群要素与实际经营行为要素，其提道：但凡以不正当方式提升竞争优势、有损其他市场主体正当经营的行为主体与竞争利益受损者均成立反不正当竞争法意义上的竞争关系。即便双方网站及软件在内容、形式上呈现差异，然在本质上所争夺的最终消费者（有意愿观看视频的网络用户）是高度重叠的。本案被告未获原告授权，凭借特定软件以技术措施过滤原告视频片前广告，涉诉行为直接争夺了既想收看原告网站视频、又不愿对此付费且意欲跳过片前广告的网络用户，可以据此认定原、被告双方成就市场竞争关系。

（三）以竞争利益为认定要素

除可以将产品用户群、实际经营行为作为竞争关系认定要素外，还可以将竞争利益作为认定要素。具体而言，将竞争利益作为不正当竞争案件竞争关系的认定要素，主要以观测行为有无增加己方竞争优势、破坏其他市场主体的竞争利益为认定依据。

在列举案例描述该认定要素在司法实践中的适用情况前，有必要对竞

---

① 上海市徐汇区人民法院（2014）徐民三（知）初字第827号民事判决书。
② 上海市浦东新区人民法院（2015）浦民三（知）初字第143号民事判决书。

争利益标准中的"竞争利益"予以简要阐释。事实上，竞争利益要素与实际经营行为要素具有某种内在关联，体现在：依据实际经营行为认定竞争关系，很大程度上是分析主体特定的市场竞争行为有无存在恶意攫取竞争利益之倾向。[1]然这二者并不等同，我们通常将竞争利益诠释为商业利益，具体指的是影响商业竞争能力、商业盈利能力的因素，包括市场占有率、竞争优势、商业声誉、商业信誉、品牌知名度、商业运营资源、商业秘密、平台流量资源（如访问量、播放量、转载量、关注度、下载量等）、商业运营模式、大数据资源等。

在"奇虎有限公司与腾讯有限公司不正当竞争案"[2]中，针对竞争关系的具体认定，法院直接坦言，考虑到原、被告双方在用户市场、网络服务范围、广告市场等整体的网络服务市场中存在竞争利益，故认定二者之间存在竞争关系。

而在"爱奇艺公司与极科极客公司不正当竞争纠纷案"[3]的一审判决中，即便被告极力辩称其与对方分属不同行业领域，双方主营的服务、产品与市场业务范围、领域截然不同，不具有竞争关系，审理法院依然穿透表面洞悉其本质，颇为独到地采用"最终商业利益上此消彼长"之标准认定竞争关系。法院具体论述如下：就主营业务而言，爱奇艺公司重在提供网络视频的播放服务，而极科极客公司的主战场是硬件设备的生产销售，初步看二者似不具有竞争关系。然而，本案涉诉竞争行为是被告极科极客借助过滤视频广告插件及专门路由器过滤原告视频的片前广告，该行为必将导致观看原告网站的用户凭借该方法过滤原告的片前广告，进而增加极科极客公司的竞争利益，削减原告的视频广告收入。这意味着原、被告在商业利益上此消彼长，本不具有竞争关系的双方因此成立（竞争法意义上的）竞争关系。

在该案的二审判决中，审理法院亦很好地延续了一审关于竞争关系的

---

[1] 叶明，吴太轩．互联网新型不正当竞争行为司法规制的实证研究．厦门：厦门大学出版社，2019：89.
[2] 最高人民法院（2013）民三终字第5号民事判决书．
[3] 北京市海淀区人民法院（2014）海民（知）初字第21694号民事判决书．

认定细则，其从竞争法立法宗旨与社会经济发展模式出发，极具洞察力地指出：竞争法的立法宗旨体现为促进社会主义市场经济健康快速发展，鼓励及维护公平竞争，规制不正当竞争行为，捍卫消费者与经营者的合法利益。在传统市场经济模式下，提供相同商品或服务领域的经营者之间被认定具有竞争关系，进而依据反不正当竞争法对其作出评价。然而，在全新市场经济模式下，只要二者在最终利益层面具有竞争关系，则可认定二者成立竞争法意义上的竞争关系，从而适用《反不正当竞争法》。[①]这意味着，倘若被告方的经营行为在妨碍其他市场主体竞争利益的同时，亦可强化自身竞争优势并攫取竞争利益，则可判定二者成立竞争关系。其中，对最终利益的解读，很大程度上会被诠释为主体间的经济利益，从而意味着存在经济利益冲突的主体成为竞争关系双方。

需要注意的是，在司法实践中判定案件两造是否存在竞争关系时，一方面其具体考量要素呈多样化发展趋势，另一方面综合多个要素认定竞争关系的现象逐渐常态化。[②]考虑到互联网平台竞争行为表现形式复杂多样，即便属相同行为类别，在表现形式上也不尽相同，故在互联网平台竞争案件审理中，应回归具体竞争场景，由法官结合案件实际情况，以能动、积极之姿态权衡若干考量因素，综合评估其适用效果，从而择取恰当的要素，科学认定竞争关系。

第二节　分歧及廓清：商业道德标准的认定

一、问题缘起：商业道德标准的不确定性

伴随互联网信息技术的突飞猛进，互联网平台竞争行为样态愈趋复杂

[①] 北京知识产权法院（2014）京知民终字第 79 号民事判决书。
[②] 如在"爱奇艺与极科极客不正当竞争纠纷案"中，法院对竞争关系综合考量了竞争利益标准、经营行为标准。北京市海淀区人民法院（2014）海民（知）初字第 21694 号民事判决书。

多样,频频突破反不正当竞争法的具体规制条款,兼具形式功能与实质功能的反不正当竞争法一般条款之效用愈加凸显。[①]而作为一般条款核心内容的"商业道德"则成为判定涉诉行为正当性的重要标准。此种判决逻辑最早出现在最高人民法院审理的"海带配额案"[②]中。其在判决书指出,对于不属于《反不正当竞争法》第2章具体列举的行为,主要以行为是否侵害了公认的商业道德给予评判。虽有学者质疑此观点,认为对新型不正当竞争行为的审理不可止步于论证何为商业道德及何种行为违反商业道德[③],然毋庸置疑的是,商业道德着实在认定涉诉行为的正当性方面发挥了重要作用。诚如学者所言,互联网新型不正当竞争行为的规制实践表明,以公认商业道德作为行为正当性的评判标杆时,反不正当竞争法则可周延规制各式新型市场竞争行为。[④]

然而,反不正当竞争法中的商业道德凸显极强的不确定性。恰如有学者所言,商业道德的表述不但内容空泛,且其边界模糊,也无法承载任何权利义务内容,其所包含的具体要素可能因不同时空而各有侧重,也可能因对各要素的不同强调比重而导致评判结果不一。[⑤]但商业道德的适用一方面有效缓解法律的滞后性和市场变化之间的异步性,保障经济的有序发展;另一方面其在适用中存在不少认识难点,如何适用商业道德评价具体竞争行为,这一从抽象到具体的转化过程时常困扰裁判者及经营者。"概念是解决法律问题所必需的和必不可少的工具,没有限定严格的专门概念,我们便不能清楚理性地思考法律问题。"[⑥]是故,如何具化商业道德、克服商业道德的不确定性成为不可避免的课题。遗憾的是,学界对商业道德的理论解读并不丰富,虽有学者对商业道德认定进行了初步探索

---

① 蒋舸.反不正当竞争法一般条款的形式功能与实质功能.法商研究,2014(6).
② 最高人民法院(2009)民申字第1065号民事裁定书。
③ 蒋舸.关于竞争行为正当性评判泛道德化之反思.现代法学,2013(6).
④ 孟雁北.反不正当竞争法视野中的商业道德解读:以互联网行业不正当竞争行为的规制为例证.中国市场监管研究,2012(12).
⑤ 李生龙.互联网领域公认商业道德研究.法律适用,2015(9).
⑥ [美]博登海默.法理学:法律哲学与法律方法.北京:中国政法大学出版社,2004:504.

和开拓性研究,提出了一些有价值的理论观点,但其仍然存在实证考察不足、系统而深入的研究欠缺等问题,并且,这些为数不多的研究在观点上还存在矛盾和冲突。[1]司法实践虽也尝试对商业道德进行一些有益的解读,但也未能完全解决商业道德认定中的不确定性问题。[2]鉴于此,本书拟还原商业道德现有的认定路径,检视其存在的困境并提出相应的完善对策,以科学认定商业道德,从而对有效规制互联网平台竞争行为有所裨益。

二、三种路径:商业道德现有认定路径梳理

商业道德具有天然的开放性、抽象性、概括性与伸缩性特征,如何勘探商业道德并非易事。虽然最高人民法院肯定了商业道德在认定不正当竞争行为中起的关键作用,然其并未给出如何认定商业道德的答案。检视大量不正当竞争案件判决书,发现司法实践认定商业道德有以下三种路径,分别论述之。

(一)路径一:借助诚实信用原则认定商业道德

诚实信用原则和商业道德作为一般条款的核心要素,判定行为是否构成不正当竞争,往往需要从行为是否有损诚实信用原则和社会普遍认可的商业道德入手。两者共同构筑不正当竞争认定的基础。《反不正当竞争法》

---

[1] 如孟雁北教授、赵军博士、董笃笃博士力主商业道德在不正当竞争行为判定的重要作用,而蒋舸博士、张钦坤博士却批判了以道德感作为判断竞争行为正当性的终极标准之做法。并且,在商业道德的认定方法、认定次序等方面,这些学者的观点也存在不同程度的反差。具体参见:蒋舸.关于竞争行为正当性评判泛道德化之反思.现代法学,2013(6).孟雁北.反不正当竞争法视野中的商业道德解读.中国工商管理研究,2012(12).赵军.网络市场不正当竞争行为的法律规制研究.重庆:西南政法大学,2010.董笃笃.互联网领域"公认的商业道德"的司法适用.重庆邮电大学学报(社会科学版),2016(5).张钦坤.反不正当竞争法一般条款适用的逻辑分析.知识产权,2015(3).

[2] 如司法实践创设"非公益必要不干扰原则"等具体细则、以行业惯例认定商业道德仍然存在很大争议。具体参见本节第三部分。

视野下的诚实信用原则是民法中诚实信用原则的进一步延伸，其要求市场竞争中行为主体应恪守诚信，禁止"不劳而获""搭便车"等行为的发生与泛滥。而商业道德则是以诚实信用原则为核心建构起来的一系列商业惯例、交易习俗等行为规范的总称。[①]这意味着，诚实信用是商业道德构成中的主体内容，诠释商业道德可从诚实信用原则入手。相对而言，学界对诚实信用原则的研究比较系统和深入，在商业道德界定比较困难的情形下，法官倾向于从诚实信用原则的角度来理解商业道德，即将二者等同起来，认为如涉诉行为违反了诚实信用原则，基本也就具备侵害商业道德的属性。

实证考察186份互联网平台竞争案件判决书[②]，根据表3—7可以发现，除了缺失样本，有62.3%的判决书对诚实信用原则与商业道德的关系秉持"同一说"观点，主张从诚实信用原则的视角认定商业道德。如在山东省高级人民法院审理的"百度网讯与青岛奥商不正当竞争纠纷案"[③]中，法院并未区分商业道德与诚实信用原则，而将两者等同，并进一步从诚实信用原则的角度诠释商业道德。

表3—7 公认商业道德与诚实信用原则的关系

样本有效分布	公认商业道德与诚实信用原则的关系	频率	百分比	有效百分比	累积百分比
有效	同一说	38	20.4	62.3	62.3
	商业道德兜底说	3	1.6	4.9	67.2
	平行说	17	9.1	27.9	95.1
	相互分离说	3	1.6	4.9	100.0
	合计	61	32.8	100.0	
缺失	系统	125	67.2	—	—
合计		186	100.0	—	—

[①] 赵军.网络市场不正当竞争行为的法律规制研究.重庆：西南政法大学，2010：40.
[②] 数据来源、分析工具、变量设计说明等详见附录。
[③] 山东省高级人民法院（2010）鲁民三终字第5-2号民事判决书。

（二）路径二：以行业自律惯例认定商业道德

有学者指出，公认商业道德是商业行为规范与惯例另一种形式上的表述[①]，故可借助行业自律惯例来认定商业道德。还有学者主张，如特定行业领域的商业道德尚未形成，此时可借助该领域业已获得普遍认可、形成书面文件的行业惯例作为商业道德的认定依据。[②] 最高人民法院在"3Q 大战"的终审判决[③]中也认可了行业自律惯例在认定公认商业道德上的作用。其认为，在市场竞争活动中，相关行业协会及自律组织为规整该领域的市场竞争行为、保障市场竞争秩序，有时会结合该领域的竞争需求与行业特点，在归纳总结其行业竞争现象的基础上，以行业自律公约的形式制定该领域的从业规范，旨在为行业内的企业行为提供指引或约束。这些行业自律规范常常体现了该领域公认的商业道德及行为标准，故可作为法院认定公认商业道德与行为标准的重要渊源。此外，在"百度诉 360 违反 robots 协议不正当竞争案"[④]、"百度诉 3721 不正当竞争案"[⑤]等案件中，法官均不约而同地借助行业自律惯例来认定公认商业道德。北京市高级人民法院《关于涉及网络知识产权案件的审理指南》第 34 条也明确了，在定性公认商业道德时可重点参考特定领域的行业惯例或自律规范。

（三）路径三：司法创设具体细则认定商业道德

个别法官结合自身对商业道德的理解与实际案情，提炼了一些具体认定规则。如北京市高级人民法院在审理"百度诉奇虎插标案"[⑥]中，提出了"非公益必要不干扰原则"；而在"百度与奇虎 robots 案"[⑦]中，北京市第一

---

① 孔祥俊，张步洪. 反不正当竞争法例解与适用. 北京：人民法院出版社，1998：9.
② 王艳芳.《反不正当竞争法》在互联网不正当竞争案件中的适用. 法律适用，2014（7）.
③ 最高人民法院（2013）民三终字第 5 号民事判决书.
④ 北京市第一中级人民法院（2013）一中民初字第 2668 号民事判决书.
⑤ 北京市第二中级人民法院（2004）二中民终字第 02387 号民事判决书.
⑥ 北京市高级人民法院（2013）高民终字第 2352 号民事判决书.
⑦ 北京市第一中级人民法院（2013）一中民初字第 2668 号民事判决书.

中级人民法院总结了"协商通知原则";还有法官分别创设了"最小特权原则"①及"一视同仁原则"②。

司法实践创设商业道德的细化规则,一方面丰富了判决书的论证说理,另一方面有效地缓解了法院审理此类案件面临的道德资源贫瘠困境,后续审理某类互联网新型不正当竞争案件时则可直接将目光移至这些规则。结合对186份互联网平台竞争案件判决书的实证考察发现(表3—8)③,有13份判决书采用了"非公益必要不干扰原则",依托该原则对商业道德进行了阐述、论证。如在"爱奇艺与极路由不正当竞争纠纷案"④中,法官则径直借用"非公益必要不干扰原则"论证:"经营者可以通过技术革新和商业创新获取正当竞争优势,但非因公益必要,不得直接干预竞争对手的经营行为。"无独有偶,在"优酷与UC浏览器不正当竞争案"⑤中,法官也以该规则来论述行为的正当性:"经营者应当尊重其他经营者商业模式的完整性,除非存在公益等合法目的,经营者不得随意修改他人提供的产品或服务,从而影响他人为此应获得的正当商业利益。"

表3—8 商业道德具化规则

样本有效分布	商业道德具化规则	频率	百分比	有效百分比	累积百分比
有效	非公益必要不干扰原则	13	7.0	81.3	81.3
	其他	3	1.6	18.8	100.0
	合计	16	8.6	100.0	—
缺失	系统	170	91.4	—	—
合计		186	100.0	—	—

---

① 最高人民法院(2014)民申字第873号民事裁定书。
② 北京市第二中级人民法院(2013)二中民初字第15709号民事判决书。
③ 数据来源、分析工具、变量设计说明等详见附录。
④ 北京市海淀区人民法院(2014)海民(知)初字第21694号民事判决书。
⑤ 北京市海淀区人民法院(2013)海民初字第24365号民事判决书。

三、三种分歧：商业道德现有认定路径的困局

（一）分歧一：对以诚实信用原则认定商业道德的争议

虽大多数判决书将反不正当竞争法视野下的诚实信用原则与商业道德等同视之，从诚实信用原则的角度来理解、诠释商业道德，然仍不乏个别判决书与上述观点相悖，即否定了商业道德与诚实信用原则的同一关系，主张应区分适用二者。如北京市第一中级人民法院审理的"百度网讯与奇虎科技不正当竞争纠纷案"[1]、北京市高级人民法院审理的"三际无线与金山安全软件公司不正当竞争纠纷案"[2]等，就单独援引诚实信用原则作为认定不正当竞争行为的判断标准。而在"狗不理集团与天丰园饭店不正当竞争纠纷案"[3]、"爱帮聚信与汉涛不正当竞争纠纷案"[4]中，法官却单独引用了商业道德。可见，司法实务中如何理解商业道德与诚实信用原则的关系存在较大分歧。

司法认知的不统一在很多情况下缘于学界观点的莫衷一是。学者从民法角度对诚实信用原则作了诸多深入的研究，相比之下，从竞争法角度研究诚实信用原则、区分民法与竞争法的诚实信用原则之成果较少。关于公认商业道德与诚实信用原则的关系，学界争议颇多。如学者丁邦开、戴奎生采纳"同一说"，认为诚实信用原则和公认商业道德两者本质同一，无法截然分开。[5]而学者倪振峰、汤玉枢却秉承典型的"兜底说"，其主张：公认商业道德属于反不正当竞争法的一个兜底性原则，其内涵包括一般条款中前述的自愿、平等、公平和诚实信用原则。[6]孔祥俊则表明，公认

---

[1] 北京市第一中级人民法院（2012）一中民初字第5718号民事判决书。
[2] 北京市高级人民法院（2011）高民终字第2585号民事判决书。
[3] 最高人民法院（2008）民三监字第10—1号民事裁定书。
[4] 北京市第一中级人民法院（2011）一中民终字第7512号民事判决书。
[5] 丁邦开，戴奎生，等.中华人民共和国反不正当竞争法释义.南京：南京大学出版社，1994：8.
[6] 倪振峰，汤玉枢.经济法学.上海：复旦大学出版社，2014：153.

商业道德立基于诚实信用原则,而诚实信用原则多数以公认商业道德的形式体现。[1]此外,关于公认商业道德与诚实信用原则的关系,学者陈立骅、陈建洋持"平行说"观点,坦言两者是相互平行并列的关系。[2]特别值得一提的是,董笃笃博士的主张与上述观点完全相悖,其力主:公认商业道德独立于诚实信用原则,两者相互分离,也具有不同适用次序。[3]从表3—7也可以发现[4],关于商业道德与诚实信用原则的关系,司法实践中也存在明显不同的观点,其中,在61份有效样本中,有62.3%的判决书认可"同一说"观点,有4.9%的判决书主张"兜底说"观点,有27.9%的判决书持"平行说"观点,还有4.9%的判决书采取"相互分离说"观点。那么,究竟如何理解商业道德与诚实信用原则之间的关系?是否可借助诚实信用原则阐释商业道德?这是商业道德认定需首先解决的问题。

(二)分歧二:对以行业自律惯例认定商业道德的否定

虽然最高人民法院肯定了行业自律惯例在认定商业道德中所起的作用,然仍有不少学者表示怀疑,其认为:借助行业自律惯例来认定公认商业道德的做法过于武断。在"百度诉360插标和修改下拉提示词不正当竞争纠纷案"[5]中,是否得以行业自律惯例认定商业道德,进而判定行为的正当性,是整个案件最大的争议点。其缘由是:仅仅依据该行为满足行业普遍遵守的事实,则得出该行为遵守商业道德的论断,进而推出行为具有正当性的结果,未免草率。即便该行为贴近行业通行实践,也未必意味该行为契合竞争秩序。[6]而尚未为全行业所普遍认可、遵循的惯例,也无法说

---

[1] 孔祥俊.反不正当竞争法的司法创新和发展.知识产权,2013(12).
[2] 陈建洋,陈立骅.中华人民共和国反不正当竞争法释义.北京:中国法制出版社,1994:17-18.
[3] 王艳林.市场交易的基本原则.政法论坛,2001(6).
[4] 数据来源、分析工具、变量设计说明等详见附录。
[5] 北京市高级人民法院(2013)高民终字第2352号民事判决书。
[6] Harte-Bavendamm H, Henning-Bodewig F. UWG. München:C.H.Beck. 2013: 183.

明该规则不正当。[1] 德国联邦最高法院也着重坦明,"将普遍上升为规范,对竞争而言意味着危险的限制"。因而以行业规则来认定商业道德的做法容易限制竞争,采用该做法可能无法论证行为的正当性,应予以额外的警惕。[2] 在"爱奇艺与极科极客不正当竞争纠纷案"[3]中,被告极力抗辩:屏蔽视频广告的行为是该领域通行做法,从而为其行为树立正当性。法院对此回应如下:依据被告所提证据,互联网行业确实普遍存在屏蔽他人视频广告的软件,然行为正当与否不能以该行业同类软件的存在与数量来自证。如该行为被认定为不正当,该行为的普遍存在仅能证明这种违法现象的严重性,而不能以行为符合行业惯例为理由论证行为正当合法。可见,对行业自律惯例是否得以辅佐认定商业道德,仍然存在较大争议。

实证考察186份互联网平台竞争案件(见表3—9)发现[4],行业惯例在商业道德认定的适用中比例很低,在137份有效样本中,仅有5.1%的判决书从行业惯例的视角阐释商业道德,行业惯例的适用情况并不理想。这也再次证明行业惯例能否作为商业道德的考量因素,还需进一步论证。

表3—9 是否借助行业惯例来认定商业道德

样本有效分布	是否借助行业惯例	频率	百分比	有效百分比	累积百分比
有效	是	7	3.8	5.1	5.1
	否	130	69.9	94.9	100.0
	合计	137	73.7	100.0	—
缺失	系统	49	26.3	—	—
合计		186	100.0	—	—

(三)分歧三:对司法创设商业道德认定细则的质疑

与前述观点相反,有学者直陈对法官提炼商业道德具化规则做法的质

---

[1] Köhler H, Bornkamm J. UWG. München:C.H.Beck, 2014: 131.
[2] Ohly A, Sosnitza O. UWG. München:C.H.Beck, 2014: 29.
[3] 北京知识产权法院(2014)京知民终字第79号民事判决书。
[4] 数据来源、分析工具、变量设计说明等详见附录。

疑。例如，针对"非公益必要不干扰原则"，有学者从适用对象出发，指出该规则仅限于安全软件类行为，故其不具普遍适用性而仅在安全软件类行为有用武之地。[①] 也有学者认为，市场规律的复杂性为个体思维的有限性所难以承载，这些规则的提出同样存在如"公益""必要"的空泛概念且缺乏必要的界定。[②] 还有学者强调，"非公益必要不干扰原则"过于强调公益因素在认定行为正当性中的主导作用，此逻辑容易引起在裁判过程中掺杂过多价值判断，导致利益衡量失衡而得出欠妥的答案，反而限制竞争。[③]

限于篇幅，不一一列举学者对各规则的质疑焦点，但其总体认知是：在不存在法律法规的赋权与任何法理依据之情形下，司法机关无权直接提炼商业道德的认定规则。究其原因在于：法官提炼认定规则容易放纵其自由裁量权，也有损法律适用的稳定性与可预期性，长此以往不论是原、被告还是司法机关本身，均难以预测案件的最终裁判。此举俨然违背成文法精神，也将导致竞争法向判例法演变。

四、三层廓清：商业道德认定难题的回应

求解商业道德认定路径的相关问题，是构建互联网平台竞争规制体系的基石。尽管商业道德内涵多元且极为抽象，但我们仍应试图寻找商业道德确定性的出路。本部分将解答商业道德前述认定路径存在的争议。鉴于商业道德与诚实信用原则关系的厘清，是商业道德认定中应解决的前置性问题，故首先予以解答；其次，是破解行业惯例、创设具体规则认定商业道德的困局。本部分依次回应之。

---

① 吴汉东，吴一兴.安全软件警示内容的商业言论规制：兼评"非公益必要不干扰原则".电子知识产权，2015（3）.

② 吴太轩，史欣媛.互联网新型不正当竞争案件审理中商业道德的认定规则研究.现代财经，2016（1）.

③ 薛军.质疑"非公益必要不干扰原则".电子知识产权，2015（1）.

（一）可从诚实信用原则的角度诠释商业道德

虽然关于商业道德与诚实信用原则的关系，学界和实务界观点尚未达成一致，然本书认为对二者关系的探讨既不能脱离其调整对象作纯粹的概念分析，也不得无视立法赋予二者的使命与各自所处的法律语境。对两者关系的廓清可分别从文义解释、立法史及域外实践这几个层面展开。

1. 文义解释层面

所谓诚实信用原则，意指在市场交易过程中经营者应保持诚实、善意和恪守信用，任何企图未通过自身诚实劳动而意欲以不正当手段搭便车、攀附他人劳动成果的行为，都是违背诚实信用原则的不当行为。"公认商业道德"，从字面看由"公认"+"商业道德"组成。质言之，对"公认"的理解可分为两个层次：商业社会普遍认知、特定行业通常认同。前者作为上位概念，传达一种需要遵守的最低要求；后者体现各异行业的特殊性，是特定行业需遵循的规则。所谓"商业道德"，意指在商业领域中道德的具体化与衍生。就本质而言，商业道德既具有一般道德属性，也有其特殊内涵。全国人大法工委在《中华人民共和国反不正当竞争法释义》中对"公认商业道德"作了专门解读，其认为，公认商业道德形成于长期的市场交易活动，是以诚实信用原则为基调建构的商事规则的总称。从文义解释层面看，诚实信用原则是公认商业道德的主体内容，两者均是适用于商事领域并要求市场行为主体普遍遵循的行为规范，二者的本质也皆指向行为主体应遵循的最低限度之道德。

2. 立法史层面

对法律问题存在认知分歧，多数情况下源于对概念的本源存在理解偏差。探求法律概念的立法史，是解答法律适用疑难问题的首要路径。从立法史的角度窥之，诚实信用原则是在经济发展过程中逐步形成的道德准则，其发端于善良风俗，并由一种抽象的礼仪感铺开，后经法律吸收始成为基本的法律原则。诚实信用原则法律化的过程，也是道德规范法律化之过程。在这个过程中，诚实信用原则为市场行为主体树立了"诚实商人"的道德标准。[1]如瑞士民法典中的诚实信用原则除了涵摄信任期待、效能竞争，其主要指向商业道德。[2]

就商业道德的立法史而言，商业道德是一般伦理在特定商业领域的变异结果，是商人在市场活动中处理各种利益关系逐步形成的善恶价值的加总。[3]"市场是一种伦理的制度"[4]，虽然不同行业领域的商业道德一直处于演变和发展中，但其核心要义均是强调从内外克制市场竞争主体天然的逐利性，其基本主张皆是要求经营者维护客观的市场正义和遵循内在的道义精神，其本质上体现了"道德在商业领域的延伸和具体化"。从这个角度看，诚实信用原则与商业道德的内在渊源不易区分，二者规范市场竞争的目标一致。

3. 域外实践层面

虽然各国竞争法对不正当竞争行为的定义在表述上不尽一致，但其实质认定要件基本一致：如行为违背了诚实信用原则和公认商业道德，则该行为构成不正当竞争。如1909年德国《反不正当竞争法》第1条规定，商业交易中行为人以竞争为目的而违反善良风俗，可要求其停止行为与损害赔偿。1957年土耳其在《商法》中如此界定不正当竞争行为：在营业中以欺骗、违反善良风俗方式实施的滥用经济竞争的行为，构成不正当竞争。《巴黎公约》第10条之二以一般条款的形式定义不正当竞争：在工商业活动中任何有违诚实惯例的竞争行为。虽德国《反不正当竞争法》后来经多次修改，但其对不正当竞争行为的认定，始终聚焦于行为是否违反道德内核。可知，判定行为是否构成不正当竞争，一个核心标准是该行为是否有

---

[1] 梁慧星.诚实信用原则与漏洞补充.法学研究，1994（2）.
[2] 于飞.论诚实信用原则与公序良俗原则的区别适用.法商研究，2005（2）.
[3] 黄武双.经济理性、商业道德与商业秘密保护.电子知识产权，2009（5）.
[4] [美]A·爱伦·斯密德.财产、权力和公共选择：对法和经济学的进一步思考.上海：上海人民出版社，2006：38.

违公认商业道德或诚实信用原则。二者共同作为竞争行为正当性的认定标准,在实际运用中不宜刻意对二者进行过度明确的区分。

综上,从文义解释、立法史与域外实践的角度观之,公认商业道德与诚实信用原则的核心要义高度一致,在实践中可从诚实信用原则的角度诠释商业道德,从而对竞争行为的正当性作出合理判定。

(二)可以行业惯例认定商业道德但应限定其条件

关于行业自律惯例是否可以作为公认商业道德的认定标准,本书持肯定态度。反对观点虽具一定合理性,但其无视司法能动性,对行业自律惯例不作任何类型区分而得出绝对答案,难免偏激和悲观。事实上,面对公认商业道德的抽象概括性和不确定性,以行业自律惯例来辅助认定商业道德是一种不失简约且理性、经济的做法。

首先,行业自律惯例与商业道德的源起具有某种程度上的一致性。行业自律惯例类似于一般意义上的社会习惯,是特定阶层、特定群体中内部成员所普遍遵守的行为模式。虽然其并非由处于社会结构核心的全局掌控者所设计,却体现了自生自发秩序积淀下来的实践理性,极可能最真实地凸显该系统最妥适的协作方式。[①] 这是因为,行业自律惯例的制定重视沟通和对话,强调认同与共识,尽力保证团体的自我治理,即便在实施过程中也保持结构开放状态,规范可以反复进行修改,且在不违反法律原则与规则的前提下确保最大化实现利益,凸显了一种相互依存的合作伙伴关系。因此,在未有明确、具体的法律时,人们时常将行业自律惯例视为该特定商业领域所普遍遵从的"法",而道德是人们历经长期的反复实践并逐步形成、固化下来的判断标准。从这个层面看,两者的起源高度契合。

其次,行业自律惯例是特定行业领域通常做法的体现,是行业共同体惯常做法与公认标准的体现,一般也建构于良善标准之上。其从最初的草

---

① V.Hayek.Individualism and Economic Order. Chicago:the University of Chicago Press,1948: 22-29.

案提出，到获得共同体成员的普遍确认，直至最终的生效，无一不在很大程度上反映多数同类经营者的意愿。这也折射了行业惯例的正当性。基于该角度，行业惯例可作为商业道德的认定标准。正如北京市第一中级人民法院在"百度诉360违反robots协议案"①中所指出的，《互联网搜索引擎服务自律公约》是由互联网协会牵头、由搜索引擎行业所在绝大多数企业共同达成的行业共识，具有较高代表性，故可作为认定公认商业道德的标准。

最后，行业自律惯例与商业道德的内在表征一致。行业自律惯例通常由该特定领域掌握实务专长或高端技术知识的专家制定，相对具有更高的创新可能性，折射了该行业的竞争需求和竞争特点，也是以成文规则的形式对该行业领域竞争现象的梳理、总结与归纳，与商业道德的内在表征一致。

从以上三个层面看，行业自律惯例与公认商业道德的核心指向基本一致，可以行业自律惯例作为公认商业道德的认定标准。"自律性规范，则被看作是一种最终的道德诉求。"②值得注意的是，对这些行业自律惯例，应基于审查判断进行参考，而非断然接受或不予采纳。

第一，行业自律惯例的适用必须置于现行法律的审视之下，不得与法律的目的相悖，也不得与法律的强制性规定相冲突。

第二，法官应识别与审查所适用的行业自律惯例，且对其正当性与合法性进行充分合理的论证。"只有良好的行业惯例，才能作为评价依据。"③对商业道德的认定不应止步于寻求是否有相应的行业自律规范，还应对行业自律规范背后的市场合理性作进一步论证。正如学者奥利所坦言，即便得以证明该领域存在行业通行规则，法官仍有义务综合考量经营者利益与社会公众利益，评判该行业自律惯例是否契合市场合理性。④尤其需要注

---

① 北京市第一中级人民法院（2013）一中民初字第2668号民事判决书。
② 赵军.网络市场不正当竞争行为的法律规制研究.重庆：西南政法大学，2010：83.
③ 范长军.行业惯例与不正当竞争.法学家，2015（5）.
④ Ohly A, Sosnitza O. UWG. München:C.H.Beck, 2014：29.

意的是，鉴于互联网企业乃新兴行业，其产业升级换代迅速，商业模式更新速度极快，创新程度尤高[①]，相关行业自律惯例也在不断形成和发展中，甚至在某些时候这些行业自律惯例呈现阶段性特征。以其辅佐认定公认商业道德时，还需根据互联网行业的发展情况，特别是结合现阶段发展的特点，考虑行业自律惯例的适用是否有利于建构公平的竞争秩序，是否契合消费者利益与社会公共利益。[②]

第三，应区分不同类型的行业自律规范，仅当违背禁止性的行业惯例规定时才可将其作为认定不正当竞争的事实依据，而不遵守倡导性行业惯例的行为，未必构成不正当竞争。[③]

（三）司法可创设商业道德认定细则但应作必要限制

"国内法治建设正处于转型期，司法实践总是走在理论前面。"[④] "我们稍微回想当今各类法律，在努力适应新兴的工业社会与福利社会中各项需求时，是如何通过司法造法而逐渐完成，就能了解法律在缓慢而琐碎的进化过程中是怎样经由各个案例的判决来实践改变后的价值形态。"[⑤] 面对新型互联网平台竞争行为的挑战，司法并非呈现僵死和无所作为状态，而是能动地以个案裁决的方式，发出指向性信号，回应社会现实并引导人们的行为方式。虽然司法实践针对商业道德提炼的一些具体规则仍难免存在抽象笼统的问题，但必须承认的是，这些尝试在一定程度上推进了对商业道德的认识，对商业道德不确定性的克服有所助益。事实上，法律的确定性也并非一蹴而就，也并非凭借一个预先设计完美的法律规则体系获得，而

---

① 叶明.互联网企业独家交易行为的反垄断法分析.现代法学，2014（4）.
② ［德］弗诺克·亨宁·博德维希.全球反不正当竞争法指引.黄武双，刘维，陈雅秋，译.北京：法律出版社，2015：250.
③ 张钦坤.反不正当竞争法一般条款适用的逻辑分析：以新型互联网不正当竞争案件为例.知识产权，2015（3）.
④ 胡君.原则裁判论：基于当代中国司法实践的理论反思.重庆：西南政法大学，2009：1.
⑤ ［英］丹尼斯·罗伊德.法律的理念.张茂柏，译.上海：上海译文出版社，2014：202.

是在原则体系的基础上，经由对原则的不断阐释和适用求得。[①] 因此，面对商业道德的不确定性，司法实践的此种提炼与总结凸显一定的灵活性。在互联网行业竞争规则匮乏这一现实窘境下，司法极有必要对商业道德的认定规则进行必要、适度引导，主动定义某一特定领域的竞争规则，为类案审判提供一种相对具体的逻辑推理路径和审判思路，从而发挥裁判的社会效果。

2017年《反不正当竞争法》修订，删除了第2条第1款"商业道德"前的"公认"二字，这不仅意味着作为竞争行为正当性判定标准的商业道德包括公认的商业道德，也同时赋予法官创制商业道德的权限。这也再次印证了司法创设细则认定商业道德的必要性。进而，需要追问的是：公认商业道德与司法创设细则认定商业道德二者之间在适用时如何权衡？具体而言，在存在现成的公认商业道德的基础上，应优先考虑适用公认商业道德来认定竞争行为的正当性，而在新产业、新市场领域无现成、公认的商业道德的情形下，则需要立足于市场需求，结合法律精神，尤其是基于反不正当竞争法的价值追求，创制商业道德，再据此判定行为的正当性。以公认的商业道德认定竞争行为，其实是发挥商业道德规制市场竞争行为的作用；以创制的商业道德认定竞争行为，其实是发挥商业道德塑造市场竞争行为的作用。[②] 遗憾的是，最高人民法院在2022年3月出台的《关于适用〈中华人民共和国反不正当竞争法〉若干问题的解释》第3条[③] 仍以"普遍认可和遵循的行为规范"来界定商业道德，实则是承袭了旧制，对商业道德的解释依旧停留于1993年《反不正当竞争法》所秉持的"公认"商业道德标准，尚未体现立法的最新动向。

---

① 季卫东.法律议论的社会科学研究新范式.中国法学，2015（6）.
② 孔祥俊.知识产权强国建设下的反不正当竞争法适用完善：基于行政规章和司法解释征求意见稿的展开.知识产权，2021（10）.
③ 2022年《关于适用〈中华人民共和国反不正当竞争法〉若干问题的解释》第3条第1款规定："特定商业领域普遍遵循和认可的行为规范，人民法院可以认定为反不正当竞争法第二条规定的'商业道德'。"

值得注意的是，虽然肯定司法机关创设商业道德具体认定规则的效用，然为避免法官过于恣意而有损法律的可预期性与稳定性，抑或防止竞争法演变为判例法，需对法官的创设活动作必要的限制。

其一，必须始终契合反不正当竞争法的基本理念。所谓法律理念，意指对法律深层本质和发展规律的宏观、整体理性认识，是比法律意识、法律表象、法律观念与法律概念等更深层次的理性认知形态。[1]反不正当竞争法的基本理念为规制不正当竞争行为的价值选择、认定标准以及具体认定规则提供指引。换言之，规制不正当竞争行为的价值目标、认定不正当竞争行为的标准及具体认定规则等均应围绕反不正当竞争法的基本理念展开。在反不正当竞争法缺乏对互联网平台竞争行为具体规制条款而依据一般条款中的商业道德作出认定的情形下，法官可以提炼一些具体的认定规则，但这些细化规则须以反不正当竞争法的基本理念为导引和基点。只有在前提上确保这些规则契合该法的基本理念，才有其进一步具体适用的空间。此乃检验司法实践提炼商业道德具体细则的科学性、合理性之首举。

其二，注重案件各方主体的利益平衡。司法实践提炼商业道德具体规则的情形多见于新型不正当竞争案件，其可能多发于某一细分领域（如安全软件领域、屏蔽视频广告领域等），其共通点是：这类案件通常折射多方主体的利益冲突。为此，法官在审理该类案件提炼商业道德的具体认定规则时，不得忽视保障任何一方主体的利益，而须引入"失衡—均衡"作为基本分析框架，兼顾各方主体的利益，对市场竞争秩序中的多元价值、多方主体利益予以平衡矫正，同时兼及互联网行业商业伦理与社会经济目标的实现，在合理、必要的自由裁量中实现对经营者、消费者利益保护的均衡与社会公正等，从而确保相关各方利益的共存和相容，在此基础上达到最优状态，进而实现实质正义。

其三，所提炼规则应有足够的案例群为基础。鉴于我国目前的判例制

---

[1] 李双元，蒋新苗，沈红宇．法律理念的内涵与功能初探．湖南师范大学社会科学学报，1997（4）．

度尚不健全，为防止司法的过度干预，法官在提炼商业道德的具体规则时除应保持谦抑态度外，还应以足够的案例群为依据，即法官所提具体规则并非随意性产物，而是基于对大量个案的总结，梳理出不同类案中商业道德的具体内容，在此基础上提炼出不同类别案例群的具体规则。

其四，进行合理充分的论证。法官在审理互联网平台竞争案件提炼商业道德的具体规则时，不但要提高对不正当竞争基本特征的归纳能力与发现市场竞争规则的能力，还应重点强化提炼商业道德具体规则的论证能力。针对上述"非公益必要不干扰原则"等存在的质疑，多数是因为法官提炼这些规则时未进行合理充分的论证，方才大大减损其说服力。当然，这并非意味着复杂、冗长的论证说理为所有平台新型竞争案件所必需，也不等同于简单地因判决书内容的简短则断言其不符合案件当事人与社会公众对判决公正性和可预期性的期待。法官提炼商业道德的具体规则，对法官的思维方法、逻辑证成与解释手段有较高的要求，尤其是在互联网平台新型竞争缺乏案例群的技术保障下，法官更应当侧重对具体规则的说理。

总之，反不正当竞争法视野中的商业道德是不正当竞争行为认定的重要判定标准。商业道德的科学认定对规制互联网平台竞争行为大有裨益。然商业道德具有典型的伸缩性与不确定性，认定商业道德需厘清其与诚实信用原则的关系这一前置性问题。本节从文义解释、立法史与域外实践的角度印证了两者难以区分，认为可借助诚实信用原则诠释、理解商业道德。在此基础上可以行业自律惯例辅佐认定商业道德，但应严格限定行业自律惯例的适用条件。唯有合法、保障消费者利益且契合市场竞争理性的行业自律惯例才可作为商业道德的认定标准；并且，须分类别审查之，只有违反禁止性行业自律惯例的行为才可作为不正当竞争的事实依据，而有违倡导性行业自律惯例的行为未必构成不正当竞争。面对互联网新兴行业竞争规则匮乏的现状，法官可能动、适当提炼商业道德的具体规则，但应契合竞争法的基本理念，进行多方主体的利益平衡且以必要的案例群与充分论证为基础。需要说明的是，商业道德的具体内容因时代发展而异，也因所处特定行业领域而有所侧重,甚至因各经营模式而呈不同概貌,故对商业道德确定性的追寻是一个需要不断求索的未竟事业,但毋庸置疑的是,商业道德的科学认定须得以其与诚实信用原则、行业惯例等的关系为基础展开。

第三节 误区及矫正:经济分析标准的适用

一、现状考察:被忽略的经济性

长期以来,判定是否构成不正当竞争,学界和实务界普遍将目光转向诚实信用原则和商业道德,而甚少考虑经济分析标准。司法实践依商业道德标准认定行为具有不正当性的案例比比皆是。这与最高人民法院在"海带配额案"中对商业道德的论述具有重要关联。该案的审理法院总结了适用《反不正当竞争法》第2条应具备的要件,包括该法未具体列举的行为类型、行为损害了经营者合法权益、行为有违诚实信用原则和商业道德。[①]可以发现,是否违反商业道德是适用该法第2条的重要要件,充分体现了商业道德之于不正当竞争判定的重要性。虽然,该法第2条作为一般条款主要适用于新型不正当竞争行为,但由于一般条款相比于类型条款所独有的指引、涵摄作用,即便对于该法已明确列举的传统不正当竞争行为,法院在论述时也会将目光转向商业道德,以此强化行为的正当性论证。可以说,商业道德之于不正当竞争的判定,居于核心地位,而经济分析标准往往被忽视。

在"爱奇艺与飞益案"[②]中,审理法院在认定原告的商业利益应受保护的基础上,主张被告干扰数据、破坏数据的行为违反了商业道德。在"百

[①] 最高人民法院(2009)民申字第1065号民事判决书。
[②] 上海市徐汇区人民法院(2017)沪0104民初18960号民事判决书。

度与青岛案"①的二审判决中，审理法院径直根据百度经济利益、商业模式及商誉受损的程度推定青岛违反了诚实信用原则及商业道德，表明：涉诉行为损害了百度的商业运营模式，破坏了百度的经济利益，甚至，导致用户误以为广告弹窗乃百度行为，降低用户对百度所提供产品服务的评价，损害了百度的商誉，给其信誉带来了负面影响，此种行为违反了诚实守信的市场行为准则及公认的商业道德。在"360与QQ案"中②，审理法院对商业道德作出大量深入论证，并从行业惯例的视角阐释商业道德，其指出：工信部出台的《规范互联网信息服务市场秩序若干规定》及互联网协会规定的《互联网终端软件服务行业自律公约》均可以作为商业道德认定的事实依据，尤其后者，是由协会成员提出草案并获得行业内多数成员的广泛签署，很大程度证明该行业惯例具有正当性且为共同体内多数成员认可，可以作为商业道德的考量因素。

那么，商业道德在互联网平台竞争案件中的适用情况如何？统计186份互联网平台竞争案件得知（见表3—10）③，除缺失样本外，笼统适用第2条的占比有89.3%，单独适用第2条第1款的有8.3%，单独适用第2条第2款的有1.7%。这说明，仅有1.7%的法官排除适用商业道德标准。商业道德标准之于互联网平台竞争案件判定的重要性显露无遗，而经济分析标准之于该类行为定性的重要性，远远未获得应有的关注。此外，据笔者对1999～2019年913份互联网不正当竞争案件判决书的实证统计发现，笼统适用第2条的占71.8%，单独适用第2条第1款的占22.6%，单独适用第2条第2款的占5.6%，由于第2条第1款诉诸商业道德标准，第2条第2款诉诸经济分析标准，从统计数据可以获知，仅5.6%的法官排除考量商业道德标准。

从已有研究看，学者对商业道德作出了一定的制度探索和论证，关于

---

① 山东省高级人民法院（2010）鲁民三终字第5-2号民事判决书。
② 最高人民法院（2013）民三终字第5号民事判决书。
③ 数据来源、分析工具、变量设计说明等详见附录。

经济分析标准的相关研究颇为罕见。经济分析标准之于不正当竞争判定的角色定位如何？缘何经济分析标准未获得应有重视？商业道德标准的局限性在哪里？互联网平台竞争行为判定为何应同时关注经济分析标准？经济分析标准具体如何适用？均值得回应。

表3—10 如何适用《反不正当竞争法》第2条

样本有效分布	如何适用第2条	频率	百分比	有效百分比	累积百分比
有效	笼统适用	108	58.1	89.3	89.3
	单独适用第2条第1款	10	5.4	8.3	97.5
	单独适用第2条第2款	2	1.1	1.7	99.2
	单独适用第2条第3款	1	0.5	0.8	100.0
	合计	121	65.1	100.0	—
缺失	系统	65	34.9	—	—
合计		186	100.0		

二、经济分析标准为何不受重视？

（一）经济分析标准不受重视的缘由

1. 源于反不正当竞争法维护公平竞争价值的路径锁定

为捍卫市场竞争秩序，确保市场主体公平竞争，几乎所有构建市场经济体制的国家均设置了某种反对不公平竞争行为的保护措施。[1]世界范围内不公平竞争的概念最早诞生于1850年，法国法院通过《法国民法典》第1382条一般条款形塑不公平竞争制度，亦是首次提出不正当竞争之表述。[2]1896年全球首部成文《反不正当竞争法》在德国面世，其立法目的亦是维

---

[1] Frauke Henning-Bodewig(ed.). *International Handbook on Unfair Competition*.Munich: C.H.Beck · Hart · Nomos,2013: 232.

[2] Rogier W.de Very. *Towards a European Unfair Competition Law: A Clash Between Competition Law*. Leiden: Martinus Nijhoff Publishers,2006: 2-3.

护商业道德,确保市场主体公平竞争,通过遏止不公平竞争行为,保障经营者合法权益。[①] 1925 年《巴黎公约》修订,着眼点亦在规制违反诚实惯例、有悖公平竞争的竞争行为。[②] 可以说,反不正当竞争规范自面世时就与善良风俗、商业伦理及诚实信用原则密不可分,维护公平竞争几乎是反不正当竞争法唯一的价值追求。市场竞争制度在很大程度上是一种关乎伦理的制度。商业道德乃是商业利益共同体所应普遍遵循的行为准则,广泛承载在市场竞争中并发挥调整市场竞争的作用。

反不正当竞争法维护商业伦理的历史缘起具有合理性,彰显了公平竞争价值之于该法的重要性,反映了立法者希冀借该法维护商业伦理的美好预期,但由此不断固化公平竞争价值地位形成的制度惯性,在一定程度上加剧了该法价值体系的封闭性,也导致在互联网平台竞争判定时将重点放在商业道德标准的判断上,而忽视了经济分析标准的重要性。

2. 源于竞争行为正当性判断的道德直觉

商业道德标准在不正当竞争判断中地位的固化,一方面是源于反不正当竞争法具有维护商业伦理的制度惯性,另一方面在于受洛克劳动学说观点的深刻影响。该观点主张劳动者对其劳动成果当然拥有控制权,在不区分劳动性质的前提下,但凡劳动具有目的性,且产生有益的劳动成果,不论该项劳动成果是否具有创造性,该成果均应获得保护。[③] 其他未付出劳动而利用已有劳动者劳动成果的行为,属于坐享其成("搭便车"),构成不当得利,是导致他人利益受损、不当谋取获益的行为[④],难以获得正当评价。套用到互联网平台竞争案件,其论证思路即体现为:由于原告投入了

---

① 范长军.德国反不正当竞争法研究.北京:法律出版社,2010:1.

② [德]弗诺克·亨宁·博德维希.全球反不正当竞争法指引.黄武双,刘维,陈雅秋,译.北京:法律出版社,2015:35.

③ Wendy J.Gordon. A Property Right in Self-Expression:Equality and Individualism in the Natural Law of Intellectual Property. New Haven: Yale L.J.s ,1993,102: 1533-1609.

④ Rudolf Callmann. He Who Reaps Where Has Not Sown:Unjust Enrichment. Cambridge: Harv. L.Rev.,1942,55: 595-614.

大量的创造性劳动，原告的劳动成果应获得保护，而被告对其并未有任何付出，如任由被告将原告的成果据为己有，或未有任何成本而使用原告的成果，将会挫伤市场创新动力，损害市场创新。在该思路指引下，不劳而获行为违反了商业道德，进而构成不正当竞争。

司法实践中以该思路论证互联网平台竞争行为不正当性的案例比比皆是。如在"腾讯与奇虎不正当竞争纠纷案"[①]中，法院认为，经营者投入了大量的人力、财力和物力，为此获得的大量有价值的资产（包括但不限于数据、流量、用户、产品荣誉、公司声誉等）应获得反不正当竞争法保护，进而，经营者的诚信经营所得及诚实劳动应受到保障。在"淘宝与美景案"[②]中，审理法院主张：经由诚实劳动及经营所得的数据产品理应纳入反不正当竞争法保护范畴。在"斗鱼案"[③]中，审理法院提出，尽管原告所主张的视频转播权不构成法定著作权，被告行为不属于著作权侵权，然而，被告在未对赛事组织经营作任何投入和付出的情形下使用，免费享用原告对此投入大量资产、人力所产生的劳动成果，违背了诚实信用原则和商业道德，行为因此具有不正当性。

（二）经济分析标准不受重视的局限

虽然，从历史缘起看，反不正当竞争法起源于侵权法的一般规定，以善良风俗、诚实守信等伦理标准认定互联网平台竞争行为正当性，具有合理性，然而，倘若仅将目光放在商业道德标准上，可能产生以下制度缺陷。

1. 阻碍互联网市场创新及竞争自由

洛克劳动学说主要适用于知识产权法案件审理，将其直接运用到不正

[①] 最高人民法院（2013）民三终字第5号民事判决书。
[②] 浙江省杭州市中级人民法院（2018）浙01民终7312号民事判决书。
[③] 上海市浦东新区人民法院（2015）浦民三（知）初字第191号民事判决书、上海知识产权法院（2015）沪知民终字第641号民事判决书。

当竞争案件，容易产生阻碍市场创新及竞争自由的危险。在该理论学说影响下，经营者的劳动获得了无条件保护，任何未经授权使用经营者产品服务的行为均构成"搭便车"行为，破坏了经营者利益的"搭便车"行为均应受到禁止。从表面看来，该种学说观点具有强大的道德号召感，但容易引发系列负面效应。

具体而言，这体现在：不正当竞争法属于行为规制法，而不是权利保护法，其并未事先为哪些主体预设特定的保护利益，而重在维护市场竞争秩序。而这种基于使用他人劳动成果、损害他人利益而被认定构成违法行为的裁判思路，并非遵循了反不正当竞争法的行为规制模式，而是深受设权法思维的影响。设权法秉持法定主义，事先预定了权利主体、权利客体及权利限制的内容。洛克劳动学说适用于知识产权案件具有充分的合理性，乃是为了最大限度地激发知识产权人的投入创新，故采用高强度保护模式，确保权利人对知识产权保护范围有明确预期。然而这种思维方式却不适应不正当竞争案件审理。一方面，反不正当竞争法并未授予经营者以专有权，其他竞争者使用经营者的产品或服务，损害经营者利益的行为并不必然需要该法规制。另一方面，以知识产权法思维审理不正当竞争案件，不合理地限制了市场主体的竞争自由，不当地压缩了市场主体竞争空间，对于未能达到知识产权保护门槛的产品、服务，以知识产权保护模式对待之，其本质是不当侵蚀了公有领域。假如在不满足特定构成要件的基础上，仅仅由于这些信息、数据、产品承载了劳动、成本和付出，就提出应由反不正当竞争法提供扩展保护，其实质是将知识产权法本评价为公共领域的产品重新投放到私有领域加以保护。这与知识产权法的立法政策相违背[①]，既混淆了知识产权法与反不正当竞争法的功能定位，加剧法律适用的不确定性，又不当扩大了反不正当竞争法的规制范围，使本不应被禁止的市场竞争行为受到反不正当竞争法规制，而且还破坏了市场竞争理性，挫伤市场主体的创新积极性，给经济发展带来消极

---

① 卢纯昕. 反不正当竞争法在知识产权保护中适用边界的确定. 法学, 2019（9）.

影响。

2. 忽视反不正当竞争法维护竞争机制的制度预期

市场经济的基本原理是：发挥市场机制在资源配置中的决定性作用，市场机制这只看不见的手会引导市场主体最大限度发挥其才能、潜力，最大限度获取市场资源，获得生存、谋利及取胜。反不正当竞争法的核心目的是通过制止不正当竞争行为维护市场机制与竞争秩序，仅仅考虑商业道德标准的认定思路，背离了该法保障市场秩序、维护多元主体利益的制度预期。

事实上，商业道德仅仅是不正当竞争判定的部分重要标准，竞争秩序维护、消费者利益保护同样是不正当竞争判定的重要内容。虽然，消费者利益能否作为不正当竞争判断要件曾一度存在争议，这从2017年《反不正当竞争法》修订时，几次审议稿的反复变动可以获知。《反不正当竞争法（修订草案送审稿）》首次在一般条款不正当竞争定义中增添消费者因素，将损害消费者利益同时作为竞争行为正当性判定的考量指标予以规定，《反不正当竞争法（修订草案）》又删除了消费者利益的表述，然而，在最终正式版本中依然确证了消费者利益是不正当竞争判定的重要因素。仅仅仰赖商业道德标准，忽视经济分析标准中的消费者利益判断，显然无法契合反不正当竞争法修订的立法精神，难以实现反不正当竞争法同时保护竞争秩序、经营者利益、消费者利益三元法益的立法目标。

3. 加剧竞争行为判断的不确定性

从已有大量互联网平台竞争案件审理看，法院时常以维护商业道德为由，反对食人而肥、不劳而获的"搭便车"行为。如在"大众点评与爱帮科技案"[①]中，法院提到，对原告网页的商户简介及用户点评，被告未支付任何成本、未投入任何劳动、未作出任何贡献，却擅自利用技术手段在被

---

① 北京市第一中级人民法院（2011）一中民终字第7512号民事判决书中。

告网页进行展示，并据此谋取竞争利益，构成典型的不劳而获、"搭便车"行为。被告的经营行为违背了诚实信用原则和公平原则，违反了商业道德行为准则，构成不正当竞争。在另一起涉及游戏的不正当竞争案件[①]中，法院也直接表明：被告并非通过自身合法劳动付出、智力投入的方式获取商业成果，而是以不正当手段将他人劳动成果据为己有，并以此获益。这种行为方式背离了公认的商业道德，违反了平等、公平和诚实信用原则，超出了游戏行业正当的借鉴及模仿范畴，行为具备不正当性。法院几乎均以竞争者行为构成不劳而获，进而认为行为违反商业道德、构成不正当竞争作出裁判。然而，这种仅以道德直觉裁判行为不正当性的认定模式存在很多局限，加剧了竞争行为判定的不确定性。

事实上，商业道德是一个极其不确定的概念，不仅内涵十分丰富，外延亦相当宽泛。在已有司法实践中，法官绞尽脑汁，尝试从诚实守信视角，借助行业惯例及提炼具体认定细则等维度提出商业道德认定解决方案，但总体而言，仍无法破解商业道德的不确定性难题，多数情形下仍是以另一种不确定代替商业道德本身的不确定。虽然，在"海带配额案"[②]中，最高人民法院费尽心思对商业道德作出大量深入的阐释，指出商业道德不等同于一般的伦理道德，而应依照特定商业经济领域市场交易行为主体普遍遵循的行为规则，采用经济伦理人标准，将商业道德诉诸商业伦理，但是，遗憾的是，何谓商业伦理，何谓经济人的伦理标准，依然相当抽象。在"3Q不正当竞争纠纷案"[③]中，最高人民法院首次明确了行业惯例、行业公约与商业道德内在的深层联系，其坦言：由于行业惯例、行业公约乃互联网行业协会部分成员草拟，获得协会成员的广泛签署，证明行业公约具备正当性，也为行业成员所普遍认可，其相关内容也表明了互联网行业市场主体的正当竞争需求，反映了互联网行业竞争的客观实际。法

---

① 上海市第一中级人民法院（2014）沪一中民五（知）初字第22号民事判决书。
② 最高人民法院（2009）民申字第1065号民事判决书。
③ 最高人民法院（2013）民三终字第5号民事判决书。

院在判定行业惯例、公约相关内容合法、客观、公正的基础上，可以将其作为互联网领域惯常行为标准及商业道德的考量因素。该案确证了行业惯例的审查方法和审查标准，具有重要意义。但仍需注意的是，互联网平台经济发展日新月异，新商业模式、新业态、新组织层出不穷，在诸多细分市场根本就不存在现成、已具备效力的行业惯例，而且，即便存在行业惯例，是否必然可以作为商业道德的考量因素，仍需要进一步展开深度论证。总体而言，已有从多种途径试图阐释商业道德的做法均难以从根本意义上破解商业道德认定的模糊性、复杂性、易变性及不确定性难题。[①] 若仅仅以商业道德标准认定不正当竞争行为，无法化解行为认定的不确定性难题，对市场主体行为预期极其不利。

三、经济分析标准为何必要？

（一）经济层面：回应反不正当竞争法独特的经济属性

反不正当竞争法干预市场经济，不是为了限制市场经济发展，相反，是为了促进市场经济健康发展。这从该法第 1 条立法目的条款也可获得印证。该法第 1 条规定："为了促进社会主义市场经济健康发展，鼓励和保护公平竞争，制止不正当竞争行为，保护经营者和消费者的合法权益，制定本法。"可以说，促进市场经济健康发展是该法深层次的目标，制止不正当竞争行为是实现该目标的必要手段，反不正当竞争法通过约束不正当竞争行为来达到增进总体收益，降低交易成本，确保市场主体行为及结果更为"经济"的目标。经济性是反不正当竞争法独特的属性要求。

反不正当竞争法特有的经济属性决定了应在不正当竞争判定中植入经济分析标准。究其缘由，有以下几点：

---

① 刁云芸.商事领域中反不正当竞争法互联网专条的适用困境及出路.法学杂志，2021（1）．

其一，反不正当竞争法的调整对象是特定的经济关系，换言之，该法直接作用于市场经济，判断是否构成不正当竞争需要立足于经济特点，单独从商业道德标准评判行为的正当性，脱离经济关系的特殊性来定性竞争行为难免不全面。调整对象的经济性决定了竞争行为评判也需引入经济分析标准，从对经济影响视角评判互联网平台竞争行为是否构成不正当竞争。

其二，反不正当竞争法实现调整任务需要反映经济规律，因此认定是否构成不正当竞争、以何种标准作为不正当竞争认定标准需要反映经济规律。这意味着定性竞争行为无法仅仅寄托于主观层面的判断，重点还在于评估行为对经济秩序层面的影响，结合经济分析标准全面认定行为性质。

其三，为适应不断变化的平台经济发展需求，反不正当竞争法具有明显的经济政策性。某种意义上，反不正当竞争法也属于经济政策法律化的重要组成部分。反不正当竞争法需要对经济政策予以必要回应，故而对不正当竞争行为的评判也需要回归经济分析标准，以更好地体现经济政策的需求，实现特定的调整目标。

其四，反不正当竞争法追求总体的经济效益以及提升社会整体利益，因此对互联网平台不正当竞争的评判，需要评判行为在经济层面是否促进了总体经济效益，是否提升了社会整体利益。有益于经济效益、社会整体利益的行为不应轻易受到反不正当竞争法规制。可见，反不正当竞争法维护社会整体利益的立法目的也决定了互联网平台不正当竞争判定应采用经济分析标准。

市场问题决定了市场规制工具的选择。符合规制对象需求的规制工具才能实现相应的规制目标和规制成效。反不正当竞争法欲实现其规制目标，也需根植于市场经济特点和需求。反不正当竞争法的经济性决定了不正当竞争判断也需采用经济分析标准，如若脱离经济分析标准、单独仰赖商业道德标准评判互联网平台竞争行为是否正当，则无法彰显市场经济的独特属性。脱离规制对象特性的规制工具，其规制成效往往会大打折扣。以往侧重于以商业道德标准定性竞争行为的做法应予修正，经济分析之于互联网平台不正当竞争判定、实现反不正当竞争法规制绩效具有重要的效用。

（二）价值层面：彰显反不正当竞争法维护自由竞争的价值追求

一直以来，学界普遍认为反垄断法重在维护自由竞争，反不正当竞争法重在维护公平竞争，对二者的价值追求作了看似明显的区隔。这种划分是否适应数字经济对反不正当竞争法及反垄断法的规制期待？公平竞争价值稳居反不正当竞争法价值体系具有合理性，然而，倘若因此拒绝将自由竞争价值同时纳入该法价值体系，可能导致该法价值体系的封闭性，也容易引发一些负面问题。事实上，自由竞争价值同样应作为反不正当竞争法的基础价值。

一方面，自由竞争是市场经济发展的灵魂，反不正当竞争法作为调整、规范市场经济的基础法律，有必要将自由竞争纳入价值体系，以更好地回应市场经济发展需求。鼓励和提升竞争自由乃是市场经济的基本特征，受竞争压力影响，经营者会自行将价格降到可确保其获得合理利润的可行范围。市场竞争者得以依据市场竞争状态恰如其分地配置资源，借助一切可施行的竞争策略，为自身谋取最大限度的竞争优势和竞争利益。自由竞争乃市场经济的核心目标以及经济活动中市场主体交往的组织原则。在自由竞争机制激励下，市场参与者有意愿支付更多成本、投入更多精力参与促进产品的迭代创新，并致力提升服务以获得消费者青睐。反不正当竞争法作为规范市场经济发展的基础法律，也需要尊重市场自由竞争基本规律，将其作为规则设计的逻辑起点，以反映市场发展需求，确保实现调整任务。

另一方面，自由竞争乃市场经济自组织体的显性特质，市场本身具有很强的自我调整功能及自我调节机制，反不正当竞争法需秉持自由竞争价值，以防止对市场造成不必要干预。事实上，政府与市场的关系焦点并非政府是否干预的问题，而是干预力度、干预程度及干预边界的问题。干预不足、干预过度均不利于经济发展：干预不足无法纠正市场失灵；干预过度会破坏市场理性，导致规制失效，引发规制失灵。[①]为防止反不正当竞争法出现规制失灵，也需要权衡好干预过度与干预不足的关系。从目前来看，反不正当竞争法规制失灵可能主要体现在其规制范围、规制力度远远超过了维持市场机制正常运行及克服市场失灵的需要，对市场进行过度干预，其结果非但无法纠正市场失灵，反而加剧了市场失灵。为避免反不正当竞争法干预过度，加剧市场失灵，应以自由竞争价值为指引，规范自身规制活动，减少、限缩对市场的干预活动。

那么，缘何自由竞争价值指引下需要采用经济分析标准？这是因为，自由竞争价值驱动下，竞争自由是原则，干预是例外。这意味着市场主体的市场竞争活动通常不会受到反不正当竞争法的干预，唯有在达到特定条件、满足特别情形的前提下，市场主体的竞争行为才会被禁止。以往基于道德自觉、以行为不劳而获而认定行为违反商业道德标准，进而判定行为构成不正当竞争的裁判思路与自由竞争价值存在明显冲突，忽视了市场自由竞争的内在本质，对市场自由竞争造成了过度干预，无法体现市场在资源配置中的决定性作用。相反，经济分析标准注重竞争秩序评估，不以线性的道德直觉来判断行为的正当性，不轻易否定行为的正当性，判定行为正当与否时，不仅仅要判断行为主观层面是否有违商业道德，还要从客观层面评估行为对市场竞争秩序及市场经济深远发展的影响。这契合反不正当竞争法维护自由竞争价值的内在要求，即给市场主体预留充分的自由发展空间，对不达到特定门槛的市场竞争行为不轻易禁止。经济分析标准是对自由竞争价值的具体贯彻，是确保自由竞争价值实现的重要路径。

总之，反不正当竞争法以自由竞争价值为追求决定了最大限度地尊重市场自由竞争，给市场主体充分的自主决策权，除非满足特定条件，否则不轻易禁止、限制市场主体竞争活动。经济分析标准的引入可以避免不正

---

① 王宏军.经济法国家适度干预原则的经济学分析.法学杂志，2005（3）.

当竞争认定泛化，有助于弥补凭道德直觉主观判断的局限性；其以竞争秩序评估为不正当竞争认定门槛、展开多元主体利益平衡的认定思路既有利于对竞争行为准确定性，也得以预防对市场的过度介入、破坏市场内在运行机理，充分保障自由竞争价值实际践行、落到实处。

（三）立法精神层面：实现反不正当竞争法的谦抑品格

政府与市场的双向互动关系决定了，除非市场失灵，否则政府不应干预。只有当市场自我调节机制无法发挥其应有效力时，政府才有介入及干预的空间。在市场机制得以发挥作用的情形下，反不正当竞争法应保持必要的克制和谦抑，让位于起决定性作用的市场机制，将市场能自行解决的问题交给市场解决，避免干预泛化，压缩市场在资源配置上的空间。实际上，竞争本就属于私人事务，对其加以约束、禁止、限制本应属于市场经济的例外。作为一种对自由竞争机制的限制，反不正当竞争法的适用也应同时受到限制，保持足够的谦抑性[1]，将正常、合理的互联网平台竞争行为认定为不正当竞争的做法，看似是保护了特定竞争者，实质上损害了更多不确定市场主体的自由竞争。

从以往对互联网平台竞争案件的裁判来看，多数以行为损害经营者利益即基本定性行为构成不正当竞争，根据表3—11可知，在186份互联网平台竞争案件判决书中[2]，除了缺失样本，175份有效样本中，有58.9%的判决书以行为损害了经营者利益对行为正当性作出判断。这其实是错误采用知识产权法的设权模式，反不正当竞争法应然的规制模式是行为规制，以知识产权法审理模式审理竞争案件，是对反不正当竞争法功能定位的重大误解，也偏离了知识产权法的立法政策和规制旨意。知识产权的适用具有清晰明确的认知图示，由主体规范、客体规范、权能规范、救济规

---

[1] 张占江.论反不正当竞争法的谦抑性.法学，2019（3）.
[2] 数据来源、分析工具、变量设计说明等详见附录。

范、限制规范等组合形成特定认知模型①，不同于此，反不正当竞争法致力于行为规制，而非权利保护，也并未设定具体的权能规范，以知识产权法设权模式审理互联网平台竞争行为，违背了反不正当竞争法的本意，限缩了市场主体自由竞争空间。人类社会经济发展历史已充分证明自主决定是调节、促进经济发展的高效手段。②反不正当竞争法的干预需回到作为市场机制辅助工具的应有定位，充分尊重市场机制的调节，克制规制上的冲动，除非市场失灵，否则不应轻易干预。

表3—11　认定为不正当竞争的依据

样本有效分布	认定为不正当竞争的依据	频率	百分比	有效百分比	累积百分比
有效	损害了经营者利益	103	55.4	58.9	58.9
	损害了消费者利益	1	0.5	0.6	59.4
	损害了公平竞争秩序	8	4.3	4.6	64.0
	综合	63	33.9	36.0	100.0
	合计	175	94.1	100.0	—
缺失	系统	11	5.9	—	—
合计		186	100.0	—	—

实现反不正当竞争法的谦抑性需要摒弃既有的仅以商业道德来判断不正当竞争的思维定性，而应采用尊重市场、符合市场需求的经济分析标准。主张采取淡化商业道德标准的举措存在比较法上的借鉴。2004年德国修订《反不正当竞争法》时，就将第1条立法目的条款中的"良俗"标准修正为"不正当性"标准③，尽管其并未直接给"不正当性"下定义，但这深刻表明了立法者抛弃只考量商业道德的决心。虽然该举措是否完全抹去了商业道德在不正当竞争判断中的影子仍值得商榷，但从该修订可以领会立法者谨慎对待不正当竞争判断中的道德评价的意图。以道德来评价互联

---

① 蒋舸.知识产权法与反不正当竞争法一般条款的关系：以图式的认知经济性为分析视角.法学研究，2019（2）.
② 熊丙万.私法的基础：从个人主义走向合作主义.中国法学，2014（3）.
③ 蒋舸.关于竞争行为正当性评判泛道德化之反思.现代法学，2013（6）.

网平台市场竞争行为，容易给一切"搭便车"行为予以否定性认定，抹杀了平台经济领域竞争者的模仿自由，也不合理地限制了市场主体的自由竞争空间，导致不正当竞争判定泛化，有必要予以调整。

反不正当竞争法基于谦抑理念指引，需要秉持非必要不干预原则。这决定了对互联网平台市场竞争行为的判断不能简单地停留于道德直觉层面的判断，不得因为竞争行为"搭便车"、不劳而获就否定行为的正当性，而需超越主观上的道德判断，基于客观上的经济秩序标准，判断行为是否扭曲了市场机制、是否损害了竞争秩序。在市场经济领域，则应采用市场经济惯常的评价方式言说，以"利"与"非利"作为行为判断主导标准，而不是主要诉诸"善"与"非善"的伦理标准。[①] 以商业道德判断互联网平台市场竞争行为，是以善恶作为判断基准。以经济分析标准判断互联网平台市场竞争行为，是以利与非利作为判断基准。前者从道德直觉判断出发，难免落入主观、空洞的判断窠臼；后者则更能反映互联网平台市场竞争规律，体现反不正当竞争法维护竞争机制的功能定位。

正如桑斯坦所坦言，恰如其分的规制不仅有助于提升社会公共福祉，而且有利于增强私人主体的行动能力，优化私人选择。[②] 不恰当的规制不但无法提升社会整体利益，也减损了市场主体行为自由空间，增加了制度成本，打击了市场主体创新热情，也限制了私人选择。反不正当竞争法作为对自由竞争的限制，其适用同样也需要受到严格限制。反不正当竞争法需自觉将谦抑性纳入制度设计的逻辑起点。为实现反不正当竞争法的谦抑品格，需借助经济分析标准，展开行为的损益分析。倘若互联网平台市场竞争行为损害了经营者利益，但契合市场竞争实际，有助于商业模式创新，增进了行业效率，提升了消费者福利，则不应基于主观的商业道德判断，否定行为正当性；反之，如互联网平台市场竞争行为不仅损害了经营

---

① 于飞. 违背善良风俗故意致人损害与纯粹经济损失保护. 法学研究，2012（4）.

② [美] 凯斯·R. 桑斯坦. 权利革命之后：重塑规制国. 钟瑞华，译. 北京：中国人民大学出版社，2008：3.

者利益，无法促进市场效率，而且破坏了公平竞争秩序，阻碍行业发展，行为归入不正当竞争范畴，则是应然之义。①

（四）行为判定层面：破解竞争行为判定不确定性的难题

长期以来，学界和实务界惯于从商业道德标准判定行为是否构成不正当竞争，正是基于商业道德乃商业实践中逐渐演化而形成的惯常行为准则，是市场主体在市场竞争活动中处理各种内外部利益关系而形成的价值取向的总和，是一般社会伦理、社会公德在商业领域的改造结果，是确保市场主体公平竞争的有效约束条件，对于调整、规范市场竞争行为具有独特价值。②然而，倘若仅仅关注到商业道德标准的优势而忽视其存在的不足，对互联网平台竞争行为的判断仍然无法确保理性、客观、全面。

实际上，商业道德标准可能面临如下挑战：其一，商业道德具有多元性。正如学者所言，商业道德之所以模糊、抽象，恰是因为各异领域的商业道德完全呈现各异内涵。③不同行业有不同的商业道德，且这些不同行业领域的商业道德几乎不可通约。数字经济领域的商业道德，与传统经济领域相比，就存在明显的差异。无法用后者的商业道德来解读、定性数字经济领域的平台市场竞争行为，以传统经济领域的商业道德理解平台市场竞争行为，难以获得客观答案。其二，商业道德具有滞后性。虽然，商业道德本身也处在不断的演进、发展中，但与迅速迭变的互联网竞争实践相比，商业道德的演进存在明显的滞后性。这意味着可能无法找到现存的商业道德标准用于认定互联网平台竞争行为。商业道德的整体发展仍落后于快速演进的互联网竞争实践。这是由市场经济客观发展规律所决定的，几

---

① 刘维.论"商业道德"裁判的理念和范式变迁：基于互联网标杆案例的观察.科技与法律，2018（2）.

② 孟雁北.反不正当竞争法视野中的商业道德解读：以互联网行业不正当竞争行为的规制为例证.中国工商管理研究，2012（12）.

③ 孟雁北.反不正当竞争法视野中的商业道德解读：以互联网行业不正当竞争行为的规制为例证.中国工商管理研究，2012（12）.

乎无法避免。其三，商业道德具有阶段性色彩。商业道德的演进性也决定了商业道德呈现阶段性特点。这意味着商业道德标准的呈现未必稳定、可持续，进而影响市场竞争行为定性上的可预期性。其四，商业道德具有明显的主观色彩。何为商业道德、如何判断行为符合商业伦理，往往见仁见智。商业道德判断上浓厚的主观色彩也制约了对竞争行为全面、准确的定性。

鉴于商业道德标准存在如上局限，有必要引入经济分析标准。实际上，经济分析标准相对于商业道德标准，也存在一些难能可贵的优点。其一，经济分析标准具有更强的普适性。不同于商业道德所涵摄要素因不同时空、地域而各有差异，对商业道德不同要素采取不同强调比重，则可能获得完全不一样的评价结果。经济分析标准立足于市场经济固有的追逐利益甚至损人利己的基本属性，立足于秩序评估、损害判断的客观情形，可以寻求最大公约数，普适性更明显，评价构造更为稳定。其二，经济分析标准的可预测性更强。不同于商业道德的表述过于宽泛、边界不明、内容极为复杂多元且不确定，经济分析标准核心指向经营者利益、消费者利益及竞争秩序，相比于道德判断上的模糊性、抽象性，在评估行为是否损害经营者利益、是否破坏消费者利益以及是否有损竞争秩序时，更容易感知，在操作方法上也更为容易、明确，因而在行为定性上，其可预期性更强。其三，经济分析标准具有更强的指引性。面对快速迭变的互联网竞争实践，商业道德的演化显得较为缓慢，很多新型行业的商业道德、行业惯例尚处于生成中，无法为互联网平台竞争行为正当性判断提供充足的依据。相比较而言，经济竞争规律的演进速度更快，可以为竞争行为判断及时提供"养料"。其四，经济分析标准具有更强的客观性。由于商业道德从诞生至发展均不可避免浸透地方性色彩，其所涵摄的价值取向、精神追求无不取决于特定利益群体的特定诉求，因而商业道德不可避免具有主观性。经济分析标准将目光转向效率，通过进行行为损益效果分析，在评测行为对市场各方主体的影响的基础上，结合对商业模式、技术中立的考量,可以得出更为令人信服的结论。

商业道德标准的局限性从另一层面凸显了经济分析标准的不可或缺性。正如有学者坦言,不同于道德判断的难以预见性,经济分析标准彰显了更强的指引性;不同于道德判断的多元性,经济竞争规律谱写了更强的普适性;不同于道德判断的价值预设性,经济分析标准呈现出更强的价值中立性。[1]某项互联网平台市场竞争行为之所以被评价为不正当,究其根本,乃是因为该行为扭曲了市场机制,损害了市场结构,破坏了竞争秩序。不正当竞争判定不应停留于商业道德标准,经济分析标准的采用相当重要。

需要说明的是,虽然本书力图证成经济分析标准的重要性,但并不否定道德判断在不正当竞争定性中的独特作用,而仅仅是对已有高度重视道德判断、忽视经济分析的审理实践提出另一种反思。在肯定道德标准的基础上,也不应回避道德标准的局限性;既要发挥道德标准的功用,也应正视经济分析标准的重要性,以求竞争行为正当性判断更为客观、合理。

四、经济分析标准如何适用?

在证成互联网平台不正当竞争判定应采用经济分析标准的基础上,具体如何适用经济分析标准,如何在个案当中实现、贯彻,值得进一步关注。

(一)重视竞争秩序损害评估

根据《反不正当竞争法》第 2 条一般条款对不正当竞争的界定,"扰乱市场竞争秩序"置于"损害其他经营者或者消费者的合法权益"前,这意味着:仅一般性损害经营者利益,并未扰乱市场竞争秩序的行为,不构成不正当竞争;仅损害消费者利益,并未扰乱市场竞争秩序的行为,也不

---

[1] 蒋舸.关于竞争行为正当性评判泛道德化之反思.现代法学,2013(6).

构成不正当竞争。扰乱市场竞争秩序是认定构成不正当竞争的门槛。实际上，立法之所以约束不正当竞争行为，重点不在于行为导致某些主体利益受损，而在于行为扰乱了竞争秩序。[①] 正如伯姆所言，反不正当竞争法唯一的立法目的是保护竞争（秩序）。[②] 倘若对经营者基于其劳动付出、投入而获得的竞争优势提供如同法定专有权那般的绝对保护，仅仅因为行为损害了经营者利益则否定行为的正当性，无异于完全否定了自由竞争。实际上，所有市场主体无不需要面临竞争的压力和挑战，任何竞争产品、竞争成果也需要在市场竞争中面临考验，在自由竞争的约束性下持续创新。[③] 如果未出现明显扭曲市场机制的情形，反不正当竞争法完全没有介入的必要和空间。

在市场经济条件下，竞争永不停歇，社会关系变动不居，新的侵权方式不断涌现，不正当竞争以其变化多端且广泛存在而著称。对于不正当竞争界定，需要牢牢把握竞争秩序门槛标准，基于竞争秩序视角评价行为是否具有不正当性并进而评估是否需要反不正当竞争法规制。[④] 一般性的市场竞争损害并不需要反不正当竞争法的约束，唯有扰乱市场机制、破坏市场竞争秩序的市场竞争行为才应予制止。恰如广州知识产权法院在裁判文书中的洞见：市场以竞争自由为原则，以限制为例外。市场主体竞争本质在于攫取商业机会及竞争优势，损害乃市场竞争的必然要素，也为竞争所倡导及鼓励；可以说，损害基本无法避免，也必然导致市场参与者交易机会的丧失。判断是否构成不正当竞争，并非停留于是否存在具体的损害或竞争利益受损，而应从反不正当竞争法的立法目的出发，唯有与立法目的协调，存在竞争性损害，尤其是构成对竞争机制损害之行为，才需要立法

---

① 张占江.反不正当竞争法属性的新定位：一个结构性的视角.中外法学，2020（1）.
② 范长军.德国反不正当竞争法研究.北京：法律出版社，2010：110.
③ 张占江.论不正当竞争认定的界限.政法论丛，2021（2）.
④ [德]弗诺克·亨宁·博德维希.全球反不正当竞争法指引.黄武双，刘维，陈雅秋，译.北京：法律出版社，2015：599.

禁止。①该案确证了竞争秩序之于不正当竞争判定的中坚地位，并基于竞争秩序是否受损对行为作出最终定性。

正如美国法官伊斯特·布鲁克所坦明：我们不应尝试用不完善的法律体系去机械套用正处于演进中、尚不被理解的世界。相反，我们应允许那些正处于演变中的世界的主体自主、自行作出决定。我们仅需在三项事情上努力：确保规则明确、清晰，在产权尚未明确的地方厘清产权，为主体组建不同的讨价还价机构输送便利。除此之外，便让网络世界基于其自身意志演进，我们自可享受其所带来的好处。②当下，我们正处于变动不居的数字经济时代，处于百年未有之大变局，机遇与挑战同在，新商业模式层出不穷，不断冲击、颠覆旧商业模式。对此，反不正当竞争法应秉持自由竞争价值导向，面对新兴领域难以识别行为的正当性时，需谨慎审视规制的正当性及必要性，不宜轻率监管。

治理在本质上仅是手段，而非目的，促进社会的整体进步才是最终的归宿。通过创新来引领社会快速发展，已成为社会共识。反不正当竞争法在规制市场反竞争行为的同时，应自觉采用保护创新、包容创新、激励创新之观念[3]，唯有达到损害市场机制、破坏市场竞争秩序程度的市场竞争行为才需要干预，尽量避免强制介入，对新出现的技术手段及新商业模式不随意、武断进行否定评价。

（二）修正经营者利益角色定位

当前，对不正当竞争行为的判断基本采用如下思路：首先，原告是否存在应获得法律保护的竞争利益；其次，原、被告之间是否成立竞争关系，如何体现；再次，被告行为有无损害原告竞争利益。如果证明原告存在可获得法律保护的竞争利益、两者之间存在竞争关系、被告的行为损害

---

① 广州知识产权法院（2018）粤73民初684号民事判决书。

② Frank H. Easterbrook, Cyberspace and the Law of the Horse. University of Chicago Legal Forum, 1996: 207.

③ 周学峰，李平主编.网络平台治理与法律责任.北京：中国法制出版社，2018：41.

了原告的利益，至此则基本得出该行为具有不正当性的结论。该裁判思路将经营者利益置于不正当竞争判定的核心地位，简单地将经营者利益受损等同于行为具有不正当性。

虽然，反不正当竞争法诞生最初的立法目的在于保障经营者利益，维护经营者利益免受不正当竞争行为侵害。经营者利益是不正当竞争判断的构成要件。然而，倘若因此将经营者利益摆在至高无上的地位，忽视竞争者利益，忽略消费者利益，漠视竞争秩序，则无法匹配现代反不正当竞争法保护竞争而非竞争者的立法目的，与该法保护多元法益的制度举措相背离。

事实上，消费者利益也是反不正当竞争法重要的保护法益。尤其在互联网经济背景下，消费者是互联网经济的重要参与者，互联网市场竞争的本质是争夺更多消费者的过程。互联网领域的争夺战以改变消费者消费决策为中介，通过向消费者推送更多产品以提升用户黏性、增加用户点击率。互联网平台的竞争即是通过锁定消费者进而取胜。消费者不再处于竞争生态链的末端，而成为互联网经济发展的风向标，扮演互联网市场的"裁判官"角色。经营者选择何种商业模式取决于市场竞争状况及消费者选择。消费者经济地位的提升要求反不正当竞争法革新消费者利益角色地位。伴随对消费者利益的愈加重视，反不正当竞争法的社会法属性也愈加凸显。如何更有效地保障消费者利益、提升社会整体利益成为反不正当竞争法新发展阶段不懈的立法追求。

在证成互联网平台竞争应援引经济分析标准的基础上，需要修正经营者利益在经济效果评判中的作用，适当淡化经营者损害在不正当竞争认定中的权重。一方面，经营者利益仅仅是反不正当竞争法保护的法益之一，而非全部。该法除了保护经营者利益，也同时关切消费者利益及社会公共利益。经营者利益受损并非不正当竞争判定的全部考量指标。另一方面，经营者利益受损在损害常态的互联网平台市场竞争格局中尤为常见。有市场就有竞争，有竞争就必然有损害。损害之于互联网平台市场竞争来讲，几乎无法避免。线性地以市场竞争中随处可见的损害来定性行为具有不正当性，显然违反了互联网平台市场竞争规律，忽视了互联网平台市场的发展现状。甚者，动辄用反不正当竞争法来规制、约束互联网平台市场常见的竞争损害，可能会破坏市场内在运行机理，非但无法实现反不正当竞争法促进平台经济健康发展的深层目的，反而成为阻碍平台经济发展的制度因素。既无法实现规制目的，导致规制失灵，也可能造成更严重的负面后果，甚至加剧市场失灵。因此，在定性互联网平台竞争行为时，需要革新经营者利益在经济效果分析中的角色定位，理性评估因竞争行为给经营者利益带来的损害。

在"大众点评案"[①]二审中，法院不停留于经营者损害认定，其综合考量消费者利益、评估竞争秩序损害的认定思路非常值得推崇，其指出：互联网市场竞争行为虽然破坏了经营者利益，但与此同时，也可能存在增进消费者福利、促进市场竞争的正外部性。被告的商业模式创新在一定意义上有利于优化用户体验，有积极作用，但与此同时，被告抓取数据的行为必须遵循必要、最小原则。倘若存在明显对原告损害更小的方式而不采取，或者行为欲追求的积极效果存在严重损害原告利益的情形，则可认定被告的行为逾越了必要限度，产生了实质性替代效果，损害了市场竞争秩序。

总之，在自由竞争的市场语境下，经营者无权主张反不正当竞争法对其提供如专有权、绝对权的保护，经营者对其产品、服务的前期投入及贡献亦不意味着反不正当竞争法应对其进行设权保护。自由竞争体制下所有经营者均面临竞争生存压力，并受制于该种压力提升产品质量及优化产品服务，与此同时，竞争导致的部分损害，多数属于经营者应予容忍的范围。[②]定性市场竞争行为、运用经济分析标准，不仅要考量经营者利益，也应评估对"不在场"的消费者利益的影响以及评测对市场竞争秩序的影响。拘泥于经营者利益的裁判思路无法适应现代市场经济发展需求、难以

---

① 上海知识产权法院（2016）沪73民终242号民事判决书。
② 黄武双，谭宇航. 不正当竞争判断标准研究. 知识产权，2020（10）.

回应反不正当竞争法保护多元法益的立法初衷，看似为经营者免去本应承担的市场竞争风险，其实是过度保护了经营者，简单地套用洛克劳动学说给经营者利益提供类似专有权的保护，最终将制约反不正当竞争法立法目的的实现，应予修正。

（三）拓展援引激励分析法

《反不正当竞争法》第2条第2款对不正当竞争的定义同时提到了经营者利益、消费者利益，那么实践中具体如何平衡这两者关系？个案中究竟是侧重保护经营者利益，还是侧重保护消费者利益？侧重保护前者或者侧重保护后者可能得出完全相反的结论。以屏蔽视频广告为例：从经营者利益角度，经营者当然不希望投放的广告被过滤；从消费者利益视角，消费者则希望可以跳过广告直接观看视频。那么，在经营者利益、消费者利益面临冲突时，如何抉择？对此，不妨引入激励分析法。

所谓激励分析法，其区别于机械三段论的适用方法，而将其程序反过来，首先审视所得裁判引发的法律与社会两个层面的效果，在存在多种裁判规则时，判别哪种更贴近立法价值取向，实现立法目的，则采取该种裁判规则。激励分析法并非简单地套用既有法律规则，而是以立法目的和价值取向作为出发点和落脚点，其根本目的不在于救济而在于预防。激励分析法主要适用于以下情形：在欠缺具体法律规定、法律规定不甚明确时，或存在数个不同裁判规则与裁判结果时，激励分析法的运用尤其有启发作用。反之，在存有具体而明确的法律规定时，抑或有明晰的裁判规则与裁判结果时，该方法则意义不大。[1] 从这个角度看，激励分析法在屏蔽视频广告案这类集中体现经营者、消费者利益冲突的案件中尤其有用武之地。在屏蔽广告类不正当竞争案件的裁判中，法官面对经营者、消费者利益保护的抉择难题，很难在《反不正当竞争法》中明确找到具体的裁判规则。因此，法官通常需要回到该法的立法目的与价值取向中寻求答案。换

---

[1] 石必胜.网络不正当竞争纠纷裁判规则的激励分析.电子知识产权，2014（10）.

言之，允许或禁止涉诉竞争行为，应考察其将产生的激励与引导效果能否契合反不正当竞争法的立法意图与价值取向。

以"腾讯诉世界星辉案"为例：法官以激励分析法对被告的浏览器屏蔽原告视频广告的行为是否正当予以判定。该案有两种可能的裁判规则与裁判结果：其一，支持消费者利益抗辩，允许过滤他人在视频网站上投放的广告，被告的行为不属于不正当竞争；其二，否定消费者利益抗辩，不允许过滤他人视频网站上投放的广告，被告的行为属于不正当竞争。对此，将分别产生不同的激励结果。

第一种裁判规则产生的激励结果是：促进技术创新及商业模式的更迭，保障社会整体利益。虽然在该案之前的多数类案中，法官均认为当下主要以免费商业模式为主，行为人屏蔽他人视频广告可能短期有利于消费者利益，然其最终成本也由消费者承担，视频网站经营者在无法从广告播放中获利而难以为继时，只能要求消费者付费观看，故屏蔽视频广告的行为损害了消费者的长期利益，从而判定屏蔽视频广告的行为构成不正当竞争。区别于以往的案件，本案最大的不同在于被告所设计的屏蔽广告软件存在多功能选项，用户可自行选择不同的服务，并且其并非针对某视频网站经营者，对其他经营者所造成的损害也并非无任何躲避条件，且也不存在明显的损害更小且能获取相同助益之替代方案。本案的涉诉行为是一种探索、尝试新型商业模式的行为，从长远来看，可能倒逼思维僵化的经营者变革、改进既有商业模式，反而有利于优化互联网行业环境，推进互联网技术不断创新，更有利于消费者的整体长期福利。市场规模的变化与生产技术的革新往往会改变固有制度下收益与成本之分配，进而形成制度创新需求，以获取潜在的利益。

第二种裁判规则的激励结果是：阻碍技术创新，不利于商业模式的发展，有损社会整体利益。法院裁判是一种影响社会资源分配的决策。互联网商业模式并非一成不变，相反其呈现出明显的阶段性特征以及灵活的流动性特点。依照产业经济学的分类，任一产业都历经初创期、成长期、成熟期与衰亡期四个阶段，我国当下的互联网正处于从成长到成熟期这个阶段，已有的以免费模式为主的商业模式可能面临变革。屏蔽视频广告的行为可能需放在制度创新与技术创新的视角下分析。剖析技术创新与制度创新之间的关系，是分国家、分阶段以及分产业进行具体分析。不同国家、不同阶段以及不同产业中的技术创新和制度创新相互作用的机制明显不同。同理，屏蔽视频广告行为的正当性也应放在特殊的产业发展阶段进行具体分析。如固守以往的商业模式，坚决抵制屏蔽视频广告行为，虽然有利于防止技术战争，但不利于经营者不断通过技术创新、优化服务获取竞争优势，反而形成路径依赖。这对制度创新也带来很大阻力，组织者也必将与成功进行制度改革的机会失之交臂，长此以往，显然不利于保障社会整体利益。

"法制化的激励制度有利于资源配置效率的提高。"从以上两种不同激励结果看，第一种激励结果比较契合反不正当竞争法的立法目的和价值取向，应予支持。具体而言，个案中究竟是优先保护经营者利益还是优先保护消费者利益，并不存在预设结论，只有回到个案，依托具体竞争场景，借助激励分析法，分析保护何者更有利于实现社会整体利益，方可作出裁决。

（四）侧重发挥市场调查、经济学分析报告等证据形式的证据效力

承前所述，不正当竞争行为定性不应仅仅停留于道德判断，还需立足于经济维度，判断行为是否扭曲市场机制、是否损害竞争秩序。鉴于市场机制判断具有较强技术性，如何提供证据加以证明，对案件定性相当重要。

梳理已有互联网平台竞争案件审理实践发现，行为定性过程中较少考虑经济分析标准，相关的经济学分析证据在该类案件也极为罕见。腾讯与世界星辉案二审[①]中，上诉人腾讯提交了经济学分析证据，对法院定性行

---

① 北京知识产权法院（2018）京73民终558号民事判决书。

为发挥了至关重要的作用。该案一审判决[1]中，法院基于商业模式的多元性、消费者利益保护、经营者利益受损程度等原因，驳回原告诉请，主张屏蔽视频广告行为不构成不正当竞争；二审时，上诉人出具了一份关于拦截广告的经济学分析报告，该报告一举分析了拦截广告行为对10年内视频平台、消费者福利、社会总福利及互联网视频行业的影响，进而论证得出了拦截广告行为不仅损害经营者利益，而且损害了消费者长期利益及社会整体利益，打击了实体产业发展的结论，最终获得法院采信，支持了拦截广告行为构成不正当竞争的诉请。虽然该经济学分析报告在论证视角是否全面、各主体影响的相互关联度等方面仍值得商榷，但提供经济学分析报告以支持自身主张的举措值得关注、借鉴。

对市场效果的评估需要更多地借助市场调查、经济学分析报告等证据形式。事实上，最高人民法院于2012年出台的《关于审理因垄断行为引发的民事纠纷案件应用法律若干问题的规定》[2]已经明确了市场调查、经济分析报告的证据效力。这对互联网平台竞争案件的审理具有重要启示作用。由于对互联网平台竞争行为的判断不仅要考虑经营者利益，也要评估对消费者利益、其他竞争者利益及社会整体利益的影响，如能借助市场调查报告、经济学分析报告反映涉案行为对这些不同主体的影响，体现这些不同市场参与主体对涉案行为的整体态度，可以为法官展开市场竞争行为的技术分析提供真实的市场效果参照物。尤其在新型的互联网平台市场竞争领域，市场调查报告、经济学分析报告的出具不仅有助于降低当事人的论证成本，也有助于降低法官审理新型互联网平台竞争案件的知识成本，进而快速作出结论，提高诉讼效率。

值得注意的是，鉴于市场调查报告通常是由一方当事人出具作为证据提交，其必然需要接受另一方当事人的质证及法院审查。一份市场调查报

---

[1] 北京市朝阳区人民法院（2017）京0105民初70786号民事判决书。
[2] 《关于审理因垄断行为引发的民事纠纷案件应用法律若干问题的规定》第13条规定："当事人可以向人民法院申请委托专业机构或者专业人员就案件的专门性问题作出市场调查或者经济分析报告。"

告的最终生成，涉及专业设计者、调查对象的抽样选取及调查程序的启动等多项内容，因此，相比于其他证据，法院对市场调查报告的认定及审查难度较大。具体而言，法院主要审查以下几方面[①]：

其一，出具市场调查报告的主体资格认定。作为证据，市场调查报告必须由专门的市场调查报告机构提供，如机构未依法设立、超出业务范围，其出具的市场调查报告无法作为证据采信。

其二，可以要求出具报告的机构阐明调查设计者的基本情况，包括但不限于其姓名、资质情况等，如有必要或应另一方当事人申请，可要求专业设计者出庭作证，阐释调查设计的思路、开展调查的过程、结论的形成依据。经审查，倘若专业设计者的资质及其职责要求不满足条件、影响调查科学性，则调查报告无法采信。

其三，审查市场调查报告的调查对象，是否选取了恰当的相关公众。判断是否属于恰当的相关公众，可综合以下因素确定：一是购买主体，包括其年龄、性别等；二是购买客体，包括商品的价格、种类、性质等；三是销售地域。

其四，审查抽样样本，包括抽样方法、样本分布、样本规模。其中，样本分布受样本总体限制，不得突破样本总体确定的地域范围，还需确保质量上的代表性及数量上的合理性。为确保调查的精确性，样本的选择应满足一定的规模要求。在通常情况下，样本规模受制于以下几方面因素影响：总体规模，调查者所掌握的经费、时间、人力，总体的异质性程度，估计的精确性与把握性要求。

其五，审查问题设计。各异市场调查报告对应的问题设计各有不同，但无论如何，一份优异的市场调查报告在问题设计上应确保较高可信度及效度、研究目的可行性、内容充分性、调查对象匹配度，问题少而精。

其六，审查调查程序。如有无具备良好调查环境，是否确保调查对象客观作答、有无在比对对象隔离状态下分别进行等。

---

① 曹世海.对商标侵权诉讼中市场调查报告的审查与认定.人民司法,2015（9）.

第四节　行业惯例的考量及优化——以软法规制为视角

软法的概念兴起于国际法的研究领域[①]，尔后，逐渐从国际法发展至国内法的研究领域。一般而言，软法对应于硬法而存在。[②] 所谓硬法（也称国家制定法），是正式的、具有国家强制力保障的法律规范体系；而软法则是游离于国家法之外的，具有相当于（或类似于）法律的约束力之规范体系。[③] 虽然对软法的研究始于20世纪90年代[④]，然而即便至今，国内学者对软法现象仍欠缺系统、综合的研究，对软法的界定与理解依旧未形成

[①] 王铁崖. 国际法. 北京：法律出版社，1995：456.

[②] "硬法"和"软法"两者是在特定语境下作为"对称"概念相伴随而存在。首先，从本质而言，软法乃行为规则，可用于构建秩序、规范秩序。其次，从形成主体看，软法的形成主体具有多元性，可能是国家机关，亦可以是行业自治组织，甚至是私人团体。再次，从载体渊源看，软法的载体渊源形式具有多样性，通常以成文性文件居多，比如纲要、宣言、章程、守则、标准、决议等等，也不排除不成文之渊源，譬如某些交易习惯。最后，从实施方式而言，相比于硬法，软法不具有国家法（硬法）的拘束力，故而其实施并不仰赖于国家强制力，体现着非国家强制性。软法的制裁重点立基于成员的身份，软法拘束力更多来源于一种"自愿"。赵军. 网络市场不正当竞争行为的法律规制研究：互联网时代竞争法的拓展. 重庆：西南政法大学，2010：70.

[③] 罗豪才教授则从公法角度研究软法现象。其认为：软法是一个概括性词语，被用于指称许多法现象，这些法现象有一个共同特征，就是作为一种事实上存在的有约束人们实际行动的行为规则，它们的实施未依赖于国家强制力的保障（罗豪才，等. 软法与公共治理. 北京：北京大学出版社，2006：6）。姜明安教授认为：软法是非典型意义上的法（罗豪才. 软法与公共治理. 北京：北京大学出版社，2006：89）。宋功德教授认为：软法就是不能运用国家强制力保证实施的法规范（罗豪才，宋功德. 软法亦法：公共治理呼唤软法之治. 北京：法律出版社，2009：3）。程信和教授认为：软法是对应于硬法而言的。如果说，硬法是国家法，是正式的法律规范体系；那么，软法可概括为国家法之外的，具有相当于或类似于法律的约束力的行为规范体系 [程信和. 硬法、软法和经济法. 甘肃社会科学，2007（4）]。本文对软法的理解采取这种观点。

[④] 吕中国，强昌文. 经济领域的软法研究述评. 西北农林科技大学学报（社会科学版），2013（2）.

统一的、明确的概念。①虽然硬法和软法的划分方法是否合理、科学仍有待进一步研究②，然而，值得注意的是，在规制互联网平台竞争行为的过程中，确实存在这些不具有外在强制执行力、独立于国家制定法之外，但确实能对互联网平台竞争主体及竞争行为产生有效约束力的"软法"。

面对互联网平台竞争行为的频发且花样迭新，以反不正当竞争法为代表的硬法虽不乏强制力和威慑力，然而其未能充分彰显应有的规制力，其调整方法滞后，规制成本较高，回应性不足，相反，以行业自律规范为代表的软法却在互联网平台竞争行为的规制中发挥着独特的作用。将公共治理领域的软法③嵌入互联网平台市场竞争规制法律体系，是时代发展的必然之举。然而长期以来，学界对互联网平台竞争行为的规制研究多从硬法层面进行探讨，鲜少关注以行业规范为代表的软法对互联网平台竞争行为的影响，对如何构建互联网平台竞争行为的软法治理模式、怎么实现互联网平台竞争行为软硬法相耦合的实施机制的研究尚付阙如。有鉴于此，本书拟立足于硬法规制互联网平台竞争行为面临的困境，探讨软法治理互联网平台竞争行为的正当性基础和合理性依据，并聚焦软法适用于此类行为的路径，进而明确互联网平台竞争行为的软法和硬法相耦合的规制路径。

---

① 有的人认为应以是否具有国家外在强制力作为区分硬法和软法之根本标准；有的人认为不论是软法还是硬法，首先其皆应当是法律规范，而软法则是那些界定不够清晰或对权利义务的规定不那么明确的法律规范；有的人则秉持"软法只是具有法律效力，但并非真正的法律"这种观点。在经济法学界对软法和硬法的研究较少，中山大学程信和教授在《硬法、软法和经济法》一文中首次运用经济法的视角，对软法和硬法的现象进行了界分，并认为，经济法制既包括硬法机制，也包含软法机制。

② 理论上如何界定软法并不影响软法本身的存在及正当性，只是为人们从不同视角看待和理解软法现象提供选项。本研究的目的并不在于对软法本身的探讨，而在于对它的工具性使用进行研究。

③ 卡多佐将软法这种具有生命力的法称为"变动的法""动态的法""生长的法""用或然性逻辑验证的法""非国家创造和存在于国家之外的法""扎根于现实社会关系中的和扎根于公平正义信仰中的法"。[美]本杰明·内森·卡多佐.法律的生长,刘培峰,刘晓军,译.贵阳：贵州人民出版社，2003：1-19.

一、硬法规制之困

尽管作为传统市场的不正当竞争行为基本规制模式的硬法,在规范市场竞争秩序的形成过程中发挥了中流砥柱的作用,然而,在互联网时代下,传统以国家强制力为核心的、单一的硬法规制模式依然显得过于滞后。[①] 反不正当竞争法未能充分地回应时代提出的制度需求,其不足主要表现为以下几个方面。

(一)回应性不足:欠缺民主性

互联网平台竞争行为极具交互性、隐蔽性、专业技术性,利益关系甚为复杂,纯粹依靠反不正当竞争法难以全面遏制。面对互联网平台竞争行为的频发,要真正有效规制互联网平台竞争行为,社会民主价值的考量尤为必要。仅仅依靠政府有限的智力而未寻求公众的广泛参与及互动的平等协商,难以称得上是对社会整体利益的尊重。[②] 由于以反不正当竞争法为代表的硬法往往直接依靠国家公权力予以强制施行,过分强调国家意志对社会的干预,国家公权与私权欠缺必要的互动,难以保证所制定的规则得以及时有效地回应社会需求。[③] 从某种程度来看,漠视社会团体自治的良性因素与渐进理性的正面效应,也是对社会民主价值的忽视。鉴于互联网平台竞争行为集虚拟性、全球性、智能性于一身,行为样态的复杂及多变,规制此类行为所仰赖的监督体系也极为庞杂,纯粹依靠硬法体系的规制显然极不现实。

---

① 黄茂钦.论基本公共服务均等化的软法之治:以"治理"维度为研究视角.现代法学,2015(6).

② 姜明安.软法在推进国家治理现代化中的作用.求是学刊,2014(5).

③ [美]诺内特,塞尔兹尼克.转变中的法律与社会:迈向回应型法.张志铭,译.北京:中国政法大学出版社,1994:80.

（二）调整方法滞后：未考虑互联网平台商业模式的特殊性

互联网作为现代通信技术高度发展之产物，互联网空间是经互联网互联而形成的虚拟空间，其从产生、运作到发展无不依附于信息技术，从而导致发生于互联网空间的不正当竞争行为明显带有更多的技术特征。[①] 如何借用法律、规则的形式来引导互联网空间技术的发展，规制互联网空间的行为，从而确保互联网空间的竞争模式适应市场竞争秩序稳定发展之需求，始终难以得解。以反不正当竞争法为代表的硬法并未考虑：互联网商业经营模式下的不正当竞争行为与传统市场的不正当竞争行为之区别。为了赶上这个无边界的、全球化技术之发展步伐，硬法的规制始终历经艰难。[②] 互联网企业高速发展，互联网生态圈的演变极为快速，这无不意味着任何具体的规则都容易过时。作为成文法的反不正当竞争法，无法周延地列举未来可能出现的新型互联网平台竞争行为，在应对层出不穷的新型互联网商业模式时，其调整方法滞后是显而易见的。

（三）规制成本较高

一般而言，硬法规制的模式是通过制定、实施法律的形式来规范不正当竞争行为，而实际上，如此一套相应规范，从制定之初则需要耗费国家、社会巨大的立法资源，在实际的遵守及执行时，也有不小负担。现有的《反不正当竞争法》仅对 7 种不正当竞争行为作出具体列举式规定，虽然第 12 条是专门的互联网条款，然其宣誓意义大于实践价值，很难涵盖所有的互联网平台竞争行为。可以说，互联网平台竞争行为大多超出反不正当竞争法列举的范畴，给反不正当竞争法提出了全新的难题。面对形形色色的互联网平台竞争行为，随时、快速修改《反不正当竞争法》可能有

[①] 叶明，陈耿华. 互联网不正当竞争案件中竞争关系认定的困境与进路. 西南政法大学学报，2015（1）.

[②] [美] 理查德·斯皮内洛. 铁笼，还是乌托邦：网络空间的道德与法律. 李伦，译. 北京：北京大学出版社，2007：2.

损法律的权威性和稳定性，频繁地修改法律所耗费的成本也将是法律所难以承受的。总而言之，在样态各异的互联网平台竞争行为不断涌现的当下，硬法规制体系不堪重负，呈现出较高的规制成本及较低的规制效率。

综上所述，以《反不正当竞争法》为代表的硬法规制体系，在规制互联网平台竞争行为时，难以独立完成规制此类行为、构建互联网平台市场良性竞争秩序的任务；其调整方法落后，未能考虑互联网独特的技术特性，回应性不足，忽视对社会民主价值的考量，在规制成本及规制效率上也面临巨大的难题。作为实证法规的《反不正当竞争法》不可避免存在"双重不完整性"[1]，互联网平台竞争行为判定引入软法治理模式已是必然之举。

二、另一种思路：软法规制的适应性分析

为何关注软法对互联网平台竞争行为的规制作用？具体采用哪一层面的软法来规制此类行为？这首先要追溯至软法的法律渊源。软法的法律渊源具有多样性。[2] 具体到互联网平台竞争行为规制层面，软法的内容主要包括：第一，国家制定的互联网市场发展政策。第二，构建互联网市场的"代码"[3]。第三，互联网市场的自律性规范。第四，互联网市场中的技术标

---

[1] 这种"双重不完整性"一方面表现为实证法无法穷尽所有的生活事实关系，另一方面表现为法规中的概念亦无从精确地界定其意义。颜厥安. 法与实践理性. 北京：中国政法大学出版社，2003：177.

[2] 法律渊源在立法学中有特定含义，指的是法的效力来源，包括法的创制方式和法律规范的外部表现形式。孙国华，朱景文. 法理学. 2版. 北京：中国人民大学出版社，2004：269.

[3] "代码"一词源于美国著名网络法学者劳伦斯·莱斯格的著述《代码—塑造网络空间的法律》。代码既从物理上界定了网络市场的架构，又从价值取向上确定了网络市场竞争行为的模式；既确定了网络市场主体竞争行为中可以采取的手段，又包含限制网络市场竞争主体实施不正当竞争行为的具体技术手段。

准。① 在司法实践中，互联网平台竞争行为的软法规制依据主要是行业自律规范，故本文主要探讨软法中的行业自律规范在规制互联网平台竞争行为中的功能与角色。

行业自律规范，也称为行业规范、行业自律公约、行业自律公契，意指行业自律组织为谋求行业内部成员的共同利益，捍卫该行业的持续性健康发展而制定的、对行业内部全体成员皆有普遍约束力之行为规范。其是行业自律规范管理过程中普遍存在的行为规范。②

在互联网市场中，考虑到虚拟性、信息化、数字化等特征，故而带有技术特征的行业自律规范成为保障互联网市场竞争秩序发展、规制互联网平台竞争行为的重要手段。信息时代无法容忍死板的规划，灵活上升为最高原则。③ 相较而言，传统的以国家强制力为后盾的法律体系无法将这些内容归入其中，因而，作为软法主要表现形式的行业自律规范，为互联网平台竞争行为的规制提供了全新的规制思路及路径。

（一）行业自律规范的软法规制模式凸显灵活性和民主性

首先，相较于立法者，行业内部从业人员通常掌握该行业前沿技术知识，也具有更高水平的实务专长。基于此，其对行业的发展掌握更为精确的数据，对行业变化带来的问题反应更为灵敏、迅速。其制定的行业规范往往是相关从业人员为保障市场竞争秩序及行业的长远、整体发展而作出的有针对性的努力。其得以依据信息产业发展进程中规制互联网平台竞争行为出现的新问题，快速对自律规范作出及时调整，从而避免了硬法规制的滞后及僵化，因而具有较强的灵活性。

---

① 作为信息技术高度发达的产物，网络市场具有技术产品的一般特征。正如美国网络法学家理查德·斯皮内洛所指出的那样：通过法律和规范来控制技术一直是一个徒劳无益的举措，而用技术"校正"技术一直更为有效。因此，在网络市场不正当竞争行为的规制过程中，必须注重技术的力量，通过制定符合法律规范的技术标准，将作为网络市场竞争行为载体的技术纳入法律规范的范畴之内，使技术规范法制化。

② 下文中的行业规范如无特别指明，都特指互联网行业规范。

③ [日]金泽良雄.经济法概论.满达人，译.北京：中国法制出版社，2005：45.

其次，行业自律规范与一般意义上的社会习惯类似，也是特定群体或阶层内部成员所应共同、普遍遵守之行为模式，体现内部成员对社会组织生活的预期，并且其以平等协商、开放对话的方式推行，彰显了相互依存的合作伙伴关系，不但有利于弥补国家制定法固有的滞后性及僵化性，而且也是对人民首创精神的尊重及强化制定法生命力的重要手段。[①] 这也是对社会民主价值的尊重与回应，凸显了行业自律规范（软法）的民主性[②]，也为其执行奠定了良好的民意基础。[③]

（二）行业自律规范的软法规制模式契合互联网的商业特性

软法的运用适应互联网市场信息化的特点。互联网市场区别于传统市场的最大特点就是技术推动。从第一起互联网不正当竞争案件发生至今，互联网平台竞争行为样态在逐步升级，行为表现趋高技术性、隐蔽性、复杂性。可以合理预测，未来还会出现更为棘手的不正当竞争行为。[④] 互联网市场规制模式的构建要求考虑互联网的商业特性，融入互联网特定商业模式的因子。[⑤] 而行业自律规范作为一种技术行为规范，被纳入规制依据，则是治理互联网平台竞争行为的法律应对。退一步而言，互联网行业自律规范由互联网行业共同体制定，其必然考虑互联网行业普遍遵从的行为标准，参考经营者所在行业相关领域的具体做法。从这个角度看，互联网行业自律规范乃互联网商业模式的另一种具体表达。

（三）行业自律规范的软法规制模式规制成本相对较低

针对繁杂的互联网平台竞争行为，其行为样态虽然各不相同，但丝毫

---

① 不少部门法在制定过程中已经采取了向习惯开放的积极姿态，如《消费者权益保护法》第22条第一分句规定，"经营者提供商品或者服务，应当按照国家有关规定或者商业惯例向消费者出具发票等购货凭证或者服务单据"。

② 事实上，软法较之硬法最大的优势是一定社会共同体成员对相应软法的形成或制定的广泛和直接参与。

③ 罗豪才，宋功德.软法亦法：公共治理呼唤软法之治.北京：法律出版社，2009：4.

④ 王艳芳.《反不正当竞争法》在互联网不正当竞争案件中的适用.法律适用，2014（7）.

⑤ 朱理.互联网领域竞争行为的法律边界：挑战与司法回应.竞争政策研究，2015（1）.

不影响行业自律规范对其规制的效果。当行业自律规范的规制模式与立法规制模式的目标设置一致时，行业自律的模式得以通过较低成本的投入，快速修改不合时宜的自律规范从而适应社会经济发展提出的新命题。

换言之，行业自律规范对互联网平台竞争行为的规制所耗费的成本更低，也更为高效，表现为：首先，相对于独立的机构，自律组织机构在所在领域通常掌握更精专的实务专长及技术知识，因而在具体规制政策的制定上会有更多创新的空间，在解释标准时所耗费的信息成本也相对更低。其次，自律组织机构出于相同理由在监督及执行的成本上也会相对较少，基于互动而产生彼此信任的前提，自律机构的行业者和管理者在打交道时所损耗的成本亦将得以降低。[①] 最后，相对于公共规范制度，自律组织机构对其设置的程序及规则进行修改的成本也较低。[②] 而这些，正是硬法所不能承受之重：不但频繁地修改法律所耗费的成本将是法律所难以承受的，而且频繁地修改法律也是法律的稳定性所不容许的。考虑到互联网领域的监管与审判中的法律关系更为复杂、新颖，更应当为行业自律规范留有一定的适用空间。

此外，以行业自律规范为代表的软法规制模式也符合多元治理的理念。法律多元理论[③]表明，任一社会秩序的建构皆不可纯粹地依赖单一的正式法律制度。面对互联网技术、互联网商业模式的日新月异，粗线条的硬法立法模式显得滞后有余而回应不足，单一的一元治理模式备受挑战，

[①] [英]弗里德里希·冯·哈耶克.法律、立法与自由：第1卷.邓正来，等译.北京：中国大百科全书出版社，2000：133-134.

[②] [英]戴恩·罗兰德，伊丽莎白·麦克唐纳.信息技术法.2版.宋连斌，林一飞，吕国民，译.武汉：武汉大学出版社，2004：309.

[③] 法律多元理论是西方法律人类学中的一个重要理论，其最新发展趋势是不对国家法/非国家法作二元对立的分析，而是强调在具体场景中对二者复杂互动关系的具体观察。这种研究方法突破了经典的国家法/非国家研究中二元论的限制，将中国有关国家法与非国家法关系的研究引向了深入。张钧.法律多元理论及其在中国的发展.法学评论，2010（4）.

而多元善治[①]、共同治理的理念能够满足互联网平台竞争行为的治理需求，通过多元管理的模式引入自治团体、行业协会、网站、网络运营商等主体，才能实现有效治理。[②]

总而言之，行业自律规范从制定之初就凸显其鲜明特色，不但制定方式灵活，而且强调对话与沟通，重视共识与认同，充分尊重团体的自我治理，推动社会的自我治理与自我规制。即使在实施过程中其结构也是开放的，规范可以进行反复修改，并且在不违反法律原则和规则的前提下实现利益最大化。[③]在规制互联网平台竞争行为时，行业自律规范不但具有较低的规制成本及更高的规制效率，而且具有其灵活性和民主性，较好地融合了互联网特定商业模式的因子，而这些正是硬法在规制互联网平台竞争行为方面较为欠缺的。引入行业自律规范的软法规制模式，是有效规制互联网平台竞争行为的必然要求。

三、软法规制的实现：行业惯例的考量及适用

基于互联网商业模式的特殊性与互联网市场的虚拟性等特征，互联网市场的治理不可能简单地建构于硬法之上，对互联网平台竞争行为的有效规制不可能纯粹地依赖反不正当竞争法，应当承认以行业自律规范为代表的软法在治理互联网平台竞争行为中的独特作用，发挥行业自律规范的规范效果，构建软法规范体系有助于实现从国家管理向公共治理的转型。那么，规制互联网平台竞争行为的软法——行业自律规范具体包括哪些？如何实现行业自律规范的软法治理功效？

---

① "善治"通俗地讲就是"良好的治理"，它指的是"实现公共利益最大化的过程，其本质特征表现为政府和公民对公共生活的合作管理，是政治国家与公民社会的一种新颖关系，是两者的最佳状态"（俞可平.治理与善治.北京：社会科学文献出版社，2000：8-9）。在和谐社会协同治理视阈环境下，多元治理主体摒弃零和博弈，达成了互动合作的正和博弈关系。本文指的是社会自治团体等与公权力的多元合作管理。
② 罗豪才.公共治理的崛起呼唤软法之治.政府法制，2009（7）.
③ 蒋坡.国际信息政策法律比较.北京：法律出版社，2001：443.

（一）作为软法的行业自律规范有哪些？

我国互联网行业自律规范主要是由中国互联网协会负责起草、发表以及组织实施的，早在2011年，工信部就发布了《规范互联网信息服务市场秩序若干规定》[①]（也称为"第20号令"），从性质上看该文件纳入行政规章范畴。此规定乃2009年"3Q大战"爆发以来首个具有法律效力的、规制互联网竞争行为的文件。而早在2002年中国互联网协会就已颁布《中国互联网行业自律公约》，此外，2005年颁布了《中国互联网版权自律公约》、2011年公布了《互联网终端软件服务行业自律公约》[②]、2012年出台了《互联网搜索引擎服务自律公约》以及2013年颁布了《互联网终端安全服务自律公约》等。

以下将着重介绍涉及互联网平台竞争行为的两个主要文件：

第一，《互联网终端安全服务自律公约》（以下简称《公约》）。颁布于2013年12月3日的《公约》共计6章27条，规定了互联网行业成员应遵守的五大原则，分别是遵纪守法、公平竞争、诚实守信、自主创新以及优化服务，从而捍卫用户的选择权、知情权以及信息安全等，进而以此提供安全服务。此外，《公约》还明确授予安全软件对互联网行业公认的木马、蠕虫、病毒等恶意程序享有直接处置权，从而有效保障互联网用户的安全利益。《公约》为保证非安全类终端服务企业享有平等发展权，明确禁止恶意拦截、恶意排斥、歧视性对待其他经营者的服务、产品的行为，相关软件的评测必须客观公正。

第二，《互联网搜索引擎服务自律公约》。此公约颁布于2012年11月1日，共计4章22条，以诚信、守法、公平、客观、中立为基本原则，倡导开放、协作、分享、平等的互联网精神，要求企业坚决抵制相关违法行

[①] 《规范互联网信息服务市场竞争秩序若干规定》主要从三个层面对互联网竞争行为作了规范：尊重消费者的知情权和选择权；不得干扰他人软件运行；安全软件的评测行为要客观严谨。

[②] 《互联网终端软件服务行业自律公约》主要规定了保护用户合法权益、禁止强制捆绑、禁止软件排斥和恶意拦截、反对不正当竞争、安全软件不得滥用其安全服务功能的有关内容。

为及不良信息的传播，遵循国际行业惯例及商业规则，遵守 robots 协议，遵循开放、公平、促进信息自由流动的理念，鼓励创新的同时也保障公平公正竞争秩序的建立，尊重与保护知识产权……共同抵制不正当竞争行为等。

（二）作为软法的行业自律规范如何适用？

1. 前提：非作为正式法源而被直接援引

行业自律规范作为规制互联网平台竞争行为的软法代表，是一种行为规则，具有一定约束力，但其实施不具有国家强制力，也仅仅对行业内部成员具有约束力，故其在判决书中并非作为正式法源而被法官直接援引。换言之，行业自律规范在规制互联网平台竞争行为中所体现的，并非作为法律规范性文件意义上的依据，法官审理此类行为时，作为最终裁判的依然是国家制定法。美国、英国等也采取类似举措，其在判决中也并不直接确认及适用这些行业自律规范。[1]

在北京第二中级人民法院 2006 年审理的阿里巴巴与三际无限关于雅虎助手一案[2]中，法官就依据行业自律规范对恶意软件之定义，对行为进行最终定性。此间，行业自律规范是认定涉诉行为是否构成不正当竞争行为的重要认定依据，但其并非最终的裁判依据，并不作为正式法源而被直接援引，也不作为规范性文件意义上之依据，法官在该案中最终还是依据反不正当竞争法具体条款予以判决。

2. 路径：作为发现及认定行业公认商业道德及行为标准的渊源

法官审判新型互联网平台竞争案件时，往往将目光转向《反不正当竞争法》第 2 条一般条款诚实信用原则及公认的商业道德标准，考虑到诚实

---

[1] 其实这正是美英两国基于对自由政策传统和现实经济利益的考量而作出的审慎选择。
[2] 北京市第二中级人民法院（2006）二中民初字第 16174 号民事判决书。

信用原则更多的是通过公认的商业道德的形式体现出来[①]，公认的商业道德如何界定便成为判断涉诉行为是否构成不正当竞争行为之关键。然而，何为公认的商业道德始终是困扰法官的难题。商业道德是一个表述比较空泛、边界模糊，并且难以包含任何带有权利义务性质内容的法律术语。[②]此外，商业道德所具体包含之要素也可能因地、因时而有所区别，甚至强调对商业道德包含的不同要素的不同比重，也会导致裁判结果的完全不同。[③]总而言之，商业道德不管是从内涵还是从外延来看皆具有较大的不确定性。

那么，为何行业自律规范可作为行业公认商业道德及行为标准的渊源？行业自律规范与行业公认商业道德是何种关系？首先要追溯两者的源起。行业自律规范（行业惯例）产生于某个具体、特殊的商业共同体中，经由不断地反复实践，最终获得共同体内人们的普遍认可和共同的遵守，甚至成为人们世代相传、型构之行为准则；故而在明确具体的法律颁布之前，人们通常将行业惯例视为某一特定、具体的商业领域内所普遍依循的"法"。而道德也是历经人们的反复长期实践而固化，成为人们行为的判断标准。其次，行业自律规范具有正当性和指引性。行业自律规范是其所在行业相关领域经常做法的具体体现，是行业共同体成员普遍、惯常的做法及公认标准之展现，通常也建构于良善的标准之上，并且其从最初的提出草案，到获得行业内成员的广泛签署，再到最终的生效，这些事实无不在某种程度上反映该行业自律规范具有正当性，并为业内所公认。此外，行业自律规范反映行业竞争需求及竞争特点，与行业道德具有内在的一致性。行业自律规范一般是由该领域掌握实务专长及高端技术知识的行业专家制定的，具有更高的创新可能性，反映了行业的竞争特点及竞争需求，也是以成文规则的形式对该行业竞争现象进行的总结归纳，故而其可作为

---

① 孔祥俊.反不正当竞争法的创新性适用.北京：中国法制出版社，2014：57.
② 吴太轩，史欣媛.互联网新型不正当竞争案件审理中商业道德的认定规则研究.现代财经，2016（1）.
③ 蒋舸.关于竞争行为正当性评判泛道德化之反思.现代法学，2013（6）.

第三章 互联网平台竞争行为判定

判断行为正当与否之标准。从以上这三个层面看，行业自律规范与行业商业道德的核心指向具有内在关联性。当人们在理解"公认的商业道德"时，换言之，在将"道德"这个较为宽泛的上位概念限缩为所谓的"公认的商业道德"之际，一般理性人会自觉、不自觉地将商业道德与行业惯例相挂钩，即将"公认的商业道德"等同于合法的行业惯例。① "自律性规范，则被看作是一种最终的道德诉求。"②

那么如何发挥行业自律规范作为认定行业公认商业道德及行为标准的渊源之作用呢？在3Q大战第二轮纠纷——360QQ保镖案中，广东省高级人民法院认为：依照《规范互联网信息服务市场秩序若干规定》和《互联网终端软件服务行业自律公约》，禁止互联网服务提供者恶意修改或者欺骗、误导、强迫用户修改其他服务者提供的服务或产品参数，本案中QQ保镖破坏了QQ软件及其服务的安全性、完整性，使原告丧失合法增值业务的交易机会及广告、游戏等收入，偏离了安全软件的技术目的和经营目的，主观上具有恶意，构成不正当竞争。③ 虽然其间没有直接厘清行业自律规范与行为正当性标准（行业公认商业道德）的关系，但也表明了行业自律规范作为界定行为正当性的标尺之一，传达了行业自律规范对于认定行业公认商业道德所起的作用。而首次真正明晰行业自律规范在认定行业公认商业道德、行业惯常行为标准方面所起的作用，以及申明如何利用行业自律规范来认知行业公认商业道德、行业惯常行为标准的路径则是在最高人民法院审判的北京奇虎科技有限公司等与腾讯科技（深圳）有限公司等不正当竞争纠纷案④中。

该案上诉人提道：一审法院援用工信部的《规范互联网信息服务市场秩序若干规定》（以下简称《若干规定》）及互联网协会的《互联网终端软件

---

① 李生龙.互联网领域公认商业道德研究.法律适用，2015（9）.
② 赵军.网络市场不正当竞争行为的法律规制研究：互联网时代竞争法的拓展.重庆：西南政法大学，2010：83.
③ 广东省高级人民法院（2011）粤高法民三初字第1号民事判决书.
④ 最高人民法院（2013）民三终字第5号民事判决书.

服务行业自律公约》(以下简称《自律公约》)来认定涉诉行为是否侵害了诚实信用原则及公认的商业道德,属于适用法律不当,理由是诉争行为发生在2010年10月底到11月初,而《若干规定》与《自律公约》分别颁布施行于2011年与2012年。对此,最高人民法院在二审判决书中答复道:"在市场经营活动中,相关行业协会或者自律组织为规范特定领域的竞争行为和维护竞争秩序,有时会结合行业特点和竞争需求,在总结归纳其行业内竞争现象的基础上,以自律公约等形式制定行业内的从业规范,以约束行业内的企业行为或者为其提供行为指引。这些行业性规范常常反映和体现行业内的公认商业道德和行为标准,可以成为人民法院发现和认定行业惯常行为标准和公认商业道德的重要渊源之一。"当然,对于这些行业规范的适用,是在审查判断的基础上予以参考,而并非当然地接受或断然地不予采纳。一方面,行业自律规范的适用应当置于法律的审视之下,不可与法律的目的相冲突。另一方面,法官须得对所适用的行业自律规范进行识别、认定与审查,并对其合法性与正当性予以合理、充分的论证。[1] 换言之,行业自律规范得以作为认定行业惯常行为标准及公认的商业道德的渊源,其本身必须是客观、公正及合法的,不得违反法律原则及规则。

  值得注意的是,由于互联网企业是一个新兴的行业,创新程度高,商业模式更新尤为迅速,相关的行业自律规范也在不断地形成与发展,甚至在某些时候,具有阶段性的特征,故而在将其用于判断行业行为标准及公认商业道德时,也应当根据互联网行业的实际情况,尤其是现阶段发展的特点,甚至是发展的阶段,考虑其是否有利于构建平等公平的竞争秩序,是否符合消费者的一般利益与社会公共利益,依此加以适用。[2]

  总之,"行业性规范常常反映和体现了行业内的公认商业道德和行为标准,可以成为法院发现和认定行业惯常行为标准和公认商业道德的重要渊源

---

[1] 范长军.行业惯例与不正当竞争.法学家,2015(5).
[2] [德]弗诺克·亨宁·博德维希.全球反不正当竞争法指引.黄武双,刘维,陈雅秋,译.北京:法律出版社,2015:250.

之一"。法官对于行业自律规范不可无条件地断然接受。这些行业规范性文件不得违反法律原则及规则，必须是客观公正的。换言之，法官应当在判断行业规范相关内容是否合法、客观及公正的基础上，参考行业自律规范，将其作为界定互联网行业惯常的行为标准及公认商业道德之参考依据。

四、软法规制的局限性及克服：软法和硬法相耦合的规制理路

应当注意的是，重视发挥以行业自律规范为代表的软法在规制互联网平台竞争行为中的作用，并不意味着舍弃硬法的规范作用。一方面，软法在规制互联网平台竞争行为中不可避免地带有自身的局限性。比如，互联网平台竞争行为规制中的软法不可避免地带有散乱性的特点，过度地拓展与利用软法资源都可能引发法律的泛化。又如，软法虽以民主商谈、多元参与及沟通协作作为追求，然而实践中各社会主体在商谈能力上皆呈现出较大的差异，如何得以确保各方主体的意见真正纳入软法规范的制定范围内，并且基于此实现经济法主体的利益，皆是值得考虑的问题。另一方面，作为传统不正当竞争行为的基本规制依据，硬法规制（主要指《反不正当竞争法》）在捍卫市场公平竞争秩序的进程中依然功不可没。硬法始终是社会运行中最基本的规则，应当始终坚持硬法的框架性和基础性功能。[1]正如罗马法学家西塞罗所言："法律是人性中所蕴含的最高理性。"在构建互联网平台竞争行为的规制体系过程中，也应当全面发挥硬法在该体系中的基础作用。

首先，不正当竞争行为的属性决定应以硬法作为规制基础。在互联网市场中，虽然传统不正当竞争行为的规制模式备受挑战，但并未改变硬法作为规制不正当竞争行为之基础的形态。互联网平台竞争行为本质仍然属

---

[1] [美]戴维·J. 格伯尔. 二十世纪欧洲的法律与竞争. 冯克利，魏志梅，译. 北京：中国社会科学出版社，2004：38-39.

于不正当竞争行为，对其规制也应当以硬法（《反不正当竞争法》）为基础，在国家强制力的保障下，合理地配置市场参与者的权利、义务，确保公平正义的实现，保障市场秩序井然。

其次，硬法乃国家干预市场竞争秩序的重要手段。互联网平台竞争行为的频繁涌现，乃市场失灵之重要体现。为维持市场良性竞争秩序，经济法的干预及调整不可或缺，而以国家强制力为后盾的国家制定法，与其他治理手段方式相比，更能直接体现国家意志。也正因为此，带有明显国家干预性质的硬法更容易迅速实现国家干预之目的。从对传统不正当竞争行为的规制实践来看，以硬法为重心的反不正当竞争法及其他规范市场竞争秩序的相关立法乃规制不正当竞争行为的核心法律依据。鉴于此，这些作为硬法的立法文件也应发挥对互联网平台竞争行为的规制作用，成为规制该类行为的主要法律依据。

最后，硬法配置权利义务的模式是捍卫经营者利益及公平竞争秩序的有力保障。不正当竞争法律责任的承担，必须以强制性规范对其进行确认为前提，也需有强制性规范来清楚界分当事人之间的权利义务。硬法作为国家制定法，有评价、指引、预测、教育及强制等功能，得以在最大限度范围内遏制不正当竞争行为的诞生，从而保障市场经营者的合法利益，捍卫公平竞争秩序。

由此可知，软法治理互联网平台竞争行为固有的缺陷需要发挥以《反不正当竞争法》为代表的硬法的基本规制作用，硬法规制为软法规制功能之发挥提供了特定环境，离开该环境也难以保障软法规制功效的实现。① 任一社会秩序之建构既需要软法，也需要硬法。尽管软法与硬法之间可能存在某些冲突，然而两者终将走向交叉、结合、转化甚至是某种程度之混同。② 一方面，硬法对软法具有指引、肯定及支持的功能；另一方面，软法对硬法则起着先导、指引、支持及补充的功能。③ 质言之，硬法和软法

---

① 罗豪才，周强．软法研究的多维思考．中国法学，2013（5）．
② 朱文龙．软法视角下中国与欧盟社会治理比较研究．北京：对外经济贸易大学，2013：24．
③ 姜明安．软法的兴起与软法之治．中国法学，2006（2）．

之间存在极强的互补性,硬法之长往往乃软法之短,而软法之长通常也是硬法之短,二者耦合并用、相辅相成,通过功能上的互补,软法与硬法共生形成的制度设计已然演变为一种具有整体性的制度存在方式与运行方式。[①]因此,在法律体系中两者应取长补短,而在法律实践中两者缺一不可,并行不悖。[②]

互联网平台竞争行为的软法和硬法正是存有这样的耦合[③]关系,应确保硬法与软法的刚柔相济,尽量避免以强凌弱或者以柔克刚,从而做到各展其长、扬长避短,各得其所、"软硬兼施"。质言之,在规制互联网平台竞争行为的过程中,必须回应互联网市场发展之实际需求,全面发挥硬法与软法各自之特长,依照法律调整的"边际效益原理",按照所处的不同层面、不同领域、不同阶段可能面临的各异问题,清楚界分硬法与软法的调整对象,以《反不正当竞争法》为核心的硬法规制体系是确保国家有效干预、彰显国家对秩序作出有效规制之必要选择。此外,还应当充分认识、尊重互联网及信息经济发展的外在客观规律,充分实现《反不正当竞争法》与相关法律法规的硬法规制作用,应当重视行业协会的功用,发挥行业自律规范的作用。这就是说,在以《反不正当竞争法》为核心的硬法实施初次控制的前提下由软法开展二次控制[④],从而构筑起一个富有实效、功能齐全、结构匀称、体系完整的法律规制体系。当然,需要说明的是,软法的品质也需要不断提升,才能据此型构软硬并重的混合法控制模式。[⑤]

总而言之,"在多元化的制度选择主体中,国家(政府)的选择始终

[①] 徐靖.软法的道德维度:兼论道德软法化.法律科学,2011(1).
[②] 罗豪才,宋功德.认真对待软法:公域软法的一般理论及其中国实践.中国法学,2006(2).
[③] 耦合最初是物理学中的概念,是指两个或两个以上的体系或两种运动形式之间通过各种相互作用而彼此影响,以至联合起来的现象。经由徐孟洲教授引入经济法的基础理论研究中,意指经济法现象中的不同对象相互作用、相互依存并且相互影响之关系。
[④] 翟小波."软法"及其概念之证成:以公共治理为背景.法律科学,2007(2).
[⑤] 罗豪才,苗志江.社会管理创新中的软法之治,法学杂志,2011(12).

占据着优势地位……当然，国家（政府）在制度选择中的重要性并不否认和排除其他主体在制度选择中的作用和地位"[①]。构建互联网平台竞争行为的规制体系，一方面应发挥硬法的基础性作用，另一方面亦不可忽视软法对此类行为独特的治理作用。一言蔽之，互联网市场的虚拟性及互联网平台竞争行为的特殊性，互联网平台竞争行为的治理不可能纯粹地寄希望于硬法，还应当着重实现软法特殊的规制理路，只有刚柔相济、软硬兼具，以此构建互联网平台竞争行为软法与硬法规制相耦合的规制体系，才能最大限度地实现经济法的干预及规范功能，从而推动互联网市场竞争秩序朝着规范化的目标发展。

第五节　硬币的另一面：互联网平台竞争合规机制构建

近年来，党中央系列重要会议多次强调加强竞争法实施力度，我国竞争法实施效果显著，竞争法的威慑力逐渐提升。竞争执法、司法查处、审理了系列互联网平台反竞争行为，对优化互联网市场竞争秩序颇有助益，然而在总体上，与健全的互联网平台竞争规制体系仍有较大距离。除了强化竞争执法、司法力度，如何看待互联网平台竞争合规机制在互联网平台竞争规制体系中的角色定位？如何发挥互联网平台竞争合规的功能？进一步讲，如何搭建互联网平台竞争合规实施路径？这些问题均值得回应。然而，从目前情况来看，竞争法的施行过于倚赖事后的司法规制与行政执法，而作为事前激励的守法（合规）的价值却未获得应有重视。既有的研究侧重于关注对互联网平台竞争司法、执法程序以及竞争立法本身之完善，忽略了互联网平台主动守法、平台竞争合规在竞争法实施中的功用。

[①] 彭海斌.公平竞争制度选择.北京：商务印书馆，2006：261.

考虑到互联网平台自愿遵从、积极守法在提升竞争法实施效果中成本最低，因而可能是最理想、更为有效健全互联网平台竞争规制体系的方式，有必要着重从促进互联网平台守法、构建竞争合规机制的视角优化竞争法实施效果，并构筑相应的实施方案。

一、三个维度：互联网平台竞争合规的制度定位

（一）互联网平台竞争合规是公众参与制度的重要组成部分

在新时代背景下我国政府遭遇的规制难题逐渐增加，规制范围、领域不断扩大，然规制主体所仰赖的信息、资源极其有限，因此，通过扩大公众参与的方式降低规制机构的治理成本与减轻其信息压力成为可欲的解决路径。考虑到竞争执法资源与执法信息之有限性，竞争执法也应当构筑公众参与机制，引导市场行为主体开展正当、公平竞争，从而提升社会整体绩效与整体福利。如学者所言：私人法律实施着实有效降低了某些公共法律实施之成本，这就可以对当代法律制度中私人法律实施与公共法律实施的耦合进行合理解释。[①] 愈来愈多的国家、地区开始构建针对市场行为主体的公众参与制度，其中一个重要的方式则是施行竞争合规机制。

互联网平台竞争合规机制渗透着浓厚的合作治理情结，其主张实现规制主体的多元化，即管理公共性事务非但需要公共机构，亦应有私人主体之参与，通过公共主体与私人主体之通力合作达到规制目的。此外，互联网平台竞争合规机制提倡各异主体进行沟通、协调与合作，拒绝公共主体单向的命令与私人主体的被动服从，而采用一种更为灵活多样的手段及方式促进市场主体主动积极守法。政府应当从实质上扬弃控制导向的行为模式，代之以引导取向的行为模式。[②] 事实上，为确保对竞争性市场体制形

---

① [美]理查德·A·波斯纳.法律的经济分析：下.蒋兆康，译.北京：中国大百科全书出版社，1997：780.
② 张康之.论政府行为模式从控制向引导的转变.北京行政学院学报，2012（2）.

成整体关怀，我国竞争执法机构的职能非但包括通过执法行为纠偏竞争机制及维护竞争秩序，还包括借助非执法动议特别是互联网平台竞争合规机制之构建，塑造良好的互联网市场竞争秩序，兼顾对社会公众合规意识及竞争意识之培育，进而形成良好的竞争文化。

（二）互联网平台竞争合规是平台主动守法的重要内容

一般而言，法律之实施涵括司法、执法与守法。全面的竞争法施行亦应涵摄竞争司法、执法与守法三个层面。虽然，从我国既有实践看，竞争司法规制与行政执法发挥了重要功能，也为社会所普遍认可，然仍不能将竞争法的施行简单地等同于竞争司法规制与竞争行政执法。互联网平台主体自觉遵从竞争法，构建平台竞争合规机制也是竞争法实施的重要组成内容。[①]

总体来看，我国平台合规制度的普及性并不高[②]，然而这不能成为忽视平台竞争合规重要作用的充分理由。合规是发现、预防及约束企业违法行为的内控装置。互联网平台搭建平台竞争合规机制：一方面，确保自身运营行为符合法律规定，互联网平台乃依托程序及制度运转的组织体，合规治理机制实现效用的方式正是将互联网平台组织体成员的经营行为、决策等装进制度的"笼"中，确保互联网平台组织体运转接受合规管控；另一方面，鉴于平台对平台内经营者享有监管职责，平台构建竞争合规机制也可以有效预防、发现及制止平台内违法行为，对平台及平台内竞争守法文化健全有重要的推进作用。互联网平台竞争合规是确保平台守法的有效制度工具，是互联网平台主动守法的重要构成部分。

对此，诸多国家及地区的竞争执法部门基于自身实际情况，先后出台了竞争合规指引指南，引导企业量身打造竞争合规规则，值得借鉴。如加拿大竞争局（CB）于1997年出台了世界上首部专门的反垄断合规指引指

---

① 王健.加快制定反垄断合规指引 促进《反垄断法》全面实施.中国市场监管报，2019-06-04.

② 李本灿.刑事合规立法的实体法方案.政治与法律，2022（7）.

南。此后，英国公平交易局（OFT）也颁布了《竞争法合规指南》，并对企业构建竞争合规机制进行了充分阐释和指引。另外，澳大利亚、加拿大也纷纷针对中小企业、大企业制定相应的竞争合规指引指南。而欧盟自2004年出台反垄断规则以来，欧盟委员会亦一直致力于推动反垄断合规政策的实施，以此减轻竞争执法部门的执法压力及遏制垄断违法行为的发生。日本、美国、印度与土耳其等国的竞争执法主体也制定了反垄断合规指引指南，为企业提供相应的反垄断合规模板。这些均为我们构建互联网平台竞争合规指引指南提供了比较法层面的有益借鉴。[①]

（三）互联网平台竞争合规是评测竞争法实施效果的重要衡量因素

竞争法实施效果如何关乎我国市场经济的稳定发展，关乎包括经营者、消费者等市场主体利益之保障。如何检验、评估竞争法实施效果，是我国竞争法学研究领域极具重大理论与实践价值的研究命题，也是竞争法学研究领域的难题之一。

竞争法实施效果评估机制研究凸显了明显的实践品格，且关涉社会诸多领域。一般而言，除了可从法律标准、经济标准评估竞争法实施效果，还可从社会效果的标准加以考察。具体而言，除了通过观测实际执法状况与违法行为因此被遏制之间的关联性，还可通过执法相对人对执法活动的接受度、社会主体对竞争执法之评价进行测度，来评估竞争法实施是否达致立法之期许。可以说，执法相对人对执法活动的接受度、社会主体对竞争执法的评价是评估竞争法实施效果的重要观测指标。

进一步审视，作为执法相对人的互联网平台有无在竞争执法部门的执法行为后自主构建竞争合规机制，则是评判执法相对人接受度、社会主体对竞争执法认可度之重要因素，也是评判竞争法实施效果的考核指标。事实上，规制平台竞争行为，一个重要目的在于遏止、减少平台从事排除、

[①] 丁茂中.企业竞争合规的政府指引模式国际考察及中国选择.社会科学研究，2015（1）.

限制竞争行为,如互联网平台企业真正从内心认知到自己行为的违法性,积极进行整改、纠正并构建相应的竞争合规机制,将在很大程度上力证竞争执法的有效性,也是实现竞争法立法宗旨的重要考评指标。可以说,倘若互联网平台企业认可执法部门的执法活动,主动制定竞争合规文本,也说明竞争执法取得了较好的社会效果。

二、二元视角:互联网平台竞争合规机制的功能分析

通常,互联网平台竞争合规既可采用外部路径推进,亦可以内部路径实施。相应地,由外部路径推进体现为竞争执法部门以竞争合规指引的形式推进平台竞争合规,而内部路径推进则体现为互联网平台自身制定竞争合规文件。① 由于互联网平台竞争合规机制并未获得相应的重视,故本部分着重阐述其功能。

(一)互联网平台竞争合规机制的功能分析

传统竞争法最初体现为"命令—控制"模式,即立法机关首先确定市场主体正当自由竞争的标准,以此监测市场主体的竞争行为,并依据相关法条对违法主体进行制裁,以确保竞争法的有效实施。但此种模式过于僵化,且制度实施的成本过高。为减少竞争执法成本,多数国家在此基础上引入弹性规制方式(或称间接规制、自下而上的规制),通过竞争成本的内化激发市场主体竞争守法的动力,即借助经济手段将企业外部成本内部化,逐渐发展出"企业竞争守法的经济激励"模式。

近年来,越来越多的国家、地区纷纷出台了一些合规计划,如巴塞尔银行监管委员会在 2005 年 4 月颁布了《合规与银行内部合规部门》,OECD 于 2010 年出台了《内部控制、企业道德及合规最佳实践指南》,国

---

① 王健.加快制定反垄断合规指引 促进《反垄断法》全面实施.中国市场监管报,2019-06-04.

际标准化组织（IOS）发布了《合规管理体系指南》（2014年），等等。那么，如何解释互联网平台构建竞争合规机制的策略选择？具体而言，其理由大致有如下几点。

首先，有利于引导互联网平台挖掘合规资源，为互联网平台合规供给知识支撑，助推互联网平台预防竞争违法行为，促进互联网平台合规的制度化及常规化。平台合规之所以成为近年全球平台治理的有效路径，且竞争执法部门愈加重视企业合规倡导，在执法中构建合规激励机制，关键在于平台合规机制切实具有预防违法的功能。正如英国OFT在2011年出台的《竞争法合规指南》第一章所具体指出的，企业有效的竞争合规具有诸多裨益，也能为企业预防不少不良影响：一方面，其能快速地察觉其他市场主体开展垄断行为之迹象，特别是在自身极可能成为该违法行为的受害者之时；另一方面，其能帮助企业洞明游戏规则，便于其自主灵活地参与竞争而无须担忧违反竞争政策，还可自行判断是否需要就有关竞争法律问题寻求法律援助。

其次，有利于互联网平台防范竞争法律风险，消除或减轻受执法部门惩处的风险，从而最大限度地降低平台整体利益的损失。可以说，借助某种制度媒介培育互联网平台的合规理念，乃预防合规风险之根本。如OFT《竞争法合规指南》第一章专门提到的，企业构建竞争合规制度便于其在发现自身行为属垄断违法行为时及时终止，进而最大限度地争取执法部门的豁免或处罚优惠，如减轻相应罚款。倘若企业展开了有效的竞争合规，则当OFT针对垄断违法行为开处罚单时，企业最高可享受10%的处罚减轻优惠。反观我国，根据2022年《反垄断法》第56、57条之规定，如行为构成垄断违法行为，则通常会被处以"上一年度销售额1%～10%"的罚款，而假如互联网平台构建了相应的竞争合规制度，及时发现、终止且主动向竞争执法部门报告，或将作为酌定减轻因素获得处罚减免，从而避免损失的进一步扩大。

最后，通过构建竞争合规机制，互联网平台还可避免竞争违法行为导致的名誉减损,帮助互联网平台树立良好的社会形象及商业信誉,这对平台的可持续发展颇为关键。[①] 可以说,在一个法治社会,互联网平台制定竞争合规政策非但有助于其减少相关损失,也可令其获理想回报。其中一个重要体现是,其因制订了竞争合规计划并主动积极遵从竞争法,成为所在行业、领域的守法模范,对打造其良好信誉和企业形象有重要作用,而这对互联网平台深层次的发展更具长远意义。正如OFT在《竞争法合规指南》第一章所表明的,作为商业道德文化重要内容的竞争合规文化对企业树立正面的社会声誉,意义重大。[②] 互联网平台构建竞争合规制度乃提升平台竞争守法水平与守法能力之重要体现,亦是从制度层面确保竞争法施行效果之必要路径。

总之,有效的平台竞争合规乃是通过事前防范、事中识别制止、事后补救等多重机制共同构筑的合规防护网,只要平台竞争合规切实开展且有效运营,互联网平台内部及平台内经营者的经营行为就会受合规机制的约束、管控。

(二)竞争执法机构竞争合规指引的功能分析

虽然互联网平台制定竞争合规政策凸显出多方面效能,但对于那些需要进行复杂的法律与经济分析,且需对相关事实和市场效应予以深度调查的行为,其作用仍然有限,而这正是竞争执法机构的竞争合规指引机制大有作为之处。

1. 竞争执法机构的角色转变

在深入分析竞争执法机构为何以及如何构建竞争合规指引机制前,需对其制定主体——竞争执法机构进行理性认知。事实上,竞争合规指引机制与竞争执法机构在某种程度上成立双向塑造关系,合理构建竞争合规指引机制离不开对竞争执法机构的整体观照。唯有清晰定位竞争执法机构之

---

① 陈瑞华.企业合规制度的三个维度:比较法视野下的分析.比较法研究,2019(3).
② 丁茂中.英国竞争合规的理念培育.(2019-07-22)[2023-05-08].https://mp.weixin.qq.com/s/nogCN3FZjFTY6B6hDo2ahQ.

角色、功能，才能洞知竞争执法主体构建竞争合规指引机制之正当性及必要性，亦为竞争合规机制的后续落实奠定认知基础。

根据竞争法立法目的条款及其整体的制度设计，竞争执法机构承担保障经营者利益与消费者利益、维护竞争秩序的重担。这也是一直以来我们对竞争执法机构的常规定位。然而，新时代发展背景下，需要重新审视竞争执法机构之角色功能，革新既有将其锁定为竞争秩序维护者之认知模式。

究其原因在于，经济背景发生重大转变，竞争执法机构所秉持的规制理念有所不同。新时代发展背景下，对竞争违法行为的认定具有更为明显的动态性，其因果关系判定往往无法确定，而传统的"事实构成—法效果"条件程式的规范结构似乎也无法简单套用。此时，倘若固守既有执法思维与规制理念，可能导致对风险的过度干预与限制，造成对市场不必要的侵扰，进而可能抑制技术进步，阻碍社会整体增量利益的发展。这与竞争法的价值目标及立法宗旨相违背。更合适的做法是，植入更为包容、审慎的执法理念，实现从形式执法到实质执法之本质蜕变，即不能止步于对竞争违法行为之事后规制，而应充分发挥竞争执法机构作为竞争促进者之作用，力图通过事前的竞争激励与竞争倡导推动竞争文化之建构。此外，近年来伴随着竞争执法机构对竞争法条文规范的深刻理解与既有执法经验之总结，竞争执法机构的执法水平和执法能力不断提升，从而为其蜕变为竞争促进者奠定了坚实的基础，加之社会主体对竞争执法机构角色功能之期许，均要求竞争执法机构超越既有的以竞争秩序维护为主的角色、功能定位，转变为竞争促进者，并积极主动发挥其效能以构筑全新秩序。

因此，为指引及促进经营者展开竞争合规建设，国务院反垄断委员会曾于2020年出台《经营者反垄断合规指南》，对经营者如何展开竞争合规提供框架性指导，对合规风险重点、合规管理制度、合规管理保障、合规风险管理作出规定。此后，国务院反垄断委员会于2021年颁布了《平台经济领域的反垄断指南》，对平台经济领域的竞争合规作出更为详细的规定。

2021年的指南将重点放在平台经济领域经营者排除限制竞争行为的风险识别上，对平台着手竞争合规具有重要指导价值。此外，在近几年，除了针对特定行业、特定经济领域出台专门规定外，国务院反垄断专家委员会还颁布了其他相关指南，如《垄断案件经营者承诺指南》《横向垄断协议案件宽大制度适用指南》。值得说明的是，地方市场监督管理部门也就竞争合规展开制度探索，例如，2019年浙江省市场监督管理局即先行出台了《浙江省企业竞争合规指引》，随后，2020年上海市场监督管理局也出台了《上海市经营者竞争合规指南》，河北省市场监督管理局在同年出台了《河北省经营者反垄断合规指引》，2021年江苏省市场监督管理局印发《江苏省经营者反垄断合规指引》。除了针对一般意义上的经营者合规指引，2021年浙江省市场监督管理局还专门印发了针对平台企业的竞争合规指引，对互联网平台如何有效开展竞争合规作出了详尽的指导。① 为确保经营者对自身经营策略和经营行为具备合理预期，有必要对平台竞争这类争议较大且影响广泛的内容作出规范指引。

2. 竞争合规指引机制的具体功用

那么，扮演竞争促进者角色的竞争执法部门构建竞争合规指引机制的正当性、合理性如何体现？通常而言，竞争执法部门设置体系完备的竞争合规指引机制，得以为互联网平台的竞争守法提供技术、法律与管理上的指引，帮助、推动互联网平台着手开展竞争合规工作。其具体效用，大致有如下几方面。

首先，由竞争执法机构制订竞争合规指引指南可以节约互联网平台与社会整体的守法成本。竞争执法部门所构筑的竞争合规指引机制着眼于引导包括互联网平台在内的企业，帮助互联网平台节约、减少寻求竞争法律政策的开支与制度建构之成本。不论是挖掘相应的竞争法律政策来源，准确理解竞争法律政策的真实含义，抑或是尝试构建平台内部新的竞争管理

---

① 丁茂中. 自我优待的反垄断规制问题. 法学论坛，2022（4）.

制度，均需支付必要成本。而且市场竞争领域相关的竞争政策、指南等，单是观其数量，已给互联网平台带来不小的学习压力。加之近年为适应我国市场经济的深层次发展，竞争执法机构根据不同行业特点、领域发展需要而逐步出台了更多的指南，相关文本的变动性也比较强，这也给互联网平台及时、准确理解、掌握竞争政策增加了不少难度。此时，倘若由竞争执法机构集中提供竞争合规指引机制，非但可以帮助互联网平台减少寻求竞争法律政策资源的困难，为其节省相应的守法成本，并避免互联网平台因不知悉相关竞争法律政策而产生的损失。并且，由竞争执法机构统一出台竞争合规指引机制，也可发挥其规模化优势，为所有包括互联网平台在内的市场主体提供指引和帮助，从这个层面看，也大大节约了社会整体的守法成本。

其次，我国互联网平台整体的竞争守法意识较薄弱，且在实践中平台普遍并未构建竞争合规机制，鉴于此，由竞争执法部门统一出台竞争合规指引指南，导引、帮助互联网平台构筑竞争合规机制，则显得相当重要。一方面，不论是域外企业还是域内企业，其追逐经济利益的本性决定了在欠缺外部激励机制的情形下，希冀互联网平台主动积极搭建竞争合规机制不太实际。另一方面，竞争法具有较强的专业性、复杂性与明显的政策性，具有高度专业性的竞争执法部门可以运用其系统性的知识积淀，凭借其对竞争法律规范、政策的深刻理解和多年执法经验总结，制定出符合工具合理性的竞争合规指引机制，在具体示范程序与制度框架上也可以更有效、有针对性地导引互联网平台预防竞争法规制风险。

再次，竞争执法部门制定竞争合规指引可充分发挥其软法功能，适当补充作为硬法的竞争法在规制层面无法避免的不足。从治理理论与治理实践可知，在治理规范依据上，竞争法施行需要借助不同形式的软法。换言之，竞争法施行非但需采用常规的强制性执法动议，亦需凭借非强制性的执法动议。由竞争执法部门制定竞争合规指引指南即是竞争执法部门引入柔性执法、发挥其软法效用的有益尝试。对此，欧盟很早即认识到强制性的竞争法是一种硬法，而单纯仰赖硬法规制竞争行为仍远远不够，还应凭借不同形式的软法以维护整体市场竞争秩序。其中，竞争执法部门的竞争合规指引指南就是一种最为有效、典型的软法。

事实上，单纯地依赖硬法层面的威慑，其功能难免有限。这体现为，若仅倚赖硬法层面事后威慑之强化与制裁之加重，或许无法兑换市场主体同等的守法承诺，反之，还可能陷入"威慑陷阱"[①]。为此，可行的方案是竞争执法部门以事先引导互联网平台构建竞争合规机制的方式，发挥其软法功效，强化互联网平台对竞争规则的理解与认同，获得执法相对人的支持与配合，以此实现维护竞争秩序的重要任务，而非简单采用既有通过提升硬法的制裁强度以增加威慑力之程式。

最后，由竞争执法机构制定竞争合规指引政策有助于深入推动我国竞争文化建设。据研究，除了缺乏职业操守、持行为不会被发现的侥幸心理以及违法所获利益诱惑市场主体冒险违法等原因，驱动互联网平台违反竞争法的重要原因是其对该法缺乏明确、全面的认知。[②] 由竞争执法机构制订竞争合规指引指南，并广泛宣传、普及，从而确保其为互联网平台普遍获知，对遏止违反竞争法的行为将大有裨益，也是推进我国竞争文化建设的重要路径。

三、争议及破解：互联网平台竞争合规机制的具体构建

法律的生命在于实施。如何将互联网平台竞争合规机制的构建落到实处，或许更值得关注。为确保互联网平台竞争合规机制获得良好的实施，

[①] 喻玲.从威慑到合规指引：竞争法实施的新趋势.中外法学，2013（6）.

[②] 英国 OFT 曾发起一项关于反垄断合规与威慑关系的调查。调查结果显示：（1）仅有57%的大企业与35%的小企业认为自己具有相当程度的竞争法律知识。（2）85%的大企业与73%的小企业声称导致他们触犯竞争法律的最主要因素是竞争法律知识的缺乏。（3）竞争法律知识的缺乏与竞争法律风险呈正相关关系。韩伟.OECD 竞争政策圆桌论坛报告选择.北京：法律出版社，2015：17.

需对其进行通盘考虑，其中最为核心的是明确应否以及如何实施制度激励、其有效性评估标准如何确定这两方面。

（一）互联网平台竞争合规机制的制度激励

1. 应否激励？

如互联网平台构建了相应的竞争合规机制，或在竞争执法部门出台竞争合规指引指南后，互联网平台获有益导引而制定了竞争合规文件，是否应对其提供制度层面上的激励，比如减轻或免除其处罚以及提供其他法律责任层面的减免优惠，应当说对竞争合规机制的顺利落地至关重要。对此，应否对开展竞争合规机制的企业予以激励，理论上和实践中持肯定意见有之，质疑声音亦不少，并未达成一致意见。

（1）肯定的声音。

有学者认为，企业合规机制建设有如下三层意义：其一，企业督促内部人员及其合作者在经营活动中遵守法律规定；其二，为预防、减轻因违法行为面临的损失建立内部治理体系；其三，作为宽大处理的执法激励优惠机制。[1]换言之，其主张对企业合规采取激励机制。对于实施了竞争违法行为的企业，如其设置了真实、有效的竞争合规政策，多数国家地区竞争执法通常对其提供减轻罚款额度之"优待"，以此鼓励企业切实实施竞争合规政策。首先，实施竞争违法行为的主体毕竟是少数，并非企业多数人，因少数人的行为惩罚整个集体，并不妥当。其次，如合规政策能有效阻止违法行为发生或在竞争执法部门发现行为之前主动报告，应对合规政策的制定者予以激励。最后，提供处罚减免或将有利于阻止新的竞争违法行为之发生。需要说明的是，持应予激励论者认为针对合规政策有效性的识别问题，应由当事人而非执法部门承担合规政策有效性的证明责任。[2]

---

[1] 陈瑞华. 企业合规基本理论. 北京：法律出版社，2020：30.
[2] 韩伟. OECD竞争政策圆桌论坛报告选译. 北京：法律出版社，2015：21.

（2）否定的声音。

虽然，多数认同对施行竞争合规政策的企业提供激励，然仍有部分学者对合规政策的制度激励持质疑态度。其认为这些合规政策并没有阻止竞争违法行为的发生，也并未让竞争执法部门事前知晓行为，故不应为其提供处罚减免。持该论的学者还特别指出，竞争法中的和解程序与宽大政策已为行为主体争取到了最大限度的优惠，故无须另外对其提供其他层面的激励。其缘由是：首先，企业制定了有效的合规政策，足以阻止竞争违法行为的发生，且可让企业免遭竞争执法部门处罚、承担相应的民事责任及免遭商誉受损。其次，即便该企业的合规政策并未成功阻止竞争违法行为，亦可通过宽大政策，早于其他共谋者更快地识别违法行为，从而争取成为合格的免予处罚之候选人，进而获得实质性利益。最后，倘若其未能在竞争执法部门查处前自我报告，制定合规政策的企业也可在竞争执法部门查处过程中尽快提供证据，从而通过宽大政策争取更有利的处罚减免。并且，其可以第一时间对内部进行审核，与竞争执法部门达成和解协议的可能性更大。

此外，在个别情形下，企业制定合规政策不但不能享受处罚减免，还会成为竞争执法部门加大企业罚款力度的理由。其观点是：如实施企业合规制度而予降低罚款，可能反向鼓励竞争违法行为发生，或可能导致企业寻求制度漏洞，设置虚假的合规政策，而竞争执法部门识别合规政策的有效性并非易事，如简单激励企业施行竞争合规政策，无疑加重竞争执法部门的执法负担和管理成本。[①]

（3）本书的观点。

虽然前述关于能否对企业竞争合规机制予以激励存在争议，但这些探讨对互联网平台竞争合规应否进行激励仍然具有重要的启示意义。结合上述两种不同的观点，本书认为，经综合权衡，对实施竞争合规政策的互联网平台提供激励更符合制度设计目的，也能获取更大的社会增量利益，但

---

① 韩伟.OECD竞争政策圆桌论坛报告选择.北京：法律出版社，2015：21.

应对所提供的激励设置必要限制，以防互联网平台以虚假合规政策钻漏洞，规避竞争法的制裁。具体而言：

首先，除了适度的惩罚，规制效果的提升还依赖制度激励。一般认为，罚款是一种有效威慑竞争违法行为之规制手段。然而，在过去 10 年中，竞争执法机构针对竞争违法行为之罚款逐渐严苛，罚款数额明显日益提升，与此同时，大量竞争违法行为仍持续被发现，相关反竞争案件数量也在上升，甚至出现的累犯现象并不少见。对此，是否需要反思：单方面提高罚款额度是否能提升竞争法的威慑力？或许，不论罚款额度设定多高，其带来的威慑力仍不免有限。在某种意义上，一个单凭执法威慑支撑的秩序体系或许难以从本质上实现互联网平台市场的自由、民主，竞争法等竞争政策的施行所仰赖的不仅仅是威慑，还有说服与激励。

其次，提供处罚减免等制度激励有利于激发互联网平台构建竞争合规制度的动力。有学者坦言，促使企业遵从竞争法的因素包括：刑事制裁、罚款、对企业或个人名誉的担忧、撤销董事资格的命令、浓厚的守法文化及职业道德。[1] 法律制裁与罚款是推动互联网平台遵从竞争法的核心要素。多数社会主体之所以遵守法律，并非因为强制，而是由于习惯。[2] 社会主体遵从竞争法律的习惯主要源于其对竞争益处的认知。因此，为制定竞争合规文本的互联网平台提供罚款减免、刑罚减轻等处罚优惠，是激励互联网平台自主合规、遵从竞争法的重要推动力。

最后，提供制度激励有利于培养互联网平台的责任意识及守法意识，导引互联网平台从消极抵抗、消极守法变成积极守法、主动守法，从而不断提升社会公众的守法水平。多数国家、地区均对构筑竞争合规制度的企业进行了制度激励。如 OFT 要求企业在与规制主体缔结和解协议时，可递交企业竞争合规政策文本作为相应的条件；而美国司法部在与涉案行为主体签订和解协议时，也将企业所公布的竞争合规文件作为重要的考量因

---

[1] 韩伟.OECD 竞争政策圆桌论坛报告选择.北京：法律出版社，2015：16.
[2] 付池斌.现实主义法学.北京：法律出版社，2005：45.

素；美国州政府在启动反垄断诉讼时，通常亦将企业制定的竞争合规文本作为适用和解、缓刑之前置条件。①从施行效果看，其对提升企业的守法意愿与守法能力着实大有裨益。因此，对构筑竞争合规制度的互联网平台提供相应的激励配套，这将促进互联网平台及社会整体的守法水平，对实现竞争法维护市场自由公平竞争，保障市场经济健康发展，维护消费者、经营者与社会公共利益的多元价值目标，意义重大。

2. 如何激励？

在证成了应对制定合规政策的互联网平台提供激励之正当性基础上，需直面的问题是提供哪些可能的激励？如何预防互联网平台实施虚假、表面化的合规政策？对此，不同国家、地区竞争执法部门针对企业的竞争合规政策，制定了一些具体的减免基准。

韩国公平交易委员会（KFTC）对制定竞争合规文本的企业实施证书等级政策：如企业被评为 AAA 级，则通常能获得 KFTC 20% 之内的处罚减轻且在二年内避免 KFTC 的主动调查；倘若企业获 AA 级评价，则通常对应 15% 之内的处罚减轻，并在一年半内免被 KFTC 主动调查；如企业被评定为 A 级，则通常可获得 10% 以内的处罚减轻，在一年内可免遭 KFTC 的主动调查。②

而英国 OFT 在《竞争法合规指南》第一章也着重表明：因竞争违法行为，企业将遭受"剥夺涉案公司的董事资格""处以高达营业额 10% 的罚款额度""对涉案行为的个人进行刑事处罚"等不良后果，而倘若企业构建了有效的竞争合规制度，将对这些企业提供减轻、免于因竞争违法行为产生的诸多不良后果之优惠。

我国亦可参照上述做法，对制定了真实合规政策的互联网平台实施一

---

① ABA Section of Antitrust Law. *Antitrust Compliance:Perspectives and Resources for Corporate Counselors*. ABA Publishing.Chicago. 2005: 64-69.

② KFTC. Fair Trade Compliance Program. 2006: 5-6. Theodore L.Banks and Frederick Z.Banks. Corporate Legal Compliance Handbook. Aspen Law&Business, 2007: 1-3.

定程度的处罚优惠。具体而言，首先，其可在竞争法法律责任条款部分增加"将制定合规政策作为酌定减少罚款的重要考量因素"。需要说明的是，对实施合规政策的互联网平台提供制度激励应予一定限定，以防止平台制定虚假、低稳定度的合规政策。对此，英国 OFT 规定，经济处罚的减轻并非自动生成，需由企业自行申请且经确认后才能享有。其次，涉案企业应当证明合规政策的合适性、真实性，包括整个企业切实遵循合规的承诺及对合规的具体贯彻（如合规识别、合规评估、合规检审等）。我国竞争执法部门在识别互联网平台合规政策时，亦应要求涉案互联网平台证明合规政策的真实性和有效性，并提供证据证明合规政策获得良好的实施、执行与合理的监督，在此基础上为其提供处罚优惠。

（二）互联网平台竞争合规机制的有效性评估

在探讨了互联网平台竞争合规机制的角色定位、功能分析与制度激励后，值得进一步追问的是如何评估互联网平台竞争合规机制构建的有效性。由于有效性是互联网平台竞争合规机制构建的核心目标，本部分着重探讨平台竞争合规机制的相关评价指标。

1. 互联网平台竞争合规机制的评价指标

互联网平台欲切实敦促平台内经营者遵守法律法规，欲有效地防止及规避合规风险，欲获得竞争执法机构对合规管理机制的认可进而享受从宽奖励，则应当搭建、健全有效的竞争合规机制。换言之，互联网平台唯有构建有效的竞争合规机制，构筑良好的竞争合规治理体系，才能获得从宽处理的执法优惠。如何评价互联网平台构建的竞争合规机制的有效性和妥适性，不妨参考不同国家、地区竞争执法部门制定的评价原则和评价指标。针对企业合规有效性标准，各国采用了不同的评价指标及要素形态，即从合规监管者或司法机关的视角，明确了合规管理的若干评估要素和审查指标，作为评价合规是否有效的基本标准。

其中,《美国联邦量刑指南》(1988年草案)第八章规定,倘若企业立即主动报告内部犯罪,且在接下来的各阶段积极配合调查,则可获得降低罚金刑的优惠。这个其实是企业合规的雏形,遗憾的是,该讨论稿尚未明确哪些属于有效合规的要素。但值得肯定的是,其将自我报告作为评估合规机制有效性的考量因素。[①]美国司法部发布的《司法手册》凝练了有效合规计划的几个重要方面:其一,企业合规计划的设计是否良好?其二,企业所设计的合规计划有无获得良好的执行?其三,企业合规机制在实践中是否行之有效?美国刑事部司法部在《企业合规评估》中进一步明确了合规计划各个阶段——设计阶段、执行阶段、效果阶段的评估指标,具体而言:在设计阶段主要审查合规制定是否全面,核心审查指标是风险评估、程序及政策、沟通和培训、调查程序、合规举报、并购管理、第三方管理等要素;在执行阶段主要审查合规计划是否切实贯彻,包括管理层承诺、资源保障、职能保障、惩戒机制、合规奖励等;在效果阶段主要审查合规计划对防范及应对违法行为有无产生实际效果,核心审查指标是定期测评和审查、持续改进、调查、分析违法行为、纠正违法行为等。其中,在第一阶段重点评估合规计划要素是否全面,在后面两阶段则重点评估合规计划是否切实践行、有无取得较好的实施效果。[②]

2005年巴塞尔银监会出台的《合规与银行内部合规部门》明确了企业竞争合规的有效性原则,具体包括:应构建专门的合规部门且确保其具有独立性,合规部门承担企业建议、教育及指导职责,合规部门应对企业合规风险及时进行识别、评估、监测与量化,第一时间对风险进行报告,合规部门须配齐适当、充分资源,等等。

此外,OECD于2010年制定了《内部控制、企业道德及合规最佳实践指南》,对企业合规的有效评价指标作出专门规定,大致如下:所有企业

[①] 李本灿.刑事合规立法的实体法方案.政治与法律,2022(7).
[②] 刘艳红.涉案企业合规建设的有效性标准研究:以刑事涉案企业合规的犯罪预防为视角.东方法学,2022(4).

员工须得遵从合规计划与内部控制的规定,企业高管全力支持合规计划的实施,保证合规部门的权威性及独立性并对其配备充足资源,合规计划应涵盖针对性的合规措施与企业道德规范,应将合作的第三方主体同时纳入合规计划,对企业全体员工进行全面的合规培训,引导全体员工支持配合合规计划,鼓励员工主动举报违规违法行为,监测、定期评估合规计划的有效性,等等。[1]

另外,IOS 于 2014 年专门颁布了《合规管理体系指南》,对企业合规有效性标准予以明确,其主要指向:企业合规计划应获得企业高管的承诺和全力支持,应做好合规政策的记录和存档工作且以精确语言展现,企业全体员工应切实履行企业合规义务,对企业全体员工进行合规培训和教育以确保所有员工知悉并承诺守规,令全体员工认知违规应承担的法律后果,合规管理计划开展应保持持续性,及时识别、评估及持续监控合规风险,发现违规行为应立即采取纠正措施,企业应逐步提升合规管理结构的充分性、适当性和有效性,等等。[2]

英国《反贿赂法指南》凝练了六项合规有效性的基本原则:合比例程序、风险评估、高层承诺、沟通及培训、尽职调查、监控及评估。法国《萨宾第二法案》主张合规制度的基本要素应涵盖合规举报、行为准则、尽职调查、风险评估、员工培训、会计控制程序、合规审级、纪律惩戒等。[3]

有学者主张,企业有效合规建设应覆盖的要素应包括合规组织机构、合规制度、合规培训、合规文化、合规风险评估、合规风险识别、合规风险应对、合规调查、合规审计、合规举报、持续改进、问责及惩戒等。[4]

不同国家、地区关于企业竞争合规机制有效性之评价,大致包括如下:有无对全体员工展开竞争知识法律测试,有无参加行业主管部门召开

---

[1] 陈瑞华.企业合规制度的三个维度:比较法视野下的分析.比较法研究,2019(3).
[2] 周万里.有效合规管理的十大要素.(2018-10-01)[2023-05-08] http://fgfy4b7243936f334aa0a1998fc3066c915ehkobbncnnowvw6cbn.fgfy.oca.swupl.edu.cn/content/2018-10/01/001465.html.
[3] 张远煌,等.企业合规全球考察.北京:北京大学出版社,2021:58,111,324.
[4] 李玉华.有效刑事合规的基本标准.中国刑事法杂志,2021(1).

的相关培训，有无对员工进行合规培训和教育并向其介绍关于宽恕制度、豁免制度之优点，有无颁布专门的员工手册介绍竞争法相关知识，有无设立专门的法务岗、法务部门或引进专门的法务人员，有无对企业合规风险进行持续监控和评估，有无开展系统性、周期性的检审工作。

综上，互联网平台开展竞争合规机制的有效性指标应包括：其一，合规政策制定以及有无在平台内部，包括向平台内经营者进行相关法律法规传达，有无划定经营者行为边界，此乃判断合规是否有效的制度基础。其二，有无构建合规预防程序。其通常包括合规培训及风险调查两种方式。互联网平台需要依托各项业务活动及交易主体着手平台合规风险调查，规避潜在的违法违规风险，据此形成的合规调查报告可作为合规业务开展的合法依据及必经程序。合规培训的意义在于宣传、贯彻合规内容，培养合规技能，激活合规流程。值得一提的是，互联网平台需要针对重点风险领域、关键岗位制定专门的培训内容，并适时组织考试、模拟演练、问答等培训效果测试。其三，有无构建合规识别程序。本环节的关键要求是搭建合规举报制度。互联网平台应设立必要的举报途径，包括但不限于邮箱、网站、举报热线等，并搭建举报人保护制度，以营造安全、便捷、高效的合规举报机制。其四，有无构建合规应对程序。互联网平台应构建内部合规调查制度及合规奖励惩戒机制。在爆发合规风险后第一时间查明违法行为及责任主体，在进行损害补救及制度修复时，严惩责任主体，高额奖励举报人。其五，有无组建专门的合规组织。合规组织是互联网平台实施合规政策所打造的专门管理团队，负责设定合规政策、管理合规岗位等各项工作，是合规有效实施的人力资源保障。当然，小型互联网平台未必需要搭建专门的合规团队，但至少需确保由专门人员承担合规管理工作。需要说明的是，不同规模的平台对标不同的合规管控水平及合规建设要求。通常，由于大型互联网平台的治理结构相当复杂，关涉全产业链及多项业务领域的合规管控，故而其应构建完备精密的合规管理体系。而中小型互联网平台的业务领域相对固定、组织结构比较简单、合规风险比较单一，因此要求中小型互联网平台依照大型互联网平台的标准打造竞争合规管理体系既无必要，也不切实际，但也存在最低限度标准，中小型互联网平台需达到该标准。①

此外，为发现、预防及应对风险，平台合规机制的设计及实施应体现风险导向性。基于某项平台合规计划，为避免其存在违反竞争法的风险，互联网平台应提前专门向竞争执法机构寻求相应的法律帮助与咨询。② 在通常情况下，就某项具体问题，竞争执法机构会向某特定咨询企业以电话会议、面谈等比较灵活的方式提供咨询和解答。互联网平台有权根据该建议、解答自主决定是否采取相应行动，亦可根据市场状况与经营行为进行机动处理。需要说明的是，某项真正的合规政策应被互联网平台由上至下认真遵循，因此，除了常规化的合规培训及内部监控外，互联网平台还应对合规信息进行持续的更新、审核与评估。

值得注意的是，不论是为了预防竞争执法机构的监管调查，还是为了寻求竞争执法机构从宽处罚的合规奖励，互联网平台均应按照竞争执法机构所印发的合规指南所拟定的合规有效性标准着手竞争合规的建设。其中，不乏大型互联网平台参照行业协会规定的合规标准，并立足于本平台经营状况及治理结构制定更完善的合规管理体系。这有利于其树立良好的商业信誉及领先的合规形象，对平台竞争力及影响力的提升颇有助益。反过来，平台合规的优秀实践也将为竞争执法部门合规指引所适当吸收、采用，被推广为互联网平台自我监管的统一标准。从深远看，平台的主动合规、积极守法对于完善平台经济发展、健全平台竞争规制体系具有重要意义。③

---

① 刘艳红.涉案企业合规建设的有效性标准研究：以刑事涉案企业合规的犯罪预防为视角.东方法学，2022（4）.
② 当然，此类行为不具有正式的法律效力。
③ 刘艳红.涉案企业合规建设的有效性标准研究：以刑事涉案企业合规的犯罪预防为视角.东方法学，2022（4）.

2. 竞争执法机构竞争合规指引机制的评估指标

如何评价竞争执法机构竞争合规指引机制的有效性，各国、地区设置了各异的评价指标、评价流程。如英国OFT针对企业的竞争合规政策，不但明确了企业全体由上至下的推进模式及全员共同参与的原则，还基于企业全体的竞争合规承诺，设置了一套"四步法"操作流程，具体包括识别风险、评估风险、消减风险和系统检审，供企业构建竞争合规政策采用。[①]

虽然，每个行业与企业实际情况不同，不存在一套适用于所有行业及互联网平台的竞争合规指引指南。但是，良好的竞争合规指引指南在总体目标及核心评价要素上还是比较一致的。具体而言，其总体目标涵括如下：一是企业的有效承诺，二是竞争文化目标之确定，三是普及合规知识和内部组织，四是控制合规法律风险，五是不断改进、监控与评估合规计划。

为确保竞争执法部门所构建的竞争合规指引满足不同市场主体的需求以及充分吸收专业科学的意见[②]，应对竞争执法部门出台竞争合规指引在程序设计上进行必要限制：其一，应确保所有利益相关者参与规制方案的制订。其二，应协助分散的利益相关者指定利益代表，提升利益代表参与谈判之水平。其三，加大合规信息之公开，强化公众关于竞争的法律风险及知识认知，对专家论证、公众参与的全部过程应予公开，对竞争合规指引指南制定的内容及所仰赖的理由、依据应予充分公开，促进信息的开放、透明及流通。其四，提供相应平台，确保专家在全面衡量与运用现成知识上自主作出决策，确保专家与社会公众充分沟通有关的竞争合规知识。另外，专家、公众与执法部门须进行充分的辩论与对话。其五，确保专家和公众在参与讨论过程中，就各自提出的方案提供有说服力的理由，且各方

---

① 丁茂中.企业竞争合规的政府指引模式国际考察及中国选择.社会科学研究，2015（1）.
② 赵鹏.风险社会的自由与安全//沈岿主编.风险规制与行政法新发展.北京：法律出版社，2013：28-29.

主体所提合规建议均需遵守基本的竞争伦理道德与竞争法律规定。一言以蔽之，竞争合规指引机制的构建应当通过上下互动的充分参与、交流，既要强调公众与专家的在场，也要确保竞争执法机构与各方主体进行充分的协商和对话，最终达成共识，尽量淡化竞争执法机构单方支配和决定的色彩，从而提升竞争合规指引机制的理性水平。[1]

需要说明的是，即便竞争执法部门提供较合理的制度激励，互联网平台本身有较大的动力构建并遵从竞争合规政策，但亦不能因此弱化竞争执法机构所承担的保障竞争合规指引机制实现之重责。相反，其非但不应有所懈怠，还需加强与互联网平台有关守法的交流。通过有效对话与协商，竞争执法部门得以更好地理解互联网平台的经营行为、商业决策、目标与其经营约束条件，而互联网平台也可以借此提升对竞争法的理解，进而深入认知应如何遵从竞争法。此外，竞争执法机构还应持续更新其知识结构，提升执法水平，强化对市场的认知，加深对市场特定领域、特殊行业相关竞争问题的研究。

总之，在合规风险全球化及合规治理理念现代化的当下，如何构建有效的互联网平台竞争合规体系具有重要的时代意义。马克思曾言，法律是对社会现实的正当化。虽然，中共中央、国务院在《关于推进价格机制改革的若干意见》中明确指出，竞争执法部门应力推市场主体强化竞争合规建设，但是，我国目前的竞争合规建设与现实需求仍有较大差距，竞争合规机制的构建任重道远。本章重点论述了互联网平台竞争合规机制的角色定位、功能指向、制度激励的正当性及互联网平台竞争合规机制的有效性评估指标，然如何与其他平台治理机制相协调、如何切实提升互联网平台的守法意愿和守法能力，尚需进行深入的学理分析与务实的实践探讨。

---

[1] 张青波.自我规制的规制：应对科技风险的法理与法制.华东政法大学学报，2018（1）.

本章小结

平台竞争行为判定的几个面向

一方面，互联网平台竞争行为违法性判定的争议焦点主要涉及竞争关系认定、商业道德判断、经济分析标准适用及行业惯例考量。另一方面，考虑到互联网平台自愿遵从、积极守法在提升竞争法实施效果中成本最低，因而可能是最理想、更为有效健全互联网平台竞争规制的方式，有必要着重从促进互联网平台守法、构建竞争合规机制的视角优化竞争法实施效果，并构筑相应的实施方案。互联网平台竞争行为判定存在如下几个重要维度。

其一，对竞争关系认定。反不正当竞争法是否保留竞争关系认定要件及具体如何认定，一直是困扰实务界和理论界的难题。针对竞争关系存废问题，基于实证层面不正当竞争案件的考察核验，以及法理层面竞争行为的相对性、反不正当竞争法文本的表述、区分反不正当竞争法与侵权行为法的关系、防止滥诉等理由，证成反不正当竞争法应坚守竞争关系要件，但应对竞争关系的定位进行适当修正，即竞争关系不再作为实体层面不正当竞争行为的必要构成要件，但可作为程序层面原告起诉资格的重要考量因素。此外，为确保竞争关系的准确认定、提高不正当竞争行为的规制效率，应明确竞争关系的认定要素，具体包括实际经营行为、竞争利益、产品用户群等。

其二，商业道德判断。反不正当竞争法中的商业道德是判定行为正当性的重要标准，科学认定商业道德对规制互联网平台竞争行为大有裨益。司法实践分别以诚实信用原则、行业自律惯例和创设具体细则三条路径来认定商业道德，然这三条路径均受到不同程度的批判。对此，从立法史、文义解释与域外实践的视角检视之，证成了可从诚实信用原则的角度诠释商业道德。鉴于行业自律惯例是行业共同体惯常做法与公认标准的体现，与商业道德的源起、内在表征一致，故可以之辅佐认定商业道德，但应严格限定其适用条件。面对新兴行业竞争规则的匮乏，应允许司法能动地提炼商业道德的具化规则，但其须契合竞争法的基本理念，注重多方主体的利益衡量且以必要的案例群与充分论证为基础。

其三，经济分析标准的证成及适用。长期以来，互联网平台竞争判断主要仰赖商业道德标准。这主要源于反不正当竞争法维护公平竞争价值的路径锁定，以及受到洛克劳动学说的深刻影响。然而，仅仅依托商业道德标准定性市场竞争行为，容易阻碍互联网市场创新及竞争自由，忽视了反不正当竞争法维护竞争机制的制度预期，也加剧了市场竞争行为判断的不确定性。为回应反不正当竞争法独特的经济属性，彰显其维护自由竞争的价值期待，实现该法的谦抑品格以及缓解竞争行为判定不确定性的难题，对互联网平台竞争行为的判定应同时援引经济分析标准。为贯彻之，需重视竞争秩序损害评估，调整法益排布次序，拓展运用激励分析法，侧重发挥市场调查报告、经济学分析报告等证据形式的证据效力。

其四，行业惯例考量。伴随互联网商业模式的日新月异，以《反不正当竞争法》为代表的硬法在规制互联网平台竞争行为时面临诸多挑战，而软法在治理此类行为方面的独特作用未获足够重视。事实上，以行业自律规范为代表的软法规制效率高，凸显民主性和灵活性，也契合互联网商业模式的特性，符合多元治理的理念，故应注重发挥包括行业惯例在内的软法在互联网平台竞争规制的作用。此外，单一的硬法抑或软法规制皆无法独立完成治理互联网平台竞争行为的任务，唯有软法和硬法相耦合的规制路径才能满足平台经济领域市场竞争秩序的治理需求。

其五，互联网平台竞争合规机制的构建。互联网平台竞争合规机制是公众参与制度的重要组成部分及平台主动守法的重要内容，也是评测竞争法实施效果的重要衡量因素。互联网平台构建竞争合规机制有利于其防范竞争法律风险，帮助其树立良好的社会形象及商业信誉，促进互联网平台合规的制度化及常规化。竞争执法部门可发挥规模化优势制定竞争合规指引，有利于节约互联网平台守法成本，补充硬法规制之不足以及推动我国竞争文化建设。为确保互联网平台竞争合规机制获良好的实施，一是应对其提供制度激励，给予一定层面的处罚减免但应作必要限制，二是区分互联网平台竞争合规机制不同类型分别设置明确的评价指标。

第四章

互联网平台竞争案件的法律适用：以一般条款为视角

为了应对层出不穷的互联网平台竞争行为，2017年《反不正当竞争法》修订时，增加了专门的"互联网条款"[①]，自2018年1月1日起施行以来，其规制效果如何？是否有效缓解"向一般条款逃逸"[②]之难题？值得关切。近年来，党中央系列重要会议均强调加强反不正当竞争执法、司法工作，反不正当竞争规制受到空前关注。一般条款作为反不正当竞争法的立法基础，决定该法整体的制度设计及逻辑架构，也直接关乎该法的实施效用。[③] 可以说，一般条款及其适用是观察反不正当竞争法整体制度实施的重要窗口。从既有研究看，针对反不正当竞争法一般条款，学界展开了持

[①] 参见2017年修订的《反不正当竞争法》第12条。由于2019年4月23日《反不正当竞争法》的修订并未涉及一般条款及第12条的内容，故本书仍以2017年修订的版本为分析对象。

[②] 《反不正当竞争法》第2条第1款规定了该法的基本原则，即"经营者在生产经营活动中，应当遵循自愿、平等、公平、诚信的原则，遵守法律和商业道德"。第2款明确了不正当竞争的定义，具有一般条款的性质，即"本法所称的不正当竞争行为，是指经营者在生产经营活动中，违反本法规定，扰乱市场竞争秩序，损害其他经营者或者消费者的合法权益的行为"。本书"一般条款"对应《反不正当竞争法》第2条。

[③] Frauke Henning-Bodewig(ed.).International Handbook on Unfair Competition.Munich: C.H.Beck・Hart・Nomos,2013:9.

久、深入的研究，对一般条款的功能[1]、一般条款的具体化[2]、一般条款的适用逻辑[3]及适用模式[4]、一般条款的价值取向[5]进行了诸多激烈且有益的探讨，然多数研究集中于正面肯定一般条款的效用及厘清一般条款的适用规则，鲜少从反面质疑一般条款的扩张适用，检讨其扩张适用背后深层次的原因，反思一般条款扩张适用的负外部性，以及基于新的时代发展语境审视一般条款的角色定位。本书无意否认一般条款之于互联网平台竞争认定的重要作用，而仅仅是同时关注一般条款扩张适用可能存在的隐患，避免大量适用一般条款而过度干预市场，背离市场秩序法初衷，甚至成为限制市场自由竞争、阻滞数字经济进一步发展的制度因素。

第一节 一般条款的产生及价值

一、一般条款的产生缘起

从全球范围看，反不正当竞争法最早可溯及19世纪的欧洲：为保护诚实商人的利益，法国法院创造性地借助民法典中的侵权行为一般规定制止不正当竞争行为，首创不正当竞争法律制度，即在工商业活动中，虽未侵

---

[1] 蒋舸.反不正当竞争法一般条款的形式功能与实质功能.法商研究，2014（6）：140-148. 蒋舸.知识产权法与反不正当竞争法一般条款的关系.法学研究，2019（2）：118-136.

[2] 邵建东.《反不正当竞争法》中的一般条款.法学，1995（2）：33-35.郑友德，范长军.反不正当竞争法一般条款具体化研究：兼论《中华人民共和国反不正当竞争法》的完善.法商研究，2005（5）：124-134.王先林.论反不正当竞争法调整范围的扩展：我国《反不正当竞争法》第2条的完善.中国社会科学院研究生院学报，2010（6）：64-72.卢纯昕.反不正当竞争法一般条款在知识产权保护中的适用定位.知识产权，2017（1）：54-62.

[3] 杨同宇.论反不正当竞争法一般条款的适用逻辑.中国政法大学学报，2021（2）：191-203.

[4] 周樨平.反不正当竞争法一般条款行政实施研究：以裁量权的建构为中心.现代法学，2015（1）：172-183.吴峻.反不正当竞争法一般条款的司法适用模式.法学研究，2016（2）：134-153.

[5] 刘维.论网络不正当竞争一般条款的价值取向.交大法学，2021（3）：42-48.

犯工业产权，但导致欺诈、令人误解或对此负有责任的行为，属于不正当竞争。[①] 1896年全球首部成文《反不正当竞争法》在德国面世。由于市场行为形式多样，难以穷尽列举，因此，反不正当竞争法除列举典型的不正当竞争行为之外，有必要设置一般条款进行兜底管辖。所谓一般条款，也被称为概括条款，即在具体列举的类型条款外，认定其他新型不正当竞争行为的抽象规范。

1909年德国修订《反不正当竞争法》，在第1条专门规定：商业活动中基于竞争目的，违背善良风俗的行为，可请求承担损害赔偿及停止行为的责任。美国《联邦贸易委员会法》第5条明确了：市场中或者关涉市场交易的不公平竞争方法，或市场交易中不正当或欺骗性做法、行为，均构成非法。欧盟《公平交易行为指令》（2005年）第5（2）条对竞争行为不正当性作出一般规定：行为违反了专业注意义务，且行为针对某一（些）特定消费者群体，或面向一般消费者所进行的与产品相关的经济行为，造成、可能造成重大扭曲，则行为具有不正当性。

美国《第三次不正当竞争行为法重述》（以下简称《重述》）第1条也就不正当竞争作出概括性规定：从事交易或义务过程中损害他人商业关系的，不需对损害承担责任，除非该损害源于……考虑到行为特性及其对经营者与社会公众的可能影响，可被认定为构成不正当竞争。此外，该《重述》还在评论中专门表明：不论是现有市场竞争者，还是新市场进入者，均不需要对纯粹参与市场竞争导致的损害承担责任……而仅需要对不正当的特定竞争手段导致的损害承担责任。2004年德国再次修订《反不正当竞争法》，对该法的一般条款作出重大变革，其中，第3（1）条提道：倘若商业行为损害经营者、消费者或其他市场参与者，且足以对竞争带来重大损害，该商业行为被认定为违法行为，并且在第3条第2、3款及第4~7

---

① 郑友德，范长军.反不正当竞争法一般条款具体化研究：兼论《中华人民共和国反不正当竞争法》的完善.法商研究，2005（5）.

条对何谓"不正当的商业行为"作出具体界定。[①] 德国著名学者施里克教授专门为欧盟反不正当竞争规定设计的一般条款表述是：除具体列举情形外，考虑到经营者、消费者及社会公众的利益及观念，以及本法及其他法律规定基本原则，尤其是自由竞争原则，如行为滥用竞争，则该行为属于不正当。

1993年我国出台《反不正当竞争法》，也在该法第2条[②]对不正当竞争行为作出一般规定。此举具有明显的前瞻性。关于该条能否作为真正意义上的一般条款，学界存在很大的争议，主要有三种观点，分别是：其一，一般条款说。该观点主张反不正当竞争法所规范的不正当竞争行为并不限于第二章具体列举的类型，还应当包括总则，特别是第2条第2款，所涉及的行为。其二，法定主义说。该观点与第一种观点持相反意见，认为第2条中"违反本法规定"的表述意味着该法的适用范围仅限于法条具体列举的情形，不能认定第2条属于一般条款。其三，有限一般条款说。该观点主张法院可以根据该条认定新型不正当竞争行为，而行政部门无此权限依据该条认定新型不正当竞争行为，换言之，仅法院得以适用该条，行政部门不能适用，故该条属于有限的一般条款。从前述几种观点看，法定主义说的观点过于封闭，不符合不断迭进的市场经济发展现状，也对反不正当竞争法的适用造成不合理的限制；一般条款说的观点相比于法定主义说，更为灵活，但又稍显宽泛，倘若未加限制赋予行政部门根据个案认定新型不正当竞争行为的权限，存在行政权力滥用的隐患。认定一项新型市场竞争行为是否属于不正当竞争，关涉到多元主体利益衡量、竞争行为具体性质判定、竞争损害评估、新型技术及商业模式的考量等，并非易事，需要相当谨慎。由法院对新型竞争行为作出判断，可确保司法审判的连续性，符合当事人的行为预期，更有利于维护法律的稳定性，故更为妥当。

[①] 兰磊.比例原则视角下的《反不正当竞争法》一般条款解释.东方法学，2015（3）.

[②] 1993年《反不正当竞争法》第2条规定："经营者在市场交易中，应当遵循自愿、平等、公平、诚实信用的原则，遵守公认的商业道德。本法所称的不正当竞争，是指经营者违反本法规定，损害其他经营者的合法权益，扰乱社会经济秩序的行为。"

因此，相对而言，有限一般条款说更符合我国客观实际以及规制不正当竞争行为的现实需求。

二、一般条款的功能定位

反不正当竞争法一般条款具有哪些功能？具体而言，其体现在：

一方面，从理论层面看，市场经济语境下自由之于竞争的独特价值，决定了以一般条款限制市场主体自由竞争需要特别谨慎。市场竞争天然带有损害他人利益的特性。希冀经营者在开展竞争过程中谦虚礼让显然不符合实际。创新之于经济社会发展属于原动力。所谓竞争，很大意义上就是不断地推动探索新的商业模式、新的竞争模式，而不仅仅是存量意义上的竞争。而欲实现这一目标，关键是保障市场参与者的竞争自由、行为自由。从这个角度看，竞争领域经营者自由竞争、自主竞争是原则，对自由竞争进行限制应属例外。[①] 除了类型条款，一般条款的本质其实是明确限定了在何时可以限制市场主体的竞争自由。具体条款及一般条款规定之外的行为几乎是属于市场主体的自由竞争空间。

另一方面，反不正当竞争法一般条款是应对立法有限理性的有效工具，得以克服法律的不完备性，提升行为规制预期及法律适用的权威性，为新型竞争行为提供判定标准，故意义重大。[②] 竞争者诚然享有行动自由，参与不断探索新竞争模式、新商业模式的广阔平台，但这种自由也有边界。如其行为扭曲竞争、损害市场竞争秩序，属于滥用竞争自由，亦将受到反不正当竞争法的规制。类型化条款是对滥用竞争自由的不正当竞争行为作出的负面评价，在此之外，仍存在其他滥用竞争自由、损害市场机制的市场竞争行为，需要加以规制。成文法天然带有滞后性、不周延性的特

---

① 蒋舸. 反不正当竞争法一般条款的形式功能与实质功能. 法商研究，2014（6）.
② 张平. 《反不正当竞争法》的一般条款及其适用：搜索引擎爬虫协议引发的思考. 法律适用，2013（3）.

性，限于多种因素，无法囊括所有应被规制的不正当竞争行为类型。况且社会经济始终在发展变化，竞争主体间的关系复杂多元，行为方式层出不穷，根本无法保证穷尽规定所有滥用竞争自由的不正当竞争行为。欲确保法条规制效力的周延性，充分应对不断变化发展的竞争实际，一般条款不可或缺，以有效平衡法律规范的保守性、封闭性与社会生活的多变性、开放性，以维护法律体系的稳定，契合社会发展需求。[1]伴随日益复杂多元的平台竞争模式，反不正当竞争法一般条款的价值将愈加凸显。

可以说，一般条款在整部法律中居于核心地位，其折射出法律的价值追求、基本内容及规制框架，一般条款是整部反不正当竞争法的灵魂，从根本意义上彰显了反不正当竞争法对市场主体自由竞争划定的范围及边界，也充分凝练了反不正当竞争法对新型市场竞争行为的规制态度。[2]从形式意义上看，一般条款的核心功能在于以开放性概念确保反不正当竞争法适用的周延性；从实质意义上看，一般条款是反不正当竞争法律架构的基点，指导搭建起整部反不正当竞争规范的适用体系。

三、一般条款的适用方法

反不正当竞争法一般条款在维护新类型、新业态商业模式及约束不正当竞争行为方面具有关键意义。一般条款在多个国家、地区不正当竞争案件中适用频率较高，如德国就有三分之一的案件以一般条款作为法律适用依据。一般条款的重要性不言而喻。然而，由于反不正当竞争法一般条款极具抽象性，在案件适用中存在明显的技术难度和技术障碍，对此，不同国家、地区尝试从不同路径具化一般条款的适用，主要包括：提炼适用一般条款的案例群，明确一般条款适用的基本原则。下文分别述之。

---

[1] 杨峰.商法一般条款的类型化适用.中国社会科学，2022（2）.
[2] 柴耀田.反不正当竞争法一般条款的体系化功能：德国2015年《反不正当竞争法》改革对中国修法的启示.电子知识产权，2016（10）.

第四章　互联网平台竞争案件的法律适用：以一般条款为视角

　　前者是指借助类型化对适用一般条款的案例进行划分。所谓类型化，即依照特定标准，立足于对象的差异性、共同性，将对象区分为各异类别的一种逻辑方法。类型化是具化一般条款的主要工具，在具体化一般条款适用过程中发挥关键的实践指导价值，也颇具方法论意义上的启示。类型化的关键在于采用何种标准对适用一般条款的案例群进行划分。对此，德国法院在适用反不正当竞争法一般条款过程中，根据经验将一般条款适用案例群划分为阻碍竞争对手、妨碍顾客自由决定、违法占先及榨取他人成果这四大类。瑞士将违反一般条款的行为归纳为：背离诚实信用原则的不正当竞争、背离善良风俗的不正当竞争、显失公平或欺罔性的不正当竞争。①

　　我国学者也对适用反不正当竞争法一般条款的类型案例群展开了探索。其中，刘维教授将适用一般条款的案例划分为：违法行为（背离善良风俗与商业道德攫取竞争优势的违法行为）、阻碍竞争对手的行为（其行为对象指向竞争对手）、诱捕用户行为（其行为对象指向消费者）。②郑友德、范长军教授将适用一般条款的案例归类为反向仿冒、仿冒他人客体、侵犯他人在先权利这三种类型。③邵建东教授主张适用一般条款的案例群可分为反向假冒、网络超链接、域名抢注及其他不当利用他人商业成果的行为（如使用他人无法认定为商业秘密的信息、抄袭模仿他人广告等）。④周樨平教授则提出将一般条款适用案例划分为三大类：不当利用经营者竞争优势（如利用经营者劳动成果、攀附经营者商誉）、破坏经营者竞争优势（如不公正评价竞争者、拦截商业机会、不当干扰经营）、不当增加自

---

① 郑友德，范长军.反不正当竞争法一般条款具体化研究：兼论《中华人民共和国反不正当竞争法》的完善.法商研究，2005（5）.
② 刘维.反不正当竞争法一般条款的适用边界.湖北社会科学，2011（12）.
③ 郑友德，范长军.反不正当竞争法一般条款具体化研究：兼论《中华人民共和国反不正当竞争法》的完善.法商研究，2005（5）.
④ 邵建东.我国反不正当竞争法的一般条款及其在司法实践中的应用.南京大学法律评论，2003（1）.

身竞争优势（如违法行为、不正当营销）。[1] 可见，就不正当竞争案例群划分而言，理论上可以采用多种不同的标准，而依照不同标准作类型划分，则完全可获得不同组合方式的案例群，其主观性较强。而且一般条款类型化所采用的标准也在逐步调整变化，这导致一般条款的类型划分也难以确保稳定性、统一性。一般条款类型标准的难以统一性在一定程度上制约了类型方法的运用。此外，从案例总结到提升、凝练为具体类型条款，需要历经漫长的经验累积沉淀，也印证了类型划分方法不可避免具有滞后性、迟延性。

后者是明确反不正当竞争法一般条款的具体适用规则。德国联邦最高法院就如何理解德国《反不正当竞争法》第1条中"善良风俗"的含义先后提炼了以下标准：从"理智普通工商业者"的礼仪感演变为"理智的普通人"的礼仪感，再到公平秩序标准。此后，考虑到这几个判断标准均呈现不确定性，难以化解具体案件的争议焦点，法官开始将目光转向商业竞争，试图从商业竞争的本质寻求善良风俗的内涵，进而依托效能竞争理论，评判经营者是否以自身经营活动的业绩或自身商品、服务的优质评价从事竞争，如经营者虚构自身业绩，妨碍其他竞争者自主展示其业绩，则相关行为构成违反善良风俗。瑞士《反不正当竞争法》第2条中的诚实信用主要指向：不得滥用竞争对手的信任、经营者的合理期望不应落空。此外，瑞士法院结合审判经验提炼了一般条款适用的几项基本原则[2]：一是维护公众合法利益；二是尊重消费者人格权且消费者不应被欺诈、烦扰；三是市场进入应具有透明度和真实性；四是效能竞争，即经营者得以自身真实业绩积极参与竞争，破坏、妨碍他人展示业绩的行为，构成不正当竞争。

我国最高人民法院在2010年"海带配额案"[3]中，也对一般条款的具体适用条件作出了深入阐释，指出应符合以下三个要件才能启动一般条款

---

[1] 周樨平.反不正当竞争法一般条款具体化研究.南京：南京大学，2013：1-2.

[2] 郑友德，范长军.反不正当竞争法一般条款具体化研究：兼论《中华人民共和国反不正当竞争法》的完善.法商研究，2005（5）.

[3] 最高人民法院（2009）民申字第1065号民事判决书。

适用：一是反不正当竞争法未明确列举的具体行为类型，二是损害了经营者合法权益，三是背离了诚实信用原则和商业道德。此外，最高人民法院还坦言，在通常情况下，经营者合理预期的商业机会、竞争优势，可以作为反不正当竞争法的保护法益。对一项新型竞争行为的违法性判定，重点在于评判该行为有无背离商业道德和诚实信用原则。其中，诚实信用原则主要体现为公认的商业道德，而竞争法语境下的商业道德不等同于一般的社会公德，也与个人品德相区别，彰显的是一种商业伦理，是特定商业经济领域市场参与者基本认可、普遍接受的行为标准。

此外，针对一般条款的适用，北京市高级人民法院立足于互联网市场竞争特点，依托百度与360案[①]，提炼了几项互联网竞争基本原则：其一，公平竞争原则。经营者不得借助不正当竞争优势改变公平竞争状况。其二，自愿选择原则。经营者不得强制用户使用、放弃某项产品、服务，如用户知悉且主动作出选择，可对其他经营者的产品、服务作出修改，但对其他经营者干扰的范围应限于用户知情且主动作出选择。其三，和平共处原则。如未获得许可，不得影响其他经营者产品、服务的正常运行，不得妨碍用户终端产品、服务共存。其四，公益优先原则。基于公益需求，在例外情况下可以不经经营者同意和用户选择实施干扰产品、服务运行的行为。其五，诚实信用原则。即便基于公益需要而干扰其他经营者的产品、服务，也应保证所采取的干扰手段在合理、必要范围内，倘若不实施干扰行为亦能实现保护公益之目的，则不应采取该干扰行为妨碍其他经营者的产品、服务正常运行。

无论是类型化案例群的划分，还是对一般条款适用细则的探索，均对一般条款的具体适用提供了诸多方法论层面上的有益借鉴，对一般条款的准确运用具有重要意义。

---

① 北京市高级人民法院（2013）高民终字第2352号民事判决书。

第二节 现状及不足：一般条款的扩张适用

一、现状考察：一般条款的扩张适用

通过梳理大量的不正当竞争案件发现，反不正当竞争法一般条款存在扩张适用的现象。据对1999—2019年913份互联网不正当竞争案件的实证考察获知，适用一般条款的案件占比高达63.5%。[1]有学者对1998—2020年典型数据不正当竞争案件进行专门统计发现，单独适用《反不正当竞争法》一般条款的案件数量占比70.8%；如果再加上同时适用一般条款和第12条的案例，该比例将提升至79.2%[2]，足见一般条款适用比例之高。还有学者对互联网屏蔽行为展开了定量分析[3]，经统计获知适用一般条款的案例占比达48%，同时适用一般条款和第12条的案例占比为24%。从这可推知高达73%的文书都以一般条款作为裁判依据。那么，在互联网平台竞争案件中，一般条款的适用情况如何？

据对186份互联网平台竞争案件判决书的实证考察发现[4]，有121份判决书借助一般条款作为适用依据（见表4—1），占比达65.1%；而《反不正当竞争法》第12条虽然作为专门的"互联网条款"，但是其适用情况并不理想，根据表4—2可知，在186份互联网平台竞争案件中，仅有38份判决书适用了《反不正当竞争法》第12条，占比20.4%，有143份均未以第12条为适用依据。为进一步了解第12条各具体款项的适用情况，本书专门对其进行统计。根据表4—3、表4—4可知，2.7%的判决书以第12条第1项为裁判依据；1.1%的判决书以第12条第2项为裁判依据；0.5%的判

---

[1] 本书以"互联网""网络""不正当竞争"及关于不正当竞争各具体行为表现形式等可以展现此类行为特征的词语作为关键词，在北大法宝、北大法意数据库及威科先行数据库进行单独及组合式模糊搜索，获1999~2019年共计913份互联网不正当竞争案件判决书。
[2] 胡迎春，廖怀学.论数据不正当竞争的演进与规制.竞争政策研究，2021（2）.
[3] 陈兵.互联网屏蔽行为的反不正当竞争法规制.法学，2021（6）.
[4] 数据来源、分析工具、变量设计说明等详见附录。

第四章 互联网平台竞争案件的法律适用：以一般条款为视角

决书以第 12 条第 3 项为裁判依据；15.1% 的判决书以第 12 条第 4 项为裁判依据。根据表 4—5 发现，在 186 份互联网平台竞争案件中，有 18 份判决书同时适用第 2 条和第 12 条，占比 9.7%。

表 4—1 是否适用《反不正当竞争法》第 2 条

是否适用	频率（件）	百分比	有效百分比	累积百分比
是	121	65.1	65.1	65.1
否	65	34.9	34.9	100.0
合计	186	100.0	100.0	—

表 4—2 是否适用《反不正当竞争法》第 12 条

样本有效分布	是否适用	频率	百分比	有效百分比	累积百分比
有效	是	38	20.4	21.0	21.0
有效	否	143	76.9	79.0	100.0
有效	合计	181	97.3	100.0	—
缺失	系统	5	2.7	—	—
合计		186	100.0	—	—

表 4—3 具体适用《反不正当竞争法》第 12 条第 2 款第几项

样本有效分布	具体适用情况	频率	百分比	有效百分比	累积百分比
有效	第 1 项：强制进行目标链接跳转	5	2.7	13.9	13.9
有效	第 2 项：误导、欺骗、强迫消费者卸载、关闭、修改产品（服务）	2	1.1	5.6	19.4
有效	第 3 项：恶意不兼容	1	0.5	2.8	22.2
有效	第 4 项：兜底项	28	15.1	77.8	100.0
有效	合计	36	19.4	100.0	—
缺失	系统	150	80.6	—	—
合计		186	100.0	—	—

表4—4 是否适用《反不正当竞争法》第12条第2款第4项

样本有效分布	是否适用	频率	百分比	有效百分比	累积百分比
有效	是	28	15.1	15.5	15.5
	否	153	82.3	84.5	100.0
	合计	181	97.3	100.0	—
缺失	系统	5	2.7	—	—
合计		186	100.0	—	—

表4—5 是否同时适用第2条和第12条

是否适用	频率	百分比	有效百分比	累积百分比
是	18	9.7	9.7	9.7
否	168	90.3	90.3	100.0
合计	186	100.0	100.0	—

除了在新型的不正当竞争案件中存在大量适用一般条款的情形，在一些常规的、已为该法明确列举的不正当竞争类型案件中，一般条款的扩张适用也常见。按理，应优先适用具体例示性规定，只有类型化条款无法适用时才启用一般条款。然而在实践中，一些法院绕过《反不正当竞争法》第二章的类型化条款，径直适用一般条款作为裁判依据。以"福森公司与万和公司案"[1]为例，审理法院虽认定被告的行为构成了虚假宣传，却未基于虚假宣传行为的判定要件展开说理，而是先将目光转向一般条款，用一般条款进行判决。还有一些法院混合适用一般条款与类型化条款，但未在判决中具体阐释二者混用的依据，或者仅简单地以一般条款作为行为不正当性认定的依据，欠缺充分精细的说理。如在"江苏灵匠与广州万宸案"[2]、"腾讯与登堂案"[3]中，审理法院并列适用类型化条款与一般条款，对一般条

---

[1] 浙江省舟山市中级人民法院（2005）舟民二初字第33号民事判决书。
[2] 江苏省徐州市铜山区人民法院（2020）苏0312民初第7421号民事判决书。
[3] 广东省广州市知识产权法院（2021）粤73民终第153号民事判决书。

款为何适用、如何涵摄案件事实未予充分说理。对此,有学者曾指出:一些法院在选择具体类型规则时,欠缺应有的自信和熟练,而随意将原则条款拿来,以增加保险系数,确保万无一失[①],甚至,不乏有个案对无法达到知识产权保护门槛的市场成果,转而寻求反不正当竞争法一般条款的庇护。这是否不当模糊了反不正当竞争法与知识产权法的保护界限?不合理地削弱了专门法的法律调整功能?不恰当地侵蚀了公有领域以及妨碍了创新?

一般条款适用绝非逃逸之策。未经审慎论证,泛泛适用一般条款,不仅容易架空反不正当竞争法的具体类型化条款,是否也不合理地降低了不正当竞争的认定门槛以及不当扩大反不正当竞争法的规制范畴?将大量本属于正常、正当的市场竞争行为认定为违法行为,是否破坏了市场竞争生态及侵犯经营者基本权利?反不正当竞争法一般条款适用的边界及标准具体如何确定?对此,均需一一作出回应。

二、一般条款扩张适用的缘由探求

(一)直接原因:类型化条款难以直接适用下的实用主义选择

承前所述,由于市场竞争行为形式各样,不胜枚举,无法为《反不正当竞争法》第二章所具体列举的条款完全覆盖,故适用该法第2条一般条款成为必然的权宜选择。多数国家和地区反不正当竞争立法均采用"列举+兜底规定"模式,即除了类型化条款,还需借助一般条款进行兜底规制。仰赖一般条款对各式不正当竞争行为进行周延管辖几乎成为全球反不正当竞争立法的通行做法。如欧盟《公平交易行为指令》(2005年)第5(2)条对竞争行为不正当性作出一般规定:行为背离了专业注意义务,且行为针对某一(些)特定消费者群体,或面向一般消费者所进行的与产品相关

---

① 谢晓尧.在经验与制度之间:不正当竞争司法案例类型化研究.北京:法律出版社,2010:98.

的经济行为，造成、可能造成重大扭曲，则行为具有不正当性。美国《联邦贸易委员会法》第5条明确了：市场中关涉市场交易的不公平竞争方法，或市场交易中不正当或欺骗性做法、行为，均构成非法。德国《反不正当竞争法》（1909年）第1条提道：以竞争为目的的市场交易中，如存在违反善良风俗情形，可请求停止行为及承担损害赔偿责任。

我国1993年《反不正当竞争法》出台，当时正处于社会主义市场经济发展初期，基于相关立法经验、理论研究的不足，借鉴了很多域外立法规定，明确了该法的价值原则（第2条第1款）及不正当竞争定义（第2条第2款）。虽然针对该条是否构成一般条款仍存学理争议[1]，但从司法实践看，面对无法为第2章所涵盖的新型竞争行为，法官均不约而同地将目光转向该法第2条，依托第2条评判竞争行为的正当性。无论立法者是否赋予该法第2条以一般条款的定位，司法实践中第2条一直作为一般条款被援用，成为新型不正当竞争行为的规制依据。

以互联网平台不正当竞争案件为例，在2017年《反不正当竞争法》修订前，由于类型化条款缺失，对实践中大量的互联网平台不正当竞争案件，法院仅能借助一般条款作出裁判。为适应互联网经济发展及规制大量互联网平台不正当竞争行为的需求，2017年《反不正当竞争法》增加了专门的"互联网条款"，然该条款存在语词表述模糊不清、列举行为方式覆盖性不强、列举类型之间存在交叉且界限不清等不足[2]，可操作性不强，难以被直接适用。虽然该条款也规定了兜底项，但迫于实践需求，多数互联网平台不正当竞争案件依然转向一般条款，以其作为裁判依据。

可以说，一般条款的大量适用是反不正当竞争类型化条款难以直接适用下的一种实用主义选择。实用主义秉持结果导向原则。[3]在实用主义代表者詹姆斯眼中，实用主义的做法，并非某种特别结果，而是一种确定方

---

[1] 具体观点呈现及论述请参见本章第一节内容。
[2] 刁云芸.商事领域中反不正当竞争法互联网专条的适用困境及出路.法学杂志，2021（1）.
[3] 焦海涛.不正当竞争行为认定中的实用主义批判.中国法学，2017（1）.

第四章　互联网平台竞争案件的法律适用：以一般条款为视角

向的态度，其不是着眼于最先的事务、范畴、原则或假定，而是侧重于最后的收获、事实及效果。①几乎所有知识均源于问题、始于需要。面对具体不正当竞争类型条款缺失或例示条款无法有效囊括所有行为方式，为了寻求适用依据，法官择取实用主义策略，借助一般条款作出裁判，以求解决问题。正因对结果之强调，实用主义也被表述为"工具主义"。

（二）根本原因：误读反不正当竞争法的功能定位及法律属性

之所以出现反不正当竞争法一般条款大量适用的现象，一方面是因为立法者基于其客观理性不足，难以预测将来市场变幻莫测的各种行为，类型化条款无法覆盖所有的不正当竞争行为，故而采用实用主义策略转向以一般条款为裁判依据；另一方面，也更为根本的，或是因为对反不正当竞争法功能定位及法律属性的误读。

以屏蔽视频广告案为例，从既有案件的审理思路看②，多数采用以下逻辑：屏蔽视频广告的行为破坏了以免费为主的商业模式，导致原告无法就广告获取相应经济利益，损害了原告利益，进而基于原告利益受损，推论出屏蔽行为具有不正当性并适用该法一般条款作出裁判。简化该思路，即是将"损害"与"不正当"画上等号，对原告提供了类似专有权的保护模式。在多数数据不正当竞争案件中，法院亦基本认为数据抓取行为构成不正当竞争③，其逻辑也是大同小异：被告抓取数据的行为损害了原告利益，行为因此很难具有正当性。该思路也是浸润了浓厚的经营者利益保护思维，无视"市场有竞争，则必然有损害"的常态事实，为原告阻挡了本应

---

① ［美］威廉·詹姆斯.实用主义.陈羽纶，孙瑞禾，译.北京：商务印书馆，1979：31.
② 笔者以屏蔽广告、过滤广告、拦截广告为关键词，在中国裁判文书网、北大法宝、威科先行法律信息库等数据库进行单独、交叉组合检索，获得 52 份屏蔽广告不正当竞争案件裁判文书作为有效分析样本（截至 2020 年 4 月）。除了"世纪星辉案"[参见北京市朝阳区人民法院（2017）京 0105 民初 70786 号民事判决书] 及"快乐阳光公司案"[参见广东省广州市黄埔区人民法院（2017）粤 0112 民初 737 号民事判决书]，几乎均采用上述审理逻辑，主张屏蔽行为构成不正当竞争。
③ 如"阿里巴巴与南京码注、微博与饭americ案"[参见杭州市滨江区人民法院（2019）浙 0108 民初 5049 号民事判决书]、"淘宝诉美景不正当竞争纠纷案"[参见杭州铁路运输法院（2017）浙 8601 民初 4034 号民事判决书]，等等。

• 237 •

由其承担的市场风险，背离了市场自由竞争的本质规律，阻滞了更广的市场活力及市场创新。

那么，缘何多数不正当竞争案件为原告提供类似专有权的保护模式？究其原因，与反不正当竞争法最早起源于侵权行为规定高度关联。全球范围内不正当竞争概念最早可追溯至1850年，法国法院根据《法国民法典》第1382条一般条款发展出不公平竞争规制制度，第一次提出不正当竞争的表述。[①] 基于反不正当竞争法与侵权行为法千丝万缕的关系，不正当竞争案件在审理中长期浸透着侵权行为的判定思维。内在制度一旦形成，就容易产生路径依赖的制度惯性。社会主体有重复过往被认定为令人满意的经验、做法的先入为主倾向，即通过利用已有参照物，借助已有经验知识成就一种思维定式。但是，这并不代表既有规则与制度方案将始终具备生命力及适应性。

事实上，反不正当竞争制度规范逐渐从单纯的保护经营者利益演变为同时侧重保护消费者利益之工具。除法国之外，多数国家的反不正当竞争制度规范逐渐转变为市场行为法。[②] 反不正当竞争法的应然定位是行为规制法，其与侵权行为法的规制思维大有不同。作为行为规制法的反不正当竞争法并不注重维护某部分特定主体的利益，也并未为哪些市场主体预设先验的保护。一般条款的扩张适用折射出对原告经营者利益的过度保护，既不合理降低了不正当竞争的认定门槛，也与反不正当竞争法作为行为规制法、保护整体市场竞争秩序的功能预期不符合。泛泛地适用一般条款，将大量本属于正常的平台竞争行为判定为不正当竞争，体现出对跌宕起伏的互联网市场激烈竞争缺乏全面的认知，也说明对反不正当竞争法的功能定位及法律属性有重大误解。

---

① Rogier W.de Very.Towards a European Unfair Competition Law:A Clash Between Competition Law.Leiden: Martinus Nijhoff Publishers.2006:2-3.

② Rogier W.de Very,Towards a European Unfair Competition Law:A Clash Between Competition Law,Leiden: Martinus Nijhoff Publishers,2006:150-151.

三、一般条款扩张适用的局限反思

（一）经济层面：易导致过度干预市场行为

市场主体基于其有限理性容易导致市场失灵，具体体现为市场不完全、市场不普遍、信息失灵、外部性、经济周期及公共产品短缺。为矫正、克服市场失灵，需要政府干预。市场失灵是政府干预的逻辑起点，也是政府干预的依据。政府干预、矫正市场失灵具有正当性。然而，基于市场失灵的干预具有正当性是一回事，如何干预、何时干预、干预什么、干预多少亦是否具备正当性是另一回事，二者不能等同。政府的必要干预并非政府干预程度、干预时机、干预方式与具体干预手段的正当证明，以政府介入的必要性、正当性等同于介入方式及介入手段的正当性阐释，实际上是不当简化了对纷繁复杂的经济社会之认识。[1] 我们既要肯认政府干预之必要，也需防范政府干预失灵。倘若未经仔细推敲、审慎论证市场竞争行为，就随意启用反不正当竞争法一般条款，将该市场行为判定为不正当竞争，容易破坏市场理性，过度干预市场。

实际上，经济社会迭变极快，新业态、新模式、新产业、新技术井喷式涌现，各种新型市场竞争样态层出不穷，与之相随的损害也相当常见。可以说，市场经济背景下有竞争则必然有损害，损害之于竞争尤为自然。倘若因市场竞争行为造成损害，而定性该行为构成不正当竞争，实则背离了竞争的发展规律。竞争的本质体现为争胜过程，是各异利益主体在相互反制、约束及激励的互动下逐渐推出、优化产品服务的过程。这种反制、激励及约束本身就蕴含对既有利益之损害及新型利益之孕育，损害之于市场竞争几乎无法避免。

从已有的主播跳槽案看，不少案件中法官援引一般条款，将主播跳槽

---

[1] 谢晓尧.竞争秩序的道德解读.北京：法律出版社，2005：17.

行为定性为不正当竞争[①],着眼于对原告主体利益的保护,却未关切主播基于自身努力形成的客户资源,未能正面回应互联网直播平台动态竞争的市场需求。一刀切地认定主播跳槽行为构成不正当竞争,除了不利于人才的自由流动,还涉嫌侵害劳动者择业自由、人身自由,也与市场自由竞争相悖,阻断行业的深层次发展。基于反不正当竞争法一般条款扩张适用的现状,有必要重新审视政府与市场的关系,确证竞争政策的基础地位,借助竞争政策约束及健全政府干预。[②]

虽然伴随社会经济发展变迁,市场与政府干预的边界也在相应调整,有时政府干预发挥作用大,有时市场机制发挥作用大,但整体的基调是:政府介入仅局限在矫正市场失灵的范围内,从而保障市场秩序与维护市场安全。[③]唯有市场失灵,反不正当竞争法才适时介入。对市场呈现的各种新型竞争样态,不应轻易启用反不正当竞争法一般条款进行禁止,而应充分地尊重市场行为主体间的合约,鼓励市场交易扩大及深化,为市场主体竞争自由保留最大限度的余地,发挥市场机制在资源配置中的决定性作用,尽量避免、减少政府直接配置市场资源,约束政府对市场经济的直接干预,从而避免不恰当、不合时机的介入损害市场自由及市场创新。

(二)法律层面:背离制度工具的立法初衷

反不正当竞争法作为市场秩序法的核心组成,是国家借助公权力纠正市场失灵的基础法律工具。其欲将事实层面的经济关系转化为经济法律关系,除了考虑干预能力、干预成本及国家管理职能之需,更为关键的是考

---

① 关于游戏主播跳槽涉及的两直播平台之间是否构成不正当竞争的问题争论已久。参见湖北省武汉市中级人民法院(2017)鄂 01 民终 4950 号民事判决书。包括"斗鱼案"在内的案件中法官均主张主播跳槽行为构成不正当竞争,而"虎牙案"中法官对主播跳槽行为的性质则持相反观点。参见浙江省杭州市中级人民法院(2019)浙 01 民初 1152 号民事判决书、浙江省高级人民法院(2020)浙民终 515 号民事判决书。

② 孙晋.新时代确立竞争政策基础性地位的现实意义及其法律实现:兼议《反垄断法》的修改.政法论坛,2019(2).

③ 席涛.市场监管的理论基础、内在逻辑和整体思路.政法论坛,2021(4).

虑市场的实际客观需求。①市场发展的需要决定了反不正当竞争法介入市场的时机及具体界限。

倘若未客观、全面评判市场需求，将常见的激烈的市场损害行为认定为不正当竞争，过度适用反不正当竞争法一般条款，将合理、正当的市场经济行为判定为不合理、不正当竞争行为，可能会产生"假阳性"错误，加大规制失灵的成本。通常，区别于"假阳性"错误，市场力量在一定程度可以纠正"假阴性"错误，经济体制矫正市场失灵比矫正司法错误更容易，从这个角度看，"假阳性"错误导致的社会成本将大于"假阴性"错误导致的社会成本。②过度干预市场既是对市场自决行为的不尊重，也与反不正当竞争法的立法初衷相违背。事实上，反不正当竞争法出台的本意是更好地促进市场经济发展，以限制市场行为的方式达到增进社会整体利益的深层目的。换言之，限制本身仅是手段，促进市场经济发展才是根本。唯在市场机制遭受严重破坏、市场干扰行为阻滞市场自由竞争、公平竞争时，反不正当竞争法才介入。市场机制自主运行的地方，不需要该法干预。竞争是一种持续性创造过程，竞争优势此起彼伏，一方获得、提升竞争优势，必然意味着另一方面临竞争优势的丧失。商业模式的迭代是市场竞争不可避免的结果，由此带来的损害不能直接得出行为具有不正当性之论断。

助推数字经济稳步发展，提升公平竞争与市场创新，充分保障消费者权益，已成为全球主要经济体之共识。在未考察整体市场竞争状况下大量适用一般条款，对多数本属于正常、正当的平台竞争行为予以否定评价，此种因否定评价而予以干预的举措不一定行之有效，甚至可能刺激市场问题，对驱动技术腾飞、激发市场活力以及推动市场经济发展将大为不利，非但过度约束了互联网市场自由竞争，亦对互联网市场竞争整体良性发展带来消极影响。长此以往，不仅规制成效不理想、制约立法目的实现，甚

---

① 李昌麒.论经济法语境中的国家干预.重庆大学学报（社会科学版），2008（4）.
② 方燕.数字时代反垄断执法的目标、范式和困境解析.产业经济评论，2021（3）.

至会催生对反不正当竞争法规制正当性之质疑,与反不正当竞争法的制度初衷相距甚远。

市场规制工具的择取及具体运用应立足于市场本身。唯有契合市场发展需要的规制工具,才可能有效地纠正市场失灵问题;如未回应市场需求的规制工具,非但无法纠正既有市场缺陷,还可能激化负面效应,扩大市场失灵范围。① 反不正当竞争法一般条款的扩张适用,容易破坏市场竞争生态与市场理性,虽其为原告屏蔽竞争风险、保驾护航的动因用心良苦,却不适当地限制了更多不特定市场主体的竞争自由,并非对该法"保护竞争,而非保护竞争者"立法宗旨之贯彻,不利于社会整体福利的实现,压缩了市场在资源配置中的作用空间,背离了反不正当竞争法的立法本意,也严重制约了该法的实施效果。规制工具与规制目标的匹配程度直接决定了公共规制的质量。唯寻求与规制目标相适配的规制工具及其组合,才可能达到有效规制。② 为防范因规制工具选择不当而制约制度实施效果,引起更大的市场失灵,应慎用反不正当竞争法一般条款来评价新型平台竞争行为。

第三节 回归及守正:一般条款限缩适用的法理分析

基于市场竞争行为无法穷尽列举,反不正当竞争法一般条款在规制新型市场不正当竞争行为、捍卫公平竞争秩序过程中将始终发挥重要作用。事实上,一般条款也是反不正当竞争法始终保持生命力、适应性的重要工具。然与此同时,也应看到,一般条款的扩张适用对现有法秩序带来的挑战及破坏,甚至可能成为阻碍我国互联网市场经济进一步发展的制度因素,故有必要对一般条款的扩张适用进行深刻反思。

---

① 段礼乐. 市场规制工具研究. 北京:清华大学出版社,2018:135.
② 应飞虎,涂永前. 公共规制中的信息工具. 中国社会科学,2010(4).

一、理念层面：竞争法竞争观的重构需谨慎适用一般条款

所谓竞争观，是指对市场竞争的基本态度、观念及评判。[1] 择取何种竞争观，将直接决定遵循何种竞争行为规制态度及进一步的判定路径、认定标准。竞争观是整个反不正当竞争规制体系中首要、根本的基石，在微观上决定竞争行为的正当性判定结果，在中观上关乎竞争法的法益配置，在宏观上彰显竞争法的法律定位及发展走向，是竞争法研究中最为基础的命题。反不正当竞争法竞争观的革新将深刻影响该法一般条款的适用。

基于反不正当竞争规范发端于侵权行为法的历史渊源、竞争行为审理法官的知识前见与路径依赖，以及对该法立法目的条款的片面解读，在实践中互联网平台竞争案件审理普遍采用静态竞争观。然而，伴随反不正当竞争法逐渐超越其私法情结，该法社会法属性的不断强化，以及回溯市场自由动态竞争的本质规律、消费者利益角色革新催生法益结构变革等多维视角观之，静态竞争观逐渐显露其缺陷[2]，反不正当竞争法的竞争观面临重构，动态竞争观成为应然选择。

究其原因有二：其一，市场动态竞争的本质属性决定了应倡导动态竞争观。市场交易中逐利为经营者天然本性，所有市场竞争行为均以谋取竞争利益为意图。市场竞争天然具有损害他人利益的特性。整个竞争过程动态演绎而非静态呈现，竞争特有的对抗性意味着主体间的损害难以避免，损害本身具有中性色彩。既有着眼于损害，进而评价行为具有不正当性的静态竞争观无法适应市场动态竞争的本质逻辑，而确证损害常态、理性评估损害、不以损害为倾斜要件的动态竞争观才是理性出路。其二，基于消费者利益角色重构应遵循动态竞争观。在用户为王、消费者主导经济发展航向的互联网时代，消费者位于市场竞争的核心，其经济地位的提升要求获得反不正当竞争法更全面的保护，消费者利益不再简单让位于经营者利

---

[1] 孔祥俊. 反不正当竞争法新原理·原论. 北京：法律出版社，2019：194.
[2] 陈耿华. 我国竞争法竞争观的理论反思与制度调适. 现代法学，2020（6）.

益，而成为反不正当竞争法直接保护的法益，与经营者利益获得反不正当竞争法的等位保护。已有局限于经营者利益保护的静态竞争观不敷适用，唯采用动态竞争观，不侧重于特定利益，不拘泥于法定保护主义，客观评价损害，才能契合法益角色革新，实现法益构造均衡。

那么，缘何动态竞争观指引下需谨慎适用一般条款？承前所述，动态竞争观的核心主张是在认可损害中性的前提下，为市场主体保留最大限度的空间和自由。所有市场竞争者均不负有保障其竞争对手竞争利益之义务，将竞争放在发展场景下考量，优胜劣汰的市场机制才能产生更强效果。人类社会变迁的历史表明，确保个体自主意志实现的制度是契合人性的制度，亦是最富生命力的制度；经济发展的历史证实，自主决定是驱动经济高效腾飞的有力手段。[1]法官应认清损害常态的客观现实，对市场中的多数竞争行为引发的损害保持理性、中立，而不是像在当下多数屏蔽视频案中那样，将"损害"直接与"行为不正当"挂钩[2]，一出现损害商业模式、原告经营者利益的情形，即将涉案行为等同于不正当竞争，进而援引一般条款作为裁判依据。其论证路线机械、单一，论证结论很难具有说服力。事实上，商业模式作为市场竞争的伴随品，衍生于自由竞争的市场土壤并在市场机制的优胜劣汰中演化，或存留，或被替代；在多元市场竞争样态下，商业模式也绝非一种，也并非始终不变。有市场则有竞争，有竞争则必然导致损害，不宜根据损害认定行为违法、构成不正当竞争。大量适用一般条款对市场中的新型平台竞争行为进行否定评价，不合理地限制了互联网市场主体的行为自由与行为空间，压缩了其创造与创新热情，也不利于互联网市场要素的充分流动，容易引发家长式的盲目、过度干预。这与动态竞争观的核心诉求无法契合。

---

[1] 熊丙万.私法的基础：从个人主义走向合作主义.中国法学，2014（3）.

[2] 相反，美国和欧盟都对屏蔽行为表现了极为宽容的态度，经典案例参见德国"电视精灵案"（BGG,Urteil v. 24.06.2004,Az.IZR 26/02），以及德国汉堡州法院第16民事庭2015年4月21日判决的"带有付费白名单的广告屏蔽案"（LG Hamburg 16.Kammer für Handelssachen,Urteil vom 21.04.2015,416 HKO 159/14）、美国的Zango,Inc. v. Kaspersky Lab,Inc.,568 F.3d 1169（9th, Cir.,2009）.

政府干预的正当性除了体现为修补私法自治之局限,更为重要的是对私法自治的延伸、拓展及保障。市场机制具有较强的自我修复及调整能力,除非满足特定条件,反不正当竞争法不应轻易地以行为违反一般条款之姿态干预市场。为避免过度干预或干预不当情形出现,反不正当竞争法一般条款的适用应保持必要的克制,退位于起决定性作用的市场机制,不宜过早动用一般条款对市场中新出现的平台竞争行为作出否定性评价。

二、价值层面:竞争法自由竞争价值的倡导需限缩适用一般条款

长期以来,公平竞争价值作为反不正当竞争法的基础价值成为通识[1],而对同等重要的自由竞争价值尚缺深入关切及系统阐释。究其缘由,在于反不正当竞争法维护商业道德的制度预期,以及受该法制度外观所影响。诚然,反不正当竞争法奉行公平竞争价值,是历史渊源、制度惯性及实用主义等元素协同作用的结果,但是,这不能成为阻却自由竞争价值同时成为该法基础价值的充分理由。

具体而言,反不正当竞争法价值体系的完善应立基于市场竞争的本质需求及发展逻辑,而不是守旧、沉浸于已有的制度安排。自由竞争作为市场发展的基石,是市场经济驱动的根本来源。市场经济的本质是自由竞争,恰如艾哈德所表明,唯有寄托于自由竞争,才能真正解放主体的力量。[2] 自由竞争是通往经济繁荣、社会财富最大程度增长的根本道路,是市场竞争的核心发动机,是促进市场经济最有力、最有效的工具。反不正当竞争法作为干预及调整市场经济的基础法律工具,其干预经济的意图并

---

[1] International Bureau of WIPO. Protection Against Unfair Competition: Analysis of the Present World Situation. New York: WIPO Publication No.725(E) 1994:12.

[2] [德]艾哈德.来自竞争的繁荣.祝世康,等译.北京:商务印书馆,1983:121.

非限制市场经济，相反，是为了确保经济良性发展。这就决定反不正当竞争法对市场经济的干预、管理应体现市场运行机理。唯有尊重、反映市场经济运行机理，反不正当竞争法才能更好导引市场参与者进行正当竞争，更好地服务、辅助市场经济发展，进而顺利完成调整任务。因此，以捍卫、促进市场竞争为追求的反不正当竞争法应自觉遵行自由竞争价值。就某种意义而言，反不正当竞争法对自由竞争价值的推崇，是体现、回应市场自由竞争发展规律的应然之义及必然结果。

缘何在自由竞争价值指引下需要限缩反不正当竞争法一般条款的适用？在自由竞争价值语境下，经营者在参与竞争角逐过程中，在不破坏市场机制、损害市场秩序前提下，可以自由决定为或者不为特定竞争行为，包括但不限于竞争方式自由、竞争手段自由、竞争方法自由、交易机会自由、交易内容自由[1]，经营者的竞争行为不会轻易受到反不正当竞争法的介入及负面评价，即"市场竞争以自由为原则，以限制为例外"[2]。这意味着对于大量新型市场竞争样态，一般条款的适用应相当谨慎，除非达到严重扰乱市场秩序、损害市场机制这样的特定条件，才有必要以一般条款为裁判依据，对其进行规制；反之，如果是一般的市场竞争行为，则应尊重市场规律和市场自身运行逻辑，不轻易动用反不正当竞争法干预之。尤其在迅速迭变的互联网时代，市场竞争与交易愈加激烈，在依托于信息技术与互联网技术的互联网市场经济中，市场主体随时面临各种严峻的挑战与损害，基本难以避免，对市场竞争引发的损害应保持平和心态，避免法律家长干预情结，确保一般条款适用的谨慎性和妥当性。当然，这并不代表反不正当竞争法就无所作为。如出现超越正常竞争界限的破坏市场机制行为，对该类市场短视行为，则需要反不正当竞争法强有力地介入。但无论如何，自由竞争作为市场经济发展的核心保障，是市场繁荣及效率的基

---

[1] "自由竞争"与"公平竞争"的内涵不同，后者是指竞争者之间进行公开、平等、公正的竞争，意欲解决在已有竞争的前提下，竞争方式和手段是否正当的问题。时建中．《中华人民共和国反垄断法》专家修改建议稿及详细说明．北京：中国政法大学出版社，2020：2．

[2] 孔祥俊．论反不正当竞争法的竞争法取向．法学评论，2017（5）．

石。这就从根本上决定了介入市场必须审慎、克制[①]，避免将正当、正常的平台竞争行为归为不正当竞争范畴。不劳而获、"搭便车"、食人而肥虽然从伦理上看并不光彩，但从法律评判的视角看，并不构成应受法律规制的充分理由或必要条件。伦理上的不正当、不崇高并不等同于法律应对其作出否定评价。

反不正当竞争法作为对自由竞争的约束应保持必要的谦抑。大量适用一般条款看似是发挥了反不正当竞争法的威慑效果，然其可能因欠缺对市场整体、长期发展的考量及多维法益、多元考量因素的综合观测，不当限制市场主体行为的自由空间，打击市场发展创新活力，与最初的规制预期背道而驰。基于对自由竞争价值之倡导，应严格约束一般条款的适用，为各种新型的平台竞争行为腾出必要的试错空间，避免因一般条款扩张适用，过度限制互联网市场自由竞争。总之，作为对市场竞争行为的否定性评价，一般条款在约束市场竞争行为的同时也应受到相应的限制，从而形成对干预机制的进一步控制，以约束政府干预本身、防范政府干预失灵。这利于有效市场与有为政府的均衡互动。

三、原则层面：竞争法适度干预原则的贯彻需慎重适用一般条款

反不正当竞争法干预市场，旨在解决市场失灵问题。能否有效化解市场失灵问题，与市场失灵问题的表现形式、市场失灵问题的难易程度、规制工具的选择与匹配、规制机构的能力等高度关联。其中，规制工具的选择是关键要素，直接关乎问题解决的成败。为确保规制的科学化，有必要审视规制工具的匹配性，评估规制目标下规制工具选择是否得当。规制工具的匹配性标准除了包括规制成本、规制收益，也包括规制工具的强度。唯选择合适的规制强度，才可能达到良好的规制效果。

[①] 张占江.论反不正当竞争法的谦抑性.法学，2019（3）.

市场失灵问题错综复杂，解决不同的市场失灵问题仰赖不同的规制工具。面对不同市场失灵问题，规制工具的强度可能完全不一。即使是对于同一市场失灵问题，在各异的制度环境中，所应采取的规制强度也可能大有不同。但总体而言，合理的规制强度无不建立在对市场状况的全面评估、对被规制对象的深入权衡基础上，这个恒定的基础就是适度。反不正当竞争法作为干预市场经济之法，其干预的目的，浅层次上是限制市场竞争行为，深层次上是通过对不公平竞争行为的矫正，促进市场经济发展。这就决定了反不正当竞争法的干预应充分尊重市场经济规律，遵循有利于市场发展的适度干预逻辑。只有结合具体问题，才能回应现实关切。只有基于市场之需，才能回应市场关切。只有适度，才能避免失衡。

如何把握适度？如何理解反不正当竞争法干预中的适度？其又如何影响一般条款的适用？承前所言，针对市场失灵问题，由于问题的难度、种类、性质不同，规制工具的选择及强度也就不同，例如：针对局部的市场缺陷问题，可采用简单的规制工具；如涉及系统化的市场缺陷，通常对应复杂的规制工具或者数种规制工具并用；如涉及的市场问题较为轻微，则可采取强度较低的规制工具；如涉及的市场问题较为严重，通常采用强度较大的规制工具。[①]对于很多轻微的市场问题，根本不需要干预，可由市场自行解决。反不正当竞争法是否干预、何时干预、以哪种方式干预，取决于具体场景下市场行为状况。对于仅造成一般损害的市场竞争行为，反不正当竞争法几乎不需要介入。对于损害公平竞争机制的行为，有对应的反不正当竞争法具体类型化条款的，交由类型化条款规制；唯当缺乏具体类型化条款，且该行为对市场机制、市场秩序带来严重影响时，才需要启动反不正当竞争法一般条款。

任何干预行为均会对干预对象产生很大影响，如干预欠妥，将造成严重的不良影响，加重规制的负外部性。反不正当竞争法一般条款的扩张适用，除了影响涉案经营者利益，其规制的外溢效应也会波及消费者利益。

---

① 段礼乐.市场规制工具研究.北京：清华大学出版社，2018：137.

市场本身存在外部性问题，政府为限制市场外部性而展开的规制，也存在外部性问题。较强的规制外部性不但可能提高实施成本，也可能遭遇第三方主体的抵制，最终导致规制失效。扩张适用反不正当竞争法一般条款，对新冒尖的平台竞争行为作出负面评价并借助法律机制强制禁止，可能减损消费者福利，引起反不正当竞争法规制失灵。

以屏蔽视频广告行为为例：大量地打击屏蔽广告行为，对屏蔽行为作出不正当竞争的评判，或许与消费者需求相距甚远。消费者也是市场参与主体，对竞争行为正当性的评判不能单方面考量涉案原告的经营者利益，也需权衡被告的竞争者利益，以及不在场的消费者的利益。忽视消费者利益而启用一般条款，难以谈得上是恰当的规制。当市场问题的危害性及严重性并未达到必须借助反不正当竞争法一般条款进行规制的程度的，强行以一般条款进行干预，可能得不偿失。

就目前而言，放眼全球主要经济体反垄断辖区政策，虽然均呼吁加强竞争执法、司法工作，但无不是立基于本国国家利益，锁定于本国的核心诉求。[①] 以美国为例，近期其反垄断执法态度及立场非常不确定，虽一度高举反垄断大锤，却轻放终结。美国国会、法院及监管机构的态度也不尽一致。即便如此，持续维护美国高新科技产业在全球范围内的竞争力，始终是其基本国策、战略。反观欧盟，2018年出台的《通用数据保护条例》，其处罚之重、管辖之广，均为全球首创。然应注意的是，欧盟至今未有一家具备全球竞争力的高科技企业，欧盟所施行的规范均主要指向其他国家在欧盟境内从事市场经营活动的高科技企业。各国竞争政策均立足于本国国家利益及经济发展阶段特点，不宜简单移植。为进一步提升我国互联网市场经济发展实力，确保我国企业走出去、获得国际谈判的主动权，政府应为我国企业市场主体发展提供最大限度的制度保障与自由竞争的制度空间，从而提升我国的国际竞争力。慎用反不正当竞争法一般条款，尽可能

---

① 孔祥俊.论互联网平台反垄断的宏观定位：基于政治、政策和法律的分析.比较法研究，2021（2）.

扩大市场竞争自由度，尽可能避免干预竞争自由，应作为制度改进的重要方向。

四、功能层面：竞争法作为行为规制法的功能回归需克制适用一般条款

承前所述，由于反不正当竞争法起源于侵权行为法的一般规定，因此，在互联网平台竞争案件审理中广泛采用侵权法思维判定行为正当性，进而引起了一般条款的滥用。然而实际上，反不正当竞争法与侵权行为法存在很大的不同，尤其在保护对象、调整对象上，二者差异明显。前者重在行为规制，后者重在权利保护；前者是行为导向主义，后者是客体导向主义；前者借由制止不正当竞争以捍卫市场竞争秩序，后者借由直接救济主体合法权益，维护专有权，遵循"权利受损即非法"的认定思路；前者主要关注市场参与者的行为自由，后者侧重于维护特定主体民事权益。[①] 二者反差鲜明，不宜片面地将二者混同，应正面关切二者的功能差异，避免前提认知的偏差导致学理误区与实务偏差。

那么，反不正当竞争法作为行为规制法的功能属性为何要求慎用一般条款？一方面，秉持行为正当主义而非法定主义的反不正当竞争法，并未先验赋予哪些市场主体以特定权益，亦未对哪种利益提供优位保护，而关切整体竞争机制与宏观竞争秩序。唯市场竞争机制及竞争秩序受损才能引起反不正当竞争法的关注，特定利益招致破坏并不作为反不正当竞争规范介入市场经济之充分条件。[②] 既有适用一般条款的互联网平台竞争案件，多数是从案件损害出发，基于损害推定行为的不正当性，进而将目光

---

① Rogier W.de Very,Towards a European Unfair Competition Law:A Clash between Competition Law.Leiden: Martinus Nijhoff Publishers,2006:179-180.

② Anntte Kur,What to Protect,and How?Unfair Competition,Intellectual Property,or Protection Sui Generis(May 14, 2013),In Intellectual property, unfair competition and publicity: convergences and development,ed. by Nari Lee et al.,Cheltenham,Northampton:Edward Elgar Publishing Limited. 2014:11-32.

转向一般条款，以其作为裁判依据。这种审理思路几乎未对整体的市场状况和市场机制进行全面评估，大多也锁定在原告经营者利益本身，流露出典型的侵权认定思维，与反不正当竞争法作为行为规制法的功能属性背道而驰。区别于1993年《反不正当竞争法》将"损害其他经营者的合法权益"置于"扰乱社会经济秩序"前，2017年该法修订时，对不正当竞争定义的表述作了重大调整，首度将"扰乱市场竞争秩序"表述置于"损害经营者合法权益"前，从国家立法层面凸显了反不正当竞争法的行为法属性以及该法捍卫市场竞争秩序的立法追求。反观司法实践，泛泛适用一般条款，过度偏向原告经营者利益保护的裁判模式并未充分考量行为对市场竞争秩序及市场机制的影响，与反不正当竞争法的立法旨意存在偏差，应予修正。

另一方面，区别于知识产权法，反不正当竞争法并未设置独占权，市场反竞争行为仅是违背客观行为规范，并非损害主观权。[1]虽然在欧洲竞争法理论演化过程中，曾伴生反不正当竞争规范维护特定主观权之情形[2]，如德国的竞争者营业权，法国的经营者拥有顾客权，意大利、英国以所有权性质保护的商誉权，瑞士保护竞争者免受其他主体妨碍的经济请求权等[3]，考虑到这些理论与行为自由价值存在无法调和的冲突，故逐步被淡化。从全球范围反不正当竞争价值规范体系看，该法保护客体经历了从权利保护迈向法益保护的演变过程。就反不正当竞争法的立法意图而言，其并非意在保障主观权，而是通过约束不正当手段、限制不正当竞争进而捍卫市场竞争秩序。扩张适用一般条款，对案涉原告提供形同专有权的保护模式，免去了原告本应承担的竞争风险，既与市场动态竞争的运行规律不相符，与反不正当竞争法保护竞争而非保护竞争者的立法目的相距甚远，也无法回应该法捍卫市场机制和市场秩序的功能期待。长此以往，不但抑制市场

---

[1] 孔祥俊.反不正当竞争法新原理·原论.北京：法律出版社，2019：60.

[2] Frauke Henning-Bodewig.Unfair Competition Law European Union and Member States. London:Kluwer Law International,2006:1.

[3] 于飞.侵权法中权利与利益的区分方法.法学研究，2011（4）.

发展活力，阻碍市场拓展创新，也难以彰显反不正当竞争法保障、促进市场经济发展的立法初衷。为及时化解前述制度困境，有必要回归反不正当竞争法作为行为规制法的功能定位，聚焦于行为本身，祛除以往的权益侵害式判定思维惯性，既不拘泥于损害本身，也不止步于对特定损害之审定，而是放眼于整体竞争机制，关注更广的竞争秩序及多元的利益均衡，除非满足特定条件且具体类型条款缺失，才能启动一般条款。

一言以蔽之，以行为规制法为功能限定的反不正当竞争法，不遵循法定主义而推崇行为正当主义，不着眼于直观损害，不局限于特定权益之维护，而关切良性竞争机制与市场效率。这决定了面对新型平台竞争样态，应在全面审查市场整体竞争状况、评估市场问题性质及行为对市场竞争秩序之影响基础上，再决定一般条款有无适用空间。基于对市场交易及市场竞争最大程度的尊重，确保市场竞争强度，实现行为规制的功能期待，应遵循谦恭的司法态度，秉持最小管制原则，防范一般条款的扩张适用，对市场竞争行为保持司法克制及有限干预观念。

第四节 冲突及协调：一般条款适用规则的完善

作为提供一般原则的法律规范，反不正当竞争法一般条款具有较强涵盖性，法官可以结合个案进行裁判，利于法律发展的同时也面临法律安定性的考验。一方面，一般条款余留的弹性空间有助于矫正列举式立法的滞后性及不周延性，从而确保反不正当竞争法始终保持规制效力，故而一般条款也被称为"帝王条款"；另一方面，一般条款的灵活性也与其不确定性相伴相随[1]，一般条款的不确定性容易引发同案不同判的争议，降低市场主体及社会公众对市场竞争行为正当性的合理预期，减损反不正当竞争法基本的指引及预测功能。如何有效破解一般条款的不确定性难题，值得

---

[1] 郑友德，范长军.反不正当竞争法一般条款具体化研究.法商研究，2005（5）.

第四章　互联网平台竞争案件的法律适用：以一般条款为视角

关注。

一、已有适用规则之不足

针对一般条款的不确定性难题，有学者提出对不正当竞争案件进行类型化作为解决方案。①这为一般条款的适用提供了重要指引。然类型化的方法也面临如下挑战：一方面，类型化依托现实中大量存在的案件，对已有案件的提炼、总结不可避免地具有延迟性；另一方面，关于类型化的标准总是见仁见智，难以统一，且存在不周延、容易相互矛盾的弱点。为此，有必要在类型化方法之外寻求其他化解一般条款不确定难题的解决方案。

针对一般条款的具体适用，法院也逐步提炼、总结了一些经验。例如，在前述"海带配额案"②的审理过程中，最高人民法院明确了一般条款的适用条件：（1）未为反不正当竞争法所具体列举的行为类型；（2）行为破坏了经营者利益；（3）行为违反了商业道德及诚实信用原则，具有不正当性。一直以来，这三项要件为新型不正当竞争行为适用一般条款提供了指引。然还应看到，前述适用要件并未涉及消费者利益保护，对更为核心的竞争秩序也欠缺关注，一般条款的适用要件仍存在明显的不足。为此，在"脉脉案"③的二审判决中，法院尝试基于已有要件，健全一般条款的适用要件，除了应符合上述"海带配额案"所提到的三项要件外，启动一般条款还应契合以下要件：（1）行为有损消费者利益；（2）行为扰乱了市场公开、公正、公平的竞争机制及竞争秩序，引发或可能引发恶性竞争；（3）行为如关涉新技术手段或新商业模式，应首先推定其具有正当性，如认定具有不正当性需以证据证明。

前述一般条款的六个适用要件，看似很好地回答了一般条款不确定性

---

① 详见本章第一节内容。
② 最高人民法院（2009）民申字第 1065 号民事判决书。
③ 北京知识产权法院（2016）京 73 民终 588 号民事判决书。

的问题。然并非如此，其具体适用仍面临挑战。如何在限缩适用一般条款的基础上理性发挥一般条款的规制效力，还需探索。

二、商业道德标准具化：借助法律论证分析框架

（一）商业道德标准的局限性：不确定性

判断行为是否构成不正当竞争，关键在于评测行为是否违背诚实信用原则及公认的商业道德，而诚实信用原则主要体现为公认的商业道德，故而评判行为的可责性主要以是否违反商业道德为准，并进而追问行为是否有悖于特定经济领域的商业伦理或普遍形塑的行为标准，然而，商业道德、商业伦理、普遍形塑的行为标准皆为笼统概念，在个案中如何理解和把握相当困难。[1] 所以说，如何具象化商业道德及确保可操作性，成为一般条款适用中需要首先解决的难点问题。

为了化解商业道德认定的不确定性、复杂性和模糊性，立法者和实务工作者逐渐探索及提炼出商业道德认定的一些细则，路径有二：其一，从行业惯例视角认定商业道德。由于商业道德与行业惯例源起相似[2]，且二者的核心指向及内在表征契合度较高，可以行业惯例作为认定商业道德的事实依据。其二，司法实践中法官尝试结合案情及对商业道德的理解，凝练了一些具体细则来破解商业道德的认定难题。如在"百度与奇虎插标案"[3]中，法官提出了非公益必要不干扰原则；在"百度诉奇虎爬虫案"[4]中，法官提炼了协商通知原则；还有法官分别总结了一视同仁原则[5]、最小特权原

---

[1] 兰磊.比例原则视角下的《反不正当竞争法》一般条款解释.东方法学，2015（3）.
[2] 陈耿华.互联网不正当竞争行为的软法规制：兼论软法规制与硬法规制的耦合.现代财经，2016（4）.
[3] 北京市高级人民法院（2013）高民终字第2352号民事判决书。
[4] 北京市第一中级人民法院（2013）一中民初字第2668号民事判决书。
[5] 北京市第二中级人民法院（2013）二中民初字第15709号民事判决书。

第四章　互联网平台竞争案件的法律适用：以一般条款为视角

则[1]等。

虽然这些细则的提炼极大地丰富了判决书的说理论证，也在一定程度上缓解了此类案件审理面临的道德资源贫瘠困境。然遗憾的是，上述路径存在不同程度的缺陷。

其一，从行业惯例视角解读商业道德的决定论立场推崇一种从前提至结论的逻辑推导，但是，现有的市场惯例不尽然均是良好的[2]，行业惯例的正当性可能因其生成缺乏各异类别利益主体的充分参与而未能获证实。仰赖简单、直线的逻辑演绎，缺乏利益平衡审查而利用已有行业惯例解读商业道德，难免过于草率。即使是获得共同体内多数成员的共同确认而被拟定，然不契合行业的通行做法者，也可能与市场竞争冲突[3]，不宜作为解读公认商业道德之依据。另外，各异领域的行业惯例极少形成通约，通常是特定的行业领域对应特定的行业习惯做法，有的行业惯例尚未形成，有的行业惯例正在修订。寄希望于已有的行业惯例来解读商业道德，仍可能无所适从。以数字经济为例：互联网产业升级迭变极为迅速，各种商业模式不断涌现，创新程度极强[4]，相关领域的行业惯例正处于生成及演变中，一些行业惯例具有明显的阶段性特点，无法保证始终存在内容明确且效力稳定的行业惯例，如仍从行业规则的角度解读商业道德，可能面临同案不同判的困扰。而其他一些新型行业可能尚未生成稳定、可视化的行业惯例，难以为商业道德的客观解读提供合理预期。

其二，不同案件中法官对商业道德的理解见仁见智，其所创设的商业道德认定细则容易带有个体主观色彩，甚至是浸透较多的价值判断。倘若未对特定经济社会发展时期的竞争规则进行深入考察，基于法官的主观道德正义而总结的商业道德判定细则，极可能与客观道德正义相抵牾。此外，缺乏立法的事前约束，怎么保证法官所作裁判立足于客观要求而非恣意？商业道德

---

[1] 最高人民法院（2014）民申字第 873 号民事裁定书。
[2] 范长军. 行业惯例与不正当竞争. 法学家，2015（5）.
[3] Harte-Bavendamm H, Henning-Bodewig F. UWG.Munich:C.H.Beck. 2013:183.
[4] 孙晋. 数字平台的反垄断监管. 中国社会科学，2021（5）.

是一个抽象且滑动幅度较大的表述，蕴含不同射程的谱系，对其所作解读可能因时代不同而不同，也因所处领域不同而各有侧重，甚至因经营模式不同而呈现完全不同的概貌，倘若法院未能恪守谦抑态度，轻易创设商业道德认定细则，长此以往，反不正当竞争法可能演化为判例法。

（二）商业道德认定新思路：借助法律论证分析框架

面对复杂、高度不确定且情景依赖的世界，我们无法寻求一个一劳永逸地矫正市场失灵的解决方案。已有研究及前述司法创设商业道德认定细则，面向比较微观，难以从整体视角诠释商业道德，而且均力图从实体角度解读商业道德，最终答案可能是以一种新的不确定替换另一种不确定。对此，可以尝试引入法律论证分析框架，从程序视角并以对话方式解读商业道德，或可在一定程度上克服商业道德认定的不确定性难题。

一方面，商业道德诠释始终处于开放状态，事先封闭划定无法获取绝对正解，也难以通过线性、单一的逻辑推演寻求解答。如机械套用已有行业惯例解释商业道德，其论证链条单一有限，也受困于既有具备效力的行业惯例。法律论证分析思路不止步于简单套用已有行业惯例，其在深入审查行业惯例基础上进行全面的利益衡量，注重论证推导过程的缜密细致，整个论证环节由层层链条勾连而成。

另一方面，法律论证分析框架可以有效约束法官自由裁量权，其要求法官严密论证，恪守程序可视化、确定化的形式规则及技术规则，要求法官基于理性前提，广泛结合客观竞争规则作出契合普遍实践论证的评判，防范法官基于主观道德正义作出与客观道德正义产生冲突的决断。商业道德具有明显的时代属性，始终处于发展姿态，为预防法官对商业道德的阐释背离市场客观情境而涉及过多主观因素，应严格限定法官的论证权力，避免出现逃脱市场客观道德正义之情形。

整个法律论证分析环节是一个不断对话论证的环节，也是一个奉行程序正义及交往理性的环节。区别于以往对结果确定性之追寻，法律论证分

第四章　互联网平台竞争案件的法律适用：以一般条款为视角

析流程将重点放在程序确定性上，是以一种看得见的程式解读商业道德。实际上，对商业道德的诠释并非采用某种线性的逻辑推演即可获得确证无误的规则，也并非仰赖单纯的经验事实则能获取唯一正解。整个法律论证环节强调对话式的讨论，经由在对话中不断论证，借助实质推理方法为原、被告双方及法官给定明确的论证规则及论证程序，设定讨论框架并引导讨论秩序，基于程序角度进行约束以寻求程序确定性的答案。[①]其既不直接寄希望于立法者，也不把选择客观正确规范的权力单独交给法官，而是依托论题学取向的思维路径，重视诉讼主体间性，凭借论辩的中立交涉方式，注重以多方对话形式找寻问题解决方案，依靠论辩程序逐渐逼近商业道德解读的终结观点。

对此，需进一步追问的是，如何在个案中具体适用法律论证分析框架来诠释、认定商业道德，亦即如何构造商业道德的程序性认定框架。考虑到商业道德呈现出明显的不确定性，不以独一的构成要件为前提，很难借助简单的三段论逻辑推演获取认定结果。诚如阿列克西所坦言，法律论证所展开的推导步骤如较少且步骤间的跨度过大，则难以清晰地呈现步骤的规范性内涵。[②]欲确保商业道德认定结果具有较高的论证强度及支持力度，应最大限度地还原商业道德各个环节的推导步骤。鉴于商业道德认定关涉多方利益、多重主体及多元因素，不存在封闭、单一、绝对的认定理由，需对商业道德的认定理由尽可能多元拆解。

考虑到"相同论证方向的多个理由强于其中任一单独理由"，不妨以论证链的方式尽可能分层论证这些多元理由。具体而言，每个推导步骤分别作为一个单独层级，每个层级可能对应若干个支持理由，认定商业道德的第一层级理由需要获得来自第二、第三层级这些次级理由的支持。论证的强度取决于论证链条的具体长度。在整个逻辑链中，伴随支持理由的

---

① 季卫东.法律议论的社会科学研究新范式.中国法学，2015（6）.
② [德]罗伯特·阿列克西.法律论证理论：作为法律证立理论的理性论辩理论.舒国滢，译.北京：中国法制出版社，2002：282.

增加，每一理由的论证强度亦有所强化，其他条件保持不变，支持一个论题的论据链条愈长，该论题的论证强度也就越大。[①] 其论证思路具体如下（其中，A 代表商业道德，B_n 代指商业道德考量的各种理由，C_n、D_n、E_n、F_n、G_n、H_n 分别代表各个不同层级的次级理由）。

$$\begin{cases} A=B_1+B_2+B_3+\cdots\cdots+B_n \\ B_1=C_1+C_2+C_3+\cdots\cdots+C_n \\ C_1=D_1+D_2+D_3+\cdots\cdots+D_n \\ \cdots\cdots \end{cases}$$

$$\begin{cases} B_2=E_1+E_2+E_3+\cdots\cdots+E_n \\ E_1=F_1+F_2+F_3+\cdots\cdots+F_n \\ \cdots\cdots \end{cases}$$

$$\begin{cases} B_3=G_1+G_2+G_3+\cdots\cdots+G_n \\ G_1=H_1+H_2+H_3+\cdots\cdots+H_n \\ \cdots\cdots \end{cases}$$

个案中商业道德认定理由可能体现为：遵循行业惯例（B_1）、尊重商业模式（B_2）、驱动技术创新（B_3）等。具体而言，当事人可以行为遵循行业惯例、尊重商业模式、有利于技术进步等理由，证明该行为并未违反商业道德，阻却行为构成不正当竞争的认定。至此，当事人需依次进一步证明，缘何行为遵循行业惯例则不背离商业道德，缘何行为尊重商业模式则不背离商业道德，等等。这意味着，以行为契合行业惯例等为理由还应获得其他次级层级理由的支持，唯上一层级理由与其他次级理由形成链条结构时，该论证结论才可靠，才具有说服力。

不妨以行业惯例（B_1）为例：为证明其行为契合行业惯例而未违反公

[①] 陈金钊. 法律方法论研究. 济南：山东人民出版社，2010：451.

认的商业道德，当事人应首先论证商业道德与行业惯例的源起相似（C_1），并且阐明行业惯例具有正确性（C_2）。如何衡量其正确性？按照考夫曼之洞见，可用同意的程度来论证内容的正确性，故此时当事人可从行业惯例的制定来自行业共同体内成员的多数合意（D_1），证立 C_2。然而，论证链条仍不能就此结束，并非每一种同意皆能作为评判正确性的衡量指标，还应保证所作出的合意是基于理性程序，即阐明在理性程序保障下制定了行业惯例（D_2），等等。同理，尊重商业模式（B_2）、助推技术驱动创新（B_3）等理由的证明也大致应遵循前述论证思路。

需要说明的是，我们几乎无法构建一个完美的程序并保证依托该程序证立的论题必然正确，亦难以穷尽列举商业道德认定的所有理由；我们所能为者，是为商业道德的客观认定限定一个程序性框架，以及就商业道德诠释中的不协调观点"调整之以获得理性同意"，或足矣。

三、经济分析标准的功能坚守

一直以来，实务部门在认定互联网平台竞争行为时，要么笼统适用《反不正当竞争法》第 2 条，要么多数适用第 2 条第 1 款偏向主观色彩的商业道德与诚实信用原则标准，却甚少适用诉诸行为客观经济效果的第 2 条第 2 款。[1] 似乎怎么重视道德判断、商业伦理在不正当竞争规制中的地位均不为过，而与此同时，经济分析标准却经常被商业伦理、诚实信用原则及商业道德因素所替代、稀释或掩盖，至今尚未获得中国竞争法学的深入关切及系统表达。

虽然商业伦理标准在不正当竞争规制中处于基石地位，最早的反不正

---

[1] 据对 186 份互联网平台竞争案件判决书的实证考察发现，笼统适用第 2 条的占比有 89.3%，单独适用第 2 条第 1 款的有 8.3%，单独适用第 2 条第 2 款的有 1.7%，这说明，仅有 1.7% 的法官排除适用商业道德标准。

当竞争规则均从商业伦理标准判断是否构成不正当竞争[①]，但是过于强调商业伦理标准，未充分关注、描述经济标准，恐怕并不合适亦不周延。不正当竞争认定中需引入经济分析标准，究其缘由，体现为：一方面，基于提升竞争行为正当性认定结果的可预期性，应引入经济分析标准。道德标准的确证需历经反复的实践检验才能形成长期的互动均衡。[②]在客观社会中，多数情况下是人们已普遍接受某种利益格局后，继而从主观层面追认格局背后的道德表述。商业实践亦遵循该原则，从个案逐渐演变为普适原则，再到通过道德的首肯，往往需要经过漫长历程。互联网市场中的竞争格局始终在演变，新型模式不断创造，资源屡屡处于重整状态，这般动态竞争态势下，委实难以为道德标准的形塑提供稳定的环境。在全新的技术背景下，无法确保每项行为背后均有现成的商业道德框架可以支撑。在相对稳定的市场环境中，道德对市场主体行为尚且具有指引作用，倘若是在迭变极为迅速的互联网市场，具有滞后性的道德难以担任评判竞争行为正当性的终极依据。依托道德名义进行的竞争定性判断，其实是"各取所需的礼貌说法而已"[③]，其结论可能是令人无法捉摸的道德直觉。此外，考虑到商业道德具有多个面向，各异行业、各异领域的商业道德基本不具通约性，特别是在数字经济时代，竞争规则尚处于逐渐摸索中，商业道德标准的统一还需较长时间。[④]如仅仅依托商业道德标准定性竞争行为，恐流于空洞性与不确定性。为确保竞争行为正当性判定结果的确定性及可视性，需强调经济效果衡量，综合商业道德标准与经济分析标准，关切竞争行为对竞争机制及竞争秩序的实际影响。另一方面，为确保反不正当竞争法自由竞争价值的贯彻、实现，亦需仰赖经济分析标准。作为维护竞争秩序的基本法，反不正当竞争法不以权益保护为根本诉求，其之所以介入市场活

[①] [德]弗诺克·亨宁·博德维希.全球反不正当竞争法指引.黄武双，刘维，陈雅秋，译.北京：法律出版社，2015：286.
[②] 蒋舸.《反不正当竞争法》一般条款在互联网领域的适用.电子知识产权，2014（4）.
[③] 谢晓尧.竞争秩序的道德解读：反不正当竞争法研究.北京：法律出版社，2005：57.
[④] 王艳芳.商业道德在反不正当竞争法中的价值与标准二重构造.知识产权，2020（6）.

动及竞争行为,核心原因在于该行为损害了竞争机制及整体竞争环境。这就需要以效率为取向,从经济效果视角出发,衡量竞争机制及竞争秩序是否受损及具体的受损程度。对不正当竞争认定中的经济效率标准需要重新评估。

定性某项竞争行为是否具有正当性,应在评测行为是否遵循道德标准基础上,着重甄别行为的经济效果。恰如有学者所阐明的:区别于道德标准的无法预见性,经济分析标准具有更强的指引性;区别于道德标准的多面性,经济竞争规律呈现更强的普适性;区别于道德标准的价值预设性,经济分析标准具有更明显的价值中立性;区别于道德标准的滞后性,经济竞争实践具有更珍贵的进化性。[①] 在评判市场竞争行为是否正当时,除了应借助商业道德标准,还应从经济效果维度对竞争行为正当性作出综合评价。正如"炉石传说"主播跳槽案判决书所提到的[②]:反不正当竞争法所追求的公平,不是从一般社会意义出发,而是效率基础上的公平……商业伦理标准以市场效率为基础及目标,应摒弃完全诉诸主观的道德判断。该案很好地融合了商业伦理标准与经济效率标准,对竞争行为的正当性作出了判断。

总之,不正当竞争发生于、寄托于市场经济,对其进行评判离不开市场经济基本的效率标准,对竞争行为正当性的认定不能承载于笼统意义上的商业伦理判断。重在规范竞争机制、以捍卫市场竞争秩序为使命的反不正当竞争法,承担着维护多维主体利益、促进市场自由竞争以及提升经济效益之功能,引入经济分析标准相当必要。

四、竞争秩序识别机制的重构

在明确经济分析标准的功能定位基础上,需进一步追问:如何贯彻经

---

① 蒋舸.关于竞争行为正当性评判泛道德化之反思.现代法学,2013(6).
② 湖北省武汉市中级人民法院(2017)鄂01民终4950号民事判决书。

济分析标准的运用？其中，最为核心的是明确竞争秩序的角色定位，厘清竞争秩序的识别机制。

（一）市场机制的含义及核心构成

何谓市场机制？有学者认为，市场机制的本质是价值规律借助市场实现对经济运转的调整。在韩志国等学者看来，市场机制乃市场机体内供求、竞争、利率、价格等多项要素的相互影响、相互制约。[①]萧成教授主张，市场机制是市场运行及实现效用的一种经济机制。[②]综合学者的观点可以发现，市场机制乃是在一定制度环境及分配财富的前提下，对市场机体内的主体行为予以协调的一种经济机制[③]，市场机制为市场主体谋求竞争利益、竞争优势准备了现实路径，是我们认知及分析市场主体经济活动的一项重要工具。

市场机制乃市场经济进行资源配置的有效手段，市场经济乃市场机制发挥效用的前提及基础，二者相辅相成。如果各项市场要素（如劳动力、资本、技术信息、商品等）存在市场经济之中，并且均匹配市场经济需求，则各项要素之间就会受市场机制影响相互作用、自由流动，进而调节市场主体的行为。市场机制欲发挥效用，必须建立在市场经济体制的基础上。

那么，市场机制的核心构成有哪些？市场经济以市场机制为手段进行资源配置，而市场机制则由价值机制、信息机制、供求机制、创新机制、信用机制、准入机制这几项机制联合发挥作用。市场机制的几项具体构成机制相互制约、相互影响，又各自独立发挥作用。具体而言，价格作为市场机制的基本要素，是供求关系的基本信息传递者；价格机制反映市场产品的供求与价格二者的联系与运行，其借助市场价格信息释放信号，反映

[①] 韩志国，洪银兴，魏杰.市场结构与市场机制.石家庄：河北人民出版社，1987：72.
[②] 萧成.市场机制作用与理论的演变：西方市场机制的作用和理论发展的历史研究.上海：上海社会科学院出版社，1996：12.
[③] 曹畅，刘津.产品维度、价格结构与市场的非价格机制.天府新论，2021（1）.

市场供求关系，调节生产及流通环节，进而实现资源配置功能。此外，价格机制也能达到促进竞争、激励竞争、决定及调节收入分配等效用。可以说，价格机制作为市场机制的基础，是市场进行资源配置的关键机制。信息机制是市场中各项信息的流动、汇集机制。除了价格这项最关键的信息，市场信息还涵摄其他多种信息，如物品、需求者、供求者等。唯有充分识别、发现及传播这些信息，产品需求者、供求者才能实现最大限度地精准匹配，一旦这些信息不准确、不充分或无法有效流动，则会妨碍供需精准匹配，甚者，引起错配。信用机制也是市场经济的内生要求，在现代市场经济条件下，信用不仅体现道德精神，还书写一种经济契约关系。借助信用机制构建的商业行为规范及制度准则，得以有效约束、制约、协调供求方、需求方的权利义务，平衡收益和风险的关系。准入机制，乃是确立市场行为主体资格，以及对其进行审核、确认的机制。供求机制，乃是对包括服务、商品在内的各种社会资源的供求关系进行平衡的机制，通过市场供求、价格等市场信号调配市场生产、需求，进而达到供需平衡。创新机制则是市场行为主体借助技术创新、组织创新、产品创新、资源创新、市场创新着手各项要素创新或实现要素组合创新的机制。

（二）竞争秩序的具体判断：引入市场机制评估方法

如何判断作为不正当竞争认定核心要件的竞争秩序？在个案中，法官如何评判行为有无妨碍竞争秩序？具体而言，鉴于竞争秩序的底层架构是那些影响市场产生、发展的各要素和运行机制，即市场机制，正是市场各个运行机制构筑了市场竞争秩序，因此，评估是否损害竞争秩序，可以转向评判行为是否损害了市场机制。如何评估是否损害市场机制？由于市场机制的核心构成主要包括价格机制、信息机制、信用机制、准入机制、供求机制及创新机制[①]，评判是否损害市场机制，可以进一步转化为评估行为

---

① 关于对市场机制构成的解读可参见曹畅，刘津.产品维度、价格结构与市场的非价格机制.天府新论，2021（1）.

是否损害市场机制这几项核心构成,具体流程如下:

其一,评估是否扭曲价格机制。价格是市场最敏感、最重要的调节信号,价格机制包括价格生成机制(价格是否在公平、自由的市场竞争中形成)、价格传导机制(价格信号能否正确、充分传导给其他市场竞争主体)。价格机制一旦被扭曲,将导致资源错配、供求错配。以商业贿赂行为为例,基于行贿谋求的交易价格歪曲了真实的价格水平,妨碍了价格机制,故而应受到禁止。在个案中不妨评估受被诉行为影响,市场价格是否通过市场竞争自然生成,价格信号是否正确、价格传导是否充分,从而评判行为有无扭曲价格机制。

其二,评估是否扭曲信息机制。唯信息被充分、有效识别及传播,才能确保物品的精准供需分配。虚假宣传行为、仿冒行为的本质均是通过扭曲信息机制,误导消费者及其他市场参与者,进而使其基于错误信息作出错误的消费决策,由于信息不准确、无法充分流动、传导,进而供需失序。这也是缘何虚假宣传、仿冒行为被禁止的底层逻辑。信息机制体现为信息的汇集、流动机制。个案中可以通过评估受被诉行为影响,市场信息能否在市场主体间自由、充分流动,从而评判信息机制是否被扭曲。

其三,评估是否扭曲信用机制。所谓信用机制,是指市场主体在商业交易过程中依托信用谋取资源的机制。区别于即时的商业交换,经由长期累积而构建的信用体系,能让市场主体最大限度地获益并实现跨期获取竞争优势。以仿冒行为为例,该行为除了投放不准确的信息、损及信息机制外,也间接损害了被仿冒主体的商誉,因而该行为也扭曲了信用机制。信用机制一旦遭到损害,就在微观层面阻碍了该市场主体的融资能力、削减了其竞争优势以及令其流失交易机会,在宏观层面可能抑制市场活力、降低市场效率甚至导致市场紊乱。个案中可以通过评估受被诉行为影响,市场参与者的信用程度是有所提升还是有所降低,从而评判有无扭曲信用机制。

其四，评估是否扭曲准入机制。准入机制是市场主体获准进入特定市场并加入竞争行列的机制。准入机制直接影响所在竞争领域市场主体的数量及质量。之所以规制商业贿赂行为，是因为行贿方借助行贿行为不当促成交易，排除了其他竞争主体的交易机会，从而破坏了市场准入机制。个案中可以通过评估市场主体的准入是否受限，以判断被诉市场行为有无扭曲准入机制。

其五，评估是否扭曲供求机制。供求是确保市场调配资源所赖以存在的基础，供求机制是供需规律正常发挥作用的机制。一旦供需规律失灵，即便存在市场竞争，市场调配资源的效率也极为低下。以不当有奖销售行为为例：其以巨奖方式吸引消费者，损害了正常的供求机制，故而被禁止。

其六，评估是否扭曲创新机制。创新机制是市场主体借助资源创新、技术创新、组织创新、市场创新、产品创新实现各种要素（组合）创新的机制。得益于创新机制，市场将不断地打破旧的资源配置，形成更有效率的配置均衡，重组更高水平的竞争格局。创新机制一旦被毁损，市场竞争将被锁定在低效率、无效率之局面，市场活力亦可能被扼杀。之所以规制侵犯商业秘密行为，是因为其对商业秘密的侵犯妨碍、破坏了创新机制。个案中可以通过评估市场创新程度有无受到压制抑或有无提升，从而评判市场行为有无扭曲创新机制。

总之，几乎每种被评价为不正当竞争的市场行为均对应地损害了某项市场机制，对于尚未被反不正当竞争法所明确列举的平台竞争行为，在判断有无适用一般条款权限时，不妨先对照市场机制的核心构成，评估该行为对市场机制的实际影响，评价该行为是否损害市场机制前述核心构成，进而评判是否损害竞争秩序。唯有出现扭曲前述市场机制构成、妨碍竞争秩序的情形，才具备认定构成不正当竞争的门槛，进而才有适用一般条款的空间。

五、经营者利益损害认定方法的革新

（一）实质性替代方法的提出

实质性替代方法常运用于著作权侵权案件。在著作权侵权案件语境下，实质性替代方法的核心观点是：倘若公众借助案涉行为即可达到实际下载、欣赏作品的效果，则可认定案涉行为已实质向公众传输作品。在著作权审判实践中，运用实质性替代方法的案例并不鲜见。如在"世纪悦博与新力唱片案"[①]中，经过事实认证，法院确认消费者所下载的音乐文档虽然并非从被告服务器所发出，但消费者从被告管理网站所能获取的用户体验与直接获取音乐文档在效果和作用上没有本质区别，用户不需要另行查找音乐文档确切内容的原始网站，故而被告侵害了原告的信息网络传播权。在"央视与我爱聊著作权纠纷案"[②]中，法院提到，链接行为仅指明用户链接提供地址，经用户点击链接后，应跳转到第三方来源网站，不然该行为将实质性替代第三方来源网站提供播放，据此认定被告链接行为损害原告信息网络传播权。在"腾讯与易联伟达案"[③]中，法院表明，被告所提供的影视APP实际上产生了向用户"提供"视频的结果，出现了实质性替代后果，减少原告分销收入及潜在交易机会，被告亦未支付任何有关获取分销授权的费用，故认为行为构成侵权。

在实质性替代方法的司法认定及审查方面，司法实践作了诸多探索。在三面向与人民网的二审判决[④]中，审理法院提到可从两方面判定案涉快照行为是否构成实质性替代：其一，在来源网页与网页快照都能正常访问的前提下，用户借助网页快照即可获取相关目标内容，不需要另行进入来源网站；其二，在来源网页无法访问的情形下，用户依然可以通过网页快

---

① 北京高级人民法院（2004）高民终字第714号民事判决书。
② 北京市第一中级人民法院（2014）一中民终字第3199号民事判决书。
③ 北京市海淀区人民法院（2015）海民（知）初字第40920号民事判决书。
④ 北京市第二中级人民法院（2013）二中民终字第15446号民事判决书。

照获取目标内容。据此，案涉网页快照提供内容符合前述两项实质替代条件，使用户完全可以不经来源网站，即可借助网页快照获取缩略图，属于在来源网站以外单独提供作品行为，产生了实质性替代原来源网站向用户提供作品的结果，故认定该缩略图快照构成作品提供行为，满足直接侵权的构成要件。在"陈某与360侵害作品网络信息传播权纠纷案"[1]中，法院坦言：奇虎图片搜索结果所获得的涉案图片，虽然在清晰度及大小方面低于原图，然而，图片本身是完整的，且清晰再现原图全部内容，可认定构成原图的复制件，考虑到该复制件保存在奇虎公司提供的服务器上，并通过360图片搜索结果完整展示涉案图片，属于将存储的原图复制件借助信息网络方式提供给用户，使用户在任何地点、时间均可以浏览、下载等方式获得，据此可认定奇虎公司实施了提供涉案图片的行为。虽然奇虎公司附明了来源网站的网址，然而，用户通过预览页，即可直接从奇虎网站完整获取图片，奇虎公司行为完全达到了实质性替代原始网站提供图片之效果，足以损害原图网站的市场利益。

综上，可以获知实质性替代的核心要义在于：一方提供的产品、服务在功能、效果上与另一方的等同，或（几乎）构成完全复制而成为另一方的替代品，二者无实质、本质差别，于受众消费者而言，选择其中一方的产品、服务即可满足消费需求。

（二）以实质性替代方法评估经营者利益损害的正当性论证

那么，缘何以实质性替代方法评估经营者利益受损？对此，不妨从域外视角、法理层面、规范指引及实践经验累积几个层面依次展开分析。

其一，域外借鉴层面。在颇具影响力的"德国电视精灵案"[2]中，原告是一家完全凭借商业广告获取收入的电视台，所投放广告范围涵盖所有电视节目，被告生产、销售一款具有屏蔽广告功能的电视精灵装置。其中，

---

[1] 上海知识产权法院（2020）沪73民终30号民事判决书。
[2] BGH, Urteil v. 24.06.2004, Az.I ZR 26/02.

被告所生产的这款装置可由用户自行设置,将电视台播放节目中穿插的广告自动过滤。为达到屏蔽广告的结果,被告借助该控制装置以特定方式发出指令信号,径直转到没有广告的节目,并在原节目广告结束后自行跳转回原节目。原告主张,被告所生产、推广的控制装置屏蔽了其广告,属于妨碍与利用其他经营者在先成果、干扰市场的行为,构成不正当竞争,违反《反不正当竞争法》第1条规定。在行为是否具有不正当性方面,法院作出了深度论证:第一,原告针对该屏蔽行为是否具有足够的自救和应对能力。在本案中,原告本可以主动着手技术革新或从优化广告质量方面应对屏蔽广告问题,如此既可以促进新技术发展,为新技术拓展空间,也有利于提升用户体验,同时也不妨碍原告盈利。第二,考虑到几乎所有的市场竞争均会对其他市场参与者带来损害,判定对某项市场竞争行为是否应予制止时,需要综合多个因素作出判断,并在个案中权衡经营者、竞争者、消费者及社会公众等主体的利益。经权衡考虑,本案被告的利益更值得保护。虽然被告所生产、推广的控制装置增加了原告的经营负担,在一定程度上减损了原告的利益,但并未达到威胁原告生存的地步。反之,如若禁止被告的广告控制装置,会危及被告的生存,退一步看,屏蔽广告装置在某种程度上也是商业模式创新的结果。唯有达到特定损害的情形才能认定行为构成不正当竞争,这种特定损害指的就是,一方的行为导致另一方面临生存威胁。而判断是否构成生存威胁,核心在于是否对其产品造成显著损害、是否达到实质性替代的效果。域外以显著损害、实质性替代认定经营者利益损害的方法值得我国借鉴。

其二,法理分析层面。事实上,基于损害常态的竞争格局,以及反不正当竞争法作为行为规制法而非权利保障法的功能设定,反不正当竞争法不宜对所有的损害都持否定评价。虽然从伦理上看,"搭便车"行为并不崇高,但只要没有扭曲市场竞争机制,反不正当竞争法则无须介入,将技术问题、市场主体竞争问题交给市场自行调节。规范市场发展的反不正当竞争法不应过度代替市场主体作出选择。在商言商,法律仅作为市场调节的补充手段，不应逾越必要的范围。一方面，市场竞争具有明显的对抗性，竞争与损害如影相随，基于竞争带来的一般性损害并不需要反不正当竞争法的介入。在"海带配额案"中，最高人民法院就曾特别提到，市场参与者相互之间争夺交易机会是市场竞争的常态，必然存在一方增加竞争优势，另一方丧失竞争优势的情形。[1]可以说，在正常情况下，对市场竞争带来的一般损害，并不需要承担损害赔偿责任。对此，美国《反不正当竞争法重述》（第3版）第1条也专门规定：除非达到特定情形，一般性商业贸易行为导致他人损害的，无须对损害承担责任。以屏蔽视频广告案件为例，网站经营者与广告经营商签订广告投放协议，由后者支付广告费用，前者在特定时间、范围内投放广告，虽然屏蔽广告的行为导致网站经营者无法获得广告投放商的广告服务费用，损害了网站经营者利益，然而，这种损害仅仅是一般性损害，并未达到威胁网站经营者生存的程度，而且，倘若允许广告屏蔽软件商与网站经营者相互自由竞争，则更有利于提升用户体验，改进广告投放方式，开发用户感兴趣的广告。如此，用户不用被强迫观看广告或优化用户观看广告的体验，对提升社会公共福祉或更有助益。但另一方面，这并不代表反不正当竞争法对市场竞争中的所有损害均"无动于衷"。倘若损害达到对市场主体实质性、完全性替代效果的程度，该行为已然损害社会公共利益（竞争秩序），扭曲市场竞争机制，不利于行业健康发展。增加行业负担及成本、不利于行业有序发展的市场行为背离了经济效率标准，无法获得反不正当竞争法的支持。

其三，规范参考层面。2021年8月最高人民法院《关于适用〈中华人民共和国反不正当竞争法〉若干问题的解释（征求意见稿）》第26条[2]、

---

[1] 最高人民法院（2009）民申字第1065号民事裁定书。

[2] 最高人民法院在《关于适用〈中华人民共和国反不正当竞争法〉若干问题的解释（征求意见稿）》第26条规定："经营者违背诚实信用原则和商业道德，擅自使用其他经营者征得用户同意、依法收集且具有商业价值的数据，并足以实质性替代其他经营者提供的相关产品或服务，损害公平竞争的市场秩序的，人民法院可以依照反不正当竞争法第12条第2款第4项予以认定。经营者征得用户同意，合法、适度使用其他经营者控制的数据，且无证据证明使用行为可能损害公平竞争的市场秩序和消费者合法权益，控制该数据的经营者主张属于反不正当竞争法第12条第2款第4项规定的行为的，人民法院一般不予支持。"遗憾的是，该规定在最后的正式稿中未能保留。

国家市场监督管理总局在《禁止网络不正当竞争行为规定（公开征求意见稿）》第 20 条[1]均规定了实质性替代方法，为不正当竞争判定中的竞争损害分析提供了重要启示。

其四，实践经验积累层面。司法实践中一些不正当竞争案件审理也尝试采用实质性替代效果分析方法，累积了一定的制度经验。如在"大众点评案"[2]中，法院判定百度数据抓取行为构成不正当竞争的理由：一方面是评估被抓取数据对原、被告双方的商业价值，更为关键的是，被告的大规模抓取对原告产生完全、实质性的替代效果，这种突破技术限制的大规模抓取造成市场竞争机制的扭曲。法院论证如下：被告利用搜索技术大量抓取及展示原告网站信息，已经逾越必要限度，该行为已实质性替代原告相关服务，其能带来的积极作用与给原告带来的损害不满足利益平衡原则。被告逾越必要限度使用原告服务信息，不但损害了原告的合法利益，而且可能导致其他市场参与者不愿意继续投入信息收集整理工作。这对产业生态也带来负面影响，并且破坏了市场竞争秩序。另一方面，这种逾越边界的行为也可能破坏消费者一般利益。提升消费者利益的根本在于经济发展，而经济发展必然仰赖于公平的市场竞争秩序……本案搜索技术作为一种手段、工具在价值上是中立的，然而，这并不代表使用技术的行为同样中立，也不能将技术中立本身作为行为豁免的依据。不论是何种搜索技术，均需依照搜索引擎服务基本准则，不得借助网络搜索服务实施提供实质性替代其他市场主体的产品/服务的行为，本案被告使用原告信息的范围、方式均已明显超出合理范围，对技术中立的抗辩事由不予采信。在"饭友抓取微博数据案"[3]中，法院亦是基于被告爬取数据行为对原告产品

---

[1] 国家市场监督管理总局在《禁止网络不正当竞争行为规定（公开征求意见稿）》第 20 条规定："经营者不得利用技术手段，非法抓取、使用其他经营者的数据，并对其他经营者合法提供的网络产品或者服务的主要内容或者部分内容构成实质性替代，或者不合理增加其他经营者的运营成本，减损其他经营者用户数据的安全性，妨碍、破坏其他经营者合法提供的网络产品或者服务的正常运行。"

[2] 上海知识产权法院（2016）沪 73 民终 242 号民事判决书。

[3] 北京知识产权法院（2019）京 73 民终 2799 号民事判决书。

构成实质性替代，最终对行为作出否定判断。

总之，在自由竞争的市场语境中，基于竞争带来的损害、干扰总是无法避免的，经营者利益受损乃是市场竞争的常态，法律应为市场主体行为自由余留必要空间。唯有达到威胁经营者生存程度时才应对行为作出禁止的规制方案。判断是否达到威胁经营者生存程度，核心在于评测对经营者利益的影响是一般性损害，还是达到实质性替代程度，唯有达到实质性替代程度才能称得上威胁其生存，才需要反不正当竞争法介入。

六、竞争秩序、经营者利益与消费者利益的关系澄清

根据《反不正当竞争法》第2条第2款，定性不正当竞争行为，需要考量是否"扰乱市场竞争秩序，损害经营者利益、消费者利益"，那么，市场竞争秩序、经营者利益与消费者利益三者之间是什么关系？在对互联网平台竞争行为判定中分别起到什么性质的作用？一般条款适用中三者如何权衡？这些是横亘在互联网平台竞争定性过程中无法绕开的疑难问题。

首先，不妨梳理下何谓竞争秩序。在弗莱堡学派看来，可以从两个层面解读竞争秩序：一是实然层面的竞争秩序，指向现实经济领域竞争的条理性；二是应然层面的作为理念的竞争秩序（也称为"奥尔多秩序"），即符合主体理性的完美竞争秩序。① 二者视角虽有所不同，但均指向市场竞争构造中整体、普遍、不特定、发散性的多数主体利益，即社会公共利益。其是每个市场主体参与者均能从中受惠的、具有一般性、共性的、普遍性的积极的东西，而非局部的、部分主体特定、特殊的利益。

其次，竞争秩序所承载的社会公共利益如何具化？一方面，由于竞争法语境下社会公共利益指向参与、融入市场竞争的不特定主体的利益，包括直接参与市场竞争的经营者的利益、承担竞争后果的消费者的利益，因此评价是否损害社会公共利益（竞争秩序），可从是否损害经营者利益、

---

① 刘继峰.反垄断法益分析方法的建构及其运用.中国法学，2013（6）.

消费者利益着手。是否损害经营者利益、消费者利益是评价是否损害社会公共利益（竞争秩序）的参考指标。另一方面，对竞争秩序的识别，也可直接采用前文所述市场机制的识别方法，从信息机制、价格机制、创新机制、信用机制、供求机制、准入机制来判断是否损害了市场机制，进而评判是否损害了竞争秩序。

最后，社会公共利益（竞争秩序）在价值位阶上高于经营者利益及消费者利益，故予优先保护，那么，在个案中如何权衡处于同一位阶的经营者利益、消费者利益？一方面，时至今日，经营者利益仍是反不正当竞争法的基础法益；另一方面，消费者利益"裁判"功能的不断践行，也促使反不正当竞争法重新审视消费者利益的角色定位，矫正以往仅以经营者利益为中心的法益构造，为消费者利益提供更全面的制度保障。事实上，在市场经济背景下，竞争者所作努力需立足于回应消费者的需求。唯有契合消费者正当需求的生产、竞争才能获取竞争利益，提升竞争优势直至取胜。市场竞争秩序的形塑必然围绕经营者、消费者及社会公众展开。评价市场竞争行为是否正当，不能止步于经营者利益视角，还应考量消费者利益，评测行为对消费者利益的影响。在数字经济时代，消费者的注意力成为稀缺资源。[1]所有市场竞争行为皆以追逐消费者注意力为手段，以改变消费者决策为媒介，继而争取竞争利益及提升市场力量。在数字经济时代消费者不再简单地扮演受害者、受益者的常规角色，而是居于市场竞争的核心，以参照主体身份，成为评判竞争行为是否正当的"参考法庭"[2]。换言之，消费者一改竞争机制下"场外人"的定位，以参与、抗衡的面相能动介入竞争机制，成为市场竞争行为定性的重要考量指标。可见，在数字经济时代消费者利益不再简单地让位于经营者利益，两者受到反不正当竞争法的等位保护，消费者利益得以与经营者利益直接抗衡。

---

[1] David S. Evans.Attention Rivalry Among Online Platform. Journal of Competition Law and Economics, 2013,6:313-316.

[2] 陈耿华.论竞争法保障消费者利益的模式重构.法律科学，2020（6）.

进而，究竟保护经营者利益，还是支持消费者利益，不存在先验答案，而是取决于支持何者能获得更大的制度收益以及扩展更大范围的社会公共利益。不妨采用损益分析方法，即回到个案，还原具体的竞争场景，在评估涉案互联网平台竞争行为对经营者、消费者利益影响的基础上，全面、综合评测行为对市场竞争力、市场贡献力的损益比例。

在"淘宝美景案"[①]中，法院提到，倘若市场主体通过对公开渠道的数据加以创新劳动，从而获取全新数据产品，且有利于提高消费者全新体验，行为很难被评价为不正当。该案对于效率的考量颇具借鉴意义。对市场行为的竞争效果评估离不开对其他竞争者、消费者利益得失比例关系的考量，离不开行为对市场竞争力、市场贡献力的整体损益影响。倘若该市场行为凸显一定创新性，有利于提升消费者福利，且仅仅一般性损害经营者利益的，行为不具有不正当性；该市场行为具有显著创新性，有利于提升消费者全新体验，即使在一定程度上导致经营者利益受损，行为不正当性也难以成立；倘若该市场行为并不具备实质性创新贡献，但给经营者利益造成实质性损害，行为具有不正当性。

综上，在评估互联网平台竞争行为是否扰乱竞争秩序（社会公共利益）及行为的竞争效能时，不妨首先评估行为对经营者利益的影响，并区分是一般性损害还是实质性损害。倘若仅是一般性损害，可以评估该市场行为有无提升消费者福利、有无带来实质性创新贡献。如有利于优化消费者福利、具有一定/显著创新性，可以阻却对行为不正当性的认定。倘若该损害达到实质性替代标准，损害了行业发展、扭曲了市场机制、破坏了市场生态，干扰了市场秩序，不符合经济效率标准，需要反不正当竞争法干预及提供行为指引。有利于行业健康发展、促进行业效率提升的互联网平台竞争行为，更容易获得支持而免于被强制干预；增加行业负担及成本、不利于行业有序发展的互联网平台竞争行为，不符合经济效率标准，更容易受到反不正当竞争法的负面评价。

---

① 杭州铁路运输法院（2017）浙8601民初4034号民事判决书。

本章小结

告别"损害"即为"不正当"的误区

反不正当竞争法自面世之日起，即伴随时代发展而不断演变，在当下经济全球化、数字信息时代及新产业革命交织融合的背景下，反不正当竞争法应回归其市场机制补充、辅助工具的角色定位。结合现今国际发展新趋势及我国竞争发展实际，基于竞争法竞争观的重构、自由竞争价值的倡导、确保适度干预原则的实现及作为行为规制法的功能驱使，有必要限缩反不正当竞争法一般条款的适用，以防不当干预市场竞争及过度挤占公有领域。限制市场竞争并非反不正当竞争法的深层意图，促进市场机制良性健康发展才是该法不懈的追求目标。作为维护市场秩序的基本法，反不正当竞争法同样担负捍卫我国国家利益、提升我国国际竞争力的重要使命，应基于长远发展格局，尊重市场生态及市场理性，弱化、破除公权机关的"家长情结"，为市场创新及发展预留最大限度空间并提供坚实制度后盾。作为对行为自由的限制，反不正当竞争法一般条款的适用需受到严格约束。有必要跳出"有损害即为不正当"的认定误区，避免过于宽松的兜底保护观念，除非达到特定损害、破坏市场竞争秩序，不轻易启动一般条款干预互联网平台竞争行为。反不正当竞争法未具体列举的行为方式，多数是市场竞争的立法留白；不损害市场机制的市场行为，恰恰是市场竞争的自由空间。

一般条款本身呈现出开放性特质，伴随经济社会的不断发展，一般条款的内涵及外延也在不断演进，有必要适当吸纳经济社会发展的现代价值观念充盈一般条款，以确保一般条款的规制具有周延性、与时俱进性。[①]针对反不正当竞争法一般条款适用规则的优化，需从以下几方面着手：其一，为破解一般条款商业道德标准的抽象概括性难题，建议引入法律论证分析框架，多元分解商业道德的认定理由且以论证链的形式分层论证，并

---

① 杨峰.商法一般条款的类型化适用.中国社会科学，2022（2）.

尽可能呈现其推导步骤。其二，不正当竞争的最终评判并非简单地诉诸纯粹的道德衡量，鉴于商业道德标准不可避免的多面向性、无法预见性及滞后性，还应侧重经济效果标准。其三，明确竞争秩序识别机制。评估是否损害竞争秩序，可以转向评判行为是否损害了市场机制。由于市场机制的核心构成主要包括价格机制、信息机制、信用机制、准入机制、供求机制及创新机制，评判是否损害市场机制，可以进一步转化为评估行为是否损害市场机制这几项核心构成。其四，革新经营者利益损害评估方法。唯有达到威胁经营者生存程度这类特殊损害才应对行为作出禁止，具体可采用实质性替代分析方法评估经营者利益损害。其五，澄清竞争秩序、经营者利益与消费者利益的关系。不正当竞争判定以是否损害竞争秩序（社会公共利益）为核心，以经营者利益、消费者利益作为评价竞争秩序（社会公共利益）的考量指标，结合实质性替代效果分析方法及评估行为对市场竞争力、市场贡献力的整体损益影响作出综合判断。

第五章
互联网时代反不正当竞争法的法益结构

反不正当竞争法关涉多元利益，不论是法官还是立法者均不得简单地处理利益冲突问题。要认知不同群体的利益需求，尤其是在两种合法利益需求之间进行协调，须得参酌利益格局之发展流变。倘若一种利益获取新的地位，那么这是否意味固有的利益均衡格局被打破，为获取新一轮的均衡是否应对原有利益进行重新配置，似乎无须多言。

现实、客观需求统摄了制度的基本态势与走向。钱穆在其《中国历代政治得失》中曾坦言，制度并不凭空从一种理论中诞生，是客观实际孕育了制度。[①] 现实需求永远是创造之母，是促使制度诞生与发展之决定性力量。制度的产生并非用于印证理论如何完美、逻辑如何严谨，实用乃制度的天然属性，亦即，实用主义是制度之宿命。以往时代的市场竞争仅是平面二维的或同行业之间的竞争，然当下全球化、信息化、现代化的企业竞争乃是三维、四维甚至更高维度之跨界竞争，竞争前所未有的激烈，如此竞争时代可谓其兴也勃、其亡也忽。互联网时代反不正当竞争法直接保护消费者利益，这意味着该法既有的"以经营者利益为中心"的利益结构已不敷适用，反不正当竞争法的法益结构面临变革。本章结合对域外反不正当竞争法法益结构的考察，检讨我国反不正当竞争法现有以经营

---

① 钱穆.中国历代政治得失.北京：九州出版社，2012：56.

者利益为中心的法益结构，论证互联网时代我国反不正当竞争法应同时构筑经营者保护与消费者保护二元体系，并在此基础上探索二元法益的平衡路径。

第一节 一元中心法益构造检讨

长期以来，关于反不正当竞争法的保护法益，学界将其划分为经营者利益、消费者利益及社会公共利益，如此看来似乎该法的保护法益呈现出多元性与层次性。然进一步审视反不正当竞争法第二章所列举的具体不正当竞争行为，发现多数具体行为均聚焦于保障经营者利益，从经营者利益角度出发对行为进行定性。虽然，2017年《反不正当竞争法》第2条第2款对不正当竞争的定义加入了消费者因素，定性不正当竞争不再局限于经营者利益的判断标准，然其并未改变该法经营者一元中心之现状。整部《反不正当竞争法》依然重点围绕经营者利益展开制度设计，不管是诉权的安排、权益之救济，抑或是不正当竞争行为的具体列举，均透露着一种浓厚的经营者中心色彩。反不正当竞争法之所以形成这样的法益结构，可能基于以下原因。

一、特定经济社会发展阶段作出的立法价值选择

权利永远无法超出社会的经济结构以及由该经济结构所制约的社会文化发展。我国虽直到1993年才颁布《反不正当竞争法》，然当时我国正处于社会主义市场经济的发展初期，市场竞争并未充分展开，市场经济的建设经验总体比较匮乏。该阶段市场领域的立法大多呈空白或极其简陋状态，相关理论研究也比较滞后，竞争法制定主要引介其他国家的立法，也不可避免地借鉴其他国家以经营者利益为中心、对消费者利益采取反射保护模

式之保守做法。[①] 这从另一个层面也证明了，主体的权利内容总与社会发展的实际需求相匹配，与权利主体的精神进步水平相契合，且受制于特定阶段社会发展历程的客观规约。其既不存在任何"超价值观"，亦不存在任何超历史之"权利观念"。立法本质是一个划分利益类别、识别具体冲突利益、选择利益、协调利益、整合利益及表达利益的交涉过程，立法者仅能明确规定其主观上认为更重要的利益并予以充分保护。具体到反不正当竞争法，其重点保护经营者利益、构筑经营者利益一元中心法益构造，也是特定历史阶段立法者的主观价值选择，但这不意味着消费者利益保护不重要，而只能说明其在这一阶段并未引起立法者的应有重视。正如有学者坦言：法律跟其他制度一致，指出来的并不比还没有指出来的更为重要。[②]

二、有限理性下的立法漏洞

分析法学中的概念法学派倡导理性主义理念，对人类的语言力量与理性能力深信不疑，以为人类凭据理性能力就能制定出内容翔实、逻辑严密的法典，这般法典是"被写下来的理性"。与之相反，利益法学、社会法学和自由法学均以为法律是有漏洞的，任何倡导法律无所不能的观点均不切实际；并指出立法者的认识能力不免有限，无法预知将来一切未知事物，即便得以预见，也可能受限于表现手段而无法将其全部纳入法律规范。[③] 本书认为，后一种观点更契合社会客观实际。具体到立法实践中，法律作为主体创制的社会性规范，其创制过程本身亦是一主观过程，这要求立法者具备渊博的知识与高瞻远瞩，而任一历史阶段下立法者的认知能力不免有限，立法者无法创设一个十分完美的规范体系。立法者可能在概

[①] 薛驹.关于对修改经济合同法的决定（草案）和反不正当竞争法（草案修改稿）修改意见的汇报.1993-09-01.［2023-05-08］.http://www.npc.gov.cn/zgrdw/npc/lfzt/rlyw/2017-02/21/content_2007616.htm.

[②] Cass R.Sunstein. Legal Reasoning and Political Conflict. Oxford: Oxford University Press,1996: 39.

[③] 李岩.民事法益基本范畴研究.北京：法律出版社，2016：9.

览了调整领域出现的全部事实问题后，也未对其进行规定，从而导致存在漏洞。在反不正当竞争法面世时，立法者基于当时的客观事实，受限于自身认知水平与当时的社会经济环境，即便当时消费者利益关系已然普遍存在，其也难以预见到消费者利益的重要性，故未在反不正当竞争法中对该社会关系给予应有的重视。可见，反不正当竞争法形成经营者利益为中心的法益结构是主体有限理性之写照，亦是受客观立法技术制约之结果。

三、早期反不正当竞争法的理论准备不足

即便至今，学界对反不正当竞争法的定位、性质仍存在很大争议。如关于反不正当竞争法的法律属性、该法与其他部门法之间的关系等如此最为基本的问题依然争议未歇，如谢晓尧教授认为反不正当竞争法仍属于私法的范畴，而吴汉东教授则坚持认为反不正当竞争法属于知识产权法的范畴，而依孔祥俊教授之洞见，虽然反不正当竞争法在渊源上与知识产权法密切相关，但其在本质上属于竞争法范畴，并且近年来反不正当竞争法与反垄断法的联系愈加紧密。王晓晔教授也致力于厘清反不正当竞争法与相邻部门法之间的关系。虽然这些讨论并不直接围绕反不正当竞争法的法益构造展开，但却能从这样最基本的命题讨论中看出，反不正当竞争法在理论研究上的共识远未达成。正如谢晓尧教授在《反不正当竞争法修改的限度》一文所批判的，学界研究有倒退之势。这样的评论虽然难免有些令人遗憾，但在某种程度也说明反不正当竞争法的相关理论研究仍有很大空间，其中一个有待进一步深度挖掘的理论命题就是对反不正当竞争法形成经营者利益一元中心法益结构之反思。理论研究的薄弱非但无法为相关议题之研讨及时输送理论储备和支撑，而且在某种程度上固化甚至强化了对法益结构的思维路径依赖。

需要说明的是，反不正当竞争法之所以形成经营者一元中心法益结构并非单一因素所致，而是上述多个要素之间相互作用之结果，简单剪切现

实之分析范式不利于最大限度地揭示事物本质。

第二节　从"一元中心"到"二元平衡"：域外二元中心法益结构审视

要认知不同群体的利益需求，尤其是在两种合法利益需求之间予以协调，须参酌利益格局之发展流变。本部分将审视域外反不正当竞争法法益结构的演变进程，以兹为我国反不正当竞争法法益结构之变革提供一些比较法层面的智识借鉴。

一、法益的演变

反不正当竞争法在从传统迈向现代的过程中，既有基础出现了巨大变化，现代反不正当竞争法已然不再拘泥于以经营者利益保护为其中心，而以确保竞争不受扭曲为其基础，并在该基础上对多元法益予以考虑与权衡。

反不正当竞争法最初对公平竞争的保护局限为对个体利益的保护，即保护经营者的商誉免受贬损，保护商品或服务免受混淆以及避免商业活动中其他形式的损害。在反不正当竞争法颁布之初，经营者利益是该法最为基础、直观的保护法益。诚如有学者所言，"不公平竞争法最先是为保障诚实企业主而设计"。几乎所有的反不正当竞争法都明确了经营者拥有诉权，甚至部分国家的反不正当竞争法仅赋予经营者诉权。并且，与竞争相关的法规均用于平息经营者之间的争讼，背后的理念为：竞争首先是与企业有关的，企业才是最先受到竞争影响的。[①] 这个阶段的反不正当竞争法

---

① [比] 保罗·纽尔. 竞争与法律：权利机构、企业和消费者所处的地位. 北京：法律出版社，2004：62.

的第一要义在于保障经营者的正当利益,而非旨在捍卫消费者利益。[①] 这从反不正当竞争法产生的历史可获印证:不论是法国法院以其民法典第1382条为法律适用依据发展出"民法上不正当竞争之诉",还是以德国、意大利为代表的欧洲大陆国家相继出台专门的反不正当竞争法,抑或是普通法系国家以判例法的形式发展出规制不正当竞争行为的法律规则[②],均是将保障经营者利益作为规制竞争行为的第一要义,而消费者利益保护仅作为经营者利益保护之附带性效果。

然而,在从传统迈向现代的过程中,反不正当竞争法的法益保护内容发生了巨大变化。20世纪六七十年代,伴随着消费者运动的爆发与消费者对"不知悉市场情况"愈来愈不满意,规制不公平商业竞争的共同基础变得摇摇欲坠。几乎全部工业化国家再一次遭遇了不正当竞争的挑战问题,也只有在这一次各国才充分审究是否以及如何保护社会公共利益,特别是消费者利益保护的问题。[③] 此时,消费者"在形式正义与实质正义的冲突中、在不正当竞争与垄断行为横行的背景下,为确保对强者与弱者的平衡"而登场[④],诸多国家经审慎研究,重新审视既有各种市场行为规范,决然扬弃单纯维护经营者利益的反不正当竞争法,进而着手扩展反不正当竞争法的调整范围,将消费者保护纳入其直接目标。一方面,反不正当竞争法的内容包含为经营者供给公平的交易机会,防范其被诋毁、"搭便车"、阻碍、欺诈或混淆;另一方面则包含确保消费者利益未受扭曲,防范消费者利益被操纵、欺诈等行为所侵害。自此,对消费者的保护不再局限为竞争者保护的附带效果,而俨然成为该法另一主要的目标。

---

① 孙琬钟. 反不正当竞争法实用全书. 北京:中国法律年鉴社,1993:26.
② Frauke Henning-Bodewig(ed.). International Handbook on Unfair Competition. Munich: H.Beck·Hart·Nomos,2013:208.
③ [德]弗诺克·亨宁·博德维希. 全球反不正当竞争法指引. 黄武双,刘维,陈雅秋,译. 北京:法律出版社,2015:5.
④ 谢晓尧. 消费者:人的法律形塑与制度价值. 中国法学,2003(3).

二、结构的转型

(一)多数是从"经营者利益一元中心"到"经营者与消费者利益二元中心"

反不正当竞争法最初的立法动因是以遏止不正当商业行为的方式维护经营者的合法利益、保障市场公平竞争,亦即,保护经营者利益、维护市场竞争的公平性是规制不正当竞争行为的立脚点。虽然在一些具体细节的规定上存在差异与争议,且并非均使用"不正当竞争"之称谓(使用各异称谓实际上也各有优劣),然其根本理念无二致,即首先保证经营者利益,进而保障公平的竞争秩序。而至于何种行为应被纳入其中,则关涉多元因素,如权宜性的因素与历史性的因素、一般的因素与特殊的因素、共通的因素与特别的因素、国内的因素与国外的因素。[①]那些已为国际社会或大多数国家普遍认可的行为类型,如《巴黎公约》涉及的三类行为及后来规定的侵犯商业秘密的行为,是最初行为类型的核心[②],基本由各国相应的立法以各异形式加以确认。当然,各国立法亦会依据本国的实际情况增加一些其他行为。[③]然不论具体法律条文如何规定,其间均透露着浓郁的经营者利益中心情结,无论是具体列举的不正当竞争行为类型以经营者利益为参照标准[④],还是不正当竞争的定义条款,均显现了典型的经营者利益中心主义。

[①] 孔祥俊.论反不正当竞争法的新定位.中外法学,2017(3).

[②] 1925年荷兰修订会议修订巴黎公约时引入不正当竞争的定义条款之后,为使该宽泛的定义更为精确,以及更利于普通法国家接受,先是引入了市场混淆和商业诋毁两类行为,后又引入虚假宣传。

[③] 例如,日本《反不正当竞争法》除规定仿冒、淡化、逼真模仿、侵犯商业秘密等传统行为外,还规定了禁止规避保护版权的技术措施、抢注域名、代理人或代表人抢注商标、贿赂外国公务人员之类的内容。这充分体现了其"杂烩"特色。

[④] 有学者认为,反不正当竞争法中的行为看起来有些凌乱,相互之间缺乏先后相继和融贯合一的严密逻辑性,不易归纳一种内在统一的逻辑机制和理论基础。孔祥俊.论反不正当竞争法的新定位.中外法学,2017(3):755.

伴随着经济发展及市场结构演变，垄断打破了市场力量的既有均衡状态，经营者与消费者之间的交易能力差距愈来愈大，特别是受现代科技及营销技术发展影响，消费者的自我保护能力被进一步削弱，消费者的结构性弱势地位愈发凸显。与之相伴的是作为新抗衡力量的消费者团体逐渐发展及不断涌现的消费者运动。为此，为市场多元主体提供稳定的交易环境、平衡多元主体利益则成为新时期反不正当竞争法的立法目标。反不正当竞争法的法益结构逐步开始转型，即摒弃既有仅以经营者利益为中心的法益构造，对消费者利益进行深入解读并形塑竞争者保护与消费者保护二元体系。从这个角度看，反不正当竞争法法益结构的转型，除了受消费者自身利益理性生长所影响，一个重要的直接动因是消费者在市场中占据的地位发生根本性变化，这种变化进一步决定了其在法律上的地位以及应获得的结构性救济变化。

（二）极个别经历了"消费者利益一元中心"到"经营者与消费者利益二元中心"

瑞典是少数曾侧重保护消费者利益的国家，此与当时的立法背景有很大关联。在20世纪50年代，瑞典试图在反不正当竞争领域引入综合有效的立法。1966年特别调查委员会提交了自身拟定的反不正当竞争法草案（Lag om otillbörlig konkurrens），且该草案首次设立规制不正当竞争行为的一般条款。然而，在1966年该立法草案并未被付诸实施。其主要缘由在于，当时的瑞典政府意欲响应消费者主义精神，同步起草了一项综合性"消费者保护计划"。在该项计划内，正当、公平交易立法仅被视为消费者保护政策的一部分。尽管该特别调查委员会倾注了大量精力，在反不正当竞争法立法草案中增添了保护消费者利益的内容，然其报告仍然未能满足政府的政策目标。1970年《反不正当营销行为法》（Lag om otillbörlig marknadsföring）虽也维护经营者利益，但将消费者利益保护置于该法最为核心的位置。政府保护消费者整体利益的方式是设立一特别公职，即所谓的消费者监察专员（Konsumentombudsmannen，KO），专门处理消费者遭遇的不正当竞争行为问题。在1975年瑞典通过了《营销行为法》（以下简称1975年MFL），该法第1条第1款规定，保护消费者利益是该法的首要目标。除设立了规制不正当竞争行为的一般条款外，该法也规定了信息披露一般条款。另外，瑞典在体制上的一个重要创新是将新成立的消费者保护局（Konsumentverket，KOV）与消费者监察专员合并，由合并后的新机构KOV/KO实施1975年MFL。比起行业自律与私人诉讼，1975年MFL彰显了对公共机构执法的巨大信任，将实施该法的权力赋予公共部门，这亦被视为是保障消费者权益的首要路径。然而，1975年MFL此种侧重消费者主义、忽视诚实竞争者利益的做法，逐渐在实务界和理论界受到批判。[1]在20世纪80年代末期的一系列改革之后，平衡被重新建立。[2]尤其是，竞争者在营销行为诉讼中位于次要位置的格局被调整，经营者在营销行为诉讼中亦取得了与其他主体平等之地位。

这未免让人心生质疑：瑞典于1970年通过的首部《反不正当营销行为法》缘何侧重强调消费者利益保护？该法在瑞典法律体系中处于什么位置？这套复杂的法律规则对法律体系的连贯性会产生何种整体效应？就这些问题而言，人们以实用主义思想予以回应。然不论如何，其折射了瑞典立法者追求各异的法律政策目标，该法并未被命名为反不正当竞争法，而是营销行为法，这不仅仅是单纯的技术细节问题，而是表明立法者提倡一种更为宽泛的理念，即不强调竞争者利益，而是侧重消费者集体利益与社会公共利益。

当然，毕竟保护经营者利益也应作为反不正当竞争法的重要立法目标，立法者固然应关注消费者利益，但也不可偏激地施行单边主义。为

---

[1] UIF Bernitz's much discussed article "Unfair competition:the forgotten legal area", Bernitz,Otillbörlig konkurrens:det glömda rättsområdet,in:Festskrift Jan Hellner,Stockholm,Norstedts 1984,115 et seq.

[2] 20世纪70年代和80年代的消费者，MFL案件主要由消费者监察专员作为原告提起，但现在MFL案件则大多发生在竞争者之间。

此，2008 年 MFL 第 1 条则提道："本法的目的是促进与产品营销行为有关的消费者利益和经营者利益，以及保护消费者和经营者免受不正当营销行为之侵害。"根据 2008 年 MFL 的规定，除了具备法定资格的消费者协会与消费者监察专员得以提起诉讼，个体经营者与行业协会亦享有诉讼资格，由此实行对经营者保护与消费者保护的二元体系。

第三节　二元中心法益结构何以可能？

虽然传统反不正当竞争法构筑经营者利益一元中心法益构造具有历史合理性，然该法益结构背离互联网经济发展特性，与其他国家竞争法筑造二元保护体系的做法相悖，亦与反不正当竞争法的社会法属性及立法目的相冲突，应对我国反不正当竞争法法益结构进行适当变革。

一、基于互联网时代消费者主体地位革新

利益呈现极强的生长性。互联网时代消费者利益角色的更新也为其在反不正当竞争法上的变革带来契机。互联网经济是典型的"注意力经济"，一切不正当竞争行为的开展皆以消费者的消费意愿、消费偏好及消费抉择为中介。[①]互联网市场的竞争是抢夺消费者注意力之竞争[②]，互联网商业模式为此作了有力说明：其通过前期免费培育市场来获取用户的忠诚，继而利用这种忠诚开发增值服务以谋求收益。职是之故，互联网行业取胜的根本在于先采取免费模式锁定用户，从而扩大收费用户以攫取更大的市场份额和竞争优势。互联网时代的消费者特点决定了互联网市场的资源配置及互

[①] Michale L.Katz, Carl Shapiro. Network Externalities,Competition,and Compatibility. The American Economic Review,1985,75(3):424-440.

[②] 经济学家哈特最早提出了"消费者主权"(the Sovereignty of the Consumer)。W.H.Hutt. Economists and the Public:A Study of Competition and Opinion. Oxford:Alden Press,1936:257.

联网市场经济的深层次发展。①消费者俨然成为互联网经济发展的风向标。其一方面处于互联网竞争生态链的最末端,而另一方面其作为裁判官的角色也被强化了。互联网时代背景下消费者利益获得侧重考量。职是之故,逐渐壮大起来的消费者利益必然进入反不正当竞争法重点保护法益的视野。

虽然,经营者与消费者这两种主体所扮演的市场角色不同,在认定是否造成对各自利益的侵害时标准存在差异,然无论如何,消费者利益在反不正当竞争法中获得了与经营者利益同等的法律保护地位,概不莫是因其在经济社会发展中的地位以及法律对该地位的评估与反馈。反不正当竞争法法益结构的转变也应当随着历史发展与时代进步进行调整,这也直接证成了法的第二性原理。根据法的第二性原理,法立基于社会现实,社会现实居于第一性,法居于第二性。法不得无视位于第一性的社会现实。换言之,法律须以社会为其服务对象,须得注重居于第一性的社会现实,从根本上而言,法的调整技术不得与社会客观现实产生冲突,并且法律的建构应依据人的实际需求,法仅能选择它可以调整的事物、可实现的手段,而非对社会现实进行简单描摹。②倘若社会现实有所变化,人的客观需求发生变革,则法律结构体系也须得随之调整。互联网经济引致的消费者主体地位革新以及社会自组织力量的发展,使我国反不正当竞争法的法益中心从经营者利益一元中心走向经营者利益与消费者利益二元平衡。从这个视角看,反不正当竞争法革新其法益结构是认同、回应及实现互联网经济社会发展阶段消费者主体利益诉求与期望之必然结果。

任何理论均取材于现实,并对现实予以一定程度的阐释,并进一步转化为改造客观实际的物质力量。互联网时代反不正当竞争法法益结构的转型,一个重要的直接动因是消费者在市场占据的地位发生了根本性变化,这种变化进一步决定其在法律上的地位以及应获得的结构性救济变化。回

---

① 陈耿华.互联网新型不正当竞争行为规制理念的实证考察及比较分析.广东财经大学学报,2017(5).

② 李琛.法的第二性原理与知识产权的概念.中国人民大学学报,2004(1).

应性是反不正当竞争法的功能定位与时代使命,是转型时期我国竞争法律制度构建的一种理论依托,其得以为转型时期反不正当竞争法的发展、定位与法益结构转型提供一种智力支撑。[①] 反不正当竞争法革新其法益结构是回应特定历史阶段中社会主体提出的期望与诉求,并对这些期望与诉求予以认同与实现之过程。

二、基于反不正当竞争法社会法品格的不断增强

基于反不正当竞争法的起源不难获知,作为一种约束性规则,反不正当竞争法源于对个体自由与权利滥用的约束,最初反不正当竞争法的私法情结尤其浓厚。不论是从判断路径来看,还是从原则、责任来看,反不正当竞争法均刻有明显的私法印记。不妨说,该法是从传统私法中演变而来的,呈现出浓厚的私法色彩。在大陆法系国家,不论是法国、德国,或是意大利,早期的不正当竞争问题均被归到大的民事关系中。19 世纪 70 至 90 年代乃德国资本主义发展最为迅速的时期,亦是开始产生垄断的时期。1871 年德意志第二帝国建立后,营业自由的经济政策激发了市场经济的发展。垄断组织开始时极其不稳定,时常出现大面积分崩瓦解。这导致垄断组织之于自由经济影响不大,在竞争发展中自由达致极限点[②],促使不正当竞争愈演愈烈。对此,德国学者奥托·施莱希特以无奈但又不乏总结性的表述客观揭示了该时期竞争法社会性价值的匮乏。[③] 而后在 1896 年德国立法机关出台了《反不正当竞争法》,重在将不正当竞争行为认定为特殊的民事侵权行为,该法仅意欲保护具有竞争关系的经营者的个体权益。法国虽然先于德国提出"不正当竞争"之概念,然其并未颁布单独的反不正当竞争法,而是依据《法国民法典》第 1382 条与第 1383 条这两个侵权条款

---

① 廖呈钱.回应性:地方税收立法制度的一种理论支撑.现代经济探讨,2016(8).
② 《世界通史》选编.英法德俄历史(1830-1917):上.北京:商务印书馆,1972:271.
③ [德]何梦笔主编.德国秩序政策理论与实践.庞健,冯兴元,译.上海:上海人民出版社,2000:127.

与一些判例规制不正当竞争行为。此种调整不论是在判断路径、原则上还是在责任上均凸显了明显的私法痕迹。[①]

在19世纪末、20世纪初，作为新的立法资源，公共利益保护观念与社会连带思想借助其蕴含的强大能量，给传统私法理念带来了极大冲击。何谓社会连带思想？其核心内容是：其一，主体均有求生与减轻痛苦之本性、愿望与需要，且应以相互协作的方式实现；其二，处于社会联系中的主体在协作时需仰赖社会规范；其三，国家的任务则是强化社会连带关系，保证在社会连带关系下所有成员均享有公平的生存与发展机会。其中，麦克尼尔在《新社会契约》一书中传达的社会连带思想和竞争法具有密切关联。其借助关系契约连接私人领域及公共领域，凸显一种清晰的社会连带法律观，为反不正当竞争法迈向社会法的性质蜕变做了理论准备。

直至20世纪中后期消费者运动蓬勃兴起及消费者不甘处于"市场之阴面"时，反不正当竞争法的基础才有所变化，几乎所有工业化国家均面临是否与如何充分考量社会公众利益，特别是消费者利益保护的问题。消费者利益始而被以各种方式贯穿进反不正当竞争法中[②]，该法逐渐转变为一般的"市场法"[③]。比如，德国司法机关与竞争法学者意识到，有的不正当竞争行为非但损害了竞争者权益，还关涉其他市场主体的合法权益及社会公共秩序，故逐渐抛弃"个人权利说"而采用"社会权利说"[④]，且对《反不正当竞争法》进行了修订，于该法第1条明确同时保障经营者利益、消费者利益与社会公共利益。特别是在1930年，帝国法院始而侧重保护公共利益之后，以经营者的绝对权利作为反不正当竞争法保护客体之理论饱受

---

① 而我国《反不正当竞争法》颁布之前，司法实践则用诚实信用原则来处理不正当竞争纠纷。

② Frauke Henning-Bodewig (ed.).International Handbook on Unfair Competition.Munich:C.H.Beck.Hart.Nomos,2013:3.

③ 反不正当竞争法在传统上属于私法范围，但随着消费者利益的引进，有些更加开始以公共执法的方式保护消费者利益，以至于原来与侵权行为法和知识产权法紧密相连的法律，现在又与反垄断法联系在一起。Frauke Henning-Bodewig(ed.), International Handbook on Unfair Competition, Munich: C.H.Beck.Hart.Nomos,2013:2-3.

④ 邵建东.德国反不正当竞争法研究.北京：中国人民大学出版社，2001：16-20.

质疑，自此"社会法"思想登上舞台。此外，希腊、卢森堡、奥地利、瑞士、波兰、荷兰、西班牙等国均将消费者利益保护纳入反不正当竞争法，亦即，反不正当竞争法同时维护竞争者、消费者与公众在内的多元主体的利益。挪威、丹麦、比利时、瑞典则采用了更加现代的反不正当竞争法形式，其从一开始就将消费者利益保护置于突出位置。

不难获知，虽然反不正当竞争法从历史中走来，且依然存留历史印记，传承了经典的制度架构，然百余年来伴随经济基础的转变，特别是从工业革命时代发展至当下经济全球化与互联网的信息时代，反不正当竞争法的属性及定位均出现重大转变。[①]其要么是基于竞争规制立法史的原因，要么是受传统民法理论势能偏强之影响，在早期相当长一段时间内反不正当竞争法均浸透于民法之范畴及理念中，早期往往将不正当竞争行为视为特殊的民事侵权行为。但是，窥探反不正当竞争法的发展与其保护法益的演变发现，该法非但处理经营者之间的关系，保障经营者的合法权益，亦广泛考虑其他利益关系，尤其是消费者利益问题。反不正当竞争法逐渐超越了其私法情结。如论者所言，过去几十年，反不正当竞争法从纯粹的以竞争者为基础，向旨在保障经营者、消费者与社会公共利益的多种利益混合方法转变。[②]在传统的经营者保护之外增添了对消费者及社会公共利益之保护，这促使反不正当竞争法的保护范围及其性质面临重要变化，实现由个体法迈向社会法之转变。特别是伴随该法对消费者利益保护力度的逐渐强化，直至将消费者利益作为反不正当竞争法的直接保护法益，反不正当竞争法的社会法品性愈加增强。

总之，在当下科技与经济迅猛变革之时代，应基于现代背景认知反不正当竞争法的精神及其定位。伴随着互联网经济的不断成熟，传统不正当竞争行为面临新的渗透领域，虽然该法在形式上还存留传统私法的制度烙

---

① 孔祥俊. 论反不正当竞争法的新定位. 中外法学，2017（3）.

② 例如，在消费者运动兴盛时期，大多数欧共体成员国修订了其公平交易立法。Rogier W. de Vrey. Towards a European Unfair Competition Law: A Clash Between Legal Families. Leiden: Martinus Nijhoff Publishers，2006:76.

印，然在观念上该法已然不断超越传统私法，社会法品格愈来愈强。反不正当竞争法逐渐强化的社会法属性也将引发该法法益构造的深层次变革。

三、回到反不正当竞争法的立法目的条款

如何理解法之目的？基于法哲学的视角，其可以包括两个层面的含义：其一，法之目的乃主导法制定、发挥法律效果等的重要凭据，亦是形成相关法律方法、构建相关法律制度之动因；其二，其意指法欲实现的基本使命与基本价值，是判断法是否正当、是否合理的基准与规则，故又称为法的理念。[①] 任一法律之制定，均有其自身意欲达致之宗旨。

理论上通常以立法目的为出台法律、解释法律、研究法律、适用法律之向导与基准，然而，如何将其运用于实践中的个案，如何切实发挥立法目的在个案中的功效，似乎未获得应有之关注。既有研究对立法目的的关注显然不够，目前的研究成果非常欠缺。这也是制约立法目的全面发挥其功用之重要因素，也就是说，立法目的应然具备的实用价值无法为人们充分认知，乃至于认为通常位于首条的立法目的条款徒有虚名，解释立法目的是一种无关紧要、也不存在新意之例行公事。有论者表示，作为程式化立法技术之产物，《反不正当竞争法》的立法目的条款似乎仅起到花瓶之美化作用。那么，《反不正当竞争法》立法目的条款能否实际发挥其作用，抑或仅仅起一种立法上的宣示作用？

事实上，《反不正当竞争法》的目的条款（该法第1条）不该停留于宣示效果，其绝非是空洞语词之堆积，而是蕴含了独特的实用价值，居于"元规则"之地位。[②] 倘若不存在具体不正当竞争规制条款以及相关规定不甚清晰时，可发挥该法第1条的补充作用。此外，倘若具体规制条款之间面临相互矛盾，亦可凭借该条款作出解释。并且，该条款还可用于衡量

[①] 汪劲.环境法律的理念与价值追求.北京：法律出版社，2001：11.

[②] 王巍，张军建.论我国反垄断法的立法目的.湖南社会科学，2006（1）.

相互冲突的利益,俨然扮演着裁决基准之角色。除此之外,本书认为其还有另外一深层寓意,基于立法目的条款的表述看,似乎也为反不正当竞争法的法益结构转型留下了必要的空间。《反不正当竞争法》第1条规定:"为了促进社会主义市场经济健康发展,鼓励和保护公平竞争,制止不正当竞争行为,保护经营者和消费者的合法权益,制定本法。"从该条来看,其似乎已经对反不正当竞争法的二元法益结构进行了说明,为该法法益结构的进一步展开作了铺垫和准备,不得不说是意义非凡。正如博登海默所坦明,立法者往往借助一定的价值判断对多元利益予以分类,且在该基础上对利益进行相应的立法安排,而法律上所侧重的利益关系通常是立法者制度化"利益评价"(valuation of interests)之结果。[①] 反不正当竞争法立法目的条款涉及的二元法益结构很难不说是经价值判断后作出的利益评价结果。

可能有学者会提出疑问:反不正当竞争法不是一直致力于保护经营者利益、消费者利益和社会公共利益吗?我们不能说这个理解是错误的,事实上反不正当竞争法也始终关注这三者的利益,但对社会公共利益的判断往往相当模糊且困难,我们通常很难在个案中判定行为有无损害社会公共利益。虽然在定性行为的正当性时,法官经常会采取维护社会公共利益这样的表述,其很难不说是基于实用主义、便宜的考量,然要具体论述其为何指,实在并非易事,不如返璞归真,从经营者利益和消费者利益对涉诉行为进行判断,因为不正当竞争行为归根结底是对经营者利益和消费者利益的影响。这个角度也为反不正当竞争法构建二元保护体系提供了一些支撑。

卡多佐曾坦言:我们的文牍墨迹未干,不可怀疑的衡平呼声——一组新的事实、新的复杂事件的力量——就会出现在我们面前,要求我们再三思量和作出限制,甚至有可能要求我们推倒重来。[②] 梅因也提到,社会主体之意见与需求总是或多或少快于法律之发展,亦即,它们之间始终存在

[①] [美]博登海默.法理学:法律哲学与法律方法.邓正来,译.北京:中国政法大学出版社,1999:399.

[②] [美]本杰明.内森.卡多佐.法律的生长.刘培峰,刘骁军,译.贵阳:贵州人民出版社,2003:38.

缺口，我们或许将近找到该缺口的弥合处，然也始终需将其缺口打开，其缘由在于法律的稳定性尤其明显，而社会始终在发展，主体需求的满足度在某种意义上取决于缩小缺口之快慢程度。[①]时代始终在前进，社会也在逐步演变，希冀以有限的条文囊括所有的社会现象，将有心无力，因为将来的情况实难预料。然而，即便如此，在这样一个社会变迁不断加速的现代社会中，我们仍需重新审视反不正当竞争法的法益结构，构筑经营者利益与消费者利益二元中心法益构造。

第四节 二元中心法益如何衡平？

多元化的目标契合民主社会的客观、现实需求。然多元目标之间常常不可避免面临相互冲突之难题。尤其是在法律具体的实施过程中，多元目标极易作为利益集团借以主张自身利益之"盾牌"，引发无休无止的博弈。如此一来，须得对多元目标进行澄清，比如构筑更显法律确定性的梯级式目标层级分布，用以指引具体实践。那么，在证立互联网时代反不正当竞争法应构筑二元中心法益构造之基础上，如何实现该二元中心法益即经营者利益与消费者利益的衡平，则是本节要探讨的内容。

一、衡平是否可能？

（一）经营者与消费者的长期利益一致

从长远看，经营者与消费者二者共生共存。这是因为，消费者是经营者谋取所有利润之基础，而经营者的发展又是增进消费者利益的依托，经营者与消费者的利益取向是趋同的。这体现为：随着规模经济的形成，边

---

① [英]梅因.古代法.沈景一，译.北京：商务印书馆，1959：15.

际成本一定限度内处于递减状态，总成本得以降低，经营者在保证同等利润的前提下，往往采取价格优惠策略，降低产品、服务的费用，此时消费者得以较低成本获得更为优质的服务。[1]从另一角度看，当某一经营者过分抬高产品及服务的使用成本时，消费者自然会"用脚投票"，转而寻求其他可替代产品、服务，或者是降低其消费需求[2]，那么该经营者则无法获得预期溢价收入，甚至失去合理收入，长此以往买方市场将逐步萎缩，经营者丧失盈利基础。而与之对应，消费者虽短期内利益有所膨胀，但这种膨胀一旦过度压缩经营者合理的利润空间，经营者也将采取"用脚投票"，逐步减少产品的研发及服务（生产）的提供，甚至是退出该行业。此时，卖方市场将逐步萎缩，而如果只有少数或没有经营者提供产品，消费者最基本的选择权和交易权也将不复存在。职是之故，本书认为：从长远看，两者利益价值取向一致，呈共生共存关系。消费者利益的保护需要经营者配合及参与，与此同时，只有经营者的正当权益获得维护，消费者的利益才有保障。

（二）经营者与消费者的短期利益面临冲突

虽然从长远看，经营者利益与消费者利益价值取向一致，呈共生共存关系，然而从个案、短期来看，经营者利益与消费者利益存在冲突。其缘由概莫不与权利冲突的理由高度一致。

第一，特定时期社会资源的有限性预设了经营者与消费者面临短期利益冲突。利益乃基于一定社会形式中供应社会成员生存及发展所必需之客体对象[3]，此外，利益本身也体现了资源之于主体有用性的一种认知与评价。在社会中，主体一方面应保持自身个性，其个性的保持建立在自身利益获得满足之基础上；而另一方面其不免与其他主体发生相互关系。任一

---

[1] [美]曼昆.经济学原理：上册第3版.梁小民,译.北京：机械工业出版社，2003：236.
[2] 当然，生活必需品不在此列。
[3] 张明楷.法益初论.北京：中国政法大学出版社，2003：169.

主体均为经济人,皆怀有寻求自身利益最大化之动机。不论其是以个体形式存在,抑或是以组织形式存在,均旨在保持自身个性且寻求自身利益最大化,然此种利益很可能是其他主体同时追求的,如此一来,冲突不可避免;而在实现权利过程中,可能无法自足,时常会关涉一些他人的权利。更为重要的是,作为实现权利的外部条件,亦即各式各样有形、无形的资源是有限的,然主体的欲望与需求却是无限的,此时主体之间的利益追求必然面临冲突,从这个角度看,权利冲突也不可避免。经营者与消费者作为同一交易市场的有限理性人,特定时期资源的有限性决定了市场一方利益的增加必然导致另一方利益的减损。尤其是在产品生产初期,边际成本处于上升阶段,此时经营者必然为保证盈利而采取较高定价,而消费者总希冀以最低的成本满足消费效用,短期来看,两者必然存在利益冲突。

第二,法律的有限性与规则的模糊性、不确定性强化了经营者利益与消费者利益的冲突。法律虽作为对利益、资源予以界定与分配之制度形式,然其界定功能仍然有限。虽然《反不正当竞争法》第1条的立法目的条款确定同时保障经营者利益与消费者利益,第2条第2款对不正当竞争定义也确立了经营者标准与消费者标准,但如若两者利益有所抵牾如何评断?整部法律均未予以回应。这在某种程度上也加大了两者的利益冲突。当然,任何一部法律均无法平等地保护所有主体利益,而且基于法律表达的抽象性、原则性及模糊性,任何一部法律亦无法如化学中的元素周期表那般对权利范围进行无比清晰的界定。日本学者加藤一郎曾坦言,倘若借一个图形来表示法律条文,其是一个中心部分相当浓厚,越靠近周边的则越为稀薄之圆形。[①] 权利之界限并非确定不变,可以说,权利之间的界限在某种程度上往往是变动的,划定权利的法律边界一直是法学理论与实践无法回避且棘手的难题。可见,消费者利益与经营者利益的冲突具有一定的必然性、客观性。

---

① [日]加藤一郎.民法的解释与利益衡量//梁慧星主编.民法学说判例与立法研究:二.北京:国家行政学院出版社,1999:273.

需要说明的是，法律无法在相互冲突的利益中以完全否定一方利益之方式来消除利益（权力）的冲突。关于经营者利益与消费者利益的冲突，二者均获得法律的确认与保护，皆是社会主体所必需的利益，一方面，不可能彻底否认这两者其中一方利益以保障另一方利益，而另一方面，对一方利益造成损害的行为，通常是另一方利益有益行为之必然产物。[①]

二、二元中心法益的衡平思路

司法所欲解决的是个案中客观的利益冲突，在相互冲突的利益间进行具体的分配与取舍，往往无法两全其美。司法对各异利益的具体分配一般是建立在多元利益之衡平基础上。其中，确定案件所关涉的多方利益主体，且厘清多种利益的具体诉求，乃裁决纠纷之关键问题。倘若无法有效地把握多元利益主体以及认知以各异形式呈现的繁杂利益诉求，司法则不可能是一门权衡的艺术，会导致利益主体的缺位。[②] 对反不正当竞争法二元中心法益的衡平，可从权益配置观、利益衡量的价值基准两个层面展开。

（一）回溯反不正当竞争法的权益配置观

权益配置来源于对社会主体间利益冲突进行的权衡。反不正当竞争法的权益配置既可能关涉横向的市场主体间权益的配置，亦可能关涉纵向的即市场主体与公权力机关之间权利与权力的配置，甚至关涉社会团体与市场主体间呈现纵横交错之权利配置。然限于研究主题，本书仅分析横向市场主体间的权益配置。实际上，横向市场主体间之权益配置是第一位、原生性的，其派生出纵向的市场主体与公权机关间的权利与权力之配置。其

[①] 李友根.权利冲突的解决模式初论//胡建淼主编.公法研究：第2辑.北京：商务印书馆，2004：289.

[②] 谢晓尧.在经验与制度之间：不正当竞争司法案例类型化研究.北京：法律出版社，2010：26.

缘由是单纯仰赖市场主体本身的力量无以充分维护自身权益，由此促使公权力机关及社会团体积极维护市场主体的权益，而为确保公权力机关及社会团体得以有效保障市场主体的权益，则需要进一步授予该市场主体约束公权力机关及社会团体之权益。概览历史上进行的权利配置，其均受一定观念指引，我们可将这种理念称为权利配置观。关于权益配置观，存在功利主义、自由主义、社群主义与马克思主义四种权益配置观。[①]那么，反不正当竞争法的权益配置观是什么？不妨采用排除法，逐一分析。

其一，功利主义的权益配置观。所谓功利主义权益配置观，是以功利为其方法论原则与哲学基础而形塑的权益配置观念。它的基本观点为：权利与所有社会利益之配置须得采用最大多数主体的最大程度幸福之原则。[②]即言之，之所以进行权益配置，旨在于实现最大多数人的最大幸福。这种权益配置观显然不能为反不正当竞争法所采纳。首先，由于不正当竞争案件所涉市场主体（主要是受影响的消费者群体的数量）之数目往往难以估摸，确定数量本身就是个极难实现的问题。其次，反不正当竞争法并不能简单、片面地以数量的多寡作为评判利益分配的标准。

其二，自由主义的权益配置观。其基本观点为：权益优位于善，进行权益配置，需以实现个体自由为依归。[③]然而，此种权益配置观亦不符合反不正当竞争法的立法目的。反不正当竞争法权益配置同时参酌私人合法利益维护与社会公共利益维护，这种双重性质意味着我们不得仅站在个体自由的视角上作出利益评判。

其三，社群主义的权益配置观。此种权益配置观以寻求社群利益最大化为方法论原则与哲学基础，它的基本观点为：善优位于权益[④]，社会利益乃权衡利益配置是否正当之根本标准，亦即，权益配置须得与社会利益

[①] 范水兰.经济法权利研究，重庆：西南政法大学，2011：158-163.

[②] 张文显.二十世纪西方方法哲学思潮研究.北京：法律出版社，2006：56.

[③] 自由主义的权利配置观的典型代表是美国当代著名哲学家和伦理学家罗尔斯。罗尔斯在其所著的《正义论》中系统地阐述了关于权利分配的正义理论。

[④] 这里所说的善主要是指公共利益。

高度一致。[①] 该权益配置理念立基于人的群体性与社会性特征，侧重于保障与维护社会利益。该种权益配置观亦无法完全契合反不正当竞争法的品性。正如前文所述，反不正当竞争法权益配置同时参酌私人合法利益维护与社会公共利益维护，此种独特属性亦决定了我们不得过于偏向以社会公共利益来权衡利益冲突。

其四，马克思主义的权益配置观。其基本观点为：生产方式乃权衡利益配置是否正当的根本标准，即言之，正当的权益配置应与生产方式相匹配。马克思与恩格斯基于唯物史观的视角审视了权益制度的正当性问题，指出：权益与权益制度之正当既非人类抽象观念之表现，亦非虚幻的社会存在物，而是实在与具体之社会存在，且作为历史发展过程的产物，特定阶段权益制度的正义内容无不与该特定历史阶段的社会条件相适应，而且受制于该历史阶段的物质条件。[②] 然此种过于偏向效率立场之做法亦忽视了反不正当竞争法一以贯之的、浓厚的道德评判基准，无法契合反不正当竞争法的基本品性。

上述各种权益配置观基于不同立场出发，均力图追求权益配置的正当性，皆具有一定的启发与指导意义，然而，仅仰赖其中一种权益配置观以指导反不正当竞争的权益配置恐怕无以达至权利配置之正义要求。其缘由是，反不正当竞争法的权益配置既不单纯指涉个体权益问题，亦非纯粹考量社会公共利益问题；既不采取简单的效率立场，亦兼顾道德评判基准。换言之，反不正当竞争法同时参酌维护个体正当、合法权益与社会公共利益问题，此双重性质意味着不得偏向个体自由的立场抑或站在社会公共利益立场上或者完全基于效率的立场进行权益配置，而须寻求个体正当、合法利益与社会公共利益之结合，进行既有益于个体正当利益维护又有益于

---

① 与自由主义权益配置理论主张权益优先于善相反，社群主义的权益配置理论主张善优先于权益。自由主义者与社群主义者关于权利与善何者优先的分歧，其本质是关于个人权利与公共利益何者优先的分歧，这一问题是权利实践中经常遇到的问题，但从理论上看很难得出一个正确的一般性的结论。

② 戴剑波. 权利正义论. 北京：法律出版社，2007：39.

社会利益维护之权利配置。是故，本书认为，评判反不正当竞争法权利配置是否正当的核心标准是看其有无同时兼顾对个体正当利益与社会利益之维护。

（二）权益衡平的价值基准：社会整体利益

在探讨了经营者利益与消费者利益的配置观之后，接下来需要考量的则是价值论问题。这是因为，我们在评价事实与结果以及权衡利益冲突时，均需价值之指引。价值的设定会影响整部反不正当竞争法法益结构之气质与品格，价值观的选取将统摄多元利益在反不正当竞争法中受重视与保护的程度。然本部分并不打算对反不正当竞争法的价值理论作全面的探讨，而仅集中分析反不正当竞争法利益理论中的价值基准问题，亦即，权衡反不正当竞争法多方主体利益冲突应恪守的基本尺度。具体而言，围绕以下两方面展开分析：其一，何为价值基准，其具有什么特点，缘何应确立价值基准；其二，反不正当竞争法衡平经营者利益与消费者利益冲突应采取何种价值基准。

1. 价值基准的理论阐释

价值基准意指行为主体评价相关法律事项所仰赖的标准。区别于价值目标与价值内容，价值基准凸显评价性的特征。这就是说，价值基准会对各评价对象进行比较、选择。倘若价值内容之间或价值目标之间面临冲突，此时价值基准则应供给一种尺度、一种标准或一参考体系便于评判。一言以蔽之，价值目标彰显追求性，价值内容凸显客观性，价值基准极具评价性。[1]

任一法律规范均以体现特定价值理念为其目的，并以价值评判特定法益及行为方式。[2] 法律首要的任务及功用是对利益予以认可、确认，并以

---

[1] 甘强. 经济法利益理论研究. 重庆：西南政法大学，2008：91.
[2] [德]伯恩·魏德士：法理学. 丁小春，吴越，译，北京：法律出版社，2003：55.

第五章 互联网时代反不正当竞争法的法益结构

相应方式保障与实现之,也可以说,以最低的成本、最低限度的损害方式来保障多元互相抵牾之利益,那么,在权衡这些利益时须得仰赖于价值基准。诚如庞德所言,即便是反复变动较大、最粗糙之制度设计与关系调整,其背后也蕴含用以评价相互重叠、冲突利益之价值基准。此外,博登海默则用"衡量尺度"的称谓来表达"价值基准",其坦言,何种利益应被认为是值得法律保护的利益,利益的保障范围及限度如何确定,这些不同的主张与要求须得赋予何种相应的次序与等级,对这些问题的厘定均离不开衡量尺度,否则,所调整的利益则会取决于某种偶然性、或然性,或者取决于某种有权强制执行自身决定的群体的武断命令。[①] 而学者公丕祥在《法理学》一书中则采用了"价值评价尺度"之表述。[②] 无论是"价值准则""衡量尺度",抑或是"价值评价尺度",还是"价值基准",皆印证了法律调整利益须得依照价值标准进行。价值基准是主体评判一定法现象的价值之基准,是权衡主体相互重叠与相互冲突的利益之尺度。在法律史发展的各经典阶段,对价值准则进行合乎逻辑的适用或批判、论证,均曾是法学家的主要活动。[③]

2. 价值基准的选择

从学者既有的研究看,经济法的价值基准有社会整体利益、经济效率、社会公平、经济秩序、经济民主与经济自由,然何者是反不正当竞争法衡平经营者利益与消费者利益冲突应采取的价值基准?本书认为,以社会整体利益作为该法衡平利益冲突的价值基准较为合适。

何谓"社会整体利益"?关于"社会整体利益"的理解,学界的观点始终见仁见智。与"社会整体利益"相类似的概念有"社会利益""公共利益""国家利益""整体利益"等,然在反不正当竞争法的研究视域,且基

---

① [美]博登海默.法理学:法律哲学与法律方法.邓正来,译.北京:中国政法大学出版社,1999:400.

② 公丕祥主编.法理学.上海:复旦大学出版社,2005:85-88.

③ 甘强.经济法利益理论研究.重庆:西南政法大学,2008:94.

于本书研究主题需要，只专门辨析"社会整体利益"与"社会公共利益"。

关于"社会整体利益"与"社会公共利益"的关系，学界有以下三种观点：第一，同义说。该观点指出两者只是形式、表达上的区别，而其实质含义一致，均指全社会成员整体的、共同的利益。[①]第二，"社会整体利益上位说"。该观点认为"社会整体利益"能取代、概括"社会公共利益"，其理由是，"社会整体利益"强调利益主体是社会，明确阐明社会利益的产生机制，能与地方利益、局部利益作出有效区分。第三，"社会公共利益上位说"。该观点主张"社会公共利益"包括社会利益、国家利益，因而是上位概念。

本书赞成同义说观点。"社会整体利益上位说"的观点歪曲了"社会公共利益"与"社会利益"这两个概念的关系，二者并非从属关系，社会本身就是由多个主体共同型构的，"整体"与"公共"皆是"社会"的内在要义，二者应是并列统一的关系；"社会公共利益上位说"的观点在理论上与实践中均难以自圆其说：首先，从逻辑上看，"社会利益"意指社会主体享有的利益，而"社会公共利益"的主体既有部分社会，也包括整体社会，因而两者并非上下位概念的关系。其次，"国家利益"的主体是国家，是一个政治概念，虽与"社会"时有融合，但"国家"不等同于"社会"[②]，故"社会公共利益"无法称得上是"国家利益"的上位概念。从实践角度看，"国家利益"通常包含"社会公共利益"，后者最先是从前者分化而来的。"社会公共利益"一经产生就与"国家利益"分庭抗礼，形成两者并存的形态。从逻辑上看，虽然"社会整体利益"与"社会公共利益"在表述上有差别，但二者主体一致，均为社会大众，且其性质同一，都强调社会利益的整体性、公共性，只是各有侧重，然二者都表示社会整体的欲求，只是"社会整体利益"在表达利益的整体性与社会性方面相对

[①] 孙笑侠.论法律与社会利益：对市场经济中公平问题的另一种思考.中国法学，1995（4）.

[②] 孙晓莉.中国现代化进程中的国家与社会.北京：中国社会科学出版社，2001：14.

更为精确[1],也更凸显经济法的社会本位性、利益的整体性。

行文至此,应该说对"社会整体利益"有了初步认识,其意指社会公众基于社会的存在、发展而企求获得满足的愿望、期待或要求,是一种普遍的、具有共性特点的、一般的社会利益,虽以个体利益方式呈现,但并非个体利益的简单叠加,而是经由个体利益的各异强度而呈现出的相对稳定的、可不断重复的东西。[2]

那么,为何采取社会整体利益作为价值基准?本书试图从反不正当竞争法的发展演变中探求答案。反不正当竞争法最初是作为特殊的侵权行为法面世,其最先聚焦规制的是具有竞争关系的经营者行为。判断某市场竞争行为是否构成不正当竞争,仅从竞争者的角度出发,而且只有受到损害的经营者才得以要求损害赔偿。此时反不正当竞争法并非以"保护社会整体利益"为理念,而主要着眼于保护经营者利益,其理念仍较为保守单一。直至20世纪初开始,市场元素逐步多元化,垄断行为和不正当竞争行为屡禁不止,且频频侵害消费者利益,导致消费者运动此起彼伏,各国立法者逐步意识到在竞争法中保护消费者利益的紧要性,消费者利益保护才逐渐成为各国反不正当竞争法的重要法益目标。

从反不正当竞争法保护法益的发展演变、理念的变迁,可以发现,其主要为适应规制市场竞争秩序的需要。反不正当竞争法在面世时,多数国家处于市场经济发展初期,市场主体的行为指向较为单一,交易类型比较简单,主体的行为方式的辐射效应相对有限,故这个阶段的立法重点是规制具有狭义竞争关系的经营者之间的不正当竞争行为,着眼于两个私主体而未能将视线扩展至社会整体利益。随着市场经济的逐步发展、成熟,市场主体的营销策略极具进攻性,市场行为类别多样,不正当竞争行为导致

---

[1] 卢代富.经济法对社会整体利益的维护.现代法学,2013(4).蒋悟真,李晟.社会整体利益的法律维度:经济法基石范畴解读.法律科学,2005(1).冯果,万江.求经世之道 思济民之法:经济法之社会整体利益观诠释.法学评论,2004(3).李友根.社会整体利益代表机制研究:兼论公益诉讼的理论基础.南京大学学报(哲学·人文科学·社会科学),2002(2).

[2] 卢代富.经济法对社会整体利益的维护.现代法学,2013(4).

的侵害辐射性极强，消费者利益处于极为不利的状态。传统聚焦于私人利益、以保护私人利益为第一目标的私法难以契合现代市场经济发展的需求。这意味着，反不正当竞争法不可再单纯地保护竞争者利益，而应将视野扩至社会整体利益，对包括消费者在内的市场参与主体加以保护，才能因应特定经济社会发展阶段对立法提出的需求。

任何法律皆有特定的保护法益，也将保护一定的法益作为自身任务，将实现一定的法益作为目标。在反不正当竞争法诞生之初，其保护法益主要着眼于经营者利益，而在其不断发展、演变过程中，其保护法益不再囿于经营者利益，也扩及消费者利益及社会公共利益[1]，完成了向保护社会整体利益理念的转变。

三、二元中心法益的衡平方法

如学者所言，法的每个命令都决定着一种利益的冲突：法根植于冲突利益之争斗，而权衡利益乃法之最高层级的任务。[2] 从反不正当竞争法的保护法益来看，其虽然重视社会多数人的整体利益，但不意味其忽视对个体经营者利益的保护，其立基于"失衡—均衡"的基本分析框架，对市场竞争秩序中的多元主体、多元价值予以平衡矫正，参酌经济民主的内在逻辑，考量失衡各方之利益，从而保障利益的均衡与权利均衡，实现实质正义。[3] 具体而言，其采取的基本分析方法是利益衡量方法、法律论证方法与经济分析方法。

（一）利益衡量方法

所谓"利益衡量"，指的是借由法律权威来衔接多种相互抵牾的因素，

---

[1] 此处的"社会公共利益"应采取狭义理解。
[2] 张文显.二十世纪西方方法哲学思潮研究.北京：法律出版社，1996：130.
[3] 兰磊.比例原则视角下的《反不正当竞争法》一般条款解释：以视频网站上广告拦截和快进是否构成不正当竞争为例.东方法学，2015（3）.

使它们在相互包容与共存之基础上达致最为科学合理之配置状态。[①] 该理论起源于欧陆国家20世纪初掀起的"自由法运动"[②]，最先由德国的利益法学派提倡，其中以赫克为代表，而后受到英美实用主义法学思想之熏陶而取得进一步发展。此后，日本学者加藤一郎与星野英一在借鉴德国法学思想的基础上，对自身法律移植予以反思且结合当时社会民情，最终提出适合本土的利益衡量理论。我国梁慧星教授于20世纪90年代引入了利益衡量理论，在学界与实务界均引起强烈反响。"单纯的演绎推理无法摆脱法律缺陷，无法获致案件的可接受答案，而利益衡量仰赖的实质性判断却可有效弥补法律漏洞。"[③]

利益衡量方法适用于存在两种（多种）价值、权利发生冲突时，为其提供指南，从而使得在特殊的利益分布体系与格局下，利益之间达到相互包容共存与均衡之态势。[④] 采用该方法作为平衡经营者利益与消费者利益冲突的基本分析方法，不但有助于降低法官在审判互联网平台竞争案件中的"知识成本"，也可为当事人提供较为明确的预期。

值得庆幸的是，实践中有很多案件都体现了利益衡量思维。比如，在"腾讯诉奇虎360扣扣保镖案"[⑤] 的终审判决中，最高人民法院认为，原告"免费+广告增值服务"的商业模式有合理理由，他人不得采取不正当手段加以干涉。经营者究竟采用哪种商业模式，最终取决于市场竞争状况和消费者抉择，任一竞争者不可任意予以评判，更不可以此为借口肆意破坏。法院判决的基本思路是，正当的商业模式应受法律支持，原告采用的是互联网行业内常见普遍的经营模式，且不违反竞争法的立法宗旨及禁止

---

① 陶鑫良，袁真富. 知识产权法总论. 北京：知识产权出版社，2005：17-18.
② "自由法运动"揭开了法律形式主义的外衣，将视线投向真实的司法过程，承认司法的过程需要衡量、需要为价值判断，揭示了在法的解释适用中利益衡量的存在，并认为衡量应忠于法律条文。
③ 张伟强. 利益衡量及理论的反思：一个经济分析的视角. 法学论坛，2012（4）.
④ 曹胜亮. 社会转型期我国经济法价值目标实现理路研究：以马克思主义利益理论为视角. 武汉：武汉大学出版社，2015：123.
⑤ 最高人民法院（2013）民三终字第5号民事判决书。

性规定，不超越法律保护范畴。该案综合考量多方主体的利益，而非偏爱一方利益，避免结论的不公允。

在爱奇艺与搜狗案中[①]，原告提出被告借助其输入法实施误导的行为，导致用户在原告网站搜索视频后，基于误导进入被告搜索引擎，主张行为构成不正当竞争。法院经审理后表示，案涉行为着实导致用户产生误认，但是，案涉行为同时也增加了消费者福利，具体体现在被告跳转的结果为消费者输送更多的视频选择。综合来看，消费者因增加选择而获得的利益大于其因误认造成的损失，故最终并未对案涉行为作出否定性评价。

基于本质看，任一对市场竞争行为正当性之评判均是一种对价值、利益的取舍平衡，法律与其他社会制度之终极目的皆是使在各方利益达至均衡的前提下，确保整体利益最大化实现。那么，如何发挥利益衡量方法来协调互联网平台竞争案件各方主体的利益冲突？就利益衡量的基本步骤而言，存在"二阶段说"与"三阶段说"，它们的内容事实不存在实质性区别，均认为利益衡量的过程包含发现利益阶段、评析利益阶段及衡量利益阶段。

相比于以往的研究，虽有学者提到权衡经营者利益与竞争者利益，然其并未展现具体的衡量思路；也有学者提到重视引入消费者考量因素，但如何对案件涉及的三方主体多层次、交叉衡量，目力所及仍未见到。本书认为，对互联网平台竞争案件各方主体利益的衡量，可采取以下"大三步走"的流程（具体见图5-1）：

第一步，基础环节——发现利益与认定利益。首要步骤则是对案件所涉利益进行调查及分析，明确案件关乎哪些利益类型。法官须得分析案件包含原告、被告或社会的何种利益，以及这些利益之间如何冲突、如何重合，且应择取相关法律规则并梳理它们之间的法律关系，并依据事实结构与法律概念对关涉的利益进行归纳整理，找寻出各异利益之间的共通点或矛盾点，为利益的衡量作好准备。一般而言，利益衡量的过程包括发现利

---

① 上海知识产权法院（2018）沪73民终420号民事判决书。

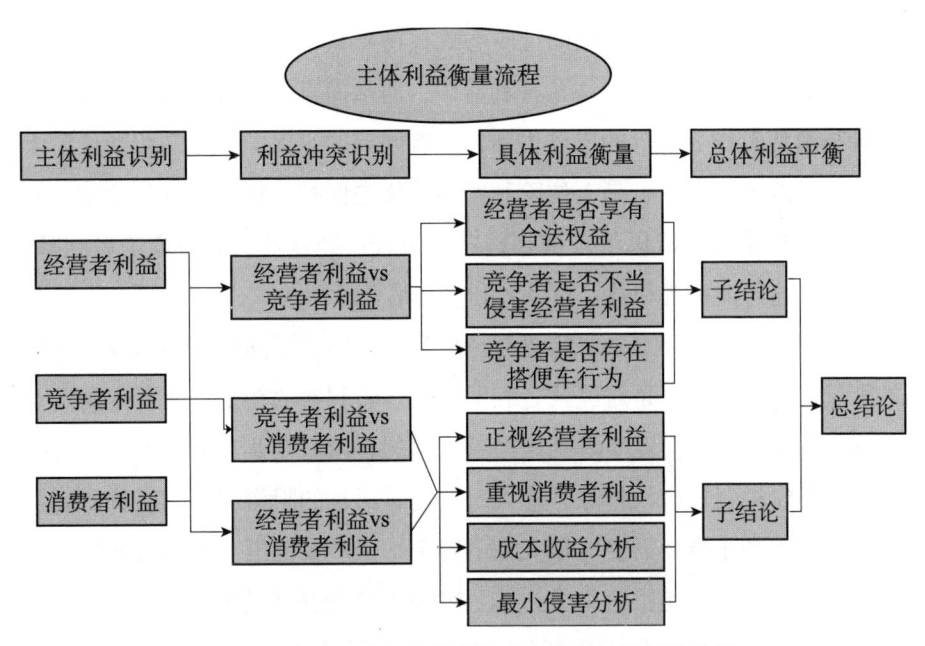

第五章　互联网时代反不正当竞争法的法益结构

图5-1　不正当竞争案件中各方主体利益的衡量流程

益、剖析利益及择取利益，亦即，发现与认定利益是首要环节。经对互联网平台竞争案件中各方利益进行提炼与总结，得知其涉及三方主体的利益：原告经营者利益[①]、被告竞争者利益与消费者利益。

第二步，审视这些利益的位阶并识别冲突的利益。拉伦茨认为，法益衡量的根本取决于依基本法的价值秩序，这意味着在相互抵牾的利益中，若一种利益相对于其他利益呈现明显的价值优越性，则应首先保护这种法益。[②] 换言之，上位阶法益优于下位阶法益。然而，囿于立法的滞后性及社会关系的迭变，以及立法者的有限理性，主体确实无法凭借哲学方法对那些应获得法律承认与保护的利益给予一种普遍有效且权威之位序安排。[③]

---

① 此处的"经营者利益"采狭义解读，即与"竞争者利益"相对，不同于广义的经营者利益。
② [德]卡尔·拉伦茨.法学方法论.陈爱娥，译.北京：商务印书馆，2003：285.
③ [美]E.博登海默.法理学：法律哲学与法律方法.邓正来，译.北京：中国政法大学出版社，1999：400.

是故，借助参酌法益、权利的位阶方式权衡利益，该方式在适用中通常存在较大的局限性。具体到这几种利益中，通常而言，原告经营者、被告竞争者与消费者作为平等的市场主体，具有同等的受保护性，是相同位阶上的利益，故不存在何者是上位阶利益而获优先保护。在这三方利益中，根据形式逻辑推演形成以下三种利益冲突组合：经营者利益与竞争者利益、经营者利益与消费者利益、竞争者利益与消费者利益。

第三步，关键环节——衡量与择取利益，即对不同冲突利益设计不同的衡量思路。首先，是对经营者利益与竞争者利益的衡量。两者主要涉及经营者的营业自由与竞争者利用经营成果的自由。营业自由作为经营者的基本权利，经营者有权排除其他人对其经营活动的阻碍和不当干扰。而竞争者也有权基于自身需要对他人（不属于知识产权范围）的经营成果予以改造和利用。这也是推进社会进步、科技发展的必然动力之一。[①] 这二者通常并行不悖，但如果发生利益冲突，法官可遵循以下思路审理：第一，论证经营者是否具备相应的合法权益；第二，判别该市场竞争行为是否有损经营者的合法权益；第三，如该行为损害了经营者的合法权益，是否具有不正当性，是否违反商业道德和诚实信用原则，是否损害了竞争秩序。利益衡量并非不假思索的折中及平衡，而须得受相应立法目的与价值理念之约束。因此，司法实践中权衡多元互相抵牾的利益时，还需结合该法的立法目的及其价值取向，进而择取优先维护之利益。

其次，是对经营者利益与消费者利益、竞争者利益与消费者利益的衡量。由于这两组利益衡量的本质都是对广义经营者利益与消费者利益的冲突协调，故本书着重分析广义经营者利益与消费者利益的利益衡量思路。事实上，这也是本节准备重点分析的问题。欲求解如何衡量二者的利益，一个无法绕开的问题是如何看待两者的关系。

前文已经论述了传统市场中经营者利益与消费者利益呈现短期冲突、长期一致的关系，那么其在互联网市场是否适应，需要加以回应。事实证

---

① 周樨平. 竞争法视野中互联网不当干扰行为的判断标准. 法学, 2015 (5).

明，互联网经营者利益与消费者利益也是在短期、个案发生冲突，而从长远来看，二者也是相辅相成、共生共存的。虽然相对于传统市场，个案当中二者的冲突不那么明显，受互联网经济特性的影响，貌似消费者不需要付出直接的经济成本即可享受相应的服务，因而看起来互联网经营者与消费者的利益冲突不如传统市场那般明显与直接，并且不少互联网经营者为攫取消费者注意力而不断开发新产品，完善用户体验，二者似乎在短期内也不存在冲突性。然而，这种观点忽略了互联网消费者在接受服务时也是有所支出的，其虽免于承担直接的经济成本，但付出了相应的精力与时间，而这就是互联网消费者接受服务所要支付的"代价"。互联网经营者提供服务的动机无非是稳定自己的用户群，其本质上依然是为了获取商业利益。消费者的注意力必然有限，当消费者不愿意付出过多甚至是足够的注意力成本来支撑互联网经营者运营所需的合理利润与运营成本时，二者的利益冲突开始显现，例如，视频网络经营者通常反对消费者希冀缩短或删除网络广告之意愿。综上所述，互联网经营者与消费者利益虽然趋同性比较明显，但是，在本质上二者利益依旧是长远一致，而短期冲突的。

那么，在个案当中如何对经营者利益、消费者利益予以平衡？如学者表示：那些认为仅从法律条文就可获得唯一正确结论之说法，只能是一种幻想，真正发挥决定作用的是实质性判断。在实际情况下，我们是要偏向甲方利益，还是应偏向乙方利益，须得在进行全面充分的利益衡量与综合判断以后，才能得出结论。[①] 如何衡量二者的短期利益冲突，可采取以下简要的"小四步走"：

其一，正视经营者利益。经营者利益是反不正当竞争法最基础的权益，时至今日，保护经营者利益依然是该法目标之一。即便互联网时代对消费者利益的关注度有所提高，也不可忽视反不正当竞争法对经营者利益的保护。在不正当竞争司法实践中，审理主体均认为诉讼主体是公平竞争权益

---

① [日]加藤一郎.民法的解释与利益衡量.梁慧星,译//梁慧星主编.民商法论丛：第2卷.北京：法律出版社,1994：78.

受损的经营者,这也是该类案件判决书对经营者利益论证相对充分的主要原因。市场竞争强调"一分耕耘一分收获",经营者的正当利益应受法律保障,经营者依然可以通过商业模式、技术等创新争取竞争利益,提高竞争优势。

其二,重视消费者利益。消费引导生产,消费者是市场竞争行为的参与者,也是市场产品和竞争结果的终端承受者,尤其在互联网背景下,平台不正当竞争行为的开展皆以消费者的抉择为中介。也正因如此,消费者在互联网平台竞争案件中俨然扮演着"裁判者"的角色。然与此相悖的是,消费者位于互联网竞争生态链的最末端,几乎每一种平台不正当竞争行为皆可能侵害消费者利益。消费者的"裁判者"角色要求重视消费者利益保护。互联网时代反不正当竞争法对消费者利益的保护应当有所扩张。

其三,进行成本—收益分析。在判定某一具体互联网平台竞争行为是否构成不正当竞争时,可通过比较分别考量经营者利益、消费者利益后,决定哪个更有利于降低交易成本或生产成本,哪个更有利于降低其他社会成本,哪个更能保障社会整体利益的实现,更符合实质正义。换言之,经营者进行公平、自由竞争时,倘若其损害了更大范围、更高层次之利益,经利益衡量后,经营者利益应有所让位。从根本意义上看,个案中利益衡量原则之运用最终仍以保障社会整体利益最大化为其目标,如欠缺以社会整体利益为根基与支点,则谈不上是妥适的利益衡量。

不妨以"淘宝与载和案"[①]为例:该案的审理法院提出,判断是否规制一项竞争行为,需要综合衡量经营者、消费者等多方主体利益,并权衡竞争者因案涉行为遭到的损害以及制止案涉行为对经营者等主体的损害。在竞争法视野下,任何一种利益均无法获得抽象意义上的绝对保护。该案二审判决在展开更精细的利益衡平后专门提道:在竞争过程中消费者地位固然重要,然而,这并不意味着有利于消费者利益的行为必然属于正当竞争,对行为的最终定性需要对行为的积极效果以及对被干扰者带来的损害

---

① 上海知识产权法院(2017)沪 73 民终 198 号民事判决书。

作出综合权衡。该案正是基于社会整体利益的价值基准，在成本—收益评判基础上对多元法益进行衡量。

其四，采取损害最小的方式，进行最小侵害分析。正如拉伦茨所提倡的，对于位阶相同的两种利益，为保护某种较为优越的法益而必须牺牲另一种法益时，不得逾越必要程度。[①] 这说明，对位于同位阶的两种（或多种）冲突利益中，择一予以优先保护，然其并非意味着可任意牺牲未被优先考虑的利益。其之所以让步并非因为其具备违法性，而是因经权衡之后，被选择优先考虑的利益更契合社会整体利益。[②] 利益衡量应有节制的必要性，须得结合妥当的解释场合，不得是毫无节制的恣意。[③] 因此，在互联网平台竞争案件中，即便在特殊情况下对经营者利益的考量应有所让步、有所克制，也应当选择对其损害最小的方式。

至此，应当说利益衡量已基本有了初步答案，然整个环节并未终结，还需对结论予以论证及修正，即检验结论的正当性，在个别情况下甚至需要扬弃最初的结论而探寻其他结论。法官在对利益衡量的结论进行检视与验证的过程中，还应注意：其一，因循社会大众的普遍认知。面对相互冲突的利益，法官在衡量利益时务必参酌社会大众的通常判断，须得利用多种渠道掌握社会大众对案件所涉利益之看法，并且将判断的视角由"法律人"转向"一般人"。如属于社会大众的普遍认知，通常可将其作为经验法则[④]予以运用，在此基础上得出契合实质正义理念之结论。其二，适当参酌相似案件的判决结果。为防止类似案件出现截然不同判决之情形，维护司法的权威性，法官在权衡冲突的利益时，可适当检索是否存在类似案

---

① [德]卡尔·拉伦茨. 法学方法论. 陈爱娥，译. 北京：商务印书馆，2003：285.

② Robert Alexy. A Theory of Constitutional Rights.translated by Julian Rivers. Oxford: Oxford University Press,2012:102.

③ 梁慧星. 民法解释学. 4版. 北京：法律出版社，2015：336.

④ 经验法则是人们在日常生活中长期反复地实践和运用而取得的一种因果关系经验，本质上属于一种生活经验，具有一定高度的盖然性，在一定条件下能反映事物发展的相对性趋势。毕玉谦. 试论民事诉讼中的经验法则. 中国法学，2000（6）.

件的判决并适当参酌之,以实现裁量基准的一致。[①]

　　法院裁决是一种关乎资源分配之决策[②],因此,在具体个案当中法官需要针对具体案情进行理性细致分析,对案件涉及的各种利益予以全面的权衡与考量,其基本倾向是在不违反现有法律规定的基础上,使各方利益最大化。这需要法官发挥实践理性,全面论证所涉各方利益的内涵,保证结论的正当性、合理性及可接受性。其既要契合诉讼两造的合理预期,也须避免偏离社会主流的价值观,只有兼顾经营者利益与消费者利益,兼顾对竞争秩序的维护,并且公平分配利益,必要时候对部分利益予以适当、最小的限制,才能实现互联网平台竞争案件中各方利益的均衡。

（二）法律论证分析方法

　　虽然利益衡量方法得以在某种程度上缓解经营者利益与消费者利益的冲突,且为平衡二者冲突供给方法论层面的指导,但是考虑到利益衡量方法仍然过于抽象,亦不可避免地具有不确定性,特别是在权衡利益与选择利益之环节,对利益的判定很难存在必然的价值高下,法官须得在类型化利益之前提上,对各异类型的利益予以衡量并择取其中一种较为优位的利益。正如学者所言,法官须得致力于探寻最大限度地回应行为主体需求之方案,而为达致该目的,需对所关涉利益进行评判,厘清它们各自占有的权重,基于一定的社会标准综合权衡,才能确定某种最为重要的利益,以及实现利益的均衡。[③] 然一个客观事实是,所谓一定的社会标准,其作为一个主观判断可能因不同主体而得出不同论断,为此还应避免法官在权衡利益时出现恣意行为。为此,不少学者均对利益衡量方法进行深刻反思。其中一个破解困境的重要思路是引入法律论证方法。[④] 本书也赞同这样的

[①] 王婷.论我国环境司法中的利益衡量.武汉:武汉大学,2011:99.
[②] 盛洪.现代制度经济学:下卷.北京:北京大学出版社,2003:183.
[③] [美]博登海默.法理学:法哲学与法律方法.邓正来,译.北京:中国政法大学出版社,2004:152.
[④] 段匡.日本的民法解释学.上海:复旦大学出版社,2005:314.

观点，认为应当采用法律论证分析方法，以重新审视和指导互联网平台竞争案件中冲突利益的平衡。

以弘扬程序正义为核心的法律论证理论之面世，代表着对固有多种立法与司法模式之拷问，并逐步转变为被社会大众普遍认可之范式。正如学者所言，在我们当下这个社会，法治输送了正当性源泉，然而法治还需进行新的论证，亦即以规范形式展开民主程序。何谓法治的正当性，就是依托道德进行论辩，借助构建制度的方式，引入反思性程序，践行生活中的交往理性乃达致社会合理化之可选路径。[①]

法律论证分析的要义体现为确保参加协商的多方主体以程序可见的方式达致某种共识与合意，并且该最终结论的获得正是构筑于该合意的基础之上。具言之，法律论证的过程并非呈现单一线路的简单逻辑推演流程，相反，其是一个由多方利益主体以论辩形式参与协商及共同对话之流程，是一个不断促成主体共识之流程。该流程以可见、外向性的程序为保障，整个程序在不断试错的基础上逐步探寻一种较为妥适的解决路径，其过程包括主体利益反复的相互作用，多方利益主体不断的论证、商谈与对话，最终取得的共识要么呈现为罗尔斯所言的"重叠性共识"，要么呈现为哈贝马斯所主张的"暂时性共识"，但其共同的前提是：这些由程序合成的共识均不存在所谓的先验价值、真理或大一统的意识形态。[②]

法律论证理论的分析框架包括修辞论证方法、对话论证方法与逻辑论证方法。其中，第二种方法（简称对话方法）为其他两种论证方法供给了整体的运行框架，最能凸显整个法律论证理论之灵魂。事实上，法律论证的分析、论证结论能否为多方主体所认可，主要取决于这种对话方法有无获得良好的运用。而对话方法所彰显的全部价值均根植于其对交往理性与程序正义之推行。对话方法将对实质正义理念之追寻切换为一种程序性问题，其核心主张是：任一正确与妥当之法律决定无不立基于理性民主之交

---

① 郑召利. 程序主义的民主模式与商谈伦理的基本原则. 天津社会科学, 2006 (6).
② 季卫东. 决策风险、问责以及法律沟通. 政法论丛, 2016 (6).

流、商谈与对话机制，奠基于程序正义基础上之对话才能联结法律视野下的真理与借由理性取得之共识。[①]

在互联网平台竞争案件裁判中，司法实践通常采用简单的三段论推理，即以涵摄模式将一个普适性的法律规则应用于具体个案然后作出判决。简言之，则是以法律规范所明确之事实要件作为推演的大前提，并确定作为小前提之具体事实要件，在此基础上以三段论作出裁决。凭借此种推理方式，在法律规范与法律事实二分之格局下，法律适用过程看似极为清晰、简便，且似乎可确保判决的确定性与客观性[②]，但是，这种推理方式可能在形式上是有效的，然所获结论往往不可靠。并且更为重要的是，互联网平台竞争案件中平衡经营者利益与消费者利益，并不存在明确的法律规则可供法官直接适用。

法律发现本质上是一种相互作用之复杂结构。该结构涵摄动议性的、辩证的以及创造性之元素。也就是说，在任一情况下，其均不会简单地涵摄形式逻辑层面上的因素，法官不能仅仅凭借法律作出判决，而须凭借一种明确的先入之见，即立基于情境与传统而形塑之成见进而得出裁断。[③]

首先，法律论证分析框架通过不断论证，是一种永远可借助新证据以及正当论证程序去不断逼近终极观点的论辩式真理。[④] 在哈贝马斯眼中，理解的真正意蕴是各方主体借助语言交往之形式而取得共识，也即是说，验证真实与真理唯一标准绝非客观性，而乃其主体间性。[⑤]

并且，法律论证分析框架充分考量利益衡量与价值判断，不推崇从前提到结论的简单推导的蕴含和涵摄过程。经营者利益与消费者利益冲突的平衡处于一种开放状态，并非一个可以事先能直接把握住的封闭的绝对真

---

① 葛洪义.试论法律论证的源流与旨趣.法律科学，2004（5）.
② 陈金钊，等.法律解释学.北京：中国政法大学出版社，2006：102.
③ [德]考夫曼.后现代法哲学：告别演讲.米健，译.北京：法律出版社，2000：21-22.
④ 解亘，班天可.被误解和被高估的动态体系论.法学研究，2017（2）.
⑤ 章国锋.关于一个公正世界的"乌托邦"构想：解读哈贝马斯《交往行为理论》.济南：山东人民出版社，2001：143.

第五章　互联网时代反不正当竞争法的法益结构

理，不能通过直线式、单一方向的逻辑推演得出答案。任一规则的正确性无不需要来自另一规则的证立，当然，除了那些不需证明的"元规则"。

其次，法律论证分析方法可以最大限度地限制和约束法官的自由裁量权。这体现为：其一，法律论证分析框架要求法官进行严密论证，以程序确定性的形式规则和技术规则来约束法官，要求法官基于理性作出符合普遍实践论证的判断，并且要求其广泛结合客观的市场竞争规则，避免其主观道德正义与客观道德正义不吻合。正如学者黄茂荣先生所言，法官须以社会普遍认可之价值基准进行客观的价值裁量。并且，上述普遍认可之基准须得历经检验，还需为已有的规范模式认可，而不得单纯是一种偶然的、契合政策目的性之结果。[①] 经营者利益与消费者利益冲突的平衡带有较强的时代属性，永远处于演变的进程中，为避免法官对二者的冲突平衡忽视客观市场背景而掺入过多主观因素，需对法官课以充分论证的义务，防止出现背离市场客观正义之情状。其二，纳入当事人的视角，对法官的诠释提供了一种背景约束。案件两造如何理解规范体现了一种直接的利害关系，其利益应被高度重视并创设一个由法官、诉争双方共同论辩、寻求真理的"场域"。而法律论证分析思路正是体现所有参与主体视角的制度结构，法律论证分析思路不仅锁定法官的视角，还纳入了案件两造的视角，即同时展现法官和当事人的视角，体现了公民间的公共交往理性[②]，从而对法官的阐明提供了必要的背景约束。从这个视角看，法律论证分析思路可有效地限制法官在衡平利益冲突过程中过于恣意的裁量权。

最后，法律论证分析方法以程序可见的方式最大限度地确保个案的确定性。整个法律论证分析的过程是一个不断对话论证的过程，也是一个推崇程序正义和交往理性的过程。这个过程不同于以往结果确定性的追求，而将视线置于程序确定性的追求，是以一种程序看得见的方式把握利益衡平的认定。经营者利益与消费者利益的衡平追求应落实到程序确定性的追

[①] 黄茂荣.法学方法与现代民法.北京：中国政法大学出版社，2001：224.
[②] 雷磊.法律论证中的权威与正确性：兼论我国指导性案例的效力.法律科学，2014（2）.

求上，才能保证开放性判决结果的合理性。这种将利益衡平认定结果确定性转化为认定程序确定性的过程，是一种肯定"知识共识论"和追求"知识真理论"的过程，是一种依赖于利益相关者通过充分论辩获得所有人共识而保障确定性的过程。

经营者利益与消费者利益的衡平并非交由某种简单的逻辑推演便可获得确定无误的规则，也非借助纯粹的经验事实验证即可获得唯一正解。关于经营者利益与消费者利益的衡平，欲获得一个合理可接受的答案，无法直接仰赖经验证据以及我们理想直觉所对应的事实，相反，其仅能通过协商之途径，准确地说是采用反复辩论之途径而开展的证立过程。[①] 经营者与消费者这些不可通约的主体利益都是反不正当竞争法所致力保护的，而这些主体利益不存在顺位差异，也无法基于位阶的优越性对其进行直观判断。此时，借助法律论证分析框架可巧妙地趋避这些难题。

法律论证分析"将对实质正义理念之追寻切换为一种程序性问题"，而所谓的程序并不存在预设的真理标准，也不与特定的实质内容固定在一起，而呈现出很强的技术性，故得以较好地避开经营者利益与消费者利益衡平中的价值选择难题。法律论证分析重视对话式的讨论，借由在讨论中不断论证，通过实质推理方法为法官、诉讼当事人给定一个论证规则和论证程序，提供讨论框架并引导讨论秩序，从程序角度设定了约束以达至程序确定性的答案。[②] 其既非直接寄希望于立法者，也非将选择唯一正确规范的权力交由法官，而是植入论题学取向的思维方式，强调诉讼主体间性，倚赖论辩这一中立的交涉方式，强调以对话方式寻求解决纠纷的途径，通过论辩程序不断地逼近经营者利益与消费者利益衡平的"终结观点"。

如学者所洞言，任一正确与妥当之法律决定无不立基于理性民主之交

---

① ［德］哈贝马斯.在事实与规范之间：关于法律和民主法治国的商谈理论.童世骏，译.上海：上海三联书店，2003：278.
② 季卫东.法律议论的社会科学研究新范式.中国法学，2015（6）.

流、商谈与对话机制而达致,奠基于程序正义基础上之对话才能联结法律视野下的真理与借由理性取得之共识。[1] 经营者利益与消费者利益的衡平经由植入法律分析框架,各方话语权得到充分保障,任一方主体均可参加论辩,也可质疑其他主体所提任何主张,并在论辩中提出主张和表达态度(需求),且有权确保不受论辩内外的某种因素之强制性阻碍。换言之,经营者利益与消费者利益的衡平适用法律论证分析框架,得以保证相关利益主体机会均等参与商谈,并且这种商谈均等地对结果施加影响。唯有奠基于切实均等之基础上,才谈及开展协商与交流,不然仅有命令及权威,即便获得相关主体之服从,也无法获得尊重,更无法谈及正当性。反之,立基于均等之基础且经由全面的协商对话而达致之共识,始为真正之合意,可以获得当事人内在的遵从。

(三)经济分析方法

诚如杨贝博士所指出的,法律论证得以强化法律决定之正当性,然其无法保证法律决定的唯一正确;法律论证得以保证个案论证的可评价性,然其无法主导法律决定之形成;法律论证得以提升法律体系之于社会的适应性,得以使法律决定被尽可能多的人接受,然其无法确保达致绝对的共识。[2] 根据以往的研究,基本权利与自由不容干预,并且在干预之前亦须得参酌主体间利益协商的结果,然我们无法确保总能达成协议,故有学者曾毫不客气地提道,阿列克西所构筑的法律论证规则其实只能作为一种空想。倘若依照其辩论规则展开实际的法庭辩论,则可能导致司法程序陷入僵局。[3] 该说法虽过于绝对,但它道出了法律论证分析方法的局限

---

[1] 葛洪义.试论法律论证的源流与旨趣.法律科学,2004(5).
[2] 杨贝.法律论证的能与不能.华东政法大学学报,2017(2).
[3] 桑本谦.法律论证:一个司法过程的理论神话:以王斌余案检验阿列克西法律论证理论.中国法学,2007(3).

性①，这就需要干预以获致利益综合的最大化，而实现利益综合的最大化则需引入经济分析方法。对此，我们首先来分析为什么需要干预来达致利益最大化，其次阐明经济分析方法为何物，如何运用。

关于第一个问题，缘何需要干预以达至利益综合的最大化。通常而言，其是由集体行动问题所引致的。学者奥尔森在《集体行动》一书的序言中归纳了社会科学的两条基本定律，分别是：第一，倘若任一个体仅考量自身利益，则将自动产生一种集体的理性结果；第二，有时上一条定律不起作用，则不论任一个体如何明智地寻求自我利益，将无法自动产生一种社会的理性结果。②是故，有时协商正义将无法达成。这是因为，沟通协商虽能确保所达至的利益妥协可满足各方主体的需求，然在实际生活中，交易活动不免存在交易成本，这意味着主体间无法时时达成一致意见，特别是当利益主体人数过多时，欲达致有效协议则更为棘手，因为在该条件下，欲协调任一主体则须支付高昂成本。并且，不但沟通正义可能难以达成，亦有可能缘于各利益主体的各行其是而损害社会整体利益。③职是之故，只由国家出面引导各方主体进行协商且以经济分析法为主导，才能实现利益综合的最大化。

所谓经济分析，即借助经济学的边际效用、产出最大化、均衡与效率机理，展开对结论的成本收益比对后，依照成本（手段）与利益（目的）的具体关系对互相抵牾的利益进行划分，进行进一步的权衡。此种平衡与协调所择取的利益须得大于牺牲或放弃的利益。实际上，庞德一再呼吁的"以最少的浪费和阻碍给予整个利益方案以最大之效果"则契合经济分

---

① 第一，理想的商谈环境是一个可以无限接近（但不一定能完全实现）的理想值；第二，一个潜在无限的理想商谈本身并不排除无法达成共识的可能；最重要的是第三点，即使理想商谈存在，它也无法确定某次共识是否是终结性或确定性的。这三点其实已然承认，纵使进行理想商谈也不能确保形成绝对共识，在非理想商谈环境中进行的论证更是如此。[德]罗伯特·阿列克西.商谈理论的问题//[德]罗伯特·阿列克西.法·理性·商谈.朱光，雷磊，译.北京：中国法制出版社，2011：102-120.

② 李永成.经济法人本主义论.北京：法律出版社，2006：117-122.

③ 甘强.经济法利益理论研究.重庆：西南政法大学，2008：116-117.

析原理。而经济分析法学所赖以存在与发展的基础是科斯定理，据科斯定理可知，法律之于经济的最大作用是减少交易成本以及提高效率。无疑的是，该方法偏爱以效率为其价值基准，以效果最大化为参考坐标，引用成本收益分析工具，在此基础上论证经营者的行为。进一步审视可得知，该方法依托于功利主义思想[①]，也即意味着在个案分析及评价过程中，须以社会效益为其验证指标，以最小损失追求最大多数人的最大幸福为标准，可以说，效果分析是经济分析方法的主要阵地。[②] 与传统规范分析方法不同，经济分析方法属于实证分析方法，其核心工作是探寻实际生活的原貌，故采用一种经验范式，而传统规范分析方法存在价值预设，其重在探讨法律应为何的问题。另外，经济分析方法往往采用定量研究，故而其浸润浓郁的技术性与量化性。运用该方法便于使具体的研究问题可视化、数量化，所得结论通常也更为准确，与定性分析方法相比，运用该方法更凸显操作性与实用价值。[③]

经营者利益与消费者利益作为同一位阶上的利益，考量孰轻孰重时常不可避免陷入争执困境，倘若运用规范分析方法，恐难以逃脱新的不确定与空洞之桎梏。而规范分析的主要不足也在于其价值目标的难以捉摸与空洞化，无以进行量化分析，倘若停留于运用定性研究，或许将导致新的非正义。因此，经营者与消费者之间的利益衡量落到实处必须依靠经济分析方法。故有学者直言不讳，经济分析方法乃实现利益衡量之现实基准。[④] 第一，该方法植入效率[⑤]为参考坐标，可为消费者与经营者的利益权衡供给确定的价值取向。第二，该方法为二者的利益权衡准备了明确的判断基准。经济分析的对象最终落实至福利标准。第三，该方法还为二者利益的

---

① 功利主义理论是由十八世纪英国著名的法学家杰里米·边沁所创立。边沁的功利主义理论以研究人的本性开始，认为"趋利避害"，"避苦求乐"是人的自然本能，是人们对待利、害、苦、乐的共同态度，是人们行为的唯一动因。
② 杨文明.滥用市场支配地位规制中的正当理由抗辩研究.重庆：西南政法大学，2016：81.
③ 钱弘道.法律的经济分析方法评判.法制与社会发展，2005（3）.
④ 高翔.利益衡量的具体方法.人民法院报，2007-01-09（6）.
⑤ 这个"效益"是以整个社会为基准而不是以当事人为参照。

权衡预定了科学的分析架构与模型。[1] 而博弈论则是该方法为实现利益均衡所作出的实质性贡献。各异相关主体利益经博弈而取得的最佳效果，体现为各主体制定之方案是对其余主体所拟订方案之最优反应，亦即达致纳什均衡。[2]

在互联网平台竞争案件的裁判中，法官须综合权衡案件双方当事人的权益与社会效果，对可能涉及的各因素予以计算，并定量分析各异利益权衡结果将获得的收益，尽可能使诉讼两造的活动获得最优的效果。分析经营者的竞争行为，本书认为可植入法经济学的思路，从最小社会成本理论着手。通常稳定的市场秩序得以降低社会成本、提高市场效率，是故，需对经营者的竞争行为将带来的市场效果予以分析，评判该行为是否降低了社会成本或提升了市场效率。不妨参酌科斯定理[3]，倘若在不存在社会成本的情境下，法院的初始授权分配并不影响市场的正常运行，则不论法定授权怎么分配，最终的市场均衡结果均是有效率的，亦即达到资源配置的帕累托最优。[4] 以屏蔽视频广告案件为例，倘若法院判定屏蔽广告的行为违法，则那些极其厌烦广告、受广告影响较大的消费者为屏蔽广告将可能愿意支付合理对价，而倘若法院判定该类行为合法，则受屏蔽广告影响较大的竞争者也将可能愿意支付必要对价，从而防止自身广告被屏蔽。在实践操作中，微软、谷歌等公司均采用这般手段。[5] 于谷歌而言，假如其缴纳"白名单"的广告费低于其从广告商方获取的潜在收入，则其极可能倾向

---

[1] 张伟强．利益衡量及其理论的反思．法学论坛，2012（4）．

[2] 杨文明．滥用市场支配地位规制中的正当理由抗辩研究．重庆：西南政法大学，2016：82．

[3] Ronald Coase. The Problem of Social Cost. The Journal of Law and Economics, 1960, 56: 837-877.

[4] 帕累托最适宜状态，福利经济学术语，指经济福利所达到的最优状态。帕累托认为：如果生产和交换情形发生变化，也就是资源的重新配置使得有些人境状变好同时使其他人的境况变坏，则不能说明整个社会福利是增值的，也不能认为此时的资源配置是有效率的。只有资源的重新配置使有些人境况变好，而同时其他人并未因此变得坏些，这时才能说社会福利增加了，资源的配置也是有效率的，这就是帕累托最适宜状态。

[5] Page Fair & Adobe:《2015 广告屏蔽插件报告》，载 https://pagefair.com/blog/2015/ad-blocking-report/, 2016年12月4日访问。该报告显示：2015年，Ad-WockPlus 插件导致谷歌公司在潜在广告收入方面损失 13.97 亿美元，约等于其当年广告总收入的 3%。为此，谷歌调整经营策略，通过付费给 Ad-WockPlus 的方式，将其公司的部分广告列入"广告白名单"，不能被过滤软件屏蔽。

第五章 互联网时代反不正当竞争法的法益结构

于支付一定对价以防止自身广告被屏蔽。

一个客观的现象是,交易成本往往不可避免,不合理的初始分配将直接影响后续市场交易。然不能说科斯定理意义消弭,其关键目的在于促使我们关注产权交易、权利分配中的成本问题。职是之故,在屏蔽视频广告类案件中,应当充分考量初始分配可能引发的后果,如何确保视频网站、广告公司、消费者等主体达成有效交易,如何在司法层面择定社会成本最小之路径。

对此,不妨借鉴卡尔多—希克斯所提"最大利益净余额"基准。该基准意指面对互相抵牾的利益,可以提升社会整体增量利益作为解决问题之基准。确定该基准的原因是面对多种相互抵牾之利益,倘若欲增进其中一方主体利益,则往往会损及其他主体利益,也就是说欲同时优化所有主体的利益将无法实现,唯有采用提升社会整体利益总量之基准。依照该基准,只有基于多数人的更大利益而放弃一小部分主体的较小利益,才能获得增量利益。[①] 其思维路径可参见图 5-2。

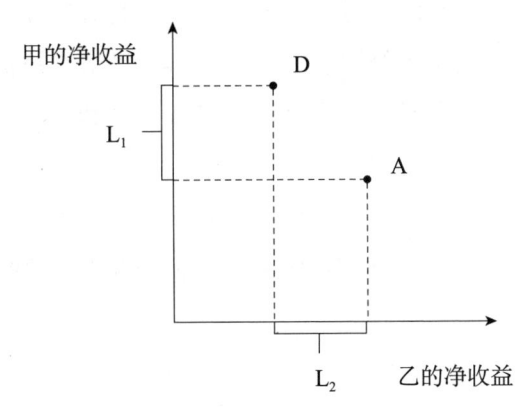

图 5-2 最大利益净余额思维图

在图 5-2 中,由 A 点移到 D 点,表面看虽乙的净收益降低了 L2,然甲的净收益提升了 L1。基于量上比较,甲所提升的净收益 L1 大于乙所降低的净收益 L2,因此整个社会的社会总量是提升的,这就达到卡尔多—希

[①] 甘强.经济法利益理论研究.重庆:西南政法大学,2008:118. 张斌.现代立法中的利益衡量:以个体主义方法论为研究视角.长春:吉林大学,2005:113.

克斯均衡，亦即我们所说的最大利益净余额原则。然仍需注意的是，如采用该标准削弱少数方的利益，须对被削减利益的主体进行补偿，否则极易导致以利益综合最大化的名义侵害私人利益。

诚然，经济分析方法因其特有的定量分析能力而为利益权衡准备了相对客观的分析框架与模型，在确保实现各参与主体利益均衡上发挥重大作用，然其也并非万能。比如，法律价值体系呈现多元，并不仅仅以经济效率为唯一价值主张，事实上，在面临具体又复杂的互联网平台竞争案件审理时，应考虑的情况各式各样，很难存在终极的价值指引所有互联网平台竞争案件之裁决。客观的情况是应具体问题具体分析，但仍需强调的是，当引入经济分析方法、进行成本收益测算、借助严谨精确的数学模型解析案件时，应谨记法律背后的公平正义价值，且对蕴含于经济分析方法的经济效率价值观进行自觉反省。[1]

需要说明的是，上述每种方法均有自身的内在缺陷，在实际个案中应综合、权衡运用，而且还需注意在具体个案中每种方法各自的运用程度需要区别对待。法院裁判乃关涉资源分配之决策。[2]法官并非消极、机械式地适用法律，而须以积极能动之姿态衡量相关主体利益以及评估其社会效果，其所得出的裁决应以社会整体利益最大化为基准。[3]从根本意义上而言，个案中利益衡量所借助的各种方法最终须以实现社会整体利益最大化为其目标，倘若离开了社会整体利益这个根基与支点，则谈不上妥适的利益衡量。

本章小结

迈向新的法益结构

互联网时代反不正当竞争法仅以"经营者一元中心"的利益结构不敷

---

[1] 李剑.论经济分析方法在反垄断法中的应用.学习与探索，2011（4）.
[2] 盛洪.现代制度经济学下卷.北京：北京大学出版社，2003：183.
[3] [美]波斯纳.法律的经济分析.蒋兆康，译.北京：中国大百科全书出版社，1997：13.

适用，反不正当竞争法的法益结构面临变革。域外从"单边主义"到"二元平衡"的法益结构值得借鉴，从理论和实践两个维度确证中国反不正当竞争法也应构筑消费者保护与经营者保护的二元体系。反不正当竞争法虽起源于私法，但不断超越其私法情结；随着对消费者利益的逐步重视，反不正当竞争法的社会法品格不断增强，互联网时代消费者主体地位的革新以及基于反不正当竞争法立法目的条款的表达，都为反不正当竞争法构筑二元中心法益构造提供了支撑和动力。当然，二元中心法益的结构选择也会引发如何衡平经营者利益与消费者利益的问题。鉴于这二者长期利益一致，故衡平成为可能。而在二者短期利益冲突的问题上，需要回溯反不正当竞争法的权益配置观，以社会整体利益为价值基准，兼顾利益衡量方法、法律论证方法与经济分析方法。

结　论

互联网平台竞争规制如何演进？

　　人类历史上每次重大技术变革，在大幅度提升生产力同时，也会因分工形式重组以及不同群体与技术的结合程度变化而推动秩序变迁、社会分化及引发阶层冲突，对人类治理水平和治理能力提出新挑战。一方面，互联网平台创造、聚集了巨大的社会经济价值，例如实现资源优化配置、大众创业创新、提升跨界跨领域融通发展；另一方面，互联网平台竞争也带来了新的监管难题，给社会经济治理提出了更高层次的要求。大型平台引发的争议成为全球性、多层次及跨领域性的复杂问题，其后果是革新社会分工结构，影响全球政治生态，冲击全球经济发展格局。如何有效回应互联网平台经济提出的新挑战，如何构建有效的互联网平台竞争规制体系，是当下全球竞争法共同关注的议题。合理规范互联网平台竞争行为不仅关乎经营者、消费者利益维护，也关乎互联网市场竞争秩序保障、数字经济的有序发展，还关乎我国国际利益、大数据战略的实现，意义深远、影响广泛。本书基于2019—2021年互联网平台竞争案件的文本调研，还原该类案件的审理现状，在实证考察基础上提炼该类案件审理重难点，并据此提出相应的制度改进方案，主要有如下几点建议。

　　其一，秉持动态竞争观。受竞争法脱胎于侵权行为法的历史渊源、法官知识偏好、审理路径依赖及竞争法立法目的条款表述之影响，互联网平台竞争案件审理中长期采用静态竞争观。然而,静态竞争观的适用存在诸多局限,既与市场动态竞争的本质规律不符合,与消费者利益主体地位的革新不相匹配,也与反不正当竞争法作为行为规制法的功能定位相背离,还与反不正当竞争法的社会法属性相距甚远。本书从经济层面——市场动态竞争的本质规律、利益层面——消费者利益角色革新引致法益结构变革、法律属性层面——竞争法逐渐浓厚的社会法品格及作为行为规制法的功能驱使,证成互联网平台竞争案件审理应秉持动态竞争观。

其二,植入自由竞争价值追求。一直以来,公平竞争价值稳居反不正当竞争法价值体系的显性话语,而对同等重要的自由竞争价值却缺乏深切关注及系统描述。这主要源于反不正当竞争法维护商业伦理的制度惯性及为该法的制度外观所误导。互联网平台竞争案件自由竞争价值缺失容易引发过度干预市场竞争行为,亦不当割裂了反不正当竞争法与反垄断法的内在关联。本书基于市场自由、动态竞争的本质规律、反不正当竞争法竞争观的转向、该法作为行为规制法的功能驱使与愈加浓厚的竞争法品格,以及该法保护竞争而非竞争者的立法旨趣,证成互联网平台竞争案件审理亦需恪守自由竞争价值。

其三,修正竞争关系定位。反不正当竞争法是否保留竞争关系认定要件及具体如何认定,一直是困扰实务界和理论界的难题。针对竞争关系存废问题,本书基于实证层面不正当竞争案件的考察核验,以及基于法理层面竞争行为的相对性、反不正当竞争法文本的表述、反不正当竞争法与侵权行为法关系的区分以及防止滥诉等理由,证成不正当竞争案件的审理应坚守竞争关系要件,但应对竞争关系的定位进行适当修正,即竞争关系不再作为实体层面不正当竞争行为的必要构成要件,但可作为程序层面原告起诉资格的重要考量因素。

其四,适用法律论证分析框架判定商业道德。既有以行业惯例、创设具体细则认定商业道德的做法无法从根本上克服商业道德的不确定性。其缘由是归入决定论立场的前者奉行简单的逻辑推演而未予利益平衡,忽略个案商业道德的"特质性",且不同领域的行业惯例通常不具通约性并呈阶段性特征,无法为商业道德认定输送稳定源泉;纳入决断论立场的后者既难以把握商业道德的"不唯一性",亦无法确保所作裁判基于客观要求而非恣意,也并未达致商业道德的客观认定。法律论证分析框架不推崇从前提到结论的简单推演,而充分进行利益衡量且重视在讨论中不断论证,并以可视化的形式规则和技术规则最大限度约束司法裁量权,可作为商业道德认定的新思路。

其五,引入经济分析标准。长期以来,不正当竞争行为判断主要仰赖商业道德标准,这主要源于反不正当竞争法维护公平竞争价值的路径锁定,以及受洛克劳动学说的深刻影响。然而,仅仅依托商业道德标准定性市场竞争行为,容易阻碍互联网市场创新及竞争自由,忽视了反不正当竞争法维护竞争机制的制度预期,也加剧了市场竞争行为判断的不确定性。为回应反不正当竞争法独特的经济属性,彰显其维护自由竞争的价值期待,实现该法的谦抑品格,以及缓解竞争行为判定不确定性的难题,不正当竞争判定应同时援引经济分析标准。为贯彻之,需重视竞争秩序损害评估,修正经营者利益角色定位,调整法益排布次序,拓展运用激励分析法,侧重发挥市场调查报告、经济学分析报告等证据形式的证据效力。

其六,互联网平台竞争合规机制构建。考虑到互联网平台自愿遵从、积极守法在提升竞争法实施效果中成本最低,因而可能是更为有效健全互联网平台竞争规制体系的方式,有必要着重从促进互联网平台守法、构建竞争合规机制的视角优化竞争法实施效果。互联网平台构建竞争合规机制有利于其防范竞争法律风险,帮助其树立良好的社会形象、获得商业信誉,并促进互联网平台合规的制度化及常规化。竞争执法机构可发挥规模化优势制定竞争合规指引指南,以节约互联网平台守法成本,补充硬法规制之不足以及推动我国竞争文化建设。为确保互联网平台竞争合规机制获良好实施,一是应对其提供制度激励,给予一定层面的处罚减免但应作必要限制,二是针对互联网平台竞争合规机制的不同类型分别设置明确的评价指标。

其七，限缩适用反不正当竞争法一般条款。反不正当竞争法一般条款的扩张适用易导致过度干预市场行为，由此引发的"假阳性错误"在很大程度上也背离了反不正当竞争法的立法初衷。基于反不正当竞争法竞争观的重构、自由竞争价值的倡导、确保适度干预原则之贯彻及其作为行为规制法的功能回归，反不正当竞争法应回归其市场机制辅助工具的角色定位，在审慎论证的基础上启动一般条款。

其八，构筑经营者保护与消费者保护二元中心体系。鉴于互联网时代消费者主体地位革新、反不正当竞争法社会法品格不断增强以及该法立法目的条款的表达，反不正当竞争法应构筑经营者保护与消费者保护二元中心体系。而二元中心法益结构的选择也引发了如何衡平经营者利益与消费者利益的问题。鉴于这两者长期利益一致，故衡平成为可能。关于两者短期利益冲突问题的化解，需要回溯反不正当竞争法的权益配置观，以社会整体利益最大化为基准，综合适用利益衡量方法、法律论证方法与经济分析方法。

反不正当竞争法自面世之日起，即伴随时代发展而不断演变。在当下经济全球化、数字信息时代及新产业革命交织融合的背景下，反不正当竞争法应回归其作为市场机制补充、辅助工具的角色定位。限制市场竞争并非反不正当竞争法的深层意图，促进市场机制良性健康发展才是该法不懈的追求。当下我们正处于变动不居的数字经济时代，处于百年未有之大变局，机遇与挑战同在，新商业模式层出不穷，不断冲击、颠覆旧商业模式。放眼全球主要经济体反垄断辖区政策，虽然其均呼吁加强竞争执法、司法工作，但无不是立基于本国国家利益，锁定于本国的核心诉求。作为维护市场秩序的基本法，在数字时代反不正当竞争法同样担负着捍卫我国国家利益、提升我国国际竞争力的重要使命，应基于长远发展格局，尊重市场生态及市场理性，弱化、破除公权机关的"家长情结"，为市场创新及发展最大限度预留空间及提供坚实的制度后盾。

参考文献

一、中文参考文献

（一）著作类

1. [德]罗伯特·阿列克西. 法·理性·商谈. 朱光, 雷磊, 译. 北京: 中国法制出版社, 2011.

2. [英]哈特. 法律的概念. 张文显, 等译. 北京: 中国大百科全书出版社, 1995.

3. [比]保罗·纽尔. 竞争与法律: 权力机构、企业和消费者所处的地位. 刘利, 译. 北京: 法律出版社, 2004.

4. [德]艾哈德. 来自竞争的繁荣. 祝世康, 等译. 北京: 商务印书馆, 1983.

5. [德]伯恩·魏德士. 法理学. 丁小春, 吴越, 译. 北京: 法律出版社, 2003.

6. [德]弗诺克·亨宁·博德维希. 全球反不正当竞争法指引. 黄武双, 刘维, 陈雅秋, 译. 北京: 法律出版社, 2015.

7. [德]哈贝马斯. 在事实与规范之间: 关于法律和民主法治国的商谈理论. 童世骏, 译. 上海: 上海三联书店, 2003.

8. [德] 卡尔·拉伦茨. 法学方法论. 陈爱娥, 译. 北京: 商务印书馆, 2003.

9. [德] 考夫曼. 后现代法哲学: 告别演讲. 米健, 译. 北京: 法律出版社, 2000.

10. [德] 罗伯特·阿列克西. 法律论证理论: 作为法律证立理论的理性论辩理论. 舒国滢, 译. 北京: 中国法制出版社, 2002.

11. [美] A. 爱伦·斯密德. 财产、权力和公共选择: 对法和经济学的进一步思考. 黄祖辉, 蒋文华, 郭红东, 等译. 上海: 上海人民出版社, 2006.

12. [美] 安·塞德曼, 罗伯特·鲍勃·塞德曼, 那林·阿比斯卡. 立法学理论与实践. 刘国福, 曹培, 等译. 北京: 中国经济出版社, 2008.

13. [美] 本杰明·内森·卡多佐. 法律的生长. 刘培峰, 刘骁军, 译. 贵阳: 贵州人民出版社, 2003.

14. [美] 波斯纳. 法律的经济分析. 蒋兆康, 译. 北京: 中国大百科全书出版社, 1997.

15. [美] 博登海默. 法理学: 法律哲学与法律方法. 邓正来, 译. 北京: 中国政法大学出版社, 1999.

16. [美] 布里安·P. 辛普森. 市场没有失败. 齐安儒, 译. 北京: 中央编译出版社, 2012.

17. [美] 戴维·J. 格伯尔. 二十世纪欧洲的法律与竞争. 冯克利, 魏志海, 译. 北京: 中国社会科学出版社, 2004.

18. [美] 凯斯·R. 桑坦斯. 权利革命之后: 重塑规制国. 钟瑞华, 译. 北京: 中国人民大学出版社, 2008.

19. [美] 理查德·斯皮内洛. 铁笼, 还是乌托邦: 网络空间的道德与法律. 李伦, 译. 北京: 北京大学出版社, 2007.

20. [美] 曼昆. 经济学原理: 上册. 3 版. 梁小民, 译. 北京: 机械工业出版社,2003.

21. [美]诺内特,塞尔兹尼克.转变中的法律与社会:迈向回应型法.张志铭,译.北京:中国政法大学出版社,1994.

22. [美]威廉·詹姆斯.实用主义.陈羽纶,孙瑞禾,译.北京:商务印书馆,1979.

23. [美]约瑟夫·熊彼特.经济发展理论.何畏,易家详,译.北京:商务印书馆,1990.

24. [日]金泽良雄.经济法概论.满达人,译.北京:中国法制出版社,2005.

25. [英]奥格斯.规制:法律形式与经济学理论.骆梅英,译.北京:中国人民大学出版,2008.

26. [英]戴恩·罗兰德,伊丽莎白·麦克唐纳.信息技术法:第二版.宋连斌,林一飞,吕国民,译.武汉:武汉大学出版社,2004.

27. [英]丹尼斯·罗伊德.法律的理念.张茂柏,译.上海:上海译文出版社,2014.

28. [英]弗里德里希·冯·哈耶克.法律、立法与自由:第1卷.邓正来,等译.北京:中国大百科全书出版社,2000.

29. [英]梅因.古代法.沈景一,译.北京:商务印书馆,1959.

30. [德]艾哈德.来自竞争的繁荣.祝世康,等译.北京:商务印书馆,1983.

31. [瑞士]安德烈亚斯·凯勒哈斯.从华盛顿,布鲁塞尔,伯尔尼到北京:竞争法规范和功能比较.杨华隆,伍欣,译.北京:中国政法大学出版社,2013.

32. 曹胜亮.社会转型期我国经济法价值目标实现理路研究:以马克思主义利益理论为视角.武汉:武汉大学出版社,2015.

33. 陈建洋,陈立骅.中华人民共和国反不正当竞争法释义.北京:中国法制出版社，1994．

34. 陈金钊．法律方法论研究．济南：山东人民出版社，2010．

35. 陈金钊，等．法律解释学．北京：中国政法大学出版社，2006．

36. 戴剑波．权利正义论．北京：法律出版社，2007．

37. [美] 戴维 J. 格伯尔．二十世纪欧洲的法律与竞争：捍卫普罗米修斯．冯克利，魏志梅，译．北京：中国社会科学出版社，2004．

38. 丁邦开，戴奎生，等．中华人民共和国反不正当竞争法释义．南京：南京大学出版社，1994．

39. 董晓敏．《反不正当竞争法》一般条款的适用．北京：知识产权出版社，2019．

40. 段匡．日本的民法解释学．上海：复旦大学出版社，2005．

41. 段礼乐．市场规制工具研究．北京：清华大学出版社，2018．

42. 范长军．德国反不正当竞争法研究．北京：法律出版社，2010．

43. 冯震宇，等．消费者保护法解读．台北：元照出版公司，2000．

44. 公玉样主编．法理学．上海：复旦大学出版社，2005．

45. 国家工商行政管理局条法司．现代竞争法的理论与实践．北京：法律出版社，1993．

46. 韩志国，洪银兴，魏杰．市场结构与市场机制．石家庄：河北人民出版社，1987．

47. [德] 何梦笔主编．德国秩序政策理论与实践．庞健，冯兴元，译．上海：上海人民出版社，2000．

48. 黄茂荣．法学方法与现代民法．北京：中国政法大学出版社，2001．

49. 姜廷惠．立法语言的模糊性研究：兼及对《中华人民共和国刑法》语言表述的解读．北京：中国政法大学出版社，2013．

50. 蒋坡．国际信息政策法律比较．北京：法律出版社，2001．

51. 孔祥俊，张步洪. 反不正当竞争法例解与适用. 北京：人民法院出版社，1998.

52. 孔祥俊. 反不正当竞争法的创新性适用. 北京：中国法制出版社，2014.

53. 孔祥俊. 反不正当竞争法新论. 北京：人民法院出版社，2001.

54. 孔祥俊. 反不正当竞争法新原理·原论. 北京：法律出版社，2019.

55. 孔祥俊. 反不正当竞争法新原理·总论. 北京：法律出版社，2019.

56. 赖源河. 公平交易法新论. 台北：元照出版公司，2002.

57. 王晓晔主编. 反垄断法与市场经济. 北京：法律出版社，1998.

58. 兰磊. 论反垄断法多元价值的平衡. 北京：法律出版社，2017.

59. 李培传. 论立法. 北京：中国法制出版社，2005.

60. 李岩. 民事法益基本范畴研究. 北京：法律出版社，2016.

61. 李永成. 经济法人本主义论. 北京：法律出版社，2006.

62. 李振江. 法律逻辑学. 郑州：郑州大学出版社，2004.

63. 梁慧星. 民法解释学. 4版. 北京：法律出版社，2015.

64. 刘继峰. 竞争法学. 2版. 北京：北京大学出版社，2016.

65. [奥] 路德维希·马·米塞斯. 货币、方法与市场过程. 戴忠玉，刘亚平，译. 北京：新星出版社，2007.

66. 罗传贤. 立法程序与技术. 台北：五南图书出版有限公司，2009.

67. 罗豪才，宋功德. 软法亦法：公共治理呼唤软法之治. 北京：法律出版社，2009.

68. 罗豪才. 软法与公共治理. 北京：北京大学出版社，2006.

69. [英] 马歇尔. 经济学原理. 朱志泰，译. 北京：商务印书馆，1981.

70. 马一德. 消费者权益保护专论. 北京：法律出版社，2017.

71. 倪振峰，汤玉枢. 经济法学. 上海：复旦大学出版社，2014.

72. 彭海斌. 公平竞争制度选择. 北京：商务印书馆，2006.

73. 钱穆．中国历代政治得失．北京：九州出版社，2012．

74. 邱本．经济法研究：中卷．北京：中国人民大学出版社，2008．

75. 全国人大常委会法制工作委员会民法室编．消费者权益保护法立法背景与观点全集．北京：法律出版社，2013．

76. 邵建东．德国反不正当竞争法研究．北京：中国人民大学出版社，2001．

77. 盛洪．现代制度经济学：下卷．北京：北京大学出版社，2003．

78. 时建中．《中华人民共和国反垄断法》专家修改建议稿及详细说明．北京：中国政法大学出版社，2020．

79. 孙国华，朱景文．法理学．2版．北京：中国人民大学出版社，2004．

80. 孙琬钟．反不正当竞争法实用全书．北京：中国法律年鉴社，1993．

81. 孙晓莉．中国现代化进程中的国家与社会．北京：中国社会科学出版社，2001．

82. 陶博．法律英语：中英双语法律文书制作．上海：复旦大学出版社，2004．

83. 陶鑫良，袁真富．知识产权法总论．北京：知识产权出版社，2005．

84. 汪渡村．公平交易法．台北：五南图书出版有限公司，2010．

85. 汪劲．环境法律的理念与价值追求．北京：法律出版社，2001．

86. 王洪．逻辑的训诫：立法与司法的准则．北京：北京大学出版社，2008．

87. 王铁崖．国际法．北京：法律出版社，1995．

88. 王先林．竞争法学．北京：中国人民大学出版社，2009．

89. 王显勇．公平竞争权论．北京：人民法院出版社，2007．

90. 王云奇主编．地方立法技术手册．北京：中国民主法制出版社，2004．

91. [美]维克拉夫·霍尔索夫斯基．经济体制分析和比较．俞品根，等译．北京：经济科学出版社，1988．

92. 魏建．法经济学：分析基础与分析范式．北京：人民出版社，2007．

93. 吴振国，刘新宇．企业合并反垄断审查制度之理论与实践．北京：法律出版社，2012．

94. 萧成．市场机制作用与理论的演变：西方市场机制的作用和理论发展的历史研究．上海：上海社会科学院出版社，1996．

95. 谢晓尧．竞争秩序的道德解读．北京：法律出版社，2005．

96. 谢晓尧．在经验与制度之间：反不正当竞争司法案例类型化研究．北京：法律出版社，2010．

97. 徐火明．公平交易法论：不正当竞争防止法．台北：台湾"三民书局"，1997．

98. [英]亚当·斯密．国富论．胡长明，译．南京：江苏人民出版社，2011．

99. 颜厥安．法与实践理性．北京：中国政法大学出版社，2003．

100. 叶明，吴太轩．互联网新型不正当竞争行为司法规制的实证研究．厦门：厦门大学出版社，2019．

101. 叶明．互联网经济对反垄断法的挑战及对策．北京：法律出版社，2019．

102. 叶卫平．反垄断法价值问题研究．北京：北京大学出版社，2012．

103. 俞可平．治理与善治．北京：社会科学文献出版社，2000．

104. 张明楷．法益初论．北京：中国政法大学出版社，2003．

105. 张文显．二十世纪西方法哲学思潮研究．北京：法律出版社，2006．

106. 章国锋．关于一个公正世界的"乌托邦"构想：解读哈贝马斯的《交往行为理论》．济南：山东人民出版社，2001．

107. 郑友德．知识产权与公平竞争的博弈：以多维创新为坐标．北京：法律出版社，2011．

108. 周学峰，李平主编．网络平台治理与法律责任．北京：中国法制出版社，2018．

（二）论文类

1. 毕玉谦．试论民事诉讼中的经验法则．中国法学，2000（6）．

2. 曹畅,刘津．产品维度、价格结构与市场的非价格机制．天府新论,2021(1)．

3. 曹世海．对商标侵权诉讼中市场调查报告的审查与认定．人民司法，2015（9）．

4. 曾晶．论互联网平台"二选一"行为法律规制的完善．社会科学文摘，2022（1）．

5. 柴耀田．反不正当竞争法一般条款的体系化功能：德国2015年《反不正当竞争法》改革对中国修法的启示．电子知识产权，2016（10）．

6. 常怡，常娟．司法裁判供给中的利益衡量：一种诉的利益观．中国法学，2013（4）．

7. 陈兵，赵青．互联网平台封禁行为的反垄断法解读．法治现代化研究，2020（3）．

8. 陈兵．大数据的竞争法属性及规制意义．法学，2018（8）．

9. 陈兵．反垄断法实施与消费者保护的协同发展．法学，2013（9）．

10. 陈兵．互联网经济下重读"竞争关系"在反不正当竞争法上的意义：以京、沪、粤法院2000—2018年的相关案例为引证．法学，2019（7）．

11. 陈兵．互联网屏蔽行为的反不正当竞争法规制．法学，2021（6）．

12. 陈兵．互联网新型不正当竞争行为审裁理路实证研究．学术论坛，2019（5）．

13. 陈兵．因应超级平台对反垄断法规制的挑战．法学，2020（2）．

14. 陈耿华．互联网不正当竞争行为的软法规制：兼论软法规制与硬法规制的耦合．现代财经，2016（4）．

15. 陈耿华．互联网时代消费者在中国竞争法中的角色重塑与功能再造．江西财经大学学报，2018（1）．

16. 陈耿华. 互联网新型不正当竞争行为规制理念的实证考察及比较分析. 广东财经大学学报, 2017（5）.

17. 陈耿华. 论竞争法保障消费者利益的模式重构. 法律科学, 2020（6）.

18. 陈耿华. 我国竞争法竞争观的理论反思与制度调适. 现代法学, 2020（6）.

19. 陈伟华. 互联网平台竞争中独家交易的反垄断分析. 浙江社会科学, 2016（3）.

20. 陈永伟. 平台反垄断问题再思考："企业—市场二重性"视角的分析. 竞争政策研究, 2018（5）.

21. 张晨颖. 公共性视角下的互联网平台反垄断规制. 法学研究, 2021（4）.

22. 陈永伟. 平台经济的竞争与治理问题：挑战与思考. 产业组织评论, 2017（3）.

23. 承上. 互联网领域免费行为的反垄断规制. 现代经济探讨, 2016（3）.

24. 程信和. 硬法、软法和经济法. 甘肃社会科学, 2007（4）.

25. 程子薇.《反不正当竞争法》修订视野下的消费者保护研究. 南京大学学报（哲学·人文科学·社会科学）, 2018（1）.

26. 戴瑞, 龚廷泰. 利益理性的成长与利益主体的形态发展. 南京社会科学, 2002（1）.

27. 翟小波."软法"及其概念之证成：以公共治理为背景. 法律科学, 2007（2）.

28. 刁云芸. 商事领域中反不正当竞争法互联网专条的适用困境及出路. 法学杂志, 2021（1）.

29. 丁茂中. 自我优待的反垄断规制问题. 法学论坛, 2022（4）.

30. 董笃笃. 互联网领域"公认的商业道德"的司法适用. 重庆邮电大学学报（社会科学版）, 2016（5）.

31. 范水兰. 经济法权利研究. 重庆：西南政法大学, 2011.

32. 范长军. 行业惯例与不正当竞争. 法学家, 2015（5）.

33. 方翔. 论数字经济时代反垄断法的创新价值目标. 法学, 2021（12）.

34. 方新军. 权利概念的历史. 法学研究, 2007（4）.

35. 方燕. 数字时代反垄断执法的目标、范式和困境解析. 产业经济评论, 2021（3）.

36. 冯果, 万江. 求经世之道 思济民之法：经济法之社会整体利益观诠释. 法学评论, 2004（3）.

37. 李友根. 社会整体利益代表机制研究：兼论公益诉讼的理论基础. 南京大学学报（哲学·人文科学·社会科学），2002（2）.

38. 冯晓青. 知识产权法中专有权与公共领域的平衡机制研究. 政法论丛, 2019（3）.

39. 傅沿. 困局与破解：我国环境公益诉讼成本分摊规则的功能主义审视. 法律适用, 2016（5）.

40. 甘强. 经济法利益理论研究. 重庆：西南政法大学, 2008.

41. 高秦伟. 分享经济的创新与政府规制的应对. 法学家, 2017（4）.

42. 葛洪义. 试论法律论证的源流与旨趣. 法律科学, 2004（5）.

43. 郭传凯. 互联网平台企业封禁行为的反垄断规制路径. 法学评论, 2021（4）.

44. 郭壬癸. 互联网视频广告屏蔽行为的竞争法规制研究. 电子知识产权, 2018（8）.

45. 郭宗杰, 崔茂杰. 电商平台"二选一"排他性交易法律适用研究. 中国应用法学, 2020（2）.

46. 韩伟, 高雅洁. 欧盟2019年《数字时代竞争政策报告》. 竞争政策研究, 2019（4）.

47. 郝银钟, 席作立. 宪政视角下的比例原则. 法商研究, 2004（6）.

48. 胡迎春, 廖怀学. 论数据不正当竞争的演进与规制. 竞争政策研究,

2021（2）.

49. 黄汇．论知识产权公益诉讼制度的构建．江西社会科学，2008（6）.

50. 黄茂钦．论基本公共服务均等化的软法之治：以"治理"维度为研究视角．现代法学，2015（6）.

51. 黄武双，谭宇航．不正当竞争判断标准研究．知识产权，2020（10）.

52. 黄武双．经济理性、商业道德与商业秘密保护．电子知识产权，2009（5）.

53. 黄勇．论互联网不正当竞争的"新边界"．电子知识产权，2015（Z1）.

54. 纪海龙．比例原则在私法中的普适性及其例证．政法论丛，2016（3）.

55. 季卫东．法律议论的社会科学研究新范式．中国法学，2015（6）.

56. 季卫东．决策风险、问责以及法律沟通．政法论丛，2016（6）.

57. 江帆．竞争法的思想基础与价值共识．现代法学，2019（2）.

58. 姜明安．软法在推进国家治理现代化中的作用．求是学刊，2014（5）.

59. 姜昕．比例原则释义学结构构建及反思．法律科学，2008（5）.

60. 蒋舸．《反不正当竞争法》网络条款的反思与解释 以类型化原理为中心．中外法学，2019（1）.

61. 蒋舸．《反不正当竞争法》一般条款在互联网领域的适用．电子知识产权，2014（4）.

62. 蒋舸．反不正当竞争法一般条款的形式功能与实质功能．法商研究，2014（6）.

63. 蒋舸．关于竞争行为正当性评判泛道德化之反思．现代法学，2013（6）.

64. 蒋舸．竞争行为正当性评价中的商业惯例因素．法学评论，2019（2）.

65. 蒋舸．知识产权法与反不正当竞争法一般条款的关系：以图式的认知经济性为分析视角．法学研究，2019（2）.

66. 蒋悟真，李晟．社会整体利益的法律维度：经济法基石范畴解读．法律科学，2005（1）.

67. 蒋岩波. 互联网产业的竞争与排他性交易行为的反垄断规制. 河南社会科学, 2016（7）.

68. 焦海涛. "二选一"行为的反垄断法分析. 财经法学, 2018（5）.

69. 焦海涛. 不正当竞争行为认定中的实用主义批判. 中国法学, 2017（1）.

70. 焦海涛. 论互联网行业反垄断执法的谦抑性. 交大法学, 2013（2）.

71. 解亘, 班天可. 被误解和被高估的动态体系论. 法学研究, 2017（2）.

72. 金福海. 电商平台经营者"二选一"行为的竞争法分析. 经济法研究, 2018（2）.

73. 孔祥俊.《民法总则》视域下的反不正当竞争法. 比较法研究, 2018（2）.

74. 孔祥俊. 反不正当竞争法的司法创新和发展. 知识产权, 2013（12）.

75. 孔祥俊. 论反不正当竞争的基本范式. 法学家, 2018（1）.

76. 孔祥俊. 论反不正当竞争法的二元法益保护谱系：基于新业态新模式新成果的观察. 政法论丛, 2021（2）.

77. 孔祥俊. 论反不正当竞争法的竞争法取向. 法学评论, 2017（5）.

78. 孔祥俊. 论反不正当竞争法的现代化. 比较法研究, 2017（3）.

79. 孔祥俊. 论反不正当竞争法的新定位. 中外法学, 2017（3）.

80. 孔祥俊. 论反不正当竞争法修订的若干问题：评《中华人民共和国反不正当竞争法（修订草案）》. 东方法学, 2017（3）.

81. 孔祥俊. 论互联网平台反垄断的宏观定位：基于政治、政策和法律的分析. 比较法研究, 2021（2）.

82. 孔祥俊. 论新修订《反不正当竞争法》的时代精神. 东方法学, 2018（1）.

83. 孔祥俊. 知识产权强国建设下的反不正当竞争法适用完善：基于行政规章和司法解释征求意见稿的展开. 知识产权, 2021（10）.

84. 兰磊. 比例原则视角下的《反不正当竞争法》一般条款解释：以视频网站上广告拦截和快进是否构成不正当竞争为例. 东方法学, 2015（3）.

85. 兰楠. 广告过滤行为的正当性评价. 华东政法大学学报, 2019 (2).
86. 雷磊. 法律论证中的权威与正确性: 兼论我国指导性案例的效力. 法律科学, 2014 (2).
87. 李昌麒. 论经济法语境中的国家干预. 重庆大学学报 (社会科学版), 2008 (4).
88. 李琛. 法的第二性原理与知识产权的概念. 中国人民大学学报, 2004 (1).
89. 李阁霞. 互联网不正当竞争行为分析: 兼评《反不正当竞争法》中"互联网不正当竞争行为"条款. 知识产权, 2018 (2).
90. 李海舰, 田跃新, 李文杰. 互联网思维与传统企业再造. 中国工业经济, 2014 (10).
91. 李剑. 论经济分析方法在反垄断法中的应用. 学习与探索, 2011 (4).
92. 李剑. 双边市场下的反垄断法相关市场界定. 法商研究, 2010 (1).
93. 李剑. 双边市场下的反垄断法相关市场界定. 中外法学, 2022 (1).
94. 李亮. 法律责任条款规范设置研究. 青岛: 山东大学, 2015.
95. 李生龙. 互联网领域公认商业道德研究. 法律适用, 2015 (9).
96. 李双元, 蒋新苗, 沈红宇. 法律理念的内涵与功能初探. 湖南师范大学社会科学学报, 1997 (4).
97. 李小年, [意] 查拉·艾薇丝. 欧盟《不公平商业行为指令》对中国完善消费者权益保护机制的借鉴意义. 政治与法律, 2009 (9).
98. 李小武. 还《反不正当竞争法》以应有地位: 兼评3721网络实名案. 清华法学, 2008 (4).
99. 李扬. 互联网领域新型不正当竞争行为类型化之困境及其法律适用. 知识产权, 2017 (9).
100. 李扬. 知识产权法定主义的缺陷及其克服: 以侵权构成的限定性和非限定性为中心. 环球法律评论, 2009 (2).

101. 李友根. 论消费者在不正当竞争判断中的作用. 南京大学学报(哲学·人文科学·社会科学版), 2013(1).

102. 李兆阳.《反不正当竞争法》视角下对数据抓取行为规制的反思与修正. 暨南大学学报（哲学社会科学版）, 2021（6）.

103. 梁慧星. 诚实信用原则与漏洞补充. 法学研究, 1994（2）.

104. 廖呈钱. 回应性：地方税收立法制度的一种理论支撑. 现代经济探讨, 2016（8）.

105. 刘大洪, 廖建求. 论市场规制法的价值. 中国法学, 2004（2）.

106. 刘和旺. 诺思制度变迁的路径依赖理论新发展. 经济评论, 2006（2）.

107. 刘红臻. 宏观经济治理的经济法之道. 当代法学, 2021（2）.

108. 刘继峰. 反垄断法益分析方法的建构及其运用. 中国法学, 2013（6）.

109. 刘继峰. 竞争法中的消费者标准. 政法论坛, 2009（5）.

110. 刘继峰. 我国互联网平台反垄断制度的立法模式选择. 价格理论与实践, 2021（1）.

111. 刘金波, 等. 日、美商业秘密保护法律制度比较研究. 中国法学, 1994(3).

112. 刘丽娟. 论知识产权法与反不正当竞争法的适用关系. 知识产权, 2012（1）.

113. 刘权. 目的正当性与比例原则的适用. 中国法学, 2014（4）.

114. 刘维. 反不正当竞争法一般条款的适用边界. 湖北社会科学, 2011(12).

115. 刘维. 论"商业道德"裁判的理念和范式变迁：基于互联网标杆案例的观察. 科技与法律, 2018（2）.

116. 刘维. 论网络不正当竞争一般条款的价值取向. 交大法学, 2021（3）.

117. 刘维. 论反不正当竞争法对知识产权补充保护之边界. 竞争法律与政策评论, 2017（1）.

118. 刘友华. 我国知识产权公益诉讼制度之构建. 知识产权, 2007（2）.

119. 卢纯昕. 反不正当竞争法一般条款在知识产权保护中的适用定位. 知识产权, 2017（1）.

120. 卢纯昕. 反不正当竞争法在知识产权保护中适用边界的确定. 法学, 2019（9）.

121. 卢代富. 经济法对社会整体利益的维护. 现代法学, 2013（4）.

122. 卢淑珍, 刘秀梅. 不正当竞争中消费者权益的法律保护: 从互联网行业的3Q事件谈起. 经济研究导刊, 2011（11）.

123. 鲁篱, 陈阳. 论我国金融监管"试验性规制"的路径与机制. 社会科学研究, 2021（1）.

124. 罗豪才, 苗志江. 社会管理创新中的软法之治. 法学杂志, 2011（12）.

125. 罗豪才, 宋功德. 认真对待软法: 公域软法的一般理论及其中国实践. 中国法学, 2006（2）.

126. 罗豪才, 周强. 软法研究的多维思考. 中国法学, 2013（5）.

127. 罗豪才. 公共治理的崛起呼唤软法之治. 政府法制, 2009（7）.

128. 吕方. 加大知识产权司法保护的法律适用问题 最高人民法院民三庭蒋志培庭长专访. 法律适用, 2005（2）.

129. 吕明瑜. 网络产业中市场支配地位认定面临的新问题. 政法论丛, 2011（5）.

130. 吕中国, 强昌文. 经济领域的软法研究述评. 西北农林科技大学学报（社会科学版）, 2013（2）.

131. 孟雁北. 反不正当竞争法视野中的商业道德解读. 中国工商管理研究, 2012（12）.

132. 宁立志, 王少南. 双边市场条件下相关市场界定的困境和出路. 政法论丛, 2016（6）.

133. 钱弘道. 法律的经济分析方法评判. 法制与社会发展, 2005（3）.

134. 曲创，刘龙. 互联网平台排他性协议的竞争效应：来自电商平台的证据. 西安财经大学学报，2021（3）.

135. 茹洋. 反不正当竞争法对消费者权益的保护. 唯实，2004（7）.

136. 桑本谦. 法律论证：一个司法过程的理论神话：以王斌余案检验阿列克西法律论证理论. 中国法学，2007（3）.

137. 尚佳. 不正当竞争行为认定中竞争关系要件研究. 中国市场监管研究，2020（11）.

138. 邵建东.《反不正当竞争法》中的一般条款. 法学，1995（2）.

139. 邵建东. 我国反不正当竞争法的一般条款及其在司法实践中的应用. 南京大学法律评论，2003（1）.

140. 盛杰民，袁祝杰. 动态竞争观与我国竞争立法的路向. 中国法学，2002（2）.

141. 石必胜. 网络不正当竞争纠纷裁判规则的激励分析. 电子知识产权，2014（10）.

142. 宋旭东. 论竞争关系在审理不正当竞争案件中的地位和作用. 知识产权，2011（8）.

143. 宋亚辉. 旧法律如何回应新事物？：竞价排名的规制经验与教训. 社会科学辑刊，2022（4）.

144. 孙晋，闵佳凤. 论互联网不正当竞争中消费者权益的保护：基于新修《反不正当竞争法》的思考. 湖南社会科学，2018（1）.

145. 孙晋. 公平竞争原则与政府规制变革. 中国法学，2021（3）.

146. 孙晋. 数字平台的反垄断监管. 中国社会科学，2021（5）.

147. 孙晋. 数字平台垄断与数字竞争规则的建构. 法律科学，2021（4）.

148. 孙晋. 新时代确立竞争政策基础性地位的现实意义及其法律实现：兼议《反垄断法》的修改. 政法论坛，2019（2）.

149. 孙笑侠．论法律与社会利益：对市场经济中公平问题的另一种思考．中国法学，1995（4）．

150. 孙颖．论竞争法对消费者的保护．中国政法大学学报，2008（4）．

151. 陶钧．论反不正当竞争法在"互联网＋"经济模式下适用的正当性分析．竞争政策研究，2016（3）．

152. 汪毓．立法条件的论证．法学，1992（4）．

153. 王宏军．经济法国家适度干预原则的经济学分析．法学杂志，2005（3）．

154. 王健，李星．论反垄断法与共同富裕的实现．法治社会，2022（3）．

155. 王坤，周鲁耀．平台企业的自治与共治．浙江学刊，2021（1）．

156. 王磊．互联网平台竞争监管研究最新进展．价格理论与实践，2020（2）．

157. 王磊．加快推进互联网平台竞争监管现代化．宏观经济管理，2020（11）．

158. 王利明．民法上的利益位阶及其考量．法学家，2014（1）．

159. 王首杰．创新规制的时间逻辑．华东政法大学学报，2022（3）．

160. 王巍，张军建．论我国反垄断法的立法目的．湖南社会科学，2006（1）．

161. 王先林．互联网行业反垄断相关商品市场界定的新尝试：3Q垄断案一审法院判决相关部分简析．中国版权，2013（3）．

162. 王先林．论反不正当竞争法调整范围的扩展：我国《反不正当竞争法》第2条的完善．中国社会科学院研究生院学报，2010（6）．

163. 王先林．论反垄断法对平台经济健康发展的保障．江淮论坛，2021（2）．

164. 王先林．以法律为基础的反垄断战略问题论纲：兼论我国《反垄断法》的修订与完善．法学评论，2020（4）．

165. 王晓晔．论电商平台"二选一"行为的法律规制．现代法学，2020（3）．

166. 王晓晔．数字经济反垄断监管的几点思考．法律科学，2021（4）．

167. 王晓晔．我国《反垄断法》修订的几点思考．法学评论，2020（2）．

168. 王晓晔．有效竞争：我国竞争法的目标模式．法学家，1998（3）．

169. 王晓晔. 中国数字经济领域反垄断监管的理论与实践. 中国社会科学院大学学报, 2022（5）.

170. 王艳芳.《反不正当竞争法》在互联网不正当竞争案件中的适用. 法律适用, 2014（7）.

171. 王艳芳. 反不正当竞争法中竞争关系的解构与重塑. 政法论丛, 2021（2）.

172. 王艳芳. 商业道德在反不正当竞争法中的价值与标准二重构造. 知识产权, 2020（6）.

173. 王艳林. 市场交易的基本原则. 政法论坛, 2001（6）.

174. 王永强. 网络商业环境中竞争关系的司法界定：基于网络不正当竞争案件的考察. 法学, 2013（11）.

175. 韦之. 论不正当竞争法与知识产权法的关系. 北京大学学报（哲学社会科学版）, 1999（6）.

176. 吴汉东, 吴一兴. 安全软件警示内容的商业言论规制：兼评"非公益必要不干扰原则". 电子知识产权, 2015（3）.

177. 吴汉东. 论反不正当竞争中的知识产权问题. 现代法学, 2013（1）.

178. 吴峻. 反不正当竞争法一般条款的司法适用模式. 法学研究, 2016（2）.

179. 吴太轩, 史欣媛. 互联网新型不正当竞争案件审理中商业道德的认定规则研究. 现代财经, 2016（1）.

180. 吴太轩, 赵致远.《电子商务法》规制电商平台"二选一"行为的不足与解决. 竞争政策研究, 2021（1）.

181. 吴韬. 互联网反垄断案件中的市场份额与经营者市场地位评估. 竞争政策研究, 2015（1）.

182. 吴伟光. 对《反不正当竞争法》中竞争关系的批判与重构. 当代法学, 2019（1）.

183. 席涛. 市场监管的理论基础、内在逻辑和整体思路. 政法论坛, 2021（4）.

184. 肖顺武．网络游戏直播中不正当竞争行为的竞争法规制．法商研究，2017（5）．
185. 谢兰芳．论互联网不正当竞争中消费者利益的保护．知识产权，2015(11)．
186. 谢甜甜．构建我国消费者公益诉讼制度．法学论坛，2015（2）．
187. 谢晓尧．论竞争法与消费者权益保护法的关系．广东社会科学，2002(5)．
188. 谢晓尧．消费者：人的法律形塑与制度价值．中国法学，2003（3）．
189. 谢晓尧．一般条款的裁判思维与方法．知识产权，2018（4）．
190. 熊丙万．私法的基础：从个人主义走向合作主义．中国法学，2014（3）．
191. 徐靖．软法的道德维度：兼论道德软法化．法律科学，2011（1）．
192. 许光耀．互联网产业中双边市场情形下支配地位滥用行为的反垄断法调整．法学评论，2018（1）．
193. 薛军．质疑"非公益必要不干扰原则"．电子知识产权，2015（1）．
194. 颜运秋．反垄断法立法目的与保护消费者权益．社会科学家，2005(5)．
195. 杨贝．法律论证的能与不能．华东政法大学学报，2017（2）．
196. 杨登峰．从合理原则走向统一的比例原则．中国法学，2016（3）．
197. 杨东．论反垄断法的重构：应对数字经济的挑战．中国法学，2020（3）．
198. 杨峰．商法一般条款的类型化适用．中国社会科学，2022（2）．
199. 杨华权，郑创新．论网络经济下反不正当竞争法对消费者利益的独立保护．知识产权，2016（3）．
200. 杨华权．论爬虫协议对互联网竞争关系的影响．知识产权，2014（1）．
201. 杨华权．论一般消费者标准在反不正当竞争法中的构建与适用．知识产权，2017（1）．
202. 杨同宇．论反不正当竞争法一般条款的适用逻辑．中国政法大学学报，2021（2）．
203. 杨文明．滥用市场支配地位规制中的正当理由抗辩研究．重庆：西南政法大学，2016．

204. 杨文明．网络平台独家交易的违法性分析．现代法学，2021（4）．

205. 叶金强．私法中理性人标准之构建．法学研究，2015（1）．

206. 叶明，陈耿华．互联网不正当竞争案件中竞争关系认定的困境与进路．西南政法大学学报，2015（1）．

207. 叶明．互联网企业独家交易行为的反垄断法分析．现代法学，2014（4）．

208. 叶明．双重身份下互联网平台自我监管的困境及对策．电子政务，2021（5）．

209. 叶卫平．平台经营者超高定价的反垄断法规制．法律科学，2014（3）．

210. 殷继国．互联网平台封禁行为的反垄断法规制．现代法学，2021（4）．

211. 应飞虎，涂永前．公共规制中的信息工具．中国社会科学，2010（4）．

212. 于飞．论诚实信用原则与公序良俗原则的区别适用．法商研究，2005（2）．

213. 于飞．侵权法中权利与利益的区分方法．法学研究，2011（4）．

214. 于飞．违背善良风俗故意致人损害与纯粹经济损失保护．法学研究，2012（4）．

215. 于左，张芝秀，王昊哲．交叉网络外部性、独家交易与互联网平台竞争．改革，2021（10）．

216. 余凌云．论行政法上的比例原则．法学家，2002（2）．

217. 袁波．电子商务领域"二选一"行为竞争法规制的困境及出路．法学，2020（8）．

218. 袁荷刚．知识产权法与反不正当竞争法关系之检讨：以知识产权法定主义为视角．法律适用，2011（4）．

219. 张斌．现代立法中的利益衡量：以个体主义方法论为研究视角．长春：吉林大学，2005．

220. 张晨颖．公共性视角下的互联网平台反垄断规制．法学研究，2021（4）．

221. 张江莉．互联网平台竞争与反垄断规制：以 3Q 反垄断诉讼为视角．中外法学，2015（1）．

222. 张钧．法律多元理论及其在中国的发展．法学评论，2010（4）．

223. 张平．《反不正当竞争法》的一般条款及其适用．法律适用，2013（3）．

224. 张茜．"互联网平台竞争法律问题研讨会"综述．竞争政策研究，2019（4）．

225. 张钦坤．反不正当竞争法一般条款适用的逻辑分析．知识产权，2015（3）．

226. 张钦坤．互联网不正当竞争法律规制研究．武汉：中南财经政法大学，2015．

227. 张世明．捍卫普罗米修斯：反垄断法的自由竞争品格．人大法律评论，2019（2）．

228. 张素伦．互联网背景下反垄断法实施理念研究．河南师范大学学报（哲学社会科学版），2016（4）．

229. 张素伦．互联网不正当竞争行为的判定应引入消费者权益因素．中国知识产权报，2014-04-06．

230. 张伟君．从"金庸诉江南"案看反不正当竞争法与知识产权法的关系．知识产权，2018（10）．

231. 张伟强．利益衡量及其理论的反思．法学论坛，2012（4）．

232. 张占江．不正当竞争认定范式的嬗变．中外法学，2019（1）．

233. 张占江．反不正当竞争法属性的新定位 一个结构性的视角．中外法学，2020（1）．

234. 张占江．论不正当竞争认定的界限．政法论丛，2021（2）．

235. 张占江．论反不正当竞争法的谦抑性．法学，2019（3）．

236. 张志伟．中国互联网企业拒绝交易行为的反垄断法律规制探讨．江西财经大学学报，2015（3）．

237. 赵军. 网络市场不正当竞争行为的法律规制研究. 重庆: 西南政法大学, 2010.

238. 郑晓剑. 比例原则在民法上的适用及展开. 中国法学, 2016（2）.

239. 郑友德, 杨国云. 现代反不正当竞争法中"竞争关系"之界定. 法商研究, 2002（6）.

240. 郑友德, 范长军. 反不正当竞争法一般条款具体化研究: 兼论《中华人民共和国反不正当竞争法》的完善. 法商研究, 2005（5）.

241. 郑友德, 万志前. 德国反不正当竞争法的发展与创新. 法商研究, 2007（1）.

242. 郑友德. 论反不正当竞争法的保护对象. 知识产权, 2008（5）.

243. 郑友德等. 对《反不正当竞争法（修订草案送审稿）》的修改建议. 知识产权, 2016（6）.

244. 郑召利. 程序主义的民主模式与商谈伦理的基本原则. 天津社会科学, 2006（6）.

245. 仲春. 互联网企业滥用市场支配地位之法律规则研究. 上海: 上海交通大学, 2012.

246. 周旺生. 论法之难行之源. 法制与社会发展, 2003（3）.

247. 周围. 规制平台封禁行为的反垄断法分析. 法学, 2022（7）.

248. 周文彰. 主体认识图式引论. 中国社会科学, 1988（3）.

249. 周樨平. 反不正当竞争法一般条款具体化研究. 南京: 南京大学, 2013.

250. 周樨平. 反不正当竞争法一般条款行政实施研究: 以裁量权的建构为中心. 现代法学, 2015（1）.

251. 周樨平. 反不正当竞争法中竞争关系的认定及其意义: 基于司法实践的考察. 经济法论丛, 2011（2）.

· 347 ·

252. 周樨平. 竞争法视野中互联网不当干扰行为的判断标准. 法学, 2015（5）.

253. 周樨平. 论我国《反不正当竞争法》的消费者保护功能. 竞争政策研究, 2017（2）.

254. 朱理. 互联网领域竞争行为的法律边界: 挑战与司法回应. 竞争政策研究, 2015（1）.

255. 朱涛. 民法典编纂中的立法语言规范化. 中国法学, 2017（1）.

256. 朱文龙. 软法视角下中国与欧盟社会治理比较研究. 北京: 对外经济贸易大学, 2013.

257. 朱岩. 社会基础变迁与民法双重体系构建. 中国社会科学, 2010（6）.

258. 朱战威. 互联网平台的动态竞争及其规制新思路. 安徽大学学报（哲学社会科学版）, 2016（4）.

（三）裁判文书类

1. 北京高级人民法院（2004）高民终字第714号民事判决书。

2. 北京市朝阳区人民法院（2010）朝民初字第37626号民事判决书。

3. 北京市朝阳区人民法院（2017）京0105民初10025号民事判决书。

4. 北京市朝阳区人民法院（2017）京0105民初70786号民事判决书。

5. 北京市朝阳区人民法院（2017）京0105民初第70786号民事判决书。

6. 北京市第二中级人民法院（2004）二中民终字第02387号民事判决书。

7. 北京市第二中级人民法院（2006）二中民初字第16174号民事判决书。

8. 北京市第二中级人民法院（2013）二中民初字第15709号民事判决书。

9. 北京市第二中级人民法院（2013）二中民终字第15446号民事判决书。

10. 北京市第一中级人民法院（2009）一中民初字第16849号民事判决书。

11. 北京市第一中级人民法院（2011）一中民终字第7512号民事判决书中。

12. 北京市第一中级人民法院（2012）一中民初字第5718号民事判决书。

13.北京市第一中级人民法院（2012）一中民终字第12389号民事判决书。

14.北京市第一中级人民法院（2013）民初字第2668号民事判决书。

15.北京市第一中级人民法院（2013）一中民初字第2668号民事判决书。

16.北京市第一中级人民法院（2014）一中民初字第3283号民事判决书。

17.北京市第一中级人民法院（2014）一中民终字第3283号民事判决书。

18.北京市第一中级人民法院（2014）一中民终字第3199号民事判决书。

19.北京市第中级人民法院（2009）一中民初字第16849号民事判决书。

20.北京市高级人民法院（2013）高民终字第2352号民事判决书。

21.北京市海淀区人民法院（2007）海民初字第17564号民事判决书。

22.北京市海淀区人民法院（2007）海民初字第387号民事判决书。

23.北京市海淀区人民法院（2013）海民初字第13155号民事裁定书。

24.北京市海淀区人民法院（2013）海民初字第13155号民事判决书。

25.北京市海淀区人民法院（2014）海民（知）初字第21694号民事判决书。

26.北京市海淀区人民法院（2015）海民（知）初字第40920号民事判决书。

27.北京市石景山区人民法院（2014）石民（知）初字第9291号民事判决书。

28.北京知识产权法院（2014）京知民终字第79号民事判决书。

29.北京知识产权法院（2015）京知民终字第557号民事判决书。

30.北京知识产权法院（2016）京73民终156号民事判决书。

31.北京知识产权法院（2016）京73民终588号民事判决书。

32.北京知识产权法院（2018）京73民终558号民事判决书。

33.北京知识产权法院（2019）京73民终2799号民事判决书。

34.广东省高级人民法院（2011）粤高法民三初字第1号民事判决书。

35.广东省广州市黄埔区人民法院（2017）粤0112民初737号民事判决书。

36.广东省广州市知识产权法院（2021）粤73民终第153号民事判决书。

37.广州知识产权法院（2018）粤73民初684号民事判决书。

38. 广州知识产权法院（2018）粤 73 民终 1022 号民事判决书。
39. 杭州市滨江区人民法院（2019）浙 0108 民初 5049 号民事判决书。
40. 杭州铁路运输法院（2017）浙 8601 民初 4034 号民事判决书。
41. 杭州铁路运输法院（2018）浙 8601 民初 1020 号民事判决书。
42. 湖北省武汉市中级人民法院（2017）鄂 01 民终 4950 号民事判决书。
43. 江苏省南通市中级人民法院（2000）通中民初字第 22 号民事判决书。
44. 江苏省徐州市铜山区人民法院(2020)苏 0312 民初第 7421 号民事判决书。
45. 辽宁省高级人民法院(2009)辽民三终字第 164 号民事判决书。
46. 山东省高级人民法院（2010）鲁民三终字第 5-2 号民事判决书。
47. 山东省高级人民法院（2010）鲁民三终字第 5-2 号判决书。
48. 上海市第一中级人民法院（2014）沪一中民五（知）初字第 22 号民事判决书。
49. 上海市闵行区人民法院（2015）闵民三（知）初字第 271 号民事判决书。
50. 上海市浦东新区人民法院（2015）浦民三（知）初字第 143 号民事判决书。
51. 上海市浦东新区人民法院（2015）浦民三（知）初字第 191 号民事判决书。
52. 上海市浦东新区人民法院(2015)浦民三(知)初字第 1963 号民事判决书。
53. 上海市浦东新区人民法院（2015）浦民三（知）初字第 528 号民事判决书。
54. 上海市浦东新区人民法院（2015）浦民三（知）字第 528 号民事判决书。
55. 上海市徐汇区人民法院（2014）徐民三（知）初字第 827 号民事判决书。
56. 上海市徐汇区人民法院（2017）沪 0104 民初 18960 号民事判决书。
57. 上海市杨浦区人民法院（2015）杨民三（知）初字第 1 号民事判决书。
58. 上海知识产权法院(2016)沪 73 民终 242 号民事判决书。
59. 上海知识产权法院（2015）沪知民终字第 641 号民事判决书。
60. 上海知识产权法院（2016）沪 73 民终 242 号民事判决书。
61. 上海知识产权法院（2016）沪 73 民终 34 号民事判决书。

62. 上海知识产权法院（2017）沪73民终198号民事判决书。

63. 上海知识产权法院（2018）沪73民终420号民事判决书。

64. 上海知识产权法院（2019）沪民终字第4号民事判决书。

65. 上海知识产权法院（2020）沪73民终30号民事判决书。

66. 浙江省高级人民法院（2020）浙民终479号民事判决书。

67. 浙江省杭州市拱墅区人民法院(2017)浙0105民初第1206号民事判决书。

68. 浙江省杭州市中级人民法院（2018）浙01民终231号民事判决书。

69. 浙江省杭州市中级人民法院（2018）浙01民终7312号民事判决书。

70. 浙江省舟山市中级人民法院（2005）舟民二初字第33号民事判决书。

71. 知识产权法院（2015）沪知民终字第728号民事判决书。

72. 最高人民法院（2009）民申字第1065号民事裁定书。

73. 最高人民法院（2009）民申字第1065号民事判决书。

74. 最高人民法院（2013）民三终字第5号民事判决书。

75. 最高人民法院（2014）民申字第873号民事裁定书。

二、外文参考文献

（一）著作类

1. Frauke Henning-Bodewig(ed.). International Handbook on Unfair Competition. Munich: C.H.Beck · Hart · Nomos,2013.

2. Robert Alexy. A Theory of Constitutional Rights.translated by Julian Rivers. Oxford: Oxford University Press,2012.

3. W.H.Hutt. Economists and the Public:A Study of Competition and Opinion. OXford: Alden Press,1936.

4. Rogier W.de Very. Towards a European Unfair Competition Law:A Clash

between Competition Law. Leiden: Martinus Nijhoff Publishers,2006.

5. Cass R.Sunstein. Legal Reasoning and Political Conflict. Oxford: Oxford University Press,1996.

6. Mark Armstrong. Competition in Two-sided Market. London:Mimeo University College,2005.

7. Frauke Henning-Bodewig. Unfair Competition Law: European Union and Member States. London: Kluwer Law International, 2006.

8. Reto M.Hilty, Frauke Henning-Bodewig. London: Law against Unfair Competition:Towards a New Paradigm in Europe. Berlin: Springer Press, 2007.

9. Gustavo Ghidini. Intellectual Property and Competition Law: The Innovation Nexus. Northampton: Edward Elgar,2006.

10. Benthan. An Introduction to the Principles of Morals and Legislation. London: Methuen, 1982.

11. Finck M. Digital Regulation: Designing a Supranational Legal Framework for the Platform Economy. London: LSE Law, Society and Economy Working Papers,2017.

12. W.H.Hutt. Economists and the Public:A Study of Competition and Opinion. Oxford:Alden Press,1936.

13. Anselm Kamperman Sanders. Unfair Competition Law. Oxford: Clarendon Press Oxford ,1997.

14. David J. Gerber. Law and Competition in Twentieth Century Europe: Protecting Prometheus. Oxford: Oxford University Press ,1998.

15. Christina Bohannan, Herbert Hovenkamp. Creation Without Restraint: Promoting Liberty and Rivalry in Innovation. Oxford: Oxford University

Press ,2012.

16. Rogier W.deVrey. Towards a European Unfair Competition Law: A Clash Between Legal Families. Leiden: Martinus Nijhoff Publishers ,2006.

17. V.Hayek. Individualism and Economic Order. Chicago:The University of Chicago Press,1948.

18. Tim W. Dornis. Trademark and Unfair Competition Conflicts: Historical-Comparative,Doctrinal,and Economic Perspectives. Cambridge: Cambridge University Press, 2017.

19. Gustavo Ghidini. Intellectual Property and Competition Law:The Innovation Nexus. Northampton: Edward Elgar,2006.

20. Christina Bohannan ,Herbert Hovenkamp. Creation without Restraint: Promoting Liberty and Rivalry in Innovation. Oxford: Oxford University Press,2012.

21. Moore M., Tambini D. Digital Dominance:the Power of Google, Amazon, Facebook,and Apple. Oxford: Oxford University Press,2018.

22. Christina Bohannan,Herbert Hovenkamp. Creation Without Restraint:Promoting Liberty and Rivalry in Innovation. Oxford: Oxford University Press,2012.

23. John Henrry Merryman,David S.Clark, Lawrence M.Friedman. Law and Social Change in Mediterranean Europe and Latin America,Published by the Stanford Law School,Stanford,Distributed by Ocean Publications,Ins.,Dobbs Ferry,New York,1979.

24. Christopher Wadlow. The Law of Passing-off: Unfair Competition by Misrepresentation. London: Sweet & Maxwell, 2011.

25. Ezrachi A., Stucke M. E. Virtual Competition:the Promise and Perils of the

Algorithm-Driven Economy. Cambridge: Harvard University Press,2016.
26. Orla Lynskey. At Crossroads of Data Protection and Competition Law: Time to Take Stock. Oxford: International Data Privacy Law, 2018.
27. Pieter Koornhof, Tana Pistorius. Convergence Between Competition and Data Protection Law: A South African Perspective. Oxford: International Data Privacy Law, 2018.

（二）论文类

1. Ronald Coase. The Problem of Social Cost. The Journal of Law and Economics, 1960,56:837-877.
2. Michale L.Katz, Carl Shapiro.Network Externalities,Competition,and Compatibility. The American Economic Review,1985,75(3):424-440.
3. David S. Evans. Attention Rivalry Among Online Platforms. Journal of Competition Law and Economics, 2013(6):313.
4. Thomas Hoppner. Defining Markets for Multi-Sided Platforms:The Case of Search Engines. World Competition,2015,38(3):349-366.
5. Hiroshi Kitamura, Noriaki Matsushima, Misato Sato. Exclusive contracts and bargaining power. Economics Letters,2017,151:1-3.
6. Rochet J., Tirole J.. Platform Competition in Two-Sided Markets. Journal of the European Economic Association,2003,1(4):990-1029.
7. David S.Evans. The Antitrust Economics of Multi-sided Platform Market. Yale Journal on Regulation,2003,20(2):325-381.
8. Roberto Roson. Two-sided Maricet:A Tentative Survey. Review Network Econ.,2005,4(2):142-160.
9. Rossella Incardona, Cristina Poncibo. The average consumer, the unfair

commercial practices directive,and the cognitive revolution. Journal of Consumer Policy, 2007:30.
10. David Demeza, Mariano Selvaggi. Exclusive Contracts Foster Relationship-Specific Investment. The RAND Journal of Economics,2007,38(1):85-97.
11. Michael D. Whinston. Exclusivity and tying in U.S.v.microsoft:what we know and don't know. Journal of Economic Perspectives,2001,15(2):63-80.
12. Hiroshi Kitamura, Noriaki Matsushima, Misato Sato. Exclusive contracts and bargaining power. Economics Letters, 2017,151:1-3.
13. Leslie M. Marx, Greg Shaffer. Upfront Payments and Exclusion in Downstream Markets. The RAND Journal of Economics, 2007,38(3):823-843.
14. Helen Weeds. TV Wars: Exclusive Content and Platform Competition in Pay TV. The Economic Journal, 2016, 126:1600-1633.
15. Anna D' Annunzio. Vertical integration in the TV market: Exclusive Provision and Program Quality. International Journal of Industrial Organization, 2017,53:114-144.

附　录
互联网平台竞争案件的文本调研

一、数据来源

　　课题组首先以"竞争""不正当竞争"为关键词，以威科先行数据库（Wolters Kluwer）为主，综合北大法宝数据库和中国裁判文书网站，检索下载 2019 年 2 月 26 日至 2021 年 7 月 25 日之间进行判决的总计 21 449 个不正当竞争纠纷案例。进而从 21 449 个不正当竞争案例中筛选出 4 397 个互联网不正当竞争案例，剔除了传统不正当竞争行为在互联网领域延伸的案例，最终筛选出 186 个互联网平台不正当竞争案例。

二、分析工具及分析方法

　　本次数据录入完整程序为：首先，下载、获取有效研究样本。依照前述案例筛选标准下载、整理研究样本，剔除无效、重复研究样本后，获取 186 份互联网平台竞争案件判决书作为最终有效样本。其次，设计变量。本次数据录入主要借助管理学界比较流行的 SPSS 软件。在深入研读 186 份互联网平台竞争案件判决书文本基础上，结合案件审理争议焦点，在 SPSS 软件中设计一般变量和特殊变量，共计 62 个变量。再次，录入数据库。

对照已设计好的 62 个变量，依次将 186 份互联网平台竞争案件判决书中的相关信息录入 SPSS 软件。最后，提取数据。利用描述性分析、频次分析、交叉表、单独制表以及图形制作等分析方法，从数据库中提取各个变量数据，进行整合处理，从而揭示互联网平台竞争行为法律规制的客观状况和问题所在。

三、变量设计及统计数据展示

本次数据录入共设计了 62 个变量，分别为：判决书标题、案号、年度、地域分布、审理法院、审级、管辖法院、胜败诉情况（以原告诉求是否获得法官支持为准，且以不正当竞争为依据，如部分诉求获得法院支持，也认为是胜诉）、是否含有新型不正当竞争行为（分为两种：单纯新型行为；混合新型行为与传统行为）、新型行为具体方式、是否明确提及规制理念、采取何种规制理念、法官有无对互联网经济秩序进行说理、是否将消费者利益作为判断标准、是否存在经营者利益与消费者利益冲突的衡量、是否适用《反不正当竞争法》第 2 条、如何适用该法第 2 条、是否混合传统不正当竞争、认定为不正当竞争的依据、是否对行为为何违反商业道德进行说理、公认商业道德与诚实信用原则的关系、商业道德具化规则、是否借助行业惯例来认定商业道德、商业道德认定考量因素、是否对竞争关系进行认定、原告与被告是否具有直接竞争关系、广义竞争关系认定标准、消费者利益的内涵、判决书对互联网消费者群体的不同描述、抗辩事由（包括行为有利于消费者利益、商业模式、行业惯例、技术创新/技术中立）、被告是否提起管辖权异议、法官是否支持管辖权异议、是否申请诉前禁令、是否引入专家证人、是否申请证据保全、是否支持被告承担合理费用（如支持被告承担公证费、鉴定费等）、索赔数额、判决数额、起诉时间、结案时间、赔偿依据、担责主体、酌定赔偿考量因素、酌定赔偿是否考量主观过错、酌定赔偿是否考量侵权范围、酌定赔偿是否考量原被告规模、酌定赔偿是否考量侵权时间、酌定赔偿是否考量合理开支、酌定赔偿是否考量侵权性质与情节、酌定赔偿是否考量企业形象或商誉受损程度、合理费用是否单独计算、可期待利益损失是否纳入损害赔偿范围、适用酌定赔偿是否进行具体阐述、是否判决赔礼道歉和消除影响、如何适用赔礼道歉和消除影响、结案方式、法律适用依据、是否涉及知识产权、是否同时适用知识产权法和反不正当竞争法、是否适用《反不正当竞争法》第12条、具体适用第12条第2款第几项（第1项强制进行目标链接跳转，第2项误导、欺骗、强迫用户卸载、关闭、修改产品/服务，第3项恶意不兼容，第4项兜底规定）、是否适用第12条第2款第4项。

下附53个变量项目，扫码查看具体统计分析结果[①]：

1. 年份频次分析数据

2. 地域分布频次分析数据

3. 审级频次分析数据

4. 管辖法院频次分析数据

5. 胜败诉频次分析数据

6. 是否含有新型行为频次分析数据

7. 新型具体侵权行为方式频次分析数据

8. 是否明确提及规制理念频次分析数据

9. 采取何种规制理念频次分析数据

10. 法官有无对互联网经济秩序进行说理频次分析数据

11. 是否将消费者利益作为判断标准频次分析数据

12. 是否存在经营者利益与消费者利益冲突的衡量频次分析数据

扫码查看186份互联网平台竞争案件判决书的实证调研数据

[①] 需要说明的是，本课题虽设计了62个变量，但对个别变量如索赔额、判赔额合并分析，故最终获得53个统计数据结果。数据来自对186份互联网平台竞争案件判决书实证考察，导出自SPSS软件。

13. 是否适用《反不正当竞争法》第 2 条频次分析数据

14. 如何适用《反不正当竞争法》第 2 条频次分析数据

15. 是否混合传统不正当竞争频次分析数据

16. 认定为不正当竞争的依据频次分析数据

17. 是否对行为为何违反商业道德进行说理频次分析数据

18. 公认商业道德与诚实信用原则的关系频次分析数据

19. 商业道德具化规则频次分析数据

20. 是否借助行业惯例来认定商业道德频次分析数据

21. 商业道德认定考量哪些因素频次分析数据

22. 是否对竞争关系进行认定频次分析数据

23. 原、被告是否具直接竞争关系频次分析数据

24. 广义竞争关系认定标准频次分析数据

25. 消费者利益的内涵频次分析数据

26. 判决书对互联网消费者群体的不同描述频次分析数据

27. 抗辩事由频次分析数据

28. 被告是否提出管辖权异议频次分析数据

29. 法官是否支持管辖权异议频次分析数据

30. 是否申请诉前禁令频次分析数据

31. 是否引入专家证人频次分析数据

32. 是否申请证据保全频次分析数据

33. 是否支持由被告承担举证合理费用频次分析数据

34. 赔偿依据频次分析数据

35. 担责主体频次分析数据

36. 酌定赔偿考量因素频次分析数据

37. 酌定赔偿时是否考量主观过错频次分析数据

38. 酌定赔偿时是否考量侵权范围频次分析数据

39. 酌定赔偿时是否考量原被告规模频次分析数据

40. 酌定赔偿时是否考量侵权时间频次分析数据

41. 酌定赔偿时是否考量合理开支频次分析数据

42. 酌定赔偿时是否考量侵权性质与情节频次分析数据

43. 酌定赔偿时是否考量企业形象或商誉受损程度频次分析数据

44. 是否单独计算合理费用频次分析数据

45. 可期待利益损失是否被纳入损害赔偿范围频次分析数据

46. 适用酌定赔偿时是否进行具体阐述频次分析数据

47. 是否适用赔礼道歉及消除影响频次分析数据

48. 如何适用赔礼道歉及消除影响频次分析数据

49. 是否涉及知识产权频次分析数据

50. 是否同时适用反不正当竞争法及知识产权法频次分析数据

51. 是否适用《反不正当竞争法》第12条频次分析数据

52. 具体适用《反不正当竞争法》第12条第2款第几项频次分析数据

53. 是否适用《反不正当竞争法》第12条第2款第4项频次分析数据

后　记

　　提笔写后记，即意味着本书几近完稿。既松了一口气，又新生出更多期盼，当然还有一些焦虑和不安。从2012年接到我的博士研究生导师叶明教授关于最高人民法院重大调研课题"关于互联网领域商业竞争法律规制问题的调研"组建课题组的通知后，我开始关注互联网不正当竞争行为。一系列有趣的研究问题不断呈现，让我深感这是一个有生命力、具有极强延展性的研究领域。后来我有幸代表课题组到云南省高级人民法院参加最高人民法院重大调研课题评审验收会，评委老师们的建议令我对互联网不正当竞争行为规制有了进一步认识。2016年中国法学会发布的部级法学研究课题申报公告有一个重大变化，即允许在读博士研究生申报（印象中这是国内唯一一个允许以博士研究生名义申报的部级项目）。因机会难得，但心想难度应该也很大，抱着"试一试、不中实属正常"的心态，我以"互联网不正当竞争行为法律规制的实证研究"为题进行申报，竟有幸获得立项，并且结项等级被认定为"优秀"。这对我是莫大的鼓励。此后，我一直围绕互联网领域反不正当竞争法的实施展开研究。

　　虽然学界针对互联网领域不正当竞争规制的研究已进行了多年，但实践中不断爆发、新增的案件也给理论研究提出了新难题，带来了新挑战。特别是伴随我国平台经济的迅猛发展，互联网平台间的竞争愈演愈烈，系列具有重大社会影响力的平台竞争案件再次引起学界的高度关注。如何构建有效的互联网平台竞争法律规制体系，具有重要的理论价值和实践意义。考虑到行为的科学界定是准确适用法律并追究相关主体法律责任的前提，对互联网平台竞争行为的认定是本书的研究重点，我尝试对该类行为违法性判定的争议焦点包括竞争关系认定、商业道德判断、经济分析标准适用及行业惯例考量展开研究。然而，伴随研究的不断深入，我逐渐意识到仅仅在中观层面回应对互联网平台竞争行为如何判定，可能指引作用有限，对互联网平台竞争行为的有效规制需要进一步溯及反不正当竞争法竞争观如何择取、反不正当竞争法应遵循何种价值判断。既有互联网平台竞争案件的审理遵循何种竞争观、存在哪些局限，反不正当竞争法现有的以公平竞争为价值追求的制度设计存在哪些不足，这激发了我对反不正当竞争法的竞争观、反不正当竞争法的价值体系的进一步研究，由此形成本书第一章、第二章关于竞争观择取、价值追求的宏观层面的探讨，第三章关于行为判定的中观层面的论证，第四章研究行为定性后如何适用法律，第五章探讨法益结构如何调整这样的结构安排。

　　总体而言，本书对互联网平台竞争规制中的重难点问题予以了回应，但仍存在诸多需要进一步关注的议题，如竞争秩序背景下互联网平台的公共性如何实现、平台承担社会责任的法理依据是什么、作为"守门人"的平台应当承担哪些特别义务及如何在立法中实现，互联网平台竞争的软法规制和硬法规制如何协同……这些都留待进一步研究。

　　本书是我主持的 2018 年司法部中青年项目"互联网平台竞争法律规制的实证研究"的研究成果。感谢司法部资助！感谢写作过程中卢代富教授多次的指导和鼓励！感谢许明月教授、鲁篱教授、叶明教授、叶卫平教授、李剑教授提出的宝贵意见！

　　特别感谢周尚君教授统筹出版"数字法治与数字中国丛书"，本书能作为丛书的"一员"，我非常荣幸，尤其感激！感谢郑志峰师兄对丛书出版的协调、帮助！感谢我的东家——西南政法大学资助！

后　记

非常感谢中国人民大学出版社政法分社郭虹社长及其他多位编辑老师的辛苦付出！他们的工匠精神令人钦佩！谨此表达最真诚的感谢！

作者

2023 年 5 月 7 日

图书在版编目（CIP）数据

平台竞争：规制中演进 / 陈耿华著. -- 北京：中国人民大学出版社，2023.11
（数字法治与数字中国丛书 / 周尚君主编）
ISBN 978-7-300-32305-3

Ⅰ.①平… Ⅱ.①陈… Ⅲ.①网络经济—市场竞争—研究—中国 Ⅳ.① F492.3

中国国家版本馆 CIP 数据核字（2023）第 204089 号

数字法治与数字中国丛书
周尚君　主　编
平台竞争：规制中演进
陈耿华　著
Pingtai Jingzheng: Guizhi zhong Yanjin

出版发行	中国人民大学出版社				
社　　址	北京中关村大街 31 号		邮政编码	100080	
电　　话	010-62511242（总编室）		010-62511770（质管部）		
	010-82501766（邮购部）		010-62514148（门市部）		
	010-62515195（发行公司）		010-62515275（盗版举报）		
网　　址	http://www.crup.com.cn				
经　　销	新华书店				
印　　刷	北京昌联印刷有限公司				
开　　本	720mm×1000mm　1/16		版　次	2023 年 11 月第 1 版	
印　　张	23.75 插页 1		印　次	2023 年 11 月第 1 次印刷	
字　　数	325 000		定　价	98.00 元	

版权所有　侵权必究　　印装差错　负责调换